Reisepraktisches

Siena

Südlich von Siena

Crete Senesi und Val d'Orcia

Monte Amiata

Südliche Maremma

Küste der Maremma

Monte Argentario

Text und Recherche	Michael Müller, Marcus X. Schmid, Caroline Goltz, Jan Szurmant
Lektorat	Peter Ritter; Sabine Senftleben und Ute Fuchs (Überarbeitung)
Redaktion und Layout	Sebastian Sabors
Cover	Karl Serwotka
Titelfotos	Karl Serwotka
Fotonachweis	siehe S. 250
Karten	Günther Grill, Judit Ladik, Markus Endres

Besonderer Dank für die Mitarbeit gilt Dr. Lutz Redecker.

Und für die vielen Lesertipps:
Werner Krisam, Maisach-Gernlinden; Marianne Pfaff, Donaueschingen; Dominique Kluge, Berlin; Ilona Klein; Ralf Vicari, Kusel; Dr. Christoph Schmidt, Stuttgart; Beate Lehn, Dortmund; Guido u. Eva Kamp, Murnau; Heidrun Hiller u. Martin Schröter, Stuttgart; Dr. Herbert Draeger, Friedrichshafen; Sabine Neuhaus, Bad Ragaz; Klaus-Reinhard Sommer, Clausthal-Zellerfeld; Nina Schilling, Wendelstein; Volker u. Susanne Walter, Iserlohn; Angela Gatterburg, München; Werner Link, Wachtberg; Manfred Brase, Hamburg; Maria Müller; Dorothea A. Zügner, Bonn; Heidrun Wetscheza; Michael Reinhold, Berlin; Daniel Guggenheim, Zürich; Jutta Ulbrich; Herbert Buchen, Andrea Schweiger, Stuttgart; Kerstin Bertow, Michelstadt; Silke Mößner, Gera; Anna Engelberger, Basel; Renate Kleber, Charles de Crépy, Paris; Peter Reisse, Wolfsburg; Christian u. Vera Rehme, Jena; Thomas Verfarth; Marion Petzold, Berlin; Stefanie Bergmann, München; Ortrud Becker; Elke Glass u. Martin Glass, Berlin; Rahel Berli u. Romeo Lindner; Helga Holczik, Wien; Klaus Schmidt, Lauf; Oliver Brücker, Hannover; Monika Dörner; Helmut Eichhorst; Thomas Vogler, Heuchelheim; Annette Stiefler, Bernried; Nicolas A. Klöhn, Berlin; Hubert Schimpl, Perg; Oliver Pätzold, Köln; Claudia Heckhausen, Waldkirch; Ira Riedl, Saag; Volker Rein; Ingrid Kaltenegger; Martina Mengden.

Die in diesem Reisebuch enthaltenen Informationen wurden von den Autoren nach bestem Wissen erstellt und von ihnen und dem Verlag mit größtmöglicher Sorgfalt überprüft. Dennoch sind, wie wir im Sinne des Produkthaftungsrechts betonen müssen, inhaltliche Fehler nicht mit letzter Gewissheit auszuschließen. Daher erfolgen die Angaben ohne jegliche Verpflichtung oder Garantie der Autoren bzw. des Verlags. Beide Parteien übernehmen keinerlei Verantwortung bzw. Haftung für mögliche Unstimmigkeiten. Wir bitten um Verständnis und sind jederzeit für Anregungen und Verbesserungsvorschläge dankbar.

ISBN 3-89953-423-8

© Copyright Michael Müller Verlag GmbH, Erlangen 2003, 2006, 2008. Alle Rechte vorbehalten. Alle Angaben ohne Gewähr. Printed in Germany.

Aktuelle Infos zu unseren Titeln, Hintergrundgeschichten zu unseren Reisezielen sowie brandneue Tipps erhalten Sie in unserem regelmäßig erscheinenden Newsletter, den Sie im Internet unter **www.michael-mueller-verlag.de** kostenlos abonnieren können.

3. überarbeitete und aktualisierte Auflage 2008

SÜDTOSCANA

Michael Müller

INHALT

Südtoscana erleben ... 8

Anreise ... 13
Mit dem eigenen Kraftfahrzeug ... 13
Mit der Bahn ... 16
Mit dem Flugzeug ... 17
Mit dem Bus ... 18
Mitfahrzentralen ... 18

Unterwegs in der Südtoscana ... 19

Wissenswertes von A bis Z ... 22
Ärztliche Versorgung ... 22
Diplomatische Vertretungen ... 23
Eintrittspreise ... 23
Fauna ... 23
Flora ... 24
Geld ... 25
Gesetzliche Feiertage ... 26
Haustiere ... 26
Informationen ... 27
Internet ... 27
Kartenmaterial ... 28
Klima und Reisezeit ... 28
Literatur zur Toscana ... 29
Öffnungszeiten ... 31
Post ... 31
Radio ... 31
Rauchen ... 31
Reisedokumente ... 32
Segeln ... 32
Sprache ... 32
Verständigung/Sprache ... 33
Telefon ... 33
Zoll ... 34

Übernachten ... 35

Essen & Trinken ... 39

Siena ... 46
Die Contraden ... 51
Der Palio ... 51
Il Campo ... 59
Palazzo Pubblico ... 60
Dom ... 61
Pinacoteca Nazionale ... 64
Weitere Sehenswürdigkeiten ... 65

Südlich von Siena ... 68
Wanderung durch den Montagnola-Wald zum Ponte della Pia ... 69
Die Abtei San Galgano ... 71
Wanderung von der Abtei San Galgano nach Monticiano ... 74
Chiusdino ... 76
Roccatederighi ... 76
Montemassi ... 78
Roccastrada ... 78
Bagni di Petriolo ... 80

Crete Senesi und Val d'Orcia ... 83
Castello di Murlo ... 83
Asciano ... 86
Rapolano Terme ... 87
Buonconvento ... 90
Fahrradtour: Durch das Brunello-Anbaugebiet nach Buonconvento ... 92
Monte Oliveto Maggiore ... 93
Wanderung in der Crete Senesi zur Abbadia di Monte Oliveto Maggiore ... 97
San Giovanni d'Asso ... 98
Montalcino ... 102

Kloster Sant'Antimo	108
San Quirico d'Orcia	109
Bagno Vignoni	111
Wanderung von Bagno Vignoni ins Orciatal	113
Castiglione d'Orcia	115
Pienza	116
Pienza/Umgebung	122
Monticchiello	123
Montepulciano	124
Nördlich von Montepulciano	132
Montefollonico	132
Torrita di Siena	133
Südöstlich von Montepulciano	134
Chianciano Terme	134
Chiusi	136
Chiusi/Umgebung	139
San Casciano dei Bagni	142

Monte Amiata ... 143

Abbadia San Salvatore	144
Vivo d'Orcia	147
Radicofani	148
Bagni San Filippo	149
Santa Fiora	150
Arcidosso	152
Castel del Piano	153
Roccalbegna	155

Hügelland der südlichen Maremma ... 156

Magliano	156
Scansano	157
Semproniano	158
Saturnia	160
Montemerano	166
Manciano	168
Pitigliano	171
Sovana	176
Die etruskischen Grabmäler in der Umgebung von Sovana	178
Wanderung zu den etruskischen Gräbern und Hohlwegen	179
Sorano	180
Wanderung von Sorano durch die Via Cava di San Rocco	184

Küste der Maremma ... 187

Follonica	188
Wanderung am Meer zur Bucht Cala Violina durch den Buschwald der *macchia mediterranea*	193
Massa Marittima	195
Massa Marittima/Umgebung	200
Vetulonia	201
Punta Ala	202
Castiglione della Pescaia	204
Marina di Grosseto	208
Grosseto	210
Roselle	216
Parco Naturale della Maremma	219
Wanderung: Parco Naturale della Maremma – Parco dell'Uccellina	222
Talamone	224

Monte Argentario ... 227

Porto Santo Stefano	228
Porto Ercole	234
Wanderung auf dem Monte Argentario zum Convento dei Padri Passionisti	236
Tombolo di Feniglia	238
Isola del Giglio	238
Orbetello	242
Ansedonia	244
Capalbio	245
Giardino dei Tarocchi	249

Etwas Italienisch ... 252

Register ... 263

Kartenverzeichnis

Südtoscana Übersicht	Umschlaginnenklappe vorne
Wanderungen Übersicht	Umschlagklappe vorne
Siena	Umschlaginnenklappe hinten
Siena Übersicht	47
Montalcino	104/105
Pienza	121
Montepulciano	127
Follonica	190/191
Massa Marittima	197
Grosseto	212/213
Monte Argentario Übersicht	230/231

Zeichenerklärung für die Karten und Pläne

	Hauptstraße	▲	Berggipfel	Λ	Campingplatz		Taxistandplatz
	Landstraße	∩	Höhle		Aussichtspunkt	BUS	Bushaltestelle
	Piste		Wasserfall		Kloster		Flughafen
----	Fußweg		Quelle		Schloss/Burg	P	Parkplatz
----	Wanderung		Badestrand		Kirche	i	Information
	Gewässer		Hütte	★	Sehenswürdigkeit		Post
	Grünanlage		Turm	∴	Ruine		Krankenhaus
	bebaute Fläche	°1	GPS-Punkt	M	Museum	WC	Öffentliche Toilette

Was haben Sie entdeckt?

Bitte schreiben Sie uns, wenn Sie Kritik, Anregungen, Verbesserungen oder Empfehlungen haben. Wo war Ihre Lieblingstrattoria, in welchem Hotel haben Sie sich wohl gefühlt, welchen Campingplatz würden Sie wieder besuchen?

Michael Müller Verlag
Stichwort „Südtoscana"
Gerberei 19
91054 Erlangen
mmv@michael-mueller-verlag.de

Wilde Landschaftserosionen – die Crete beim Kloster Monte Olivieto

Südtoscana erleben

Wer Siena, das „Tor zur Südtoscana", hinter sich gelassen hat, wird es schnell merken: Toscana durch und durch, aber insgesamt stiller und weniger touristisch als der Norden, ein wenig ärmer an großen kunsthistorischen Zeugnissen vergangener Epochen, aber dennoch eine überaus reiche Kulturlandschaft, in der sich die vielfältigsten Entdeckungen machen lassen.

Die Crete

Ganz im Norden des Gebietes, unmittelbar vor der Haustüre Sienas, beginnt die Reise durch die unbekanntere Toscana gleich mit einem landschaftlichen Paukenschlag: Man taucht ein in die **Crete**, eine bizarre, von der Sonne ausgedörrte Mondlandschaft, die geprägt ist von Erosionsfurchen (*calanchi*) und einsamen Hügelketten aus Tonerde. Nichts für Romantiker oder Freunde lieblicher Landschaftsbilder, aber ein faszinierender Anblick – fast wie ein surrealistisches Gemälde –, den man so schnell nicht vergisst. Doch selbst hier in dieser teilweise unwirtlichen Landschaft, die arg von der Landflucht gebeutelt ist, sieht man von Ferne bisweilen ein einsames Gehöft oder eine wohlgeordnete Zypressenallee, beides Ansichten, die das landläufige Bild von der Toscana so nachhaltig geprägt haben.

Val d'Orcia

Nach Süden geht die Crete, die bei Reisenden früherer Zeiten als höchst unsicheres Terrain galt und eher widerwillig durchfahren wurde, in das Naturschutzgebiet des **Val d'Orcia** über, das in vergangener Zeit die natürliche südliche Grenze für die Ländereien der einst mächtigen Stadtrepublik Siena bildete. Heute haben sich in

Goldene Oktoberstimmung bei Montalcino

dem weiten Tal mit sanft gerundeten Hügeln, wogenden Weizenfeldern und dunkelgrüner Macchia eine Vielzahl sog. *Agriturismi* angesiedelt, deren Betreiber ihren Gästen eine immer populärer werdende Form des Urlaubsaufenthalts anbieten, der mit dem deutschen Slogan „Ferien auf dem Bauernhof" allenfalls holprig übersetzt ist. Denn mit einem klassischen Bauernhof haben die wenigsten noch Gemeinsamkeiten, meist werden nur noch etwas Wein oder Oliven angebaut. Im nahen Umkreis liegen fast wie an einer Kette aufgereiht drei der bedeutendsten Städte der südlichen Toscana, deren Besuch man auf keinen Fall versäumen sollte: **Montalcino**, **Pienza** und **Montepulciano**. Erstere und Letztere verbindet der Wein: Montalcino ist bekannt für seinen *Brunello*, den ersten Wein Italiens, dem das Gütesiegel „Denominazione di Origine Controllata e Garantita" zuerkannt wurde. Montepulciano kontert mit seinem *Vino Nobile*, einem wirklich „vornehmen" Tropfen, der im 17. Jh. mit dem Prädikat „König aller Weine" geadelt wurde. Sieht man vom Wein ab, sind die Gemeinsamkeiten zwischen beiden architektonisch auf jeweils eigene Weise äußerst sehenswerten Städten allerdings schnell erschöpft: Man ist sich – deutlicher gesagt – nicht sonderlich grün, was sicher auf die Konkurrenzsituation in Sachen Wein zurückzuführen ist, darüber hinaus aber auch historische Wurzeln hat: In den mittelalterlichen Auseinandersetzungen um die Vorherrschaft in der Region war Montalcino fest an der Seite Sienas, während sich Montepulciano auf Gedeih und Verderb den Machthabern von Florenz verschrieben hatte.

In **Pienza** schließlich, der dritten städtischen Trumpfkarte im Umkreis des Val d'Orcia, liegt das Augenmerk weder auf dem Wein noch auf irgendwelchen historisch begründeten Animositäten zwischen Mitspielern im mittelalterlichen Machtpoker. Pienza ist vielmehr bekannt als das Ergebnis eines einzigartigen städtebaulichen Projekts: Aus einem kleinen, unbedeutenden Nest namens *Corignano* wurde zwischen 1459 und 1462 eine *città ideale*, eine auf dem Reißbrett geplante Musterstadt

Über den Wolken – der Monte Amiata

der Renaissanceästhetik mit strenger Symmetrie, klar aufeinander abgestimmten Proportionen und zentralperspektivischer Raumgestaltung. Pienza ist die Stadt Pius II., der 1402 als Eneo Silvio Piccolomini in *Corignano* geboren wurde und nur ein Jahr nach seiner Papstwahl (1458) mit der Umsetzung seines wohl schon lange gehegten Planes begann. Allerdings ist auch hier wie bei allen großen Utopien einiges „im Getriebe stecken geblieben" und letztlich nicht wie geplant verwirklicht worden. Und vielleicht ist es sogar in gewissem Sinne tröstlich, dass Pienza neben seinen bedeutenden humanistischen Entwürfen auch ganz Profanes zu bieten hat, z. B. die regionale Käsespezialität *Pecorino di Pienza*, einen vorzüglichen Schafskäse, den man in vielen Läden des Musterstädtchens für ganz gewöhnliches Geld kaufen kann …

Monte Amiata

Vom Val d'Orcia hat man bereits den – im wahrsten Sinne des Wortes – (topographischen) Höhepunkt der Region im Blick, den **Monte Amiata**, einen erloschenen Vulkan, der sich 1738 m hoch in den Himmel streckt. Doch obwohl der Amiata schon längst „ausgeglüht" hat, sind in der Gegend heute noch vulkanische Phänomene zu beobachten, u. a. in Form von kochend heißen Dämpfen, die durch Spalten an die Erdoberfläche dringen. Ausgesprochen ruhig geht es hier zu, kurvenreiche Sträßchen und Wege führen durch dichte Kastanien- und Steineichenwälder, ab und zu sieht man einsame Gehöfte und vor sich hindösende Schafherden. Spazierengehen, Wandern, Mountainbiking, im Winter sogar Skifahren – wer auf den Amiata setzt, löst das Ticket für den ganz anderen Toscana-Aufenthalt und lässt die Kunst- und Kulturhochburgen des Nordens weit hinter sich. Auch die kleinen Städtchen und Dörfer rund um den Amiata bestätigen diesen Gesamteindruck: keine eleganten Piazzen oder protzige Palazzi, nichts Spektakuläres, aber dennoch zum Teil malerische Ortsbilder wie etwa in **Santa Fiore** mit seiner aus dunklem Vul-

Pinien am Meer bei Folonica

kangestein gebauten Altstadt. Bekannter und dementsprechend touristisch stärker frequentiert sind lediglich die im Süden des Monte Amiata (und eigentlich schon auf dem Gebiet der Maremma) liegenden alten Etruskerstädtchen **Pitigliano**, **Sorana** und **Sovana** – alle auf Tuffstein modelliert, von verwinkelten Gassen durchzogen und bis auf das etwas herausgeputztere Sovana scheinbar in der Zeit stehen geblieben.

Neben Ruhe, Beschaulichkeit und in den heißen toscanischen Sommermonaten etwas angenehmeren Temperaturen hat die Monte-Amiata-Region aber noch ein Weiteres zu bieten: zahlreiche Thermal- und Mineralquellen, die teilweise schon in der römischen Antike für Heilzwecke genutzt wurden. Neben angelegten Thermalschwimmbecken gibt es mancherorts auch regelrechte „Naturbadewannen" wie etwa beim **Fosso Bianco** ganz in der Nähe des kleinen Kurorts **Bagni San Filippo.**

Küste der Maremma

Im Osten gehen die Ausläufer des Monte Amiata sanft in die Schwemmlandebene der Thyrrenischen Küste über. Maremma heißt dieses „Land am Meer" (so etwa die Übersetzung), das sich historisch vor allem durch eines auszeichnete: durch den ständigen Ausbruch verheerender Malariaepidemien. Zwar hatten bereits die Etrusker und später dann die Römer mit einigem Erfolg versucht, die Sümpfe des wasserdurchtränkten Gebietes trockenzulegen, doch nach dem Untergang des Römischen Reiches verfiel auch das effektive Drainagesystem, sodass die „Maremma amara", die „bittere Maremma", für die folgenden Jahrhunderte wieder in ihr altes Elend zurückfiel – *„Sia maledetta maremma maremma"* („Sei verflucht, Maremma") heißt es entsprechend in einem alten Volkslied. Durchschlagende Erfolge gegen das Sumpffieber erzielte man im Grunde erst nach dem Zweiten Weltkrieg, als man die malariaübertragende Anophelesmücke durch den gezielten Einsatz von Insektenvertilgungsmitteln ausrotten konnte.

12 Südtoscana erleben

Heute wird die Küstenlinie der einst verfluchten Maremma durch den Tourismus bestimmt. Die exklusivsten Adressen findet man ganz im Süden am **Monte Argentario**, einer ehemaligen Insel, die im Laufe der Jahrhunderte durch einen fortschreitenden Verlandungsprozess über drei schmale Verbindungen mit dem Festland verwachsen ist. Macchiabewachsene Hänge, hübsche Sandbuchten und wirklich malerische Hafenstädtchen wie **Porto San Stefano** und insbesondere **Porto Ercole** bestimmen hier das Bild.

Wieder auf dem Festland und noch etwas weiter im Süden an der Grenze zur Provinz Latium stößt man auf ein ganz einzigartiges Experimentierfeld der zeitgenössischen Kunst, den Skulpturengarten der französischen Bildhauerin Niki de Saint-Phalle mit bizarren, überlebensgroßen Polyester-Figuren. Zeugnisse historischer Kunst oder Architektur sind am weiteren Küstenverlauf Richtung Norden dagegen eher spärlich gesät. Der wohl schönste Ort an der maremmanischen Küste ist **Castiglione della Pescaia** mit seiner alten Stadtmauer und der Rocca aus dem 14. Jh. Rundherum breiten sich weite Sandstrände aus, die im Sommer allerdings alles andere als einsame Rückzugsgebiete sind. Die findet man schon eher im **Parco Naturale della Maremma** rund um die Monti dell'Ucceline, wo man noch frei laufende Rinder und Wildpferde zu Gesicht bekommen und durch dichte Pinienwälder wandern kann. Zum Baden sind die naturbelassenen Strände dagegen weniger geeignet.

Zurück nach Siena

Zurück zum „Tor zur Südtoscana" geht es durch altes Etruskerland. Kurvenreiche Straßen schlängeln sich durchs küstennahe Binnenland, man passiert **Grosseto** mit seiner kleinen, gepflegten Altstadt und kann auf verschlungenen Nebenpfaden durch wunderbar grüne Landschaft Abstecher ins angenehm wenig herausgeputzte **Roccastrada** oder zur berühmten „Abtei ohne Dach", der Ruine **San Galgano**, unternehmen. Bald darauf hat man **Siena** erreicht, eine Stadt, die in manchem der genaue Gegenentwurf ihrer großen historischen Rivalin Florenz ist: Florenz liegt unten im lieblichen Tal des Arno, Siena thront trutzig auf drei Hügeln, Florenz ist *die* Renaissancestadt schlechthin, Siena durch und durch gotisch. Auch in touristischer Hinsicht sind die Rollen klar verteilt: Florenz lockt jährlich um die zehn Millionen Besucher aus aller Welt an und hat nahezu das ganze Jahr über touristische Hochkonjunktur; Siena hat zumindest im Vergleich dazu nur bescheidene Zahlen aufzuweisen, untouristisch geht es aber natürlich auch hier nicht zu.

Sienas bekannteste Örtlichkeit ist der **Campo**, der sich muschelförmig in der Senke der drei Stadthügel ausbreitet und von mittelalterlichen Häusern umrahmt wird – sicher einer der schönsten Plätze Italiens, der allein schon den Aufenthalt in der Stadt lohnt. Dort steht auch der **Palazzo Publicco** mit dem 102 Meter in den Himmel ragenden, schlanken **Torre del Mangia**, den man über zahllose Stufen erklimmen kann. Oben angekommen, hat man einen wirklich atemberaubenden Blick über die Dächer der Stadt bis weit ins Umland hinein. Sicher: Der südlichste Zipfel der Toscana ist von hier nicht auszumachen, aber man kann ja wieder hinuntersteigen, sich ins Auto setzen und von hier seine Tour in den noch vergleichsweise unbekannten Teil der Provinz beginnen – es lohnt sich!

Parken auf dem Grünstreifen bei Chiusure

Anreise

Die klassische Variante ist und bleibt das eigene Auto, trotz vorhersehbarer Staus in der Alpenregion (zumindest in der Hauptsaison) und Parkplatznot in den Städten vor Ort (zumindest in den größeren). Wer seinen Aufenthalt auf die Metropolen beschränken möchte, sollte aber die Bahn und – angesichts der derzeitigen Preisentwicklung auf dem Flugmarkt – insbesondere das Flugzeug als Alternativen im Auge behalten. Für ausgedehnte Streifzüge durch die entlegensten Winkel der toscanischen Provinz ist das Auto dagegen (fast) unverzichtbar.

Mit dem eigenen Kraftfahrzeug

Die gängigste und bequemste Route durch **Österreich** führt über die Brennerautobahn mit der 820 m langen und 190 m hohen Europabrücke. Hinter der österreichisch-italienischen Grenze schließt sich dann eine zügige Fahrt durch die lang ausgleitenden Südtiroler Täler an. Begleitet von schroffen Felshängen, Ritterburgen wie aus dem Bilderbuch, sonnendurchfluteten Weinhängen und Obstbaumkulturen gelangt man über Bozen und Trento schnell nach Verona, wo die endlose Weite der Poebene beginnt. Bei Modena wechselt man von der A 22 auf die A 1 nach Bologna, die als berühmte „Autostrada del Sole" von Milano kommt und sich bis Rom fortsetzt. Ab Bologna wird das Land unvermittelt wieder bergiger, z. T. fast dramatisch. Schroffe Felsen und grüne Bergrücken signalisieren den Beginn des Apennin. Über viele Kurven und durch kaum weniger Tunnels gelangt man schließlich nach Florenz.

Wer aus dem Westen Deutschlands kommt und über die **Schweiz** anreist, fährt durch den über 16 km langen St.-Gotthard-Tunnel und weiter auf malerischer Strecke mit bereits prächtiger mediterraner Vegetation auf einem Damm über den Luganer See zum schweizerisch-italienischen Grenzübergang Chiasso. Von dort geht es dann über Milano, Modena und Bologna weiter nach Florenz.

Vignetten und Maut

Autobahngebühren müssen sowohl bei der Anfahrt durch Österreich und die Schweiz wie auch in Italien gezahlt werden.

▸ **Österreich**: Seit 1997 sind alle österreichischen Autobahnen und Schnellstraßen gebührenpflichtig. Die Zehntagesvignette für PKW kostet 7,60 €, eine Zweimonatsvignette 21,80 €, die Jahresvignette 72,60 € (Motorrad 4,30/10,90/29 €). Auch bei einem Aufenthalt, der länger als 10 Tage dauert, sollte man deshalb nicht die Zweimonatsvignette nehmen, sondern für Hin- und Rückreise je eine Zehntagesvignette. Die Vignetten – oder das „Pickerl", wie die Österreicher sagen – sind bei den Automobilclubs, an grenznahen Raststätten und an der Grenze selbst erhältlich (für die Rückreise auch auf Südtiroler Seite).

Separat muss an einer Mautstelle hinter Innsbruck die **Auffahrt zum Brenner** mit der eindrucksvollen Europa-Brücke bezahlt werden. Für Kraftfahrzeuge und Gespanne bis 3,5 t schlägt das für Hin- und Rückfahrt mit jeweils 8 € zu Buche, für Gefährte über 3,5 t zahlt man je nach Achsenanzahl sogar zwischen 28 und 50 €. Seit 2004 kann man die Brennerüberquerung bereits vor der Reise beim ADAC oder später an einer der grenznahen Tankstellen (z. B. zusammen mit der Vignette) bezahlen und wird dann an der Zahlstelle vor Ort per Video registriert und freigeschaltet. Spartipp ist die kostenfreie **alte Brennerstraße** (B 182), die von Innsbruck durchs reizvolle Eisacktal zum Brenner hinaufführt (für LKW ist sie verboten).

> Kfz ab 3,5 t müssen statt der Vignette für 5 € eine sog. **„Go-Box"** erwerben, die die Gebühren elektronisch erhebt. Die Verrechnung erfolgt entweder von einem in der Box gespeicherten Guthaben (Pre-Pay) oder hinterher per Abbuchung von einer Debit-, Kredit- oder Tankkarte (Post-Pay). Erhältlich ist die Go-Box an denselben Verkaufsstellen wie die Vignetten. Weitere Informationen unter www.go-maut.at oder ✆ 0800-40011400.

▸ **Schweiz**: Wer über die Schweiz anreist und das dortige Autobahnnetz nutzen will, muss sich über 10-Tage-Fristen oder Ähnliches keine Gedanken machen. Hier regiert die 12 Monate gültige **Jahresvignette** zum Preis von umgerechnet 26,50 €, die für alle Kraftfahrzeuge bis zu einem Gesamtgewicht von 3,5 t gültig ist (Fahrzeuge über 3,5 t zahlen Staffelpreise). Erhältlich ist sie bei den heimischen Automobilclubs, an der Grenze und an jeder Schweizer Poststelle.

▸ **Italien**: In Italien werden die Gebühren nach gefahrenen Kilometern berechnet; pro hundert Kilometer sind für einen PKW knapp 6 € fällig. Kontrollstellen sind an jeder Autobahnauffahrt eingerichtet, dort verrichtet ein Automat die Ticketausgabe (gelben bzw. roten Knopf drücken und Ticket ziehen). Beim Wechsel der Autobahn und bei Ausfahrten wird man dann zur Kasse gebeten. Bezahlen kann man entweder **bar**, mit der **Viacard** und an vielen Mautstellen mittlerweile auch mit der **Kreditkarte**. Die Viacard funktioniert wie eine Telefonkarte: Man kauft zum Preis von 25,25 € oder 50,50 € ein Kontingent an Fahrkilometern, das sukzessive verbraucht

Mit dem eigenen Kraftfahrzeug 15

Oldtimer-Rallye – Ziel Montepulciano

wird. Erhältlich sind die Viacards bei den Automobilclubs, an Grenzübergängen und an großen Raststätten. Viacard-Besitzer können ebenso wie Barzahler an den mit Personal besetzen Kassenhäuschen zahlen, haben aber auch die Möglichkeit, eine **Extraspur** zu benutzen („uscita riservata Viacard"), wo die Abfertigung automatisch erfolgt (für Kreditkarteninhaber ist diese Spur obligatorisch): Autobahnticket einführen, Betrag erscheint auf der elektronischen Anzeigetafel, dann Viacard einführen. Sollte ihr Kartenguthaben bei der Abrechnung nicht ausreichen, erhalten Sie dennoch eine gültige Quittung und haben dann noch zwei Wochen Zeit, die Differenz zu begleichen. Den Fehlbetrag bar zu zahlen ist bei der automatischen Abfertigung nicht möglich.

Achtung: Falls Sie bar zahlen wollen, aber sich fälschlicherweise am Viacard-Schalter eingeordnet haben, stoßen Sie keinesfalls zurück – es drohen hohe Bußgelder und sogar Fahrverbot –, sondern drücken Sie die Hilfetaste. Sie erhalten dann einen Quittungsstreifen, mit dem Sie die Gebühr bei einer anderen Mautstelle bezahlen bzw. nachträglich überweisen können.

Autobahngebühren bis Florenz: Für einen PKW muss man ab der schweizerisch-italienischen Grenze bei **Chiasso** ca. 20 € bezahlen, vom **Brenner** an der österreichisch-italienischen Grenze sind es etwa 26 €. Für Gespanne mit drei Achsen erhöht sich das Ganze auf ca. 25 bzw. 32,50 €, für Gespanne mit vier Achsen auf 39,50 bzw. 51,50 € (Stand: Winter 2007/8). Die jeweils aktuellen Tarife können Sie bei den Automobilclubs erfragen oder im Internet unter www.autostrade.it (leider nur auf Italienisch) ermitteln – Autobahngebühr heißt „pedaggio".

Mit der Bahn

Direktverbindungen in die Toscana werden in Deutschland nur von München aus angeboten. Die derzeit empfehlenswerteste Variante (Stand: Winter 2007/08) ist der **EuroNight 287** von München nach Florenz und weiter nach Arezzo und Chiusi-Chianciano Terme im Südosten der Toscana. Abfahrt ist um 21.03 Uhr, Ankunft in Florenz um 5.30 Uhr, in Arezzo um 6.09 Uhr und in Chiusi-Chianciano Terme um 6.43 Uhr. Eine Alternative in der Nacht ist der um 23.40 Uhr in München startende **DB NachtZug NZ 289**, der aber nur bis Florenz fährt, Ankunft 9.10 Uhr. Für beide Züge kann man das besonders günstige **SparNight-Angebot** nutzen (siehe unten). Wer lieber tagsüber unterwegs ist, kann z. B. von München morgens um 9.33 Uhr den **EC 85** nehmen, der um 17.53 Uhr in Florenz und um 18.38 Uhr in Arezzo ankommt (Chiusi-Chianciano Terme wird von diesem Zug nicht direkt bedient). Bei Fahrten in andere toscanische Städte muss man mindestens einmal, meist sogar mehrmals umsteigen.

• *DB-Preise* Unschlagbar günstig ist das erwähnte **SparNight-Angebot**, mit dem man für die Strecke München–Florenz inkl. Platz im 6er-Liegewagen gerade einmal 39 € bezahlt (im 4er-Liegewagen 49 €, im 2er-Schlafwagen 69 €). Natürlich ist das Angebot kontingentiert, d. h. man sollte sich so früh wie möglich um einen Platz kümmern. Informationen und Buchungen über das Servicetelefon 01805/141514 (12 Cent pro Minute, täglich 6–24 Uhr), über www.nachtzugreise.de, alle Reisezentren der Deutschen Bahn und in Reisebüros mit DB-Lizenz.

Wer nicht auf diesen supergünstigen Tarif zurückgreifen kann, muss erheblich tiefer in die Tasche greifen: Der Normaltarif von München bis Florenz liegt bei etwa 180 €. Reduzieren kann man diesen Preis durch die beiden **BahnCard-Varianten 25 bzw. 50** und durch die beiden Frühbuchertarife, den **Sparpreis 25** und der **Sparpreis 50** (jeweils 25 bzw. 50 % Rabatt auf den Normaltarif). Diese Plan-&-Spar-Tarife sind jedoch kontingentiert und gelten nicht für alle Züge!

Für Schweizer und nahe der Grenze wohnende Deutsche ist das folgende Angebot zu beachten: Die Züge der **Cisalpino AG** verkehren täglich fast 20 Mal zwischen Basel oder Zürich und vielen Städten in Italien. Bei Buchung von mindestens 7 Tagen im Voraus bezahlt man nur 32 € im Tageszug und 39 € im Nachtzug.

• *Information* Die Deutsche Bahn AG ist im Internet unter www.bahn.de vertreten (Fahrpläne für die gewünschte Verbindung, Online-Ticketbuchung für Ziele im Inland, Information über aktuelle Sparpreise etc.). Informationen zu Verbindungen und Preisen im In- und Ausland bekommen Sie darüber hinaus unter ✆ 11861 (rund um die Uhr) oder in den Service-Centern an den Bahnhöfen. Wer sich nicht selbst durch den Tarifdschungel kämpfen möchte, dem sei www.gleisnost.de empfohlen. Die Bahnkenner finden für Sie die billigsten Verbindungen.

Nostalgielok

- *Fahrradmitnahme* Wer sein Fahrrad im Zug nach Italien transportieren möchte, wendet sich an die zuständige Radfahrer-Hotline der Deutschen Bahn, ℡ 0180-5151415. Informationen gibt außerdem der Allgemeine Deutsche Fahrrad-Club (ADFC), www.adfc.de, ℡ 0421/34629-0, ✆ 0421/34629-50.
- *AutoZug* Wer sich die Fahrt über den Brenner sparen und vor Ort mobil sein will, kann von Mai bis Oktober mit dem Auto-Zug bis Verona oder Livorno fahren. Die Züge starten ab Berlin, Frankfurt/M., Hamburg, Hildesheim und Köln. Die Kosten sind allerdings erheblich und saisonal recht unterschiedlich. Da die Kapazitäten begrenzt sind, empfiehlt sich in der Hauptreisezeit eine rechtzeitige Buchung. (Achtung: max. Höhe des Fahrzeugs inkl. Dachaufbauten 1,67 m, Gepäckmitnahme auf dem Fahrzeug ist nicht erlaubt.) Weitere Details in der Broschüre „AutoZug-Katalog", unter ℡ 0180-5241224 (tägl. 8–22 Uhr) oder im Internet unter www.dbautozug.de.
- *Interrail* Gibt es mittlerweile in der (recht teuren) Neuauflage, in der auch Erwachsene (ab 26 Jahre) mitfahren können, sogar in der ersten Klasse. Mit dem **InterRail Global-Pass** können Jugendliche (12–25 Jahre) in der 2. Klasse 5-mal in 10 Tagen, 10-mal in 22 Tagen, an 22 aufeinanderfolgenden Tagen oder einen ganzen Monat durch Europa fahren, die Preise hierfür liegen bei 159–399 €, für Erwachsene (2. Klasse) bei 249–599 € (1. Klasse: 329–809 €). Ebenso wurde das alte System des Euro Domino unter dem neuen Namen **InterRail Ein-Land-Pass** wieder aufgenommen: An 3, 4, 6 oder 8 Tagen innerhalb eines Monats kann man in einem Land kreuz und quer Bahn fahren; die Länder sind in Preisgruppen unterteilt, für Italien kostet der Pass für Jugendliche beispielsweise 71–149 €, für Erwachsene 109–229 € (1. Klasse: 147–309 €). Lohnt, wenn man in Italien mehrmals große Strecken zurücklegen möchte und nicht länger als einen Monat bleibt. Weitere Infos unter www.bahn.de.

Innerhalb Italiens kann man nach einem ähnlichen System wie dem deutschen „Plan & Spar" Kosten reduzieren. Informationen im Internet unter **www.trenitalia.de** oder unter der deutschen Adresse: Trenitalia, Divisione Passeggeri, c/o GlobalPassGermany, Claudia Rakutt, info@trenitalia.de, ℡ 06031/737630, ✆ 06031/725081.

Mit dem Flugzeug

Zielflughäfen in der Toscana sind der „Aeroporto Galileo Galilei" bei **Pisa** und der „Aeroporto Amerigo Vespucci" bei **Florenz**.

Beide werden von der *Lufthansa* und der *Alitalia* täglich angeflogen. Die Lufthansa fliegt allerdings nur von Frankfurt/M. und München aus direkt, die Alitalia sogar nur von München. Möchte man von anderen deutschen Städten wie etwa Berlin oder Düsseldorf aus starten, muss man in Frankfurt/M, München oder Mailand umsteigen. Die Flugzeit von München beträgt kaum mehr als eine Stunde, von Frankfurt/M etwa eineinhalb Stunden. Was die Preise betrifft, muss man angesichts der zahlreichen Sonderkonditionen mit einer größeren Spanne rechnen. Als Faustregel gilt, dass ein Flug nach Florenz zwischen 300 und 350 € kostet, etwas günstiger wird es, wenn man nach Pisa fliegt. Bei Lufthansa empfiehlt sich eine frühzeitige Buchung, sonst kostet ein Flug oft sogar mehr als 1000 €. In völlig anderen Dimensionen bewegt man sich, wenn man auf ein Billigstangebot der Fluglinien *Ryanair* (www.ryanair.com) oder *Hapag-Lloyd Express* (www.hlx.com) zurückgreift. Beide fliegen derzeit (Stand: Winter 2007/08) nur Pisa an – Erstere von Frankfurt-Hahn und Hamburg/Lübeck, Letztere von Hannover, Köln/Bonn und Stuttgart –, das jedoch zu regelrechten „Nahverkehrstarifen" ab 19,99 €. Allerdings wollen solche Schnäppchen früh gebucht sein, denn die günstigen Plätze bei den sog. Low-Cost-Carriern sind kontingentiert und je näher der Abflugtermin rückt, desto teurer wer-

18 Anreise

den die Angebote. Einen regelmäßig aktualisierten Überblick über alle Billigflieger bietet die Seite www.whichbudget.com.

- *Verbindungen vom Flughafen Pisa* Busse der Compagnia Pisana Trasporti (www.cpt.pisa.it) fahren alle 10 Min. vom Flughafen Gaileo Galilei ins Zentrum von **Pisa**, die Fahrt kostet ca. 0,90 €. Wichtige Stationen sind Stazione Centrale, Piazza Vittorio Emanuele und Santa Chiara Hospital nahe der Piazza dei Miracoli (Wunderwiese). Die Busstation liegt vor der Abflughalle.
Vor der Ankunftshalle starten außerdem VAI-Busse der Autolinee F.lli Lazzi nach **Lucca** und **Pietrasanta** sowie Busse der Azienda Trasporti Livornese (ATL) nach **Livorno**. Näheres auf der Flughafenwebsite (www.pisa-airport.com).

- *Verbindungen vom Flughafen Florenz* ATAF-Busse (www.ataf.net) verbinden den Flughafen Amerigo Vespucci mit dem **Florentiner Hauptbahnhof** Santa Maria Novella, Verbindungen von 6 Uhr morgens bis 20.30 Uhr alle 30 Min., danach bis 23.30 Uhr stündlich. Die Fahrt kostet ca. 4 €, ein Taxi etwa 15–16 €. Näheres auf der Flughafenwebsite (www.aeroporto.firenze.it).

Mit dem Bus

Die *Deutsche Touring GmbH* bietet mit ihren Europabussen von fast allen deutschen Großstädten (u. a. Dortmund, Düsseldorf, Frankfurt/M., Köln, Leipzig, München und Stuttgart) ein- bis zweimal wöchentlich Fahrten nach Florenz und Siena an. Erwachsene zahlen für die Hin- und Rückfahrt von Frankfurt/M. nach Florenz ca. 158 € (Kinder unter 4 J. erhalten 80 %, unter 12 J. 50 %, Studenten 10 % Ermäßigung). Hauptsaisonzuschlag ca. 15 €, bei frühzeitiger Buchung gibt es Rabatt.

- *Information* **Deutsche Touring GmbH**, Am Römertor 17, 60486 Frankfurt, www.deutsche-touring.com, ℡ 069/79030. Wichtig: Vergessen Sie nicht, sich die **Reservierung für die Rückfahrt** unter ℡ 055-357059 (in Florenz) bestätigen zu lassen, und zwar spätestens vier Tage vor der Rückreise. Unter dieser Nummer können auch einfache Rückfahrttickets gebucht werden.

- *Fahrradtransport per Bus* Eine Alternative zum Zug (s. o.) sind die Fahrradbusse der folgenden Reiseveranstalter:

Reisezeit, Guldeinstr. 29, 80339 München, ℡ 089/505050, ℻ 089/501005. www.reisezeit-online.de
Natours, Untere Eschstr. 15, 49179 Ostercappeln, ℡ 05473/92290, ℻ 05473/8219. www.natours.de
Beide bieten von verschiedenen deutschen Städten aus Busfahrten mit Radmitnahme direkt nach **Florenz**, **Livorno**, **Grosseto** und **Piombino** an. Da die Plätze limitiert sind, sollte man sich frühzeitig informieren und mit der Buchung nicht zu lange warten.

Mitfahrzentralen

Eine günstige Variante für Reisende mit schmalem Geldbeutel sind die Mitfahrzentralen (MFZ), die man in zahlreichen Städten Deutschlands findet (zu erreichen zum Großteil unter der einheitlichen Telefonnummer ℡ 19440 plus Vorwahl der jeweiligen Stadt oder im Internet unter www.mitfahrzentrale.de, www.mitfahrzentralen.org oder www.citynetz-mitfahrzentrale.de). Der Fahrpreis setzt sich aus der Vermittlungsgebühr (VG) und einer Betriebskostenbeteiligung (BKB) zusammen. Dazu kommt eine von der Fahrtstrecke unabhängige Versicherungsgebühr (freiwillig), die im Falle des Falles den Weitertransport per Bahn zum Zielort gewährleistet. Die Vermittlungsgebühr ist vor Antritt der Reise zu bezahlen. Die Betriebskostenbeteiligung wird von der MFZ festgesetzt und direkt an den Chauffeur zu entrichten. Der Gesamtpreis für eine Mitfahrgelegenheit ist abhängig von der Entfernung und dem Benzinverbrauch des Fahrzeugs und beträgt etwa 4 €/100 km. Außerdem fällt eine pauschale Vermittlungsgebühr an (von Deutschland nach Italien ca. 8–10 €). Der Preis für die Strecke Frankfurt/M.–Florenz beläuft sich also alles inklusive auf ca. 50 €.

„Parkplatz" in Montalcino

Unterwegs in der Südtoscana

Wer allein auf Bus und Bahn angewiesen ist, kann in der Toscana durchaus Probleme bekommen. Zwar sind die größeren Orte gut in das öffentliche Verkehrsnetz eingebunden, doch werden die Nebenstrecken teilweise nur sehr selten befahren, sodass immer wieder Wartezeiten in Bahnhofscafeterien und an Busstopps in Kauf genommen werden müssen.

Mit dem eigenen Kraftfahrzeug

Das Straßennetz in der Toscana ist gut ausgebaut, die Straßen selbst sind größtenteils in einem befriedigenden bis tadellosen Zustand. Verkehrsknotenpunkt ist Florenz; von dort kommt man via **Autobahn** (Autostrada 11) schnell nach Westen Richtung Küste (über Prato, Pistoia, Lucca, dann wahlweise weiter nach Süden Richtung Livorno oder nach Norden Richtung Massa) und nach Südosten Richtung Arezzo und weiter nach Chiusi (Autostrada 1). Zügige Alternativen zu den gebührenpflichtigen Autobahnen sind die gebührenfreien vierspurigen **Schnellstraßen** (*superstrade* oder *raccordi*), die von Florenz nach Westen (Livorno) bzw. Süden (Siena) führen. Von Livorno geht es ebenfalls auf einer weitgehend vierspurig ausgebauten Schnellstraße an der Küste entlang über Grosseto bis Orbetello am Monte Argentario und weiter in Richtung Rom. Zwischen den Hauptverkehrsachsen spannt sich ein weites Netz von Querverbindungen, das aus einspurigen **Staats-** und **Provinzstraßen** (*strade statale* bzw. *strade provinciale*) besteht, auf denen man schon einmal eine Weile unterwegs sein kann, um an sein Ziel zu kommen.

Hinweise zum Stadtverkehr

In allen großen Städten ist die Stadtmitte mit Hinweisschildern gekennzeichnet. Achten Sie auf den Schriftzug *centro* und/oder das Zeichen ⊙. Stellen Sie sich außerdem darauf ein, dass die historisch gewachsenen Stadtzentren (*centro storico*) zeitweise oder ständig für den Autoverkehr gesperrt sind *(zona a traffico limitato)*. Nur autorisierte Fahrer und Anwohner dürfen hineinfahren bzw. dort parken. Urlaubern ist es jedoch in der Regel gestattet, mit dem PKW ein Hotel in der Altstadt zu suchen.

Parken: Nicht immer unproblematisch, vor allen in den Zentren der großen Städte. Parkverbot besteht an schwarz-gelb markierten Bordsteinen und an gelb gekennzeichneten (z. B. für Taxis und Busse reservierten) Parkflächen – daran sollte man sich unbedingt halten, denn die Strafen können drastisch ausfallen. Für den Fall, dass ihr Fahrzeug wegen widerrechtlichen Parkens von der Polizei abgeschleppt wurde, setzen Sie sich am besten mit der Stadtpolizei *(vigili urbani)* in Verbindung; meist steht das gute Stück auf extra dafür eingerichteten Plätzen am Stadtrand und kann dort direkt freigekauft werden.

Gratis kann man sein Fahrzeug mit Parkscheibe im Zentrum in der *zona disco* abstellen, für Plätze mit Parkscheinautomaten zahlt man in der Regel 0,60–1,50 € pro Stunde. Bei längerem Aufenthalt ist es bequemer, die gebührenpflichtigen (und meist bewachten) Parkplätze zu nutzen, die fast jede Stadt in Fußentfernung zu den Sehenswürdigkeiten anbietet (ca. 1–2 € pro Std.). Wer in einem Hotel in der Altstadt untergekommen ist, erhält dort meist einen Anwohner-Parkausweis. Falls nicht, kann es sein, dass man seinen Wagen nach dem Entladen wieder aus dem Zentrum entfernen und außerhalb parken muss. Über eigene Garagen oder andere Parkmöglichkeiten verfügen in der Regel nur Hotels ab drei Sternen aufwärts.

Rund um den italienischen Verkehr

- *Auskünfte* Das **CAT** (Centro Assistenza Telefonica), der telefonische Auskunftsdienst des italienischen Automobilclubs ACI (Automobile Club Italiano), gibt unter ✆ 064477 Hinweise zu Straßenzustand, Wetter, Autobahngebühren u. Ä.
- *Häufige Verkehrsschilder* Häufig trifft man auf Verkehrsschilder mit der Hinweisen wie: **accendere i fari** = Licht einschalten; **attenzione uscita veicoli** = Vorsicht Ausfahrt; **deviazione** = Umleitung; **divieto di accesso** = Zufahrt verboten; **inizio zona tutelata** = Beginn der Parkverbotszone; **lavori in corso** = Bauarbeiten; **parcheggio** = Parkplatz; **rallentare** = langsam fahren; **senso unico** = Einbahnstraße; **strada interrotta** = Straße gesperrt; **strada senza uscita** = Sackgasse; **temporaneo limitato al percorso** = Durchfahrt vorübergehend verboten; **tutti direzioni** = alle Richtungen; **zona a traffico limitato** = Bereich mit eingeschränktem Verkehr; **zona disco** = Parken mit Parkscheibe; **zona pedonale** = Fußgängerzone; **zona rimorchio** = Abschleppzone.

- *Kraftstoff* Die italienischen Benzinpreise entsprechen etwa denen in Deutschland. **Tankstellen** sind an den Autobahnen 24 Std. durchgehend geöffnet, in Ortschaften meist Mo-Sa von 8.30 bis 12.30 Uhr und von 15 bis 19 Uhr. Manche Tankstellen haben einen Ruhetag, meist ist es der Sonntag. An vielen Zapfautomaten können Sie aber dann mit einem unzerknitterten Geldschein im Selfservice-Verfahren tanken. Kredit- oder Bankkarten werden häufig, aber nicht immer akzeptiert.

- *Pannenhilfe/Notrufe* **Notrufsäulen** stehen in Abständen von 2 km an den Autobahnen. Der **Straßenhilfsdienst** des italienischen Automobilclubs ACI (www.aci.it) ist in ganz Italien rund um die Uhr unter ✆ 803-116 zu erreichen (aus den Mobilfunknetzen mit 800 116800). Die Pannenhilfe ist kostenpflichtig, auch für Mitglieder von Automobilclubs. Im Rahmen der ADAC-Plus-Mitgliedschaft werden die Kosten für Pannenhilfe bis zu ca. 200 € und auch für das Abschleppen bis zur nächsten ACI-Werkstatt bis zu ca. 200 € übernommen.

Rund um den italienischen Verkehr 21

Polizeinotruf ✆ 112, **Straßenpolizei** ✆ 113, **Unfallrettung** ✆ 118, **deutschsprachiger Notrufdienst des ADAC** (in Mailand) ✆ 02-661591.
• *Straßenkarten* Siehe „Wissenswertes von A bis Z" auf S. 28.

• *Unfälle* An der Windschutzscheibe eines in Italien zugelassenen Wagens ist ein Aufkleber mit der Adresse der Versicherungsgesellschaft und der Versicherungsnummer angebracht. Diese unbedingt notieren und Zeugen ermitteln.

Die **Bußgelder** in Italien sind in den letzten Jahren wiederholt drastisch angehoben worden. Insbesondere Geschwindigkeitsüberschreitungen werden mit hohen Geldbußen geahndet. Seit 2004 gibt es auch in Italien Radarkontrollen und es wird eifrig davon Gebrauch gemacht. Bei stark überhöhter Geschwindigkeit können sogar Fahrverbote ausgesprochen werden! **Achtung:** Es werden auch Radarfallen benutzt, die mit dem Abstand zwischen zwei Blitzern und der für diese Strecke benötigten Zeit die Geschwindigkeit ermitteln – rechtzeitiges Bremsen hilft hier nicht. Die drakonischen Strafen haben Wirkung gezeigt, die italienischen Autofahrer sind disziplinierter geworden und die Unfälle deutlich zurückgegangen.

• *Verkehrsvorschriften* **Abblendlicht** ist auch tagsüber auf allen Autobahnen und Landstraßen vorgeschrieben, für Zweiräder gilt generell „Licht an"; **privates Abschleppen** auf Autobahnen ist verboten; **Straßenbahnen** haben grundsätzlich Vorfahrt; die **Promillegrenze** liegt bei 0,5; es besteht **Gurt/Helmpflicht**; das Telefonieren während der Fahrt ist nur mit einer **Freisprechanlage** gestattet; im **Kreisverkehr** gilt rechts vor links, sofern nichts anderes angezeigt ist. In den meisten Fällen hat aber das im Kreis fahrende Fahrzeug Vorfahrt; **Motorräder unter 150 ccm** sind auf italienischen Autobahnen verboten; **Parkverbot** an schwarzgelb markierten Bordsteinen und gelb markierten Flächen; Dachlasten und Ladungen, die über das Wagenende hinausragen, müssen mit einem reflektierenden, 50 x 50 cm großen, rot-weiß gestreiften **Aluminiumschild** (kein Kunststoff!) abgesichert werden (erhältlich im deutschen Fachhandel, in Italien an Tankstellen; Fahrrad- oder Lastenträger mit Heckleuchten und Nummernschild, die im Kfz-Schein eingetragen sind, sind von dieser Regelung ausgenommen).

Ihr Fahrzeug muss mit **reflektierenden Sicherheitswesten** (DIN EN 471) ausgestattet sein, die Fahrer und/oder Beifahrer anzuziehen haben, wenn sie das Fahrzeug wegen Panne oder Unfall verlassen. Diese Regelung gilt prinzipiell außerhalb geschlossener Ortschaften, nachts und bei schlechter Sicht auch innerhalb von Ortschaften. Erhältlich sind die Westen in Tankstellen, Baumärkten etc. (für ca. 10 €, manchmal auch günstiger).

• *Versicherung* Anzuraten ist bei neuen Fahrzeugen unbedingt eine vorübergehende **Vollkaskoversicherung**, da die Deckungssummen italienischer Haftpflichtversicherer lächerlich niedrig sind. Bei Diebstahl springt die Vollkasko (und Teilkasko) ebenfalls ein.
Auch einen **Auslandsschutzbrief** sollte man abschließen; alle Automobilclubs und Autoversicherer bieten ihn an. Erstattet werden die Versandkosten von Ersatzteilen, der Heimtransport von Fahrzeug und Personen, eventuell anfallende Übernachtungskosten, Verschrottung, Überführung und einiges mehr (genaue Bedingungen bei der jeweiligen Anbietern erfragen, Jahrespreis zwischen 40 und 70 €).

Höchstgeschwindigkeiten				
	Hubraum	Landstraßen	Schnellstraßen	Autobahnen
PKW		90 km/h	110 km/h	130 km/h, bei Regen 110
PKW mit Anhänger		70 km/h	70 km/h	80 km/h
Wohnmobil über 3,5 t		80 km/h	80 km/h	100 km/h
Motorräder	bis 149 ccm	90 km/h	110 km/h	verboten
Motorräder	ab 150 ccm	90 km/h	110 km/h	130 km/h

Wissenswertes von A bis Z

Ärztliche Versorgung

Der offizielle Weg zu ärztlicher Hilfe führt für gesetzlich Versicherte nicht mehr über den guten alten Auslandskrankenschein, sondern über die *European Health Insurance Card (EHIC)*. Mit der EHIC (siehe auch unten) kann man im EU-Ausland wie daheim zum Arzt gehen und sich behandeln lassen, ohne die Kosten vorstrecken zu müssen. Theoretisch zumindest, denn viele Ärzte behandeln nicht im Rahmen des staatlichen Gesundheitssystems, sodass man die Behandlung oftmals bar bezahlen muss. Für Privatversicherte gilt ohnehin grundsätzlich Barzahlung. Gegen Vorlage einer detaillierten Quittung *(ricevuta)* des behandelnden Arztes einschließlich Übersetzung werden die Kosten dann daheim erstattet – allerdings nur so weit, wie sie der heimische Gesundheitsdienst getragen hätte.

Wer ganz sicher gehen will, sollte eine – in der Regel sehr günstige – **private Auslandskrankenversicherung** abschließen. Sie deckt neben den Arzt- und Arzneimittelkosten auch einen Rücktransport nach Hause ab.

- *EHIC* Die Karte ist von vielen Krankenkassen bereits ausgeliefert worden, manchmal handelt es sich schlicht um die Rückseite der normalen Versichertenkarte – werfen Sie mal einen kurzen Blick darauf. Manche Kassen sind allerdings noch im Verzug und arbeiten mit Übergangslösungen. Am besten, Sie erkundigen sich selbst bei Ihrer Kasse.

- *Notruf (pronto soccorso)* Notarzt und Krankenwagen erreicht man kostenlos von allen öffentlichen Apparaten in ganz Italien unter ☏ **118**. Alternativ kann man unter ☏ **113** die Unfallrettung der Straßenpolizei anrufen, diese schickt dann die Ambulanz.

- *Erste Hilfe (soccorso medico urgente)* In den Touristengebieten gibt es während der Saison in so gut wie jedem Ort eine von der Kommune unterhaltene Station der **guardia medica turistica**, in der man kleinere Verletzungen oder Bagatellerkrankungen behandeln lassen kann.

- *Apotheken (farmacia)* Ungefähre Öffnungszeiten: Mo–Sa 8.30–13 und 16.15–19.45 Uhr, Not- und Wochenenddienste sind an jeder Apotheke angeschlagen.

Diplomatische Vertretungen

Deutschland unterhält in der Toscana zwei Vertretungen, Österreich und die Schweiz je eine. In Notfällen – z. B. beim Verlust sämtlicher Reisefinanzen – kann man sich an diese Vertretungen des Heimatlandes wenden. In erster Linie erhält man dort allerdings Hilfe zur Selbsthilfe, z. B. die Vermittlung von Kontaktmöglichkeiten zu Verwandten oder Freunden und Informationen über schnelle Überweisungswege. Nur wenn keine andere Hilfe möglich ist, bekommen Sie Geld für die Heimreise vorgestreckt. Es werden aber keine Schulden übernommen (z. B. Hotelkosten) oder Mittel für die Fortsetzung des Urlaubs zur Verfügung gestellt.

Honorarkonsul der Bundesrepublik Deutschland (Console Onorario della Repubblica Federale di Germania), Honorarkonsulin Renate Wendt, I-50122 Firenze, Corso dei Tintori 3, ✆ 055-2343543, ✉ 055-2476208. Zuständig für die Provinzen Florenz, Grosseto, Livorno, Lucca, Massa-Carrara, Pisa, Pistoia, Prato und Siena.

Honorarkonsul der Bundesrepublik Deutschland (Console Onorario della Repubblica Federale di Germania), Honorarkonsul Gianfranco Duranti, I-52100 Arezzo, Casa Nuove di Ceciliano 59, ✆ 0575-321000, g.duranti@teletruria.it. Zuständig für die Provinz Arezzo.

Österreichisches Konsulat (Consolato di Austria), I-50123 Firenze, Lungarno Vespucci 58, ✆ 055-265422 o. 057-45730, ✉ 055-4571791, u.agostini@albinipitigliani.it.

Schweizer Konsulat (Consolato di Svizzera), I-50125 Firenze, c/o Hotel Park Palace, Piazzale Galileo 5, ✆ 055-222434, ✉ 220517, cons.suisse.firenze@fol.it.

> Zur Möglichkeit von **R-Gesprächen** im Notfall siehe S. 33.

Eintrittspreise

Die Toscana ist ein Dorado für Kunstliebhaber. Billig ist die Besichtigung der Kunstschätze allerdings nicht, denn ihre Pflege und Präsentation verschlingen eine Menge Geld, das man sich über die Eintrittspreise zumindest zum Teil zurückholen will. Für den Besuch von **Museen** und **Galerien** zahlt man je nach Stellenwert zwischen 3 und 9 € pro Person, mit ähnlichen Tarifen muss man rechnen, wenn man sich **Kastelle** anschauen will. **Kirchen** sind dagegen im Regelfall kostenlos, Eintritt muss man derzeit in der Toscana nur für den Dom von Pisa bezahlen. Generell kostenpflichtig ist aber die Besichtigung von Sakristei, Kirchenschatz, Dommuseum und anderen „Extras".

Aber auch wer eher profaneren Vergnügungen zugeneigt ist, muss sich in der Toscana auf z. T. saftige Preise einstellen. In **Diskotheken** z. B. läuft unter 10 € Eintritt selten was, meist zahlt man sogar 15–20 €. In **Clubs** wird oft eine Mitgliedskarte verlangt, die sog. *tessera*. Sie kostet meist nur ein paar Euro und kann auch für einen einmaligen Besuch erworben werden. Da die Clubs hohe Strafen zahlen müssen, wenn bei Polizeikontrollen Besucher ohne Clubausweis erwischt werden, wird Eintritt ohne Mitgliedskarte nur selten gewährt.

Fauna

Am eindrucksvollsten präsentiert sich die Tierwelt der Toscana wohl in der Maremma, dem „Wilden Westen" der Region. Neben Reihern und Kranichen, die in den Sumpfgebieten nisten, geben sich hier noch frei laufende Rinder und Pferde die Ehre. Fürchten muss man sich aber nicht, denn die tierische Freiheit ist natürlich keine absolute: Eingeschränkt wird sie durch die *Butteri*, echte Cowboys, die seit Urzeiten als berittene Hirten in der Gegend unterwegs sind und die extrem langhornigen Maremma-Rinder, die ursprünglich aus Indien stammen, und die hochbeinigen, einst aus Libyen eingeführten Maremma-Pferde nicht aus den Augen lassen.

Ansonsten gibt es wenig Außergewöhnliches zu berichten: Die ehemals großen

Bestände an Rotwild sind zu großen Teilen der Jagdleidenschaft vergangener Jahrhunderte zum Opfer gefallen, größere Bestände gibt es lediglich noch im Casentino und im Pratomagno. Da und dort durchstreifen nachtaktive Stachelschweine ihre mondbeschienenen Reviere, um sich tagsüber wieder in ihre Erdhöhlen zurückzuziehen. Im Apennin soll sich der eine oder andere Wolf versteckt halten, freilich ohne ein gesteigertes Bedürfnis nach der Begegnung mit Menschen zu verspüren. Ebenso spröde gibt sich in der Regel die giftige, ca. 70–75 cm große Apsisviper, auf die man insbesondere bei Wanderungen dennoch etwas Acht geben sollte. Gänzlich ungefährlich ist dagegen die Äskulapnatter, die geschickt in Bäumen und Sträuchern herumklettert und sich auf Mäuse und Jungvögel spezialisiert hat. Darüber hinaus tummeln sich in der Toscana noch diverse Eidechsenarten, darunter die bis zu 40 cm lange Smaragdeidechse. Und natürlich gibt es – Sie werden es unschwer anhand der Speisekarten feststellen – eine ganz erkleckliche Zahl von Wildschweinen.

Flora

Sanfte Hügel, wohlgeordnete Zypressenreihen und in der Ferne ein kleiner, silbrig flimmernder Olivenhain, davor ein frisch eingesätes Feld, daneben eins, das schon grün sprießt, und wieder ein anderes, das brachliegt: Die Toscana ist in weiten Teilen eine durch und durch kultivierte Landschaft, in der sich der jahrhundertelange gestalterische Einfluss der Menschen bereits auf den ersten Blick bemerkbar macht. Einen wesentlichen Einfluss hatte das seit dem Mittelalter praktizierte System der *mezzadria*, einer spezifischen Form der Halbpacht, bei dem der Grundbesitzer dem Pächter den Boden sowie die sonstigen Produktionsmittel (Saatgut, Dünger usw.) zur Verfügung stellte und dafür einen bestimmten Prozentsatz der Ernte in Naturalien erhielt. Die *mezzadri*, die Halbpächter, waren es, die der Landschaft im Laufe der Zeit ihren unverwechselbaren Stempel aufdrückten. Dennoch: Die gestaltete Kulturlandschaft ist nur eine Seite der Medaille. Daneben gibt sich die Toscana mancherorts geradezu wild und gänzlich undomestiziert, z. B. im Pratomagno-Gebirge östlich des Arno oder in der Garfagnana, dem oberen Tal des Serchio: tiefe, fast undurchdringliche Wälder aus Tannen und Kastanien, Buchen und Eichen dominieren hier das Landschaftsbild. In der Küstenregion und dessen unmittelbarem Hinterland regiert dagegen das wilde Chaos der Macchia. Die Pflanzenwelt dieses immergrünen, typisch mediterranen Buschwaldes hat sich optimal an die Hitze angepasst: zurückgebildete, der Sonne abgewandte, ledrige Blätter, z. T. sogar zu Dornen oder Nadeln mutiert, um so den Wasser-

Schattenspendendes Weintraubenspalier

verlust durch Verdunstung auf ein Minimum zu reduzieren. Zu den typischen Macchia-Pflanzen gehören der Johannisbrotbaum und der Erdbeerbaum, außerdem Lavendel, Rosmarin, Oleander, Ginster, Zistrose, Myrte und Baumheide. In unmittelbarer Nachbarschaft der Macchia stößt man oft auf die ebenfalls immergrünen Steineichen, die bis zu einer imposanten Höhe von 20 m heranwachsen können.

Geld

Seit 2002 ist auch in Italien der Euro gültig, nur Schweizer müssen ihre Franken in Euro umtauschen, wobei der Kurs je nach Marktlage schwankt (1 € entsprach im Frühjahr 2008 etwa 1,61 SFr). In allen größeren Orten sind *Geldautomaten* installiert, wo man mit Bankkarte und Geheimnummer rund um die Uhr problemlos bis zu 250 € oder mehr abheben kann (Bedienungshinweise in Deutsch). Man sollte allerdings auf die Aufkleber achten, nicht alle Automaten können mit ec-Karte bedient werden. Falls ein Automat außer Betrieb ist („fuori servizio"), findet man sicher schnell einen anderen. Eine Abhebung kostet in der Regel 5 € – allerdings gibt es auch schwarze Schafe, die mehr verlangen, da die entsprechende EU-Gebührenordnung nicht mehr verbindlich ist. Tipp: Mit der Postbank SparCard 3000 plus sind zehn Abhebungen an Visa/Plus-Automaten im Jahr kostenlos (Karte spätestens einen Monat vor der Reise bestellen).

Für das Einlösen von *Reiseschecks* müssen Sie am Bankschalter vorstellig werden. Wartezeiten sind hier aber die Regel, eine kleine Gebühr wird ebenfalls meist fällig.

Wer nicht allzu viel Cash mit sich herumtragen will, kann auch problemlos auf die *Bankkarte* und alle gängigen *Kreditkarten* zurückgreifen, die als Zahlungsmittel weithin akzeptiert werden (Hotels, Restaurants, Läden, Fahrzeugvermietungen, Bahn- und Flugtickets etc.). Seit Einführung des Euro ist dabei das bisherige Auslandsentgelt von 1 % entfallen. Tankstellen lehnen die Kreditkarte manchmal ab, man sollte deshalb beim Tanken immer Bargeld dabeihaben. Mit Kreditkarten kann man auch bei Banken Geld abheben, allerdings sind die Gebühren recht hoch (bis 4 % vom Betrag), deswegen besser nur im Notfall darauf zurückgreifen.

• *Banköffnungszeiten* Italienische Banken haben im Wesentlichen einheitlich geregelte Öffnungszeiten, nämlich Mo–Fr 8.30–13.30 Uhr, regional können die Zeiten leicht schwanken (z. B. 8.30–14 Uhr oder 9–14 Uhr).

• *Im Notfall* Bei Verlust von EC-Karte, Kreditkarte, Reiseschecks etc. diese sofort telefonisch sperren lassen. Seit Juli 2005 kann man zu diesem Zweck die zentrale Sperrnummer 116116 anrufen, die aus dem Ausland zusammen mit der Vorwahl 0049 erreichbar ist (für die Sperrung von EC-Karten steht darüber hinaus auch weiterhin noch die bewährte Nummer 01805-021021 zur Verfügung). Leider haben sich diesem vom *Verein zur Förderung der Sicherheit in* der Informationsgesellschaft – Sperr e. V. eingerichteten Dienst, über den man im Übrigen auch sein verloren gegangenes Handy sperren lassen kann, noch nicht alle Kreditunternehmen angeschlossen. Ob Ihres bereits dabei ist, können Sie entweder telefonisch (ebenfalls unter ✆ 116116) erfragen oder unter www.sperr-ev.de im Internet ermitteln. Wenn nicht, sollten Sie vor Reiseantritt bei Ihrem Kreditinstitut nachfragen, welche Sperrnummer gültig ist (auf neueren Kreditkarten ist die Sperrnummer auch gut sichtbar vermerkt).

Wer einen **kompletten Geldverlust** zu beklagen hat, kann sich im Rahmen des Minutenservice der Post über „Western Union Money Transfer" von einer Kontaktperson zu Hause innerhalb weniger Stunden Geld überweisen lassen. Einzahlung u. a. bei allen Filialen der Postbank, Gebühr für Überweisung von 250 € ca. 25 €, für alle weiteren Beträge über 250 € ca. 7,50 €. Dieses Verfahren funktioniert auch ohne einen eventuell abhanden gekommenen Ausweis. Auszahlung bei Postfilialen, bestimmten Banken und Reisebüros.

Deutsche Banken gibt es gelegentlich auch in Italien

Gesetzliche Feiertage

An den folgenden Feiertagen sind alle Ämter und Schulen geschlossen. In der warmen Jahreszeit drängt an Feiertagen ganz Italien ans Meer, an die Seen und in die Vergnügungsparks, viele Straßen sind dann verstopft.

Capodanno (Neujahrstag)

Epifania (Dreikönigstag)

Pasqua/Lunedì dell'Angelo (Ostersonntag/Ostermontag), der Venerdì Santo (Karfreitag) ist kein Feiertag

Festa della Liberazione (Tag der Befreiung vom Faschismus) am 25. April.

Festa dei Lavoratori (Tag der Arbeit) am 1. Mai.

Pentecoste (Pfingsten), nur der Sonntag.

Festa della Repubblica (Tag der Gründung der Republik) am 2. Juni.

La Solennità dei Santi Pietro e Paolo (Peter und Paul) am 29. Juni.

Assunzione di Maria Vergine/Ferragosto (Mariä Himmelfahrt) am 15. August. Dieses Hauptfest der Marienverehrung ist ein großes Familienereignis in Italien und Höhepunkt der Urlaubssaison.

Ognissanti (Allerheiligen) am 1. November.

Festa dell'Immacolata (Mariä Empfängnis) am 8. Dezember.

Natale (Weihnachten) am 25. Dezember.

Santo Stefano (Tag des heiligen Stephanus) am 26. Dezember.

Haustiere

Für den Trip nach Italien bestehen folgende gesetzliche Bestimmungen: 1) das Tier muss nachweislich gegen Tollwut geimpft sein (frühestens zwölf Monate, spätestens dreißig Tage vor Reiseantritt), und es muss bei der Impfung mindestens drei Monate alt sein; 2) das Tier muss durch Mikrochip gekennzeichnet sein; 3) ein EU-Heimtierpass muss mitgeführt werden, in dem Impfung und Kennzeichnung eingetragen sind. An Tierarztkosten fallen etwa 100 € an.

Bitte bedenken Sie, dass in vielen Mittelmeergebieten, so auch in der Toscana, Parasitenbefall droht, vor allem die von Sandmücken übertragene Leishmaniose kann sehr gefährlich werden (www.leish maniose.de). Zudem akzeptieren viele Hotels, Campingplätze, Restaurants und Cafés keine Hunde, und auch der Aufenthalt an Stränden ist für Haustiere generell verboten – was aber nicht heißt, dass ein Strandspaziergang mit Hund überall sofort geahndet wird, oft kümmert sich kein Mensch darum, vor allem in der Nebensaison. Maulkorb und Leine sind aber theoretisch stets mitzuführen.

Informationen

Wenn Sie sich schon daheim mit Prospektmaterial eindecken wollen, wenden Sie sich am besten an das staatliche italienische Fremdenverkehrsamt ENIT. Dort können Sie (auch bei einer der Auslandsniederlassungen) brieflich, telefonisch, per Fax oder E-Mail Material zu allen Provinzen der Toscana (mit Hotel- bzw. Campingplatzverzeichnissen) anfordern (Adressen bzw. Nummern s. u.).

In der Toscana selbst hat fast jeder größere Ort ein Informationsbüro, ansonsten übernimmt das Rathaus (municipio) diese Funktion. In Städten gibt es häufig eine Zweigstelle im Bahnhof, außerdem sind in verschiedenen Autobahnraststätten Auskunftsstellen eingerichtet. Ausgegeben werden kostenlose Unterkunftsverzeichnisse und Stadtpläne, in größeren Städten auch Listen mit Öffnungszeiten von Sehenswürdigkeiten und Museen sowie meist recht reichhaltiges Prospektmaterial. Gelegentlich spricht jemand hinter dem Schalter Deutsch oder Englisch. Ein Zimmervermittlungsservice wird nur selten angeboten.

• *Informationsbüros ENIT* **Deutschland**: Kaiserstr. 65, D-60329 Frankfurt/M., ✆ 069/259126 o. 237430, ℻ 232894, enit.ffm@t-online.de. Mo–Fr 10–17 Uhr, Sa/So geschl. Kontorhaus Mitte - 5. OG, Friedrichstr. 187, D-10117 Berlin. ✆ 030/2478398, ℻ 2478399, E-Mail: enit-berlin@t-online.de. Mo–Fr 10–17 Uhr, Sa/So geschl. Lenbachplatz 2, D-80333 München, ✆ 089/531317, ℻ 534527, enit-muenchen@t-online.de. Mo–Fr 10–17 Uhr, Sa/So geschl.
Österreich: Kärntnerring 4, A-1010 Wien, ✆ 01/5051639, ℻ 5050248, delegation.wien@enit.at. Mo–Do 9–17, Fr 9–15.30 Uhr, Sa/So geschl.
Schweiz: Uraniastr. 32, CH-8001 Zürich, ✆ 043/4664040, ℻ 4664041, info@enit.ch. Mo–Fr 9–17 Uhr, Sa/So geschl.

Internet

In Internet-Cafés wird seit kurzem oft ein Dokument verlangt, das vor der Benutzung vom Besitzer kopiert wird. Ohne Ausweis läuft meistens nichts mehr! Mittlerweile hat fast jede größere Stadt der Toscana eine Website. Oft sind allerdings Italienischkenntnisse nötig, um sie mit Gewinn nutzen zu können, und nicht immer ist der Informationsgehalt sonderlich hoch. Nützlich sind die folgenden Sites:

www.enit.it & www.enit-italia.de: die offiziellen Seiten des italienischen Fremdenverkehrsverbandes.

www.wel.it: Von hier kann man sich in die Sites regionaler Anbieter einlinken.

www.regione.toscana.it: Geboten werden ausführliche Informationen rund um das Reisegebiet Toscana. Leider nur in italienischer Sprache.

www.turismoverde.com: Wer für den Urlaub in der Toscana (insbesondere Siena) gerüstet sein möchte, sollte unbedingt einen Blick auf diese Internet-Seite werfen; u. a. gibt es Informationen zu Transportmitteln, Sport, Kultur und Sehenswürdigkeiten.

www.rivieratoscana.com/de/ct: Der Reiseführer zur toscanischen Küste, hier ist Übersichtlichkeit Trumpf! Schnell finden Sie Infos rund um die toscanische Küste, wobei die Links „Das Gebiet", „Meer und Strand" sowie „Berge und Thermen" am meisten zu bieten haben. Mit im Programm sind darüber hinaus eine Liste der Unterkünfte und ein Bericht zur regionalen Gastronomie. Leider ist die brauchbare Rubrik „Nützliche Informationen" noch im Aufbau!

www.toskanababy.de: Auf den liebevoll gestalteten Seiten finden sich jede Menge Fotos, Reisetagebücher, Rezepte, Weinempfehlungen etc. Die Mitgestaltung der Seiten durch begeisterte Toscana-Fans ist erwünscht.

www.toskana-ligurien.de: Der Seitenbetreiber hat seine Toscana-Erfahrungen in Rubriken wie „Städte", „Natur", „Meer", „Berge", „Landschaft", „Villen", „Kulinarisches" etc. zusammengestellt. Eine ständig aktualisierte Linksammlung, Tipps für den Autofahrer und eine Bildergalerie sind auch enthalten. Zudem sprechen über 10.000 Besucher bisher eine deutliche Sprache.

www.brummli.net/31111toskana.html: Der Toscana-Trekkingsteckbrief gliedert sich übersichtlich in Kategorien wie „Anreise", „Wandermöglichkeiten", „Zelten", „Verkehrsverbindungen", „Klima", „Lebensmittelversorgung" usw. Persönliche Tipps, nützliche Links zur Region und „Sehnsuchtsfotos" runden das Ganze ab.

> Besuchen Sie unsere Web-Präsentation unter **www.michael-mueller-verlag.de**, wo eine ständig erweiterte Zahl an nützlichen Links zur Auswahl steht. Hilfreiche Internetadressen finden Sie darüber hinaus im **Reiseteil** dieses Buches.

Kartenmaterial

Bei vielen Informationsbüros vor Ort sind Karten kostenlos erhältlich, vor allem Stadtpläne bekommt man überall, gelegentlich auch kleinere Wanderkarten. Bei **www.maps-store.it** können online Karten der *Cartografia dell' Istituto Geografico Militare Italiano* (IGM) bestellt werden (1:25.000). Die Blätter der aktuellen *Serie 25* kosten ca. 10 € zzgl. Versandkosten.

• *ADAC* **Gesamtitalien**, zwei Karten, Nord und Süd (1:500.000).
Urlaubskarte Toskana (1:200.000).
• *Freytag & Berndt* **Chianciano – Valdichiana – Monte Amiata**, Wanderkarte (1:50.000).
Norditalien inkl. Toskana (1:500.000), die Karte verzeichnet die Autobahnabfahrten namentlich, auf der Rückseite findet man außerdem Kurzbeschreibungen der wichtigsten Sehenswürdigkeiten.
• *Edizioni Multigraphic* der kleine Kartographiverlag aus Florenz hat einige Wanderkarten im Maßstab 1:25.000 bzw. 1:50.000 im Programm. Die zum Teil eingedeutschten Produkte sind im örtlichen Zeitungshandel erhältlich, vom Kartenbild etwas anstrengend. www.edizionimultigraphic.it
• *Kompass* Speziell für Wanderer sind die Karten Garfagnana-Alpi Apuane (646), Siena-Chianti/Colline Senesi (Nr. 661), Firenze-Chianti (Nr. 660), Siena-Chianti-Coline Senesi (661), Pienza-Montalcino-M.Amiata (653) und Maremma-Argentario-Groseto (651) gedacht. Im Maßstab 1:50.000 bieten diese Pläne genug Detailinformation für selbst zusammengestellte Wanderungen. www.kompass.at
• *Kümmerly & Frey* **Toscana** (1:200.000), die Karte des Schweizer Verlags ist exakt und ästhetisch ansprechend. Sogar die Bahnlinien mit allen Stationen sind verzeichnet. Die Karte wurde vom Touring Club Italiano entwickelt und gehört zum Besten, was es an Kartenmaterial über diese Region gibt. Auflage 2006.
• *Mairs Geographischer Verlag* **Generalkarte Toscana** (1:200.000) mit Autobahnabfahrten, Raststätten, Campingplätzen sowie Ortsregister.
• *Michelin* **Italien-Mitte** (1:400.000), übersichtliche und genaue Karte mit Stadtplänen und Bahnlinien.
• *Reise- und Verkehrsverlag RV* **Italien gesamt** (1:800.000), enthält Teile Süddeutschlands, der Schweiz und Österreichs und ist deshalb brauchbar für die Anreise. Außerdem gibt es eine Karte **Italien 3** (Toscana, Emilia-Romagna), die auch Stadtpläne von Bologna, Florenz und Rom enthält und Campingplätze verzeichnet (1:300.000).

Klima und Reisezeit

Das Klima in der Toskana wird – immer noch – als gemäßigt bezeichnet, doch was heißt das schon angesichts der sommerlichen Hitzewellen, denen sich auch das alte Europa seit einigen Jahren ausgesetzt sieht. Tatsächlich kann es in der Toscana vor allem in den Tallagen im Sommer fast unerträglich heiß werden, und so mancher einer soll sich schon bei einem kühlen Drink im Café prinzipielle Gedanken über die Gültigkeit der herkömmlichen Klimamodelle gemacht haben ... Auch an der Küste herrschten in den letzten drei, vier Jahren bisweilen bedenkliche Temperaturen, und wenn dann noch der Wind ausblieb, blieb einem oft nichts anderes übrig, als die Siesta um die eine oder andere Stunde zu verlängern. Merklich kühler ist es dagegen auch im Sommer in den höheren Lagen, beispielsweise in der Region um den Monte Amiata im Süden der Toscana. Dort ist es bereits tagsüber wesentlich erträglicher, und abends kann es sogar vorkommen, dass das T-Shirt allein nicht mehr ausreicht. Die Regenwahrscheinlichkeit ist im Sommer relativ gering, und entsprechend wird die Landschaft nach und nach immer ausgedörrter. Wer die Toscana erblühen sehen will, kommt am besten im Mai, wenn sich die Landschaft am üppigsten präsentiert; Unerschrockene können dann auch schon ein Bad im Meer einplanen. Kommt man dagegen bereits im März oder April, muss man mit ausgiebigen Regenfällen und oft noch kühlen Temperaturen rechnen, selbst Nachtfrost oder gar kurze, heftige Schneestürme sind – zumindest in höheren Lagen – keine Rarität. Schön kann es im September und manchmal noch in der ersten Oktoberhälfte sein: Die Touristenströme haben sich weitgehend aufgelöst, das Wetter ist noch sehr beständig, und das Meer ist durch die Sommerhitze noch angenehm aufgeheizt. Unbeständig bis unfreundlich ist das Wetter dann in den Monaten November bis Februar. Allerdings kann es auch zu dieser Zeit durchaus sonnige Perioden geben, wärmende Pullover und Regenjacken sollten im Winter aber dennoch fester Bestandteil des Reisegepäcks sein.

Literatur zur Toscana

Aus der Fülle der Literatur über die Toscana als altes Kultur- und Reiseland hier nur eine kleine Auswahl, die Sie zum Schmökern anregen soll:

Irving Stone, *Michelangelo* (Rowohlt). Fesselnde Künstlerbiographie des Bildhauers, Malers, Dichters, Ingenieurs und Baumeisters, zugleich aber auch ein bewegendes Porträt der italienischen Renaissance.

Lavendelfeld in der Maremma

Mariella Righini, *Die Florentinerin* (Heyne). Voller Erwartung kommt die 16-jährige Simonetta 1469 nach Florenz, um Marco Vespucci zu heiraten. Mit ihrer makellosen Schönheit sorgt sie in den höchsten Künstlerkreisen von Florenz für Aufsehen. Schon bald taucht ihr Gesicht auf Gemälden berühmter Künstler wie Leonardo da Vinci oder Sandro Botticelli auf. Righini entwirft ein farbenprächtiges Bild der lebensfrohen Medici-Stadt mit ihren Malern, Bildhauern, Philosophen, Dichtern und ihren Mäzenen.

D. H. Lawrence, *Etruskische Orte* (Wagenbach). Eine literarische Wiederentdeckung: Die etruskische Reise des großen Schriftstellers im Jahr 1927. Lawrence beschreibt nicht nur die berühmtesten Etrusker-Städte Tarquinia, Cerveter, Vulci und Volterra, sondern auch seine Eindrücke von etruskischer Kunst. Eine spannende Reise, die obendrein noch das Lebensgefühl der 1920er Jahre wieder aufleben lässt.

Attilio Brilli, *Italiens Mitte – Alte Reisewege und Orte in der Toscana und Umbrien* (Wagenbach). Der Autor lädt ein zu einer realen Reise abseits der touristischen Hauptattraktionen und zu einem imaginären Trip in

30 Wissenswertes von A bis Z

eine versunkene Zeit. Die Wege führen in mittelalterliche Hügelstädte, zu versteckten Einsiedeleien, in uralte Wälder, zu berühmten Kunstwerken und ihren Schöpfern.

Susanne Friedmann, *Ein Kuß für David – Florentiner Flirts* (Picus). Pointiert und witzig vermittelt Susanne Friedmann einen sinnlichen Eindruck vom florentinischen Lebensgefühl zwischen klassischer Schönheit, Dekadenz und der permanenten Bereitschaft zum kleinen Flirt. Eine aufregende Erkundung der Stadt am Arno in der Reihe „Picus Leserreisen".

Magdalen Nabb, *Tod in Florenz* (Diogenes). Anspruchsvoller und interessant zu lesender Krimi einer gebürtigen Engländerin und Wahlflorentinerin. Die Fälle des einfachen sizilianischen Wachtmeisters Maresciallo Guarnaccia, der seinen Dienst in Florenz ausübt, sind ein Kleinod der Kriminalliteratur.

Tabaccherias kennen oft keine festen Öffnungszeiten

Tod eines Holländers (Diogenes). Dieselbe Autorin, derselbe Kommissar und dieselbe Hochspannung.

Felicitas Mayall, *Nacht der Stachelschweine* (Kindler). In einem aufgelassenen Kloster bei Montalcino wird die Teilnehmerin einer deutschen Selbsterfahrungsgruppe ermordet. Die Mordkommission Siena holt sich Verstärkung aus München in der Person der etwas eigensinnigen Kommissarin Laura Gold.

Nino Filastò, *Der Irrtum des Dottore Gambassi* (Aufbau). Ebenfalls in die Kategorie der gehobenen Kriminalromane gehören die Geschichten um den Avvocato Scalzi, die immer auch eine ironische Parabel auf die italienische Gesellschaft sind. Voller Spannung, hintergründig und atmosphärisch dicht.

Fresko in Schwarz (Aufbau). In diesem Avvocato-Scalzi-Krimi ist Florenz die eigentliche Heldin, der Bogen spannt sich von der religiös-fanatischen Renaissancestadt bis zur toscanischen Metropole von heute.

Christiane Kohl, *Villa Paradiso* (Goldmann). Die Italien-Korrespondentin der Süddeutschen Zeitung verarbeitet in dem Roman ein Massaker, das Angehörige der Fallschirm-Panzer-Division Hermann Göring 1944 in der Ortschaft Civitella in Val di Chiana verübten.

Carlo Fruttero & Franco Lucentini, *Der Palio der toten Reiter* (Piper). Die Werke der beiden Turiner sind witzig und mitunter auch bitterböse. In diesem Buch dreht sich alles um das berühmte historische Pferderennen, das auf der Piazza del Campo in Siena stattfindet. Hier prallt die Welt der Fernseh- und Konsumwirklichkeit mit uralten kulturellen Traditionen aufeinander.

Das Geheimnis der Pineta (Goldmann). Der Roman spielt an der tyrrhenischen Küste, ist überaus mysteriös und wimmelt nur so von schrulligen, exzentrischen Typen.

Iris Origo, *Im Namen Gottes und des Geschäftes – Lebensbild eines toscanischen Kaufmanns der Frührenaissance* (C. H. Beck). Eine wahre Fleißarbeit, die aus ca. 300 Geschäftsbüchern und unzähligen Briefen des erfolgreichen Textilhändlers Marco Datini (1335–1410) Lebensart und Geschäftspraktiken der Frührenaissance zu rekonstruieren versucht. Mittlerweile liegt auch eine Taschenbuchausgabe vor (Wagenbachs Taschenbücherei).

Iris Origo, *Toskanisches Tagebuch 1943/1944* (C. H. Beck). Schilderung der Kriegsjahre im Val d'Orcia.

Öffnungszeiten

Grundprinzip ist die Mittagspause, die Siesta. Dafür hat man abends oft länger geöffnet, wenn die Hitze nachgelassen hat.

Geschäfte: In der Regel Mo–Fr von ca. 8.30/9 Uhr bis 12.30/13 Uhr, nachmittags von ca. 15/16 Uhr bis 19.30/20 Uhr, Sa von 9 bis 13 Uhr. Vor allem Souvenirläden und andere Geschäfte mit touristischem Bedarf schließen ihre Pforten aber oft erst wesentlich später – je nach Kundeninteresse. Gerade in den Ferienorten werden abends die größten Umsatzzahlen erzielt.

Kirchen: Von 7 bis 12 Uhr mittags, dann wird unbarmherzig geschlossen und frühestens gegen 16 Uhr, oft erst gegen 17 Uhr wieder aufgemacht; bis 19 oder 20 Uhr bleiben die Kirchen dann geöffnet. Sonntags während der Messen ist keine Besichtigung möglich. Leider werden mehr und mehr Gotteshäuser nur noch zur Messe aufgeschlossen. Der Grund: vermehrt auftretende Kunstdiebstähle.

Museen: Nicht selten verwirrend, denn oft werden die Zeiten mehrmals jährlich geändert. Immerhin zeichnet sich neuerdings landesweit eine Tendenz zu durchgehenden Öffnungszeiten von 9 bis 19 Uhr ab. Allerdings werden staatliche Museen auch künftig immer einen Tag aus Gründen der „Museumshygiene" geschlossen bleiben (normalerweise montags).

Die meisten **Restaurants** vor allem auf dem Land sind von 14 bis 19 Uhr geschlossen.

Banken und **Post** siehe in den entsprechenden Abschnitten, **Apotheken** unter „Ärztliche Versorgung".

Post

Ein Postamt gibt es in fast jedem Ort der Toscana. Jedoch genießt die italienische Post nicht den besten Ruf, die Karte an die Lieben daheim dauert ihre Zeit. Deshalb besser in einem Umschlag abschicken – Briefe werden schneller befördert. Der Vermerk „per Luftpost" (*posta aera*) bringt bei Karten und Briefen nach Mitteleuropa allerdings nichts, da sie generell mit Luftpost verschickt werden. Trotzdem dauert die Beförderung nach Deutschland etwa drei bis sechs Tage. Eine entsprechende Briefmarke für einen Standardbrief kostet derzeit 0,70 €. Die sogenannte Schnellpost („Posta Prioritaria"), wurde inzwischen abgeschafft.

Öffnungszeiten: Regional verschieden, meist Mo–Fr 8.20–13.20, Sa 8–13 Uhr. In Städten oft auch nachmittags offen, meist 16–20 Uhr.

Briefmarken (francobolli) kann man nicht nur bei der Post erstehen, sondern auch in vielen Tabacchi-Läden und Souvenirshops, die Postkarten verkaufen.

Poste restante (Fermo in Posta): Jedes Postamt nimmt postlagernde Sendungen an. Diese können mit Personalausweis und gegen kleine Gebühr abgeholt werden. Ein Brief wird normalerweise bis zu zwei Monaten aufbewahrt. Als Absender in so einem Fall immer den Empfängernamen (Nachnamen unterstreichen!), das Zielpostamt und „Fermo in Posta" auf den Umschlag schreiben.

Geld abheben mit der *SparCard 3000plus* siehe S. 25.

Radio

Die Privatsender gehen in die Hunderte, einer übertönt den anderen. Folgende deutsche Radioprogramme empfangen Sie im Kurzwellenbereich rund um die Uhr: Deutsche Welle auf 6075 kHz, Deutschlandradio auf 6005 kHz, Bayern 1 auf 6085 kHz, Radio Bremen auf 6190 kHz und Südwestfunk auf 7265 kHz.

Rauchen

Schon seit Januar 2005 ist das Rauchen in öffentlichen Räumen strikt verboten. Zu öffentlichen Räumen zählen u. a. alle gastronomischen Betriebe, Hotels, Züge, Krankenhäuser, Postgebäude, Museen und Wartehallen aller Art (also auch Flughäfen und Bahnhöfe). Nach gut zwei Jahren rauchfreien Kneipen lässt sich feststellen, dass die Umstellung hervorragend angenommen wurde – kaum ein Wirt hat sich quergestellt, die Raucher gehen vor die Tür (was bei den mediterranen Temperaturen ja relativ leicht fällt), die Nichtraucher freuen sich. Die Einrichtung von separaten Raucherräumen rechnet sich für den Durchschnittsgastronomen aufgrund der aufwendigen Rahmenbedingungen (hermetischer Abschluss des Raumes vom Nichtraucherbereich bei automatisch verschließbaren Durchgängen und entsprechenden Luftzirkulations- und Entlüftungstechniken) meist nicht. Die Zigarette zur falschen Zeit am falschen Ort kann bis zu 275 € Strafe kosten. Wer neben einer Schwangeren oder Kindern raucht, muss sogar mit dem doppelten Bußgeld rechnen. Wird ein Wirt mit rauchenden Gästen erwischt, zahlt er selbst ebenfalls ein Bußgeld, das zwischen 220 und 2200 € liegt.

Reisedokumente

Für den Aufenthalt in Italien genügt der Personalausweis (carta d'identità). Wer auf Nummer Sicher gehen will, nimmt außerdem seinen Reisepass (passaporto) mit und zusätzlich Kopien beider Papiere. Kinder unter 16 Jahren benötigen einen Kinderausweis (ab 10 Jahren mit Lichtbild) oder müssen im Pass der Eltern eingetragen sein. Kinder und Jugendliche, die ohne Erwachsene reisen, benötigen außer ihrem Ausweis eine schriftliche Vollmacht der Erziehungsberechtigten. Bei Diebstahl oder Verlust der Papiere sofort zur Polizei gehen und eine Verlustbescheinigung ausstellen lassen, diese genügt für die Heimreise. Ersatz für Autopapiere, Führerschein und Personalausweis gibt es nur in der Heimat. Bei Verlust des Passes erhält man von der Botschaft oder vom Konsulat kurzfristig ein zeitlich befristetes Ersatzpapier (zwei Lichtbilder sind dafür notwendig). Kopien des verloren gegangenen Ausweispapiers sind nützlich und helfen der Polizei bei der Identitätsüberprüfung.

Segeln

Vor allem die Halbinsel Monte Argentario und die Insel Elba sind bevorzugte Anlaufpunkte für Segler. Für die zeitweise Einfuhr von Wassersportfahrzeugen (bis zu einem Jahr) bedarf es keiner offiziellen Genehmigung. Lediglich gültige Schiffspapiere, ein Versicherungsnachweis und der amtliche Sportbootführerschein sind erforderlich. Wetterberichte bekommt man täglich bei der Capitaneria auf Italienisch, oft auch in Englisch. In der warmen Jahreszeit sendet die Deutsche Welle täglich um 17.45 Uhr Sommerzeit auf Kurzwelle 6075 kHz den Seewetterbericht Mittelmeer. Hochseeyachten müssen alle mit UKW-Funk ausgerüstet sein; die italienischen Küstenfunkstellen senden regelmäßig Wetterberichte auf UKW auch in Englisch. Die Treibstoffversorgung ist auf Elba recht umständlich. In den Sommermonaten muss man sehr lange warten; oft wird der Treibstoff in Kanistern zum Schiff gebracht. Wassertankstellen sind nur in Portoferraio und Porto Azzurro zu empfehlen.

> Weitere Informationen über den ADAC, die italienischen Verkehrsämter und den Deutschen Seglerverband, Gründgensstraße 18, 22309 Hamburg, ✆ 040/6320090, ✆ 63200928, www.dsv.org.

Sprache

Die meisten deutschen Urlauber sprechen kein Italienisch und die meisten Italiener kein Deutsch, zumindest in den großen Binnenstädten. Anders an der Küste, wo jeder, der im Tourismusgeschäft tätig ist, wenigstens einige Brocken Deutsch beherrscht. Der jahrzehntelange Umgang mit den Besuchern aus dem Norden macht sich hier überall bemerkbar. Wer etwas Italienisch üben will, findet am Ende dieses Buchs einen kleinen Sprachführer. Ansonsten gibt es viele Sprachschulen und Universitätsinstitute, die vor Ort Italienischkurse für Ausländer anbieten, z. B. in Florenz, Siena und Perugia (Umbrien). Eine interessante Möglichkeit, Ferien

Telefon

und Lernaufenthalt miteinander zu kombinieren.

• *Infos zu Sprachreiseveranstaltern* Eine umfangreiche Informationsbroschüre über Sprachreiseveranstalter erhalten Sie bei der **Aktion Bildungsinformation (ABI)**, Lange Str. 51, D-70174 Stuttgart, ✆ 0711/220216-30, ✆ -40, www.abi-ev.de. Die Broschüre heißt „Italienisch lernen in Italien" und kostet inkl. Versand 16 € (auf Rechnung od. Verrechnungsscheck).

Telefon

Münztelefone gibt es kaum noch, die neuen silbermetallischen Apparate funktionieren alle mit magnetischen Telefonkarten *(carta telefonica)* der Telecom, erhältlich für ca. 5 oder 10 € in Tabak- und Zeitschriftenläden, manchmal auch an Rezeptionen von Hotels und Campingplätzen. Vor dem Gebrauch muss die vorgestanzte Ecke abgebrochen werden. Wenn die Karte leer ist, kann man eine zweite nachschieben, ohne dass das Gespräch unterbrochen wird. Die Gültigkeitsdauer der Karten ist meist auf ein oder zwei Jahre begrenzt. Als interessante Alternative dazu gibt es internationale Telefonkarten *(scheda telefonica internazionale)*, die etwa 10 € kosten. Damit kann man deutlich länger als mit den Telecom-Karten telefonieren. Man führt sie jedoch nicht ins Telefon ein, sondern wählt eine kostenlose Nummer *(numero verde)*, die auf der Karte vermerkt ist – sowohl fürs Festnetz *(rete fissa)* wie fürs Handy *(cellulare)*. Nach der elektronischen Freigabe rubbelt man die Geheimnummer frei, die ebenfalls auf der Karte verzeichnet ist und kann erst dann die Teilnehmernummer wählen. Vor jedem Gespräch wird das Guthaben angesagt. Die Karte kann im Prinzip von jedem Telefon und Handy aus benutzt werden, allerdings ist die *numero verde* oft besetzt oder funktioniert nicht von älteren öffentlichen Apparaten.

- Wenn Sie **aus Italien nach Hause** anrufen: Deutschland = 0049, Österreich = 0043, Schweiz = 0041, dann die jeweilige Ortsvorwahl ohne die Null.
- Wenn Sie **von zu Hause nach Italien** anrufen: aus Deutschland = 0039, aus Österreich = 04, aus der Schweiz = 0039. Wichtig: Hier muss die **Null der Ortskennziffer** immer mitgewählt werden!
- Wenn Sie **innerhalb Italiens** telefonieren, müssen Sie ebenfalls die jeweilige Ortskennziffer stets mitwählen – auch für Gespräche innerhalb einer Stadt!
- Zu günstigeren Tarifen telefoniert man wochentags 18.30–8 Uhr, samstags ab 13 Uhr und sonntags ab 8 Uhr morgens.

> **R-Gespräch nach Deutschland**: Es besteht die Möglichkeit, von jedem privaten Telefon (nicht öffentlichen) in Italien die Nummer 0800-172-0049 der Telekom in Frankfurt anzurufen. Von dort können Sie sich mit dem gewünschten Teilnehmer – sein Einverständnis vorausgesetzt – auf dessen Kosten verbinden lassen. Dieser Service ist allerdings recht teuer: die Herstellung der Verbindung kostet schon allein 3,99 € und auch die Minutengebühren sind hoch.

Mobiltelefon: Sobald sich das Handy in eines der vier italienischen Handynetze (TIM = Telecom Italia, Omnitel, Blu und Wind) eingebucht hat, kann man fast überall problemlos telefonieren und Anrufe entgegennehmen, Funklöcher treten nur vereinzelt in den Bergen auf. Man zahlt dann die jeweiligen Tarife des italienischen Netzbetreibers, zusätzlich werden für jeden Anruf sog. Roaming-Gebühren Ihres Mobilfunk-Providers fällig. Spartipp: Die Tarife sind in den vier Netzen unterschiedlich, das Handy bucht sich aber immer automatisch im jeweils stärksten Netz ein. Wenn man sich vor der Reise beim eigenen Betreiber informiert, welches ausländische Netz das Günstigste ist, kann man dieses vorab im Menü des Mobiltelefons einstellen. Auslandsgespräche mit Handy sind immer recht teuer, Vorsicht ist aber besonders geboten, wenn Sie in der Toscana angerufen werden, denn Sie zahlen dann immer die Weiterleitungsgebühren aus Deutschland – selbst wenn sich der Anrufer in Italien befindet, wird das Gespräch über Deutschland umgeleitet. Auch für Anrufe auf Ihre Mailbox zahlen Sie doppelt: den Anruf aus Deutschland und die Umleitung auf die Mailbox in Deutschland (Tipp: absolute Rufumleitung Ihres Handys aktivieren).

Für den, der viel telefoniert oder längere Zeit in Italien bleibt, lohnt sich eventuell der Kauf einer italienischen SIM-Karte von einer der vier italienischen Mobiltelefongesellschaften. Sie kostet ca. 50 €, hat allerdings auch ein Gesprächsguthaben in derselben Höhe. Man bekommt damit eine italienische Nummer und muss die Gespräche, die aus dem Ausland kommen, nicht mitfinanzieren. Beim Kauf muss man den Personalausweis vorzeigen und eine Adresse (auch Hotel o. Ä.) in Italien haben.

Zoll

Seit 1993 dürfen innerhalb der Europäischen Union Waren „zum eigenen Verbrauch" unbegrenzt ein- und ausgeführt werden. Um diese vage Angabe praktisch handhabbar zu machen, wurde ein Katalog über Richtmengen erstellt. Überschreitet man diese, muss man im Fall einer Stichprobenkontrolle glaubhaft machen, dass diese Mengen nicht gewerblich genutzt werden, sondern nur für den persönlichen Verbrauch bestimmt sind.

> **Richtmengenkatalog** (Warenmenge pro Person ab 17 Jahre):
> 800 Zigaretten, 400 Zigarillos, 200 Zigarren, 1 kg Rauchtabak, 10 l Spirituosen, 20 l Zwischenerzeugnisse, 90 l Wein (davon höchstens 60 l Schaumwein) und 110 l Bier.

Achtung: Da die **Schweiz** nicht zur EU gehört, ist beim Transit eine freiwillige Deklaration der mitgeführten Waren fällig, wenn die in der Schweiz geltenden Freimengen (200 Zigaretten oder 100 Zigarillos oder 50 Zigarren oder 250 g Tabak; 1 l Spirituosen oder 1 l Zwischenerzeugnisse oder 2 l Wein oder 2 l Bier sowie sonstige Waren im Wert von 300 €) überschritten werden. Für solche Waren muss eine Kaution in Landeswährung hinterlegt werden, die man bei der Ausreise zurückerhält.

Kennerblick bei der Degustation

Einblicke ins ländliche Leben bieten die Agriturismi

Übernachten

Der Standard in Italien ist hoch, und die Preise bewegen sich auf einem entsprechenden Niveau. Vorsicht im Juli/August oder gar zu Ferragosto (15. August), dem Höhepunkt der Urlaubssaison: Wer dann auf Zimmersuche ist, wird sich häufig mit einem ernüchternden „tutto completo!" konfrontiert sehen.

Hilfreich bei der Suche nach einem passenden Quartier sind die Unterkunftsverzeichnisse, die von den einzelnen Provinzen der Toscana herausgegeben und in der Regel jedes Jahr aktualisiert werden. Man kann sie beim italienischen Fremdenverkehrsverband ENIT unter www.enit-italia.de oder unter www.infoitalien.de kostenlos anfordern. Wer bereits einen bestimmten Ort im Auge hat, kann sich natürlich auch direkt an das jeweilige Touristenbüro wenden (Adressen unter dem Stichwort „Information" im Reiseteil) bzw. die in diesem Buch aufgeführten Übernachtungstipps durchforsten. Bleiben schließlich noch die Recherchemöglichkeiten in den Reiseteilen überregionaler Zeitungen oder im Internet. Nützliche Websites sind z. B. www.turismo.toscana.it und www.toscana-individuell.de.

Hotels

Die italienischen Hotels und Pensionen werden von den Tourismusbehörden der Provinzen in fünf Kategorien unterteilt (1–5 Sterne). Wir haben diese Klassifizierung bei den Hotelbeschreibungen angegeben, obwohl sie nicht immer etwas über den Zustand, den Service, die Freundlichkeit der Mitarbeiter etc. aussagt.

***** = **Hotel der Luxusklasse**, Aircondition, Telefon, Farb-TV und Eisschrank/Frigobar auf dem Zimmer, ein angeschlossenes (gutes) Restaurant ist selbstverständlich. Außerdem: Swimmingpool, am Meer Privatstrand, Tennisplatz, Disko etc. Hotels dieser

Übernachten

Kategorie sind rar gesät, meist trifft man sie nur in Großstädten und sehr bekannten Touristenorten an. Was das Preisniveau betrifft, sind sie eigentlich unbezahlbar: DZ ca. 500–900 €.

**** = **First-Cass-Hotel**, ebenfalls für gehobene Ansprüche. Preise ab mindestens 180 € fürs DZ, meist aber 200–270 €.

*** = **Mittelklassehotel**, sauber, mit ordentlicher Ausstattung und eigenem Bad. Qualitätsunterschiede sind aber durchaus festzustellen. DZ ca. 75–180 €.

** = **untere Mittelklasse**, Qualitätsunterschiede spürbar, von vernachlässigt bis gut. Oft gibt es Zimmer wahlweise mit oder ohne eigenes Bad. Manchmal mit viel persönlicher Atmosphäre, manchmal fehlt sie völlig. DZ mit Du/WC ca. 60–80 €, ohne Dusche 40–50 €.

* = **einfache Locande und Pensionen**, meist in älteren Häusern im Inland und in größeren Städten, an der Küste eher selten. An die Ausstattung sollte man in den teuren Hochburgen des Tourismus bei diesen hohen Preisen schon Ansprüche stellen. DZ mit Du/WC ca. 60–80 €, mit Etagendusche meist ab 50 € aufwärts. In der Provinz zahlt man meist die Hälfte der hier genannten Preise.

Ferienwohnungen/Appartements/Spezialreiseveranstalter

Ferienwohnungen sind eine Alternative zu den oft kostspieligen Hotels und werden von vielen Reiseveranstaltern angeboten (mit individueller Anfahrt). Wer kein eigenes Fahrzeug hat, sollte sich bei der Buchung unbedingt nach der genauen Lage des Objekts bzw. der Entfernung zum nächsten Ort erkundigen. Die minimale Aufenthaltsdauer beträgt meist eine Woche, im Juli/August liegt sie oft bei zwei oder sogar drei Wochen.

- *Buchung* Wer in der Hauptsaison (Juli/August) anreisen will, sollte mindestens ein halbes Jahr vorher buchen. In der Vor- und Nachsaison (April/Mai/Juni bzw. September/Oktober) kann man dagegen auch direkt vor Ort fündig werden, entweder über Maklerbüros in den größeren Orten (Auskunft in den Touristenbüros) oder durch Erkundigungen auf eigene Faust. Meist weiß der Pächter der nächsten Bar Bescheid.
- *Preise* Falls man bereits zu Hause buchen will, beginnen die **Wochenpreise** bei günstigen Anbietern in der NS bei etwa 200 € für ein 4-Pers.-Appartement und können sich im Juli/August bis auf über 800 € steigern. Beim Wälzen der Prospekte nicht die **Nebenkosten** für Strom, Wasser, Gas, Endreinigung vergessen.
- *Anbieter* **Aki-tours**, Fremersbergstr. 109, D-76530 Baden-Baden, ☏ 07221/2072, ✆ 2073, www.aki-tours-villen.de. Komfortable Ferienhäuser und Landgüter.

Inter Chalet, einer der ältesten Ferienhausvermittler in Deutschland. Große Auswahl. www.interchalet.com.

Agenzia Ombrellone, speziell das „Dreiländereck" Toscana-Latium-Umbrien. Scharfenberger Str. 2, 13505 Berlin, ☏ 030/436714-17, ✆ -19, www.bolsena.de.

Ciao Italia Reisen, Hardt 9, D-40764 Langenfeld, ☏ 02173/2038620, ✆ 02173/2038622, www.ciao-italia-reisen.de.

Destination Cuendet, Wellingsbütteler Landstr. 116, D-22337 Hamburg, ☏ 040/50049073, ✆ 50049074, www.reiseagentur-klos.de.

Italia-casale.de, Internet-Portal für die Vermittlung von Ferienunterkünften, etwa 200 Angebote in der Toscana inkl. Elba. Agentur ips, Eduard Tobias, Manteuffelstr. 5a, 12203 Berlin, ☏ 030/30820408, ✆ 30820410, www.italia-casale.de.

Siglinde Fischer Domizile, etwa 300 Objekte, die meisten im Landesinneren, mittleres bis hohes Niveau. Ahornweg 10, D-88454 Hochdorf, ☏ 07355/93360, ✆ 933666, www.siglinde-fischer.de.

Toscana Casa Immobiliare, Wohnungen und Häuser speziell im Chianti, deutschsprachige Betreuung durch Monica Bauer. Via San Leolino 14, I-50020 Panzano in Chianti, ☏ 339/2841676, www.toscana-casa.com.

Toscana Landhäuser, Corinna Hochmuth, Heidenheimerstr. 135, D-89075 Ulm, ☏ 0731/967330, ✆ 9673333, www.toscana.info.

Toscana Reisedienst, 800 Angebote in der Toscana, davon 60 auf Elba. Eugen-Papst-Str. 19, D-81247 München, ☏ 089/8545521, ✆ 8545522, www.toscanareisedienst.de.

Touristikservice Renate Drescher, etwa 100 Objekte (Chianti, Florenz, Siena, Lucca). Stahlgruberring 36, D-81829 München, ☏ 089/29160505, ✆ 29160498, www.toscana-ala-carte.de.

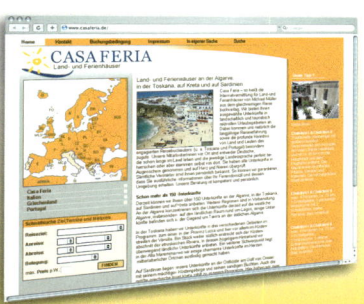

Nette Unterkünfte bei netten Leuten

Casa Feria die Ferienhausvermittlung von Michael Müller

Im Programm sind ausschließlich persönlich ausgewählte Unterkünfte abseits der großen Touristenzentren. Ideale Standorte für Wanderungen, Strandausflüge und Kulturtrips. Einfach www.casa-feria.de anwählen, Unterkunft anschauen, Unterkunft auswählen, Unterkunft buchen.

Casa Feria wünscht *Schöne Ferien*

www.casa-feria.de

Urlaubsfreude, gehobene Preisklasse. Zoppoter Str. 7, D-14199 Berlin, ✆ 030/8238000, ℻ 8235926, www.toscana-exclusiv.de.

Voyage Sud-Soleil, vorrangig Häuser um Arezzo, aber auch Elba und Grosseto. Günterstalstr. 17, D-79102 Freiburg, ✆ 0761/708700, ℻ 7087026 www.voyages-sud.com.

laMar-Reisen, mit Meeresbiologen auf dem Catamaran zum Delphine beobachten oder Kochkurse auf einem Landgut bei Florenz. Stresemannstr. 15, Haus 3, 22769 Hamburg, ✆/℻ 040/59457064, www.lamar-reisen.de/toskana.

Agriturismo

Jedem Toscanareisenden sind sie sicher schon aufgefallen, die Hunderte von Wegweisern mit der Aufschrift „Agriturismo". Sie führen zu meist netten, zum Teil sehr aufwendig renovierten Bauernhäusern, deren Betreiber mit einer breiten Palette touristischer Annehmlichkeiten um die Gunst der Urlaubsgäste buhlen: Vom Satelliten-TV über Jacuzzi und antike Möbel bis hin zu Swimmingpool und Tennisplatz wird häufig so ziemlich alles geboten, was einen Aufenthalt angenehm machen kann. Die Preise sind entsprechend hoch, vor allem wenn der Agriturismo in einer „In"-Gegend liegt wie etwa im Chianti, in der Region rund um Montepulciano oder im Val d'Orcia. Dort kostet ein Doppelzimmer in der Hochsaison nämlich satte 80-150 € pro Nacht. Mit der ursprünglichen Idee, nämlich „Ferien auf dem Bauernhof" anzubieten und dem Gast einen Einblick ins bäuerliche Leben zu verschaffen (z. T. sogar mit der Möglichkeit, aktiv am Arbeitsalltag teilzunehmen), hat das Ganze kaum noch etwas zu tun. Zwar betreiben einige Höfe immer noch Oliven- oder Weinbau (vereinzelt auch noch Viehzucht), doch das Tourismusgeschäft, zunächst als zweites wirtschaftliches Standbein gedacht, hat sich meist zur Haupteinnahmequelle der Betriebe entwickelt. Wer es ursprünglicher haben will, findet allerdings hier und da doch noch einen Hof, auf dem biologisch-dynamische Landwirtschaft betrieben wird und der Hahn morgens bei der Dämmerung lauthals krähend Bauer und Gäste aus den Federn holt.

Übernachten

- *Information* Eine gute Übersicht und die Möglichkeit zur Onlinebuchung bietet **4tourist.net**, Via delle Panche 79/81, I-50141 Firenze, ℡ 055/414160 und 055/3265257, ℻ 055-39069540, info@4tourist.net, www.agriturismo.net.
Informationen auf Englisch und eine Auflistung der Unterkünfte findet man bei **Agriitalia**: www.agriitalia.it, info@agriitalia.it.

Auskünfte und eine Aufstellung der Mitglieder bekommt man außerdem bei **Agriturist Toscana**, Via degli Alfani 67, I-50100 Firenze, ℡/℻ 055-287838, www.agriturist.it, agritosc@confagricoltura.it. Um den Reservierungsservice der Organisation nutzen zu können, muss jedoch eine Mitgliedschaft erworben werden, Jahresbeitrag ca. 27 €.

Privatzimmer

Bed & Breakfast gibt es mittlerweile in vielen Orten und Städten der Toscana. Die Informationsbüros verfügen meist über einschlägige Listen und können nähere Auskünfte erteilen, oft vermitteln sie auch Zimmer. Ansonsten kann man sich einfach vor Ort umhören, vielleicht in der nächsten Bar oder im Alimentari-Laden um die Ecke. Gelegentlich sieht man auch Schilder mit der Aufschrift „affitta camere" o. Ä. Man zahlt zwischen 50 und 85 € fürs DZ, gelegentlich wird ein Mindestaufenthalt von mehreren Tagen verlangt.

Bed & Breakfast Italia, diese Organisation vermittelt Tausende von Privatunterkünften in ganz Italien (DZ ca. 20–60 €), die man auch online buchen kann. Leider entsprechen die Beschreibungen auf der Website nicht immer den vorgefundenen Realitäten – bei zu starken Abweichungen sollte man sich nicht scheuen zu reklamieren. Kontakt: Palazzo Sforza Cesarini, Corso Vittorio Emanuele II 282, I-00186 Roma, ℡ 06-6878618, www.bbitalia.it.

Caffelletto, Vermittlung von exklusiven Privatunterkünften zu gehobenen Preisen. Kontakt: Via Procaccini 7, I-20154 Milano, ℡ 02-3311814, ℻ 02-3313009, www.caffelletto.it.

Jugendherbergen

Ostelli per la gioventù gibt es derzeit in Abetone, Cortona, Florenz, Livorno, Lucca, Marina di Massa, Siena, und Tavernelle (nähere Beschreibungen im Reiseteil). Eine Übernachtung mit Frühstück kostet meist um 10–18 €. Auch für Familien sind Jugendherbergen durchaus zu empfehlen: Oft gibt es Familienzimmer mit zwei bis sechs Betten, außerdem sind viele Zimmer mit einem eigenen Bad ausgestattet und unterscheiden sich kaum mehr von einfachen, aber zweckmäßigen Hotels. Die meisten Herbergen sind dem Internationalen Jugendherbergsverband angeschlossen, einige werden auch privat geführt. In Ersteren wird oft (nicht immer) der Internationale Jugendherbergsausweis verlangt, den man auch in Italien bei den einzelnen Herbergen kaufen kann (ab 27 Jahren 21 €, bis einschl. 26 Jahre 12,50 €). Aktuelle Infos über die italienischen Jugendherbergen unter www.ostellionline.org.

Camping

Vor allem an der Küste und auf der Insel Elba gibt es ein riesiges Angebot an großen und kleinen Campingplätzen (*campeggi*). Fast alle veranstalten zumindest in der Hauptsaison (ca. Mitte Juli bis Ende August) ein – bisweilen lautstarkes – Animationsprogramm, was nicht unbedingt jedermanns Sache ist. Eine besonders für Familien empfehlenswerte Variante sind sogenannte Ferienparks, also Campingplätze, die in ihrer Ausstattung einer riesigen Freizeitanlage gleichen und von Sport- bis hin zu Ausflugsmöglichkeiten alles bieten. Darüber hinaus wohnt man dort wahlweise in kleinen Bungalows mit Bad und komplett ausgestatteter Küche, was eigene Zelte und Campingausrüstung überflüssig macht und noch dazu äußerst komfortabel ist. Das Landesinnere ist weniger gut mit Campingplätzen bestückt, wer sich ein wenig umschaut, wird aber auch hier garantiert fündig. In der Hochsaison sind leider viele Plätze komplett ausgebucht. Und was die Kosten anbelangt, sollte man sich keine großen Illusionen machen: Campen ist in Italien schon lange nicht mehr sonderlich günstig, und die Toscana macht da beileibe keine Ausnahme. Ein Campingurlaub auf Elba beispielsweise kann für eine dreiköpfige Familie mit Zelt durchaus mit 40–55 € pro Tag zu Buche schlagen. Die meisten Plätze sind von Mitte April bis Ende Oktober geöffnet.

• *Information* Eine gute Übersicht bietet die Internetseite **www.camping.it**. Auch unter **www.campeggi.com** erhält man übersichtliche Informationen rund um Camping in Italien, allerdings zum Teil auf Italienisch. Auf **http://www.eurocamp.de** findet man Campingplätze in ganz Europa und gelangt über ein sehr benutzerfreundliches Suchsystem schnell zum Reiseland Italien und zur Toscana.

• *Buchtipp für Wohnmobilisten* Ralf Greus, Mit dem Wohnmobil durch Toskana und Umbrien, 2 Bände (Bd. 1: Der Westen, Bd. 2: Der Osten), Womo/GeoILH 2001/2002, www.womo.de.

Essen & Trinken

Die toscanische Küche ist bekömmlich. Gekocht wird traditionell mit wenig Fett und viel Gemüse, und das Fleisch wird oft über Holzkohle gegrillt.

In Italien begnügt man sich nicht mit einem Hauptgericht. Der Magen wird durch diverse *antipasti* (Vorspeisen) und am besten noch durch einen Campari als Aperitif auf das Hauptgericht vorbereitet. Als *primo piatto* (erster Gang) folgt dann Suppe oder Pasta (Teigwaren), wobei in der Toscana Nudelgerichte eigentlich nicht zur traditionellen Küche zählen. Der *secondo* (Hauptgang) besteht aus Fleisch oder Fisch (teuer), die Beilagen *(contorni)* müssen meist extra bestellt werden.

In Touristenorten werden häufig sog. Festpreismenüs *(menù a prezzo fisso* oder *menù turistico)* angeboten – oft die einzige preiswerte Art, seinen Magen mehr oder weniger angenehm gefüllt zu bekommen. Wer es liebt, à la carte zu speisen, wird tiefer in die Tasche greifen müssen – auf den Listenpreis werden noch ca. 1,50–2,50 € für *coperto* (Gedeck) aufgeschlagen, manchmal wird zusätzlich sogar *servizio* (Bedienung) als Posten aufgeführt. Einige (wenige) Restaurants haben dieses Abrechnungsgebahren aus Konkurrenzgründen aber mittlerweile ad acta gelegt.

Gastronomie

Die Unterschiede zwischen den einzelnen Lokalgattungen verwischen zusehends. Gemeinsam ist ihnen, dass sie fast alle einen Ruhetag in der Woche haben (an der Tür angeschlagen).

Ristorante: Das (auch preislich) gehobene Speiselokal, wohin man Freunde und Geschäftspartner ausführt. Reiche Auswahl an Antipasti, die oft fein säuberlich auf einer Theke in der Nähe des Eingangs aufgereiht sind. Geboten werden überregionale italienische Küche und regionale Spezialitäten, die je nach geografischer Lage ihren Schwerpunkt auf Fleisch oder Fisch haben.

Trattoria: Ursprünglich die einfachere, bodenständigere und auch preiswertere Variante. Typische Trattorie werden meist seit Generationen als Familienbetrieb geführt, auf dem Speisezettel stehen hauptsächlich Gerichte der regionalen Küche. Inzwischen hat sich manches geändert. So nennen sich viele Ristoranti Trattoria, sei es, um eine gewisse „Volkstümlichkeit" vorzuspiegeln, sei es, weil man sich wirklich dieser Tradition verpflichtet fühlt und entsprechend arbeitet. Dabei gibt es oft echte Volltreffer, was die Qualität der Speisen angeht! Wichtig jedoch: Die Bezeichnung Trattoria sagt nichts über die Preise aus, meist isst man dort genauso oder fast genauso teuer wie im Ristorante. Generell vorher ei-

Die Köchin nach getaner Arbeit

nen Blick auf die Karte werfen, um vor unliebsamen Überraschungen sicher zu sein.

Osteria: Traditionell das Gasthaus um die Ecke, wo der kleine Angestellte seine Mittagspause verbrachte und seinen *quartino* (Viertelliter Wein) trank. Die echte Nachbarschafts-Osteria hat heute in ganz Italien Seltenheitswert. Die Bezeichnung besagt gar nichts mehr, dahinter kann sich auch ein gestyltes Restaurant verbergen. Zuerst mal einen Blick hineinwerfen, bevor man sich setzt.

Pizzeria: Wer auf Nummer Sicher gehen will, preislich wie kulinarisch, kehrt hier ein. Das Angebot ist wenig exotisch, und es ist durchaus üblich, auf die Vorspeise zu verzichten und nur ein Gericht zu bestellen, sei es Pizza oder eine Nudelspeise mit Salat. Nicht von ungefähr trifft man hier meist die Ortsjugend, die in den teuren Ristoranti höchstens im Familienverband auftaucht.

Birreria: Der Name täuscht, denn man trifft sich hier nicht nur zum Biertrinken, sondern auch zum Essen. Es werden vollständige Mahlzeiten serviert.

Enoteca, Vineria oder Vinaio: Weinlokal mit meist großem Angebot regionaler und überregionaler Weine. Man nimmt ein paar der oft sehr leckeren Snacks zu sich und kostet sich genüsslich durch die Weinkarte.

Tavola Calda/Rosticceria: Den ganzen Tag warm gehaltene Speisen, viele Salate, Sandwiches etc. Meist relativ preiswert, Speisen oft zum Mitnehmen.

Selfservice: In den Großstädten inzwischen weit verbreitet. Neben der internationalen Hamburgerkultur gibt's erfreulicherweise oft eine reichhaltige Salatbar und diverse italienische Gerichte, ansonsten auch Pizza vom Blech, Fassbier etc. Vergleichsweise gute Qualität bietet die Selfservice-Kette „Brek".

Bar: An jeder Straßenecke – hier kehrt man tagsüber im Vorübergehen ein, um an der Theke morgens einen Cappuccino, tagsüber einen Caffè oder abends eine Grappa zu schlürfen, ein paar Worte zu wechseln und sich von der Arbeit zu erholen. Abends fungiert die Bar als Treffpunkt der Männer aus der Nachbarschaft, meist geht es hoch her. Sitzgelegenheiten sind hier traditionell rar, man diskutiert im Stehen. Inzwischen haben viele Bars aber Stühle und Tische im Freien aufgestellt, an denen man oft deutlich mehr zahlt als am Tresen.

Caffè: Die Übergänge zur Bar sind fließend. Entspricht unserem Café, meist mit ausgedehnter Freiluftzone an exponierten Plätzen und Straßen. Wenn man Platz nimmt, sind die Preise stolz – ein kleines Bier (0,3 l) kostet beispielsweise um die 3,50 €, aber auch Büchsengetränke wie Cola etc. machen auf die Dauer arm. Besser fährt man manchmal mit einem Glas Wein.

> **Achtung:** Seit 2005 ist in Italien in öffentlichen Gebäuden, aber auch in Gaststätten, Bars und sogar in Diskotheken das Rauchen strengstens untersagt.

Frühstück (prima colazione)

Kann man sich in Italien abgewöhnen. Kaum ein Italiener frühstückt kräftig, meist reicht ein *cornetto* (Hörnchen) oder eine *pasta* (Gebäck) in der nächsten Bar, dazu ein hastig runtergekippter Cappuccino. Dementsprechend gibt es kaum Cafés mit Frühstücksangebot; man kann sich aber meist einen Toast oder ein belegtes Brötchen *(panino)* bestellen. Auch in den Hotels fällt die erste Tagesmahlzeit in der Regel äußerst bescheiden aus.

> **Gaumenschmauß – einige toscanische Spezialitäten**
>
> **Arista alla fiorentina**: Deftige Scheiben Rinderlende (die würzigsten kommen aus dem saftig grünen Chiana-Tal), das Fleisch wird mit Öl und Knoblauch eingerieben und mit Rosmarin gewürzt und anschließend auf Holzkohle gegrillt. Serviert wird das Fleisch mit zerlassener Butter, Spinat, Gemüse oder Pilzen.
>
> **Calamari ripieni**: Tintenfische, gefüllt mit Ei, Knoblauch, Petersilie und Semmelbröseln, kräftig gewürzt und in Öl gebraten. Dazu Tomatensoße.
>
> **Finocchi in tegame**: Fenchel, der mit Knoblauch und Zwiebeln in Öl gedünstet wird.
>
> **Lombatine di vitella con funghi**: Kalbslende, in Butter gebraten und mit Champignons und Tomatensoße weich geschmort.
>
> **Polenta alla toscana**: gerösteter Maisbrei mit Kalbfleischwürfeln, Zwiebeln, Petersilie, Rosmarin und schwarzen Oliven, überstreut mit geriebenem Parmesankäse.
>
> **Pollo alla fiorentina**: gewürzte Hühnerfleischstückchen, in einem Ausbackteig goldbraun frittiert.
>
> **Polpette**: Hackfleischbällchen mit Petersilie, Schinkenstückchen, Ei, Muskatnuss und geriebenem Parmesankäse.
>
> **Salsa d'erbe all'uso toscana**: toscanische Kräutersoße mit in Olivenöl eingeweichtem Weißbrot, Knoblauch, Oliven, Estragon, Oregano und Essig.
>
> **Trippa alla fiorentina**: gekochte Kutteln mit Zwiebeln, Tomatenmark, Petersilie, Salbei und geriebenem Parmesankäse.

Vorspeisen (antipasti)

Meist sehr individuell nach Art des Hauses zusammengestellt. Typisch sind z. B. *prosciutto con melone* (geräucherter Schinken mit Melone) oder spezielle toscanische Hartwurstsorten, garniert mit Oliven und manchmal auch etwas Salat. Manchmal gibt es auch *frutti di mare*, einen leckeren Meeresfrüchtesalat, *finocchiona*, eine mit Fenchel gewürzte Salami, oder *biroldo*, eine Art Presssack aus Blutwürstchen mit Schweineblut und Fleischstückchen.

42   Essen & Trinken

Stolze Fischer mit frischem Fang im Hafen von Castiglione della Pescaria

Erster Gang (primo piatto)

Minestre: Darunter werden Suppen, aber auch Teigwaren und Reisgerichte verstanden.

Zuppa: Am bekanntesten ist Minestrone, eine dicke Gemüsesuppe mit allem, was der Garten zur entsprechenden Jahreszeit hergibt. Typisch für die Toscana ist *minestrone lunigianese* mit Bohnen, Kastanien, Reis und diversen Kräutern. Eine reichhaltigere Abart ist *minestrone alla Casalinga* mit Kartoffeln, Sellerie, Tomaten, Kohl, pürierten Bohnen und Nudeln. In einer einfachen Trattoria kommt auch häufig *consome* (Fleischbrühe) mit Hühnerfleisch und Nudeln auf den Tisch.

Pasta: Teigwaren werden als Vor-, aber auch als Hauptgericht serviert. Es gibt einige hundert verschiedene Nudelarten, die sich durch Rezeptur, Form oder Füllung unterscheiden. Eine gute Trattoria verzichtet auf die industriell hergestellten Teigwaren; man macht sie selber oder kauft sie beim Nudelbäcker ein.

Hauptgerichte (secondi piatti)

Ob Fisch oder Fleisch, muss die individuelle Gaumenlust entscheiden. Als *contorni* (Beilagen) kommen häufig Bohnen oder Tomaten auf den Tisch – leider oft nur in dekorativen Dosierungen. Sie müssen, wie gesagt, normalerweise extra bestellt werden. Im Süden schätzt man ausgereiftes Gemüse bzw. Obst weit weniger als bei uns. Die Tomaten kommen deshalb oft noch grün auf den Teller, wobei die gallertartige Fruchtfüllung entfernt wurde, um damit die Minestrone anzureichern.

Fleischgerichte: Bekanntestes toscanisches Gericht ist wohl *bistecca alla fiorentina*. Das Beefsteak wird ohne Fett und ungesalzen auf den Holzkohlegrill gelegt, damit der Saft nicht verloren geht. Es soll mindestens 500 g schwer sein. Probieren Sie es einmal in einem Florentiner Restaurant, billig ist das allerdings nicht.

Fischgerichte: Wegen der Meeresnähe ist die Auswahl an Fisch und Krebsgetier groß. Auf jeden Fall mal *cacciucco* versuchen, die Livorneser Fischsuppe – ein duftendes Allerlei aus Krabben, rosig-zarten Tintenfischchen, Aal, Langusten und Ähnlichem mehr in einem fein abgeschmeckten Sud.

Pizza: Für Budget-Touristen ist Pizza oft die einzige Möglichkeit, eine preiswerte warme Mahlzeit zu bekommen. Die italienischen Pizzabäcker im deutschen Exil gehen verschwenderisch mit dem Belag um: Dicke Schinkenscheiben und viel Käse sorgen dafür, dass der Boden kaum mit dem Mund in Berührung kommt. In Italien fällt der Belag etwas spärlicher aus, dafür ist der Boden unnachahmlich knusprig.

Eis (gelato)

Das italienische Eis gilt als das beste der Welt, seine Herstellung ist (fast) eine Kunst – *gelato artigianato*, wie man oft liest, heißt nicht künstlich hergestellt, sondern vielmehr kunstfertig. Die angebotenen Sorten gehen meist in die Dutzende. Herrlich erfrischend und aromatisch ist auch *granita*, ein flüssig-körniges Eisgemisch, das in großen Rührgeräten den ganzen Tag über frisch gehalten wird. Häufige Geschmacksrichtungen sind *menta* (Minze), *limone* (Zitrone), *aranciata* (Orange) und *caffè*.

Wein

Noch bis in die 1970er Jahren hatte das Wort „fiasco" eine fatale Doppelbedeutung, bezeichnete es doch zugleich die typische Korbflasche für den Chianti (s. Kasten weiter unten) und die zumeist haarsträubende Qualität ihres Inhalts. Damals war der Chianti wie viele andere italienische Weine zu einem unbekömmlichen Massenprodukt verkommen. Doch zum Beginn der 80er Jahre entwickelte sich etwas, was man ein wenig blumig, aber gar nicht falsch als das „italienische Weinwunder" bezeichnet hat. Vorreiter dieser önologischen Revolution, die noch nicht zu Ende ist, waren die Produzenten der Toscana.

Kraftvoll, mit hohem Alkohol- und Tanningehalt versehen, körperreich und tief – so präsentiert sich der toscanische Rotwein heute. Das Tannin macht ihn gut lagerfähig, 10 bis 20 Jahre bei Spitzengewächsen; in dieser Zeit entwickelt er eine immer größere Komplexität und Tiefe in Geschmack und Bouquet. Ähnliche Charakteristiken besitzen, abgesehen vom Tanningehalt, auch die weißen Sorten. Einer der Wegbereiter der neuen toscanischen Weinkultur war neben den Traditionshäusern Antinori, Biondi Santi und Ricasoli der Marchese Mario Incisa della Rocchetta, einer der Mitbegründer des WWF. Als im Zweiten Weltkrieg die in italienischen Adelskreisen sehr geschätzten französischen Weine knapp wurden, pflanzte er – zunächst nur für den Eigenbedarf – auf seinem Weingut Tenuta San Guido bei Bolgheri die Rebsorte Cabernet Sauvignon an. Erst ab 1968 brachte er diesen Wein mit der Bezeichnung *Sassicaia* in den Handel zu bringen (benannt nach den vielen Steinen = *sassi* im Boden). Hochkompetenter Macher dieses Weines und vieler weiterer Spitzenprodukte des toscanischen und italienischen Weinwunders war der legendäre Önologe Giacomo Tachis, der jahrzehntelang für Antinori arbeitete (Marchese Piero Antinori war ein Neffe des Marchese Mario Incisa della Rocchetta), sich für eine Beschränkung der Erntemengen einsetzte und das Barrique in Italien hoffähig machte. Mittlerweile hat er auf Sardinien weitere große Erfolge erzielt. Weinmacher ähnlicher Statur sind auch die Gebrüder Riccardo und Renzo Cottarella – Riccardo, der

Ältere, berät zahlreiche Weingüter in Mittel- und Süditalien, und Renzo, der jüngere, ist Nachfolger von Giacomo Tachis bei Antinori. Mit ihrem Können, das sie auch in Frankreich und Deutschland erworben hatten, sind diese Experten der Motor der Entwicklung. Dazu kommen als großes Potential die phantastischen Böden und Pflanzgründe der Toscana (oft muschelkalkdurchsetzter Gallestro), eine große Vielfalt autochthoner Traubensorten (zuallererst Sangiovese in seinen verschiedenen Varietäten) und die Unternehmungs- und Innovationsfreude der Weingutbesitzer – das Haus Avignonesi als leuchtendes Beispiel.

Entstanden sind so zweierlei Qualitätslinien: zum einen die nach dem neuen italienischen Weingesetz definierten DOC- und DOCG-Weine bestimmter Anbaugebiete und zum anderen die sog. *Supertoscaner*, die nach diesem Gesetz nur als VDTs (*Vini da Tavola*) eingestuft werden, weil sie aufgrund ihrer Rezepturen gegen die DOC- bzw. DOCG-Regeln verstoßen. Aber gerade die Supertoscaner sind in der Mehrheit Spitzenweine von internationalem Format geworden, z. B. der *Sassicaia* (Tenuta San Guido), der *Vigna L'Appartita* (Castell di Ama) und aus dem Hause der Marchesi Antinori der *Solaia*, der *Tignanello* und der *Guado al Tasso*. Bei den DOCG-Spezifikationen sind allerdings ebenso Weine von größter Statur zu finden: großartige Vertreter des *Chianti*, des *Brunello di Montalcino*, des *Vino Nobile di Montepulciano*, des *Morrellino di Scansano* oder des *Vernaccia di San Gimignano* (um nur einige zu nennen). Die Zentren der neuen Weinkultur sind in der nördlichen wie südlichen Toscana zu finden, u. a. Castellina, Greve, Gaiole, Panzano, Radda in Chianti, Barberino und Val d'Elsa.

Reif für die Traubenpresse

Leider haben die toscanischen Weine, die international Furore gemacht haben, seit einigen Jahren eine nahezu hysterische Preisexplosion hinter sich. Der bisherige Höhepunkt war das Jahr 2001, in dem der Jahrhundertjahrgang 1997 vermarktet wurde. Der *Solaia '97*, als allergrößter italienischer Wein des 20. Jh. gepriesen, ließ sehr schnell seinen Einstiegspreis von umgerechnet 60 € hinter sich. Wer ihn im Herbst 2001 noch sichtete und für umgerechnet 200 bis 350 € erstehen durfte, konnte sich glücklich schätzen. Bisweilen wurde der Tropfen in Önotheken des Nordens schon für 2 Millionen gesehen. Ein wenig entzaubert wurde das Weinwunder im Frühjahr 2008, als ruchbar wurde, dass einige Edelwinzer aus Montalcino den berühmten Brunello mit nicht zulässigen Rebsorten verschnitten, um den Geschmack gefälliger zu gestalten.

Ein wesentlicher Ratschlag für Weinfreunde mit normalem Budget ist daher, sich in kompetenten Weinhandlungen beraten zu lassen, und zwar bezüglich ähnlich hochwertiger, aber noch nicht so bekannter Weine. Denn das Weinwunder ist beileibe nicht an sein Ende gelangt, und jedes Jahr kommen neue wunderbare Erzeugnisse dazu. Außerdem ist es sehr wohl lohnenswert, sich in der geographischen Nachbarschaft der Spitzenlagen umzusehen und dort Verkostungen vorzunehmen. Zu empfehlen sind z. B. der *Montescudaio* (in der Nähe von Bolgheri), der auch als *Tignanello di Poveri* bekannt ist, der *Chianti Rufina Riserva DOCG* (Fattoria Selvapiana in Pontassieve) oder der *Poggio ai Chiari* (Casa Emma in Barberino Val d'Elsa). Es gibt allerdings auch Fehlentwicklungen der Weinkunst zu verzeichnen wie etwa ein zu großzügiger Einsatz neuer kleiner Eichenfässer (Barriques), der zu einem Einheitsgeschmack von alles übertönenden Vanillenoten führen kann. Dabei ist das Potential der Reben, der Böden, des Klimas und der Sonne so groß, dass sanft gesteuerte Weine, die ohne große Kellertricks sich selbst und ihrer Natur überlassen werden, wunderbare Ergebnisse zeitigen. Oft sind diese Weine „biologisch", ohne dass dies besonders angestrebt oder betont werden muss. Schönstes Beispiel ist der *Brunello Paradiso di Manfredi* mit seiner großen Individualität, was die einzelnen Jahrgänge anbelangt. Auch der *Brunello von Gianfranco Soldera* ist Ergebnis einer Weinphilosophie von großem Einfühlungsvermögen in die Kräfte der Natur – auf der anderen Seite stehen dem die Praktiken des US-amerikanischen Weinkonzerns Castello Banfi gegenüber, der mit wahren „Hubschrauberangriffen" Schädlingsbekämpfungsmittel auf seine immensen Rebflächen spritzt.

Hier lagert ein Vino Nobile

Der rubinrote *Chianti* spritzte nur so; die „fiaschi" (Flaschen), dickbauchig und bastumhüllt, flogen nach der Theatervorstellung auf die Bühne. Nicht, weil der Wein nicht mundete, er machte die Gemüter impulsiv – und was die Schauspieler boten, sprengte die Grenzen des Erträglichen entschieden. Das passierte irgendwann im 13. Jh. und wurde *fiasco* genannt. Ein Wort für ein missglücktes Unternehmen war geboren. Heute wird der Chianti, der wohl bekannteste italienische Wein, nicht mehr in den bauchigen Ballonflaschen abgefüllt, sondern kommt wie alle Qualitätsweine in Bordeaux-Flaschen.

Siena (ca. 50.000 Einw.)

Ruhig, beschaulich. Rotbraune Backsteinbauten, enge, schummrige Straßenschluchten, die sich gekrümmt den Hügelprofilen anpassen, auf denen Siena erbaut wurde. Die Altstadt ist durch und durch mittelalterlich, leider werden nur wenige der engen Gassen vom modernen Verkehr verschont.

Die Stadt ist nicht in das grüne Hügelland der Umgebung hineingewuchert, und ihre Einwohnerzahl hat sich seit ihrer Blütezeit nicht erheblich verändert. Die Silhouette wird geprägt durch die vollständig erhaltene Stadtmauer und die bis zur Plattform 88 m (!) hohe **Torre del Mangia**, den Rathausturm.

Zu Füßen des Turms erstreckt sich muschelförmig die **Piazza del Campo**, Italiens berühmtester mittelalterlicher Platz, meistens einfach nur Campo genannt. Fast sämtliche Gebäude wurden aus Backstein erbaut, auch die Adelspaläste. Eine Ausnahme bildet das Prunkstück Sienas, der grelle, mit Marmor verkleidete **Dom**. Auffällig sind auch die vielen geschmiedeten Ösen an den Häuserwänden – fast schon kleine Kunstwerke aus Eisen –, an die einstmals die Pferde angebunden wurden.

Siena ist ein einziges Ausstellungsstück der italienischen Gotik, die allerdings mit der himmelwärts strebenden nordischen Gotik, wie sie z. B. der Kölner Dom zeigt, wenig gemeinsam hat.

Seit der Blütezeit im 14. Jh. und insbesondere nach der Eroberung durch Florenz (1559) entstanden keine herausragenden Bauwerke mehr. Für kunsthistorisch Interessierte ein unschätzbarer Vorteil: Der mittelalterliche Baustil ist unverfälscht erhalten geblieben.

Geschichte

Siena war eine der mächtigen mittelalterlichen Stadtrepubliken und die große Konkurrentin von Florenz. In den Jahrhunderten der zermürbenden Kämpfe zwischen kaisertreuen Ghibellinen und papsttreuen Guelfen versuchte die Stadt, oft mit letzter Kraft, ihre Freiheit und Unabhängigkeit zu bewahren, bis sie schließlich im Jahr 1555 vor der geballten Militärmacht Kaiser Karls V. die Waffen strecken musste. Seitdem ist es ruhig geworden in Siena, doch die ganze Stadtanlage, die Bauten und Kunstwerke, alles weist noch auf die große Zeit der Stadtrepublik zurück.

Der Sage nach wurde Siena von den Söhnen des legendären Rom-Erbauers Remus gegründet. Entsprechend ist die Wölfin mit ihren säugenden Kleinen nicht nur das Wahrzeichen Roms, sondern auch das Sienas. Historisch gesichert ist, dass die Stadtgründung in die etruskische Zeit (ca. 300 v. Chr.) fällt, doch war die Ansiedlung damals ohne große Bedeutung. Unter den Römern scheint sich dann ein gewisser Unabhängigkeitsdrang breit gemacht zu haben. So erwähnt Tacitus einen empörten Senator, der behauptet, von den Einwohnern Sienas aufs übelste verprügelt worden zu sein ...

Siena 47

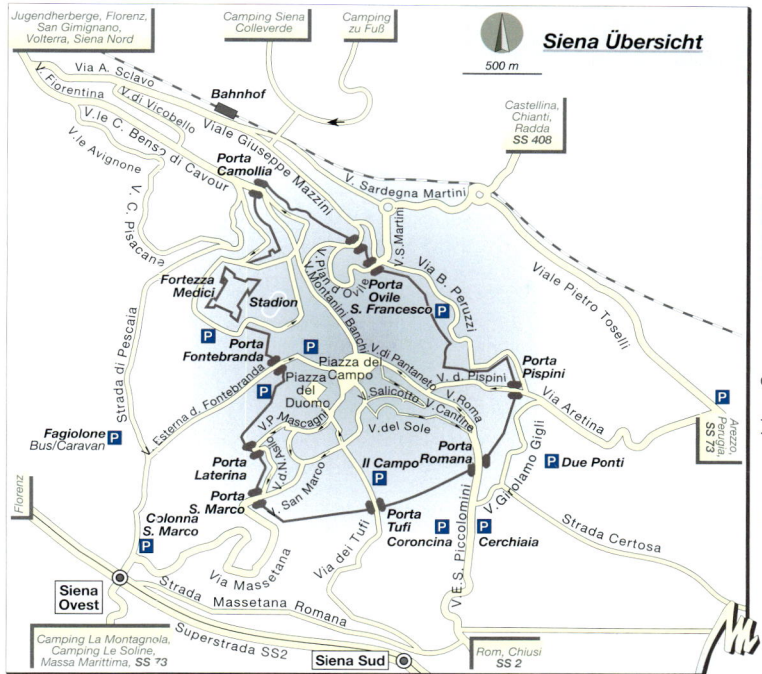

Im 12. Jh. begannen die erbitterten militärischen Kämpfe um die Autonomie, aus denen Siena gestärkt hervorging. Im Kampf gegen den Bischof von Volterra eroberten die Sieneser 1137 die bedeutenden Silberminen von Montieri und schufen sich damit die Grundlage ihrer Macht. Schon bald konstituierte sich Siena als unabhängige Stadtrepublik mit eigener Münzprägestelle und wurde zentrale Anlaufstätte für Geldgeschäfte aller Art. In dieser Zeit begannen auch die machtpolitischen Auseinandersetzungen mit Florenz. Siena war kaisertreu, während es Florenz mit dem Papst hielt. Dieser fundamentale Gegensatz, der die ober- und mittelitalienische Geschichte bis ins Hochmittelalter bestimmte, brachte erbarmungslose Kämpfe zwischen den beiden Republiken mit sich. Hineingerissen in die großen politischen und militärischen Auseinandersetzungen der Zeit, versuchten beide Kommunen, sich ein Stück vom großen toscanischen Kuchen zu sichern, und erweiterten ständig ihre Gebiete.

Der 4. September 1260 ging in die Stadtgeschichte ein. An diesem Tag brachten die Sieneser Florenz in der Schlacht von Montaperti (einige Kilometer südlich von Siena) eine vernichtende Niederlage bei. Tausende gefangener Florentiner wurden im Freudentaumel durch Siena getrieben. Das finanzielle Opfer des Patriziers *Salimbeni*, der seine gesamten Geldmittel für die Anwerbung von Söldnern eingesetzt hatte, um Sienas militärische Schlagkraft zu stärken, war belohnt worden.

Bereits 9 Jahre später allerdings drehte Florenz den Spieß um und besiegte die Sieneser bei Colle Val d'Elsa. In der Folgezeit kam es noch des Öfteren zu militärischen Auseinandersetzungen zwischen den beiden Stadtrepubliken.

Seine wirtschaftliche Blütezeit erlebte Siena unter dem „Rat der Neun" *(Consiglio dei Noveschi)*, einem Regierungsbündnis aus neun wohlhabenden Kaufleuten, das die Geschicke der Stadt unter Ausschluss des Adels zwischen 1287 und 1355 lenkte. Zu dieser Zeit muss die Stadt in ihrem Reichtum förmlich erstickt sein; einen Abglanz davon sieht man noch heute auf Schritt und Tritt.

Das jähe Ende des Wohlstands kam 1348, als die Pest in der Stadt ausbrach. Die Seuche, die in den schlechten hygienischen Verhältnissen der damaligen Städte einen guten Nährboden fand, raffte 80 % (!) der Stadtbevölkerung dahin. Von diesem schweren Schlag erholte sich Siena nie mehr ganz. Die Feinde der Stadt nutzten die Schwäche sofort aus, allen voran Kaiser Karl IV., dem die unabhängigen Stadtrepubliken in Italien schon lange ein Dorn im Auge waren. 1355 schürte er einen Volksaufstand in Siena, danach kam die Stadt nicht mehr zur Ruhe. Kämpfe der mächtigen Adelsgeschlechter untereinander, Kämpfe gegen die umliegenden Städte und Kämpfe gegen den Kaiser wechselten einander ab.

> ### Die Stadtheiligen von Siena
>
> Mitten im düsteren Kriegsgeschehen des 14. und 15. Jh. hat Siena zwei Heilige hervorgebracht, deren Lebensdaten chronologisch aufeinander folgen: *Katharina* (1347–80) und *Bernhardin* (1380–1444).
>
> Die *heilige Katharina* war eine typische Vertreterin der spätmittelalterlichen Passionsmystik. Aus ihren 381 erhaltenen Briefen, die als bedeutende Dokumente der italienischen Sprache gelten, spricht eine innige Hingabe an Jesus mit durchaus religiös-erotischen Momenten *("... er war mein Bräutigam und ich war seine Braut", "... möge er mich küssen mit Seinen Lippen")*. Kirchengeschichtlich bedeutsam ist sie, weil sie mit ihren eindringlichen Briefen an Papst Gregor XI. einen Beitrag zur Rückführung des Papsttums aus Avignon nach Rom leistete. Ihr Wohnhaus in Siena ist zu besichtigen (siehe Sehenswertes).
>
> Der *heiliger Bernhardin*, der „Apostel Italiens", verteilte sein großes Vermögen an die Armen; sein Vorbild war Franz von Assisi, in dessen Orden er eintrat. Bekannt geworden ist er vor allem als Volksprediger, dessen Zuhörer in die Tausende gingen. Um seinen Namen ranken sich zahllose Legenden. So soll eines Tages ein Kartenmaler zu ihm gekommen sein, der sich bitter beklagte, dass Bernhardin in seinen Predigten stets das Kartenspielen anprangerte und auf diese Weise seine Lebensgrundlage gefährdete. Daraufhin riet ihm Bernhardin, in Zukunft Jesusbilder zu malen – und siehe da, der Mann konnte auch davon leben.

Der Schlussakt folgte 1555: Kaiser Karl V. zog mit seiner Streitmacht gegen die Stadt. Unterstützt wurde er von Cosimo de Medici, dem damaligen Herrscher von Florenz. Nach einjähriger Belagerung fiel Siena, die kaiserlichen Truppen marschierten ein, und das Ende der freien Stadt war besiegelt. Karl V. übertrug Cosimo I. die ganze Toscana als Herrschaftsgebiet, Siena eingeschlossen. Über 700 sienesische Familien – mehr als die Hälfte der Bevölkerung – wanderten nach Montalcino aus. Zur Erinnerung an dieses Ereignis veranstaltet die Contrada della Tartuca alljährlich am 25. März einen 30 km langen Marsch in den damaligen Exilort.

Als nach dem Tod des letzten Medici 1737 die Lothringer die Macht übernahmen, verlor Florenz an Gewicht. Siena nutzte die Situation für einen wirtschaftlichen

Postkarten haben Umsatzeinbrüche zu verzeichnen – Internetstube in Siena

Aufschwung. Die alten Handelsfamilien erstarkten, das Bankwesen wurde wieder aufgebaut. Auch eine neue Straße nach Rom, die *Lauretana*, entstand zu dieser Zeit. Das 19. Jh. verlief für die Stadt wenig spektakulär. Immerhin war Siena 1865 die erste Stadt Italiens, die per Volksentscheid dem neuen Königreich beitrat.

Information/Verbindungen

• *Information* **A.P.T.-Büro**, Piazza de Campo 56. Ganzjährig und auch an Feiertagen 9–19 Uhr geöffnet. ✆ 0577-280551, ✆ 0577-270676. www.terresiena.it, incoming@terresiena.it.

• *Zimmervermittlung* **Siena Hotels Promotion**, Piazza S. Domenico. Im Sommer 9–20, im Winter 9–19 Uhr (So geschlossen). www.hotelsiena.com, ✆ 0577-288084, ✆ 0577-280290. **Vacanze Senesi**, das Konkurrenzunternehmen im Parkhaus Il Campo und in der Via Mattioli 9/c, www.vacanzesenesi.it, ✆ 0577-45900.

• *Bahnverbindungen* Die Stadt liegt an der Nebenstrecke Florenz–Empoli–Poggibonsi–Siena. Außerdem fahren mehrmals täglich Züge nach Orvieto (umsteigen in Chiusi). Der Bahnhof liegt 2 km außerhalb. Die Gepäckaufbewahrung ist rund um die Uhr geöffnet. Regelmäßige Busverbindung ab Viale Tozzi oder Piazza Gramsci.

• *Busverbindungen* Ungefähr stündlich fahren Busse nach Florenz, San Gimignano (umsteigen in Poggibonsi) und Volterra (über Colle Val d'Elsa), 4x täglich nach Arezzo, 2x täglich nach Rom. Ab Piazza Gramsci. Busunternehmen für Stadt- und Überlandfahrten: **TRA-IN**, www.trainspa.it, ✆ 0577-204246.

Stadtbusse fahren ab der Piazza A. Gramsci. Die Tickets (eine Stunde gültig) erwirbt man im Tabakladen.

Adressen (siehe Karte Umschlagklappe hinten)

• *Fremdenführer* Als kleine Gruppe lohnt es sich unter Umständen, einen Führer anzuheuern: **Associazione Guide**, www.guidesiena.it, ✆ 0577-43273.

• *Fundbüro* Casato di Sotto 23. Mo und Fr 9–12, Di und Do 15–17 Uhr.

• *Bücher/Zeitschriften* **Libreria Ticci**, gut sortiert, zentral in der Via delle Terme 5/7. In ehrwürdigem Kreuzgewölbe mit frischen Deckengemälden.

Libreria Senese, Via di Città 64. Auch englischsprachige Bücher und deutsche Tageszeitungen.

- *Einkaufen/Wein* **Consorzio Agrario (12)**, Via Pianigiani 9 (Nähe Piazza Matteotti). Im Supermarkt der landwirtschaftlichen Genossenschaft bekommt man alles, was die Sieneser Erde hergibt: Wein, Olivenöl, Honig etc. Aber auch eine große Lebensmittelabteilung ist hier untergebracht.
Enoteca Italiana, Fortezza Medicea. Über 600 verschiedene italienische Qualitätsweine. Siehe auch „Kneipen".
- *Flohmarkt* Jeden 3. Sonntag auf der Piazza del Mercato (nicht im August). Tendenz: schicker Antiquitätenmarkt.
- *Internet* Auch in Siena sind die Internetläden wie Pilze aus dem Boden geschossen. Sehr zentral **Internet Train** in der Via della Città121. 15 Min. kosten ca. 1,50 €. Von 11–22 Uhr ist der **Internet Point** in der Via Pantaneto 102 geöffnet. 1 Stunde kostet dort 2 €, 2,5 Stunden gar nur 4 €.
- *Italienischkurse* **Università per Stranieri di Siena**, Via Pantaneto 45 (Studentensekretariat und Information). Im Angebot ist eine breite Palette an Italienischkursen, u. a. dreimonatige Grund- und Aufbaukurse für Lernwillige aller Nationalitäten mit Hochschulreifezeugnis, einmonatige Kurse Handelsitalienisch, Fachitalienisch für Mediziner, für Musiker etc. Unterstützung bei der Zimmersuche. ✆ 0577-240185, 🖷 0577-281030.
- *Textilmarkt* Jeden Mi 7–13 Uhr an der Piazza La Lizza (Nähe Fortezza Medicea) und am anschließenden Viale XXV Aprile, sehr günstig! Achtung: Parkprobleme!
- *Öffentliches WC/Wickelraum* WC im Untergeschoss an der Piazza Gramsci (hier befinden sich auch die Schalter der Busgesellschaften).
Punto Servizi, Casato di Sotto (gleich hinter dem Campo). Toilette (0,80 €), Wickelraum und Infobüro in einem.
- *Waschsalons* **Ondablu**, gleich hinter dem Campo, Via del Casato di Sotto 17. Täglich 8–22 Uhr.
Wash & Dry, Via Pantaneto 38, ebenfalls in der Nähe des Campo. Tägl. 8-22 Uhr.

Konzerte/Musik

Im Sommer veranstaltet die Musikakademie Accademia Chigiana vor allem **klassische Konzerte** im gleichnamigen Palazzo Chigi Saracini und im Teatro Rozzi (Mozart, Bach, Strawinsky, Mussorgski etc.). Genaueres erfährt man im Touristenbüro. **Nationales Jazzmusik-Seminar**, Ende Juli bis Anfang August: Vorträge, Workshops, Konzerte, Jamsessions etc. Die Konzerte finden oft in den Gärten der Contrade-Häuser statt.
Die Vereinigung **Siena Jazz** bietet internationale Jazz-Seminare für Profis an. Ihren Sitz hat sie in der Fortezza Medicea (Infos unter www.sienajazz.it).

Autos & Parken

Die Altstadt ist für den öffentlichen Verkehr gesperrt. Neben Taxis und Anwohnern mit Sondergenehmigung dürfen nur Touristen mit einer Hotelreservierung in der Tasche einige wenige Straßenzüge benutzen. Die Zufahrten sind mit Videoanlagen ausgestattet. Halter/Fahrer von in Italien zugelassenen Fahrzeugen ohne hinterlegte Sondergenehmigung werden mit 150 € zur Kasse gebeten, Ausnahmen gibt es nicht. Wer ein Parkverbot missachtet, zahlt 31–71 €. Auch die Stadt Siena hat die Einnahmequelle Falschparken entdeckt! Nichts riskieren!

Nur wenige **kostenlose Parkplätze** unterhalb der Fortezza di Medici (meistens besetzt).
Auch die **gebührenpflichtigen Plätze** im und um das Stadio Comunale sind oft dicht belegt, am Markttag, dem Mittwoch, sind sie ganz gesperrt. Weitere gebührenpflichtige Plätze sind rund um die Altstadt verteilt. Der am günstigsten gelegene ist der neue Parkplatz Santa Caterina-Fontebranda, da man von dort aus per Rolltreppe direkt zum Dom hoch fahren kann (Ausfahrt Siena-Ovest).

Ein kluges **Parkleitsystem** unterstützt den verzweifelten Autofahrer (zumindest meistens). Schon am Stadtrand kündigen Schilder an, welche Plätze belegt und welche frei sind. Die Nummern der Parkplätze sind in der Innenstadt ausgeschildert, sodass man sein Auto oft schnell wieder findet. An den Parkuhren kostet die Stunde 1,60 €, die Parkhäuser sind genauso teuer.
- *Campmobil* Für 10 € am Tag kann das Fahrzeug auf dem Parkplatz Fagiolone abgestellt werden.

- *Großparkplätze* Außer den oben beschriebenen existieren noch einige weiter entfernte Parkplätze. Sie sind kostenlos, unbewacht und mit einem Shuttle-Bus, *Pollicino* genannt, ans Zentrum angebunden. Die Pollicini verkehren Mo–Sa von 7 bis 24 Uhr im 15-Min.-Takt (sonntags nur alle 30 Min.), Fahrpreis 0,90 €.
Due Ponti, Viale Toselli (im Osten der Stadt). Pollicino Linea B, Haltestelle im Zentrum: Logge del Papa (hinter dem Campo).
Cerciaia/Coroncina, Cassia Roma (SS 2, ziemlich weit im Süden der Stadt). Pollicino Linea A, Haltestelle im Zentrum: zwischen Rathaus und Markthalle.
Strada Comunale di Certosa, verläuft entlang dieser Straße (außerhalb der Porta Romana). Pollicino Linea C.
- *Übernachtparken* Einige Hotels haben Vertragsgaragen, die pro 24 Stunden ca. 13 € verlangen. Die Parkhäuser kennen in der Regel keine reduzierten Langzeittarife; es gibt allerdings zwei Ausnahmen:
Die **Parkplätze am Stadion** sind von 20–8 Uhr kostenlos, und im **Parkhaus Il Campo** bekommt man gegen Vorlage eines Übernachtungsbeleges Rabatt. Bei beiden Plätzen kommt man dann auf ca. 16 € pro Tag.

Die Contraden

So werden in Siena die einzelnen Stadtteile genannt. Ihre auf kleinen Keramiktafeln angebrachten Wappen (meist mit Tiersymbolen) schmücken fast jeden Straßenzug. Historisch waren die Contraden autonome Einheiten mit eigener Verwaltung und Gerichtsbarkeit. Heute erfüllen sie gemeinnützige Aufgaben in den Bereichen Altenpflege, Kinder- und Jugendarbeit und nicht zuletzt bei der Organisation von Festen, insbesondere bei der des Palio (s. u.). Darüber hinaus besitzt jede Contrada ihre eigene Kirche und andere stadtteileigene Einrichtungen wie z. B. ein Museum (s. u.).

Hervorstechende Eigenschaft der heute insgesamt 17 Contraden ist das ausgeprägte Gemeinschaftsgefühl, das unter ihren Bewohnern herrscht. Ebenso ausgeprägt ist allerdings auch die Rivalität untereinander, die sich besonders beim Palio dokumentiert. So wurden schon oft einige Contraden wegen „übertriebener Schlägereien" und sogar Messerstechereien vom nächsten Palio disqualifiziert, was das größte Unglück überhaupt ist! Aber auch aus anderen Gründen ist man sich untereinander bisweilen nicht sonderlich gewogen. So war lange Zeit die Contrada dell'Oca (Gans) der „Underdog" unter den Stadtvierteln, denn sie hatte die Farben der Nationalflagge in ihrem Banner und wurde unter Mussolini stark protegiert, was ihrem Ruf nachhaltig schadete. Ähnlich ging es der Contrada dell'Aquila, die ihr Fähnchen mit dem Habsburger Doppeladler in den Wind hing ...

Musei di Contrada: In den Museen sind Trophäen, historische Uniformen und andere Erinnerungsstücke aus der reichen Vergangenheit der Contraden zu besichtigen. Oft werden an den Wänden historische Szenen nachgestellt, in denen die Contrada treibende Kraft war, z. B. der „Fenstersturz der schlechten Regierung", zu dem die Contrada del Bruco (Raupe) entscheidend beitrug. Die Öffnungszeiten sind unterschiedlich. Während einige Museen sonntags zwischen 10 und 12 Uhr besichtigt werden können, vergeben andere nur nach Voranmeldung (mindestens eine Woche im Voraus) einen Besuchstermin.

Der Palio

Das größte Fest in Siena ist der Palio, ein Pferderennen, dessen Tradition bis ins 13. Jh. zurückreicht. Es findet jährlich am 2. Juli und am 16. August auf dem Campo statt. Wild entschlossen, das Seidenbanner zu gewinnen, machen sich die Reiter auf den Weg. Zehn der insgesamt 17 Contraden nehmen an dem Wettkampf teil. Das Fiese dabei: Die Jockeys dürfen den Gegner durch Peitschenhiebe aufs feindliche Pferd behindern. Besonders in der Rathauskurve wird gepeitscht, geschoben und gedrückt, was das Zeug hält. Die professionellen „Rodeo-Künstler" werden

Vorbereitung zum Palio – feinkörniger Tuff schützt Hufe und Reiter

übrigens von den Contraden eingekauft und kommen aus ganz Italien, mittlerweile sind es auch viele Toscaner. Die Teilnehmer tragen Kostüme aus dem 15. Jh. Jedes Stadtviertel wird von zwei Pagen, einem Oberpagen und einem Duce (Herzog) repräsentiert und verfügt über ein eigenes Symbol (Giraffe, Schildkröte, Schnecke etc.).

Das Wettrennen auf den ungesattelten Pferden, das zwischen 17 und 19 Uhr abends beginnt, dauert nur 70 bis 80 Sekunden, ist aber von komplizierten Zeremonien umrahmt, die schon vier Tage vorher beginnen. Unmittelbar vor dem Rennen findet der **Corteo Storico** statt, ein festlicher Umzug in historischen Kostümen aus dem 15. Jh. Den Kopf des Zuges bilden die Steuereintreiber, es folgen der Träger des städtischen Wappens, die Musiker, die verschiedenen Bannerträger und ganz zum Schluss der reich verzierte, von stattlichen Maremma-Bullen gezogene Kriegswagen, der so genannte „Carroccio" (Karren), der das Banner der Stadtverwaltung und den „Palio" trägt. Dies ist das Seidenbanner, das der Gewinner bekommt und das zu jedem Rennen von einem anderem berühmten Künstler gestaltet wird. 2002 war es der kolumbianische Künstler Bottero, der mit seiner rundlichen Madonna für hitzige Diskussionen bei den konservativen Sienesern sorgte, 2007 lieferten der Sieneser Grafiker Alessandro Grazi ein blutrotes und Ugo Nespolo ein von Pop Art und postmodernen Spielereien beeinflusstes Banner. Nach dem Rennen werden die Gewinner gefeiert, und in den Straßen der Contraden gibt es oft Wein für alle. Einige Wochen später, im September, findet die eigentliche große Feier, ein abendlicher Festschmaus der Sieger unter freiem Himmel, statt, der bis tief in die Nacht dauert – das glückliche Siegerpferd ist auch mit von der Partie! 2007 konnten übrigens die Contraden Oca (im Juli) und Leocorno (im August) feiern.

Nachdem schon der WWF und Brigitte Bardot erfolglos wegen Tierquälerei (in der engen *Curva San Martino* stolpern die armen Pferde häufig, verletzen sich oder sterben dabei sogar!) gegen das Pferderennen gestritten hatten, sorgte 1991 der

Übernachten 53

Filmregisseur Federico Fellini für einen Eklat. Nachdem seiner Crew – wie jedem anderen Filmteam auch – Aufnahmen vom Rathausturm herab aus Sicherheitsgründen verwehrt worden waren, erklärte der Maestro in einer Pressemitteilung die Bürger der Stadt und insbesondere den Bürgermeister kurzerhand für verrückt. Letzterer konterte mit einer Verleumdungsklage und schnitt sich damit ins eigene Fleisch, denn der hochkarätige Regisseur wollte die Aufnahmen als Teil eines Werbefilms über die Toscana verwenden.

Auf eine hintersinnige Weise hat sich auch die „Firma" Fruttero & Lucentini mit dem Palio befasst. „Der Palio der toten Reiter" – so der Titel ihres Romans – ist ebenso spannungsgeladen wie der wirkliche Palio.

Übernachten (siehe Karte Umschlagklappe hinten)

Die meisten Hotels liegen innerhalb der Stadtmauer. Trotz der zentralen Lage sind sie relativ ruhig, da die Altstadt autofrei ist. Mit einer Hotelreservierung, die Sie bei der **Siena Hotel Promotion** oder **Vacanze Senesi** (s. o. „Zimmervermittlung") bekommen, dürfen Sie Ihr Gepäck zur Unterkunft fahren. Ob dies angesichts der vielen Fußgänger, Einbahnstraßen und völlig gesperrten Straßen sinnvoll ist, müssen Sie selbst entscheiden. Am bequemsten ist sicherlich das Taxi.

Nachstehend finden Sie eine Auswahl an Hotels und anderen Übernachtungsmöglichkeiten. Die angegebenen Preise liegen in der Vor- und Nachsaison etwas, in den Flautemonaten (z. B. im Februar) sogar wesentlich niedriger.

***** Grand Hotel Continental (16), ein Luxushotel der Extraklasse, das jeden noch so exklusiven Wunsch seiner Gäste erfüllt, für die normale Brieftasche aber leider nicht bezahlbar. DZ ab 400 €. Via Banchi di Sopra 85, ✆ 0577-56011, ✉ 0577-5601555, www.hotel-royademeure.it/siena.

*** Palazzo Ravizza (51), First-Class-Pension in alter Stadtvilla (17. Jh.) mit Terrassengarten und Springbrunnen hinter dem Haus. Schöner Blick über die Mauer. DZ mit Dusche 270 € (inkl. Frühstück), Pian dei Mantellini 34, ✆ 0577-280462, ✉ 0577-221597, www.palazzoravizza.it.

*** Villa Liberty (14), toprenovierte Villa im italienischen Jugendstil. Die Böden wurden aufwändig mit Marmor (in den Gängen) und Parkett (in den Zimmern) neu gestaltet. Blick auf die Fortezza Medici, Garten um das Haus. DZ mit Bad 119 €, EZ 68 €, Frühstück 9 €. Viale V. Veneto 11, ✆ 0577-44966, ✉ 0577-44770, www.villaliberty.it.

*** Chiusarelli (13), stilvoller neoklassizistischer Bau, zentral gelegen, einige Parkplätze im Garten. Insgesamt 50 Zimmer, sehr ruhig die Zimmer zum parkähnlichen Stadion von Siena. DZ 195 €, EZ 85 €. Via Curtatone 9, ✆ 0577-280562, ✉ 0577-271177, www.chiusarelli.com.

*** Santa Caterina (53), knapp außerhalb der Porta Romana. Toller Garten mit Blick ins Umland (Frühstück wird auch dort serviert). Bei den ruhigen Zimmern zum Garten hin stehen die Betten auf einer Zwischendecke, erreichbar über eine Treppe. Zur Straße hin Schallschutzfenster. Einige Parkplätze vorhanden. DZ 175 €, EZ 115 €. Via E.S. Piccolomini 7, ✆ 0577-221105, ✉ 0577-271087, www.hscsiena.it.

*** La Toscana (23), ca. 50 Zimmer, über mehrere Stockwerke verteilt. Hübsche Holzmöbel. Von den oberen Zimmern Blick über das Dächergewirr. DZ mit Bad 83 €, ohne 62 €. Via Cecco Angiolieri 12, ✆ 0577-46097, ✉ 0577-270634.

MiniResidence Il Casato (47), in einem alten Palast aus dem 18. Jh., erst seit 2000 zu einer geschmackvollen Herberge umgebaut. Steile Treppen führen zu den auf mehreren Stockwerken verteilten, meist geräumigen Zimmern. Tolle Deckenfresken, auch ein kleiner Terrassengarten ist für Gäste zugänglich. DZ 150 €, EZ 98. Zwei Eingänge: Via Dupré 126 und über das darüber liegende Via Casato di Sopra 33, ✆ 0577-236001, ✉ 0577-226997.

*** Moderno (7), mit 56 Zimmern zählt es zu den größten Hotels der Stadt. „Moderno" wirkt der Backsteinbau nicht. Da das Hotel knapp außerhalb der Mauer liegt, sind Anfahrt und Parkmöglichkeiten weniger prekär. Kehrseite der Medaille: Straßenlärm in den Zimmern nach vorn. Leser meinen, dass man das Frühstück einsparen kann und das Geld stattdessen für den Garagenplatz aus-

---

Siena
Karte siehe Umschlagklappe hinten

Siena

geben sollte. Service nachlässig. DZ mit Bad 110 €, EZ 69 €. Via Baldassarre Peruzzi 19, ☏ 0577-288453, 📠 0577-270596, www.hotelmodernosiena.it.

*** **Minerva (3)**, das Hotel hat den außerordentlichen Vorteil, dass man (obwohl es innerhalb der Stadtmauer liegt) mit viel Glück einen Parkplatz vor dem Haus ergattern kann. Knapp dahinter beginnt das Fahrverbot. Modern ausgestattete Zimmer mit großzügigem Bad. DZ 132 €, EZ 73 €. Via Garibaldi 72, ☏ 0577-284474, 📠 0577-43343, www.albergominerva.it.

** **Piccolo Hotel Il Palio (6)**, leider etwas abgewohnt. Vorteil: Man kann mit dem Auto direkt vor den Eingang fahren, muss es allerdings nachher „entsorgen". Da an der Hauptverkehrsader der Altstadt gelegen, werden die Nächte wegen der vielen Vespas laut. DZ mit Bad 108 €, EZ 91 €. Piazza del Sale 19, ☏ 0577-281131, 📠 0577-281142, www.piccolohotelilpalio.it.

*** **Villa Elda (29)**, alte, gepflegte Villa in ruhiger Lage, kleiner Garten ums Haus. Jedes Stockwerk hat seine eigene Farbe, die Möbel sind handgemacht. Einige Panorama-Zimmer mit schönem Blick auf die Altstadt. 2007 frisch renoviert, seitdem auch Fußbodenheizung in den Bädern. DZ 70–140 €, EZ 50–90 €. Viale XXIV Maggio 10, ☏ 0577-247927, 📠 0577-221307, www.villaeldasiena.it.

** **Centrale (24)**, helle Zimmer im 3. Stock (kein Lift). Eines der kleinsten Hotels der Stadt, nur 7 Zimmer, die meisten sind jedoch groß, haben Telefon und Minibar. DZ mit Bad 80 €, ohne 65 €. Via Cecco Angiolieri 26, ☏ 0577-280379, 📠 0577-42152, www.hotelcentralesiena.it.

Antica Residenza Cicogna (20), teilweise Fresken und Himmelbetten in den Zimmern, dazu moderner Komfort wie Klimaanlage und Kabel-TV. Jedes der 5 Zimmer hat einen eigenen Charakter im Stil der Jahrhundertwende. DZ 83–100 € inkl. Frühstück. Via dei Termini 67, ☏/📠 0577-285613, www.anticaresidenzacicogna.it.

*** **Hotel Garden (2)**, ein sehr großes Hotel mit schönem Garten und Pool. Leider etwas außerhalb, ins Zentrum nimmt man besser den Bus. DZ 103–189 €, EZ 75–139 €. Via Custoza 2, ☏ 0577-47056, 📠 0577-46050, www.gardenhotel.it.

** **Piccolo Hotel Etruria (28)**, sympathisch, wenn auch etwas eng. Das hoteleigene Restaurant ist preiswert und wird gerne von Rucksacklern besucht. DZ mit Dusche 86 €, EZ 53 €. Via Donzelle 3, ☏ 0577-288088, 📠 0577-288461, www.hoteletruria.com.

Villa Fiorita (1), Villa im Jugendstil direkt am Vortor der Porta Camollia mit wunderschönem Garten und familiärer Leitung, 10 Doppelzimmer, ein 2er-Appartement, alles sehr stilvoll und gepflegt, in der Nebensaison weniger. Zentrum zu Fuß zu erreichen. DZ mit Bad bis 80 €, EZ bis 65 €. Viale Cavour 75, ☏ 0577-44877, 📠 0577-237392, www.miniresidencevillafiorita.it.

* **Bernini (21)**, ein Leser schreibt: „... absolut familiäre Pension. Zur Not werden Gäste in den Stockbetten der Kinder einquartiert, Alessandro und Gattin nehmen wirklich alles locker. In der Hochsaison laufend al completo! Einige Zimmer mit phantastischem Blick auf den Dom und die Torre del Mangia. Super-Terrasse mit Panorama. Reservierung sehr zu empfehlen". DZ mit Dusche 85 €, ohne 65 €, EZ mit Bad 78 €. Via della Sapienza 15, ☏ 0577-289047, www.albergobernini.com.

* **Tre Donzelle (26)**, der günstige Preis und die zentrale Lage sind die beiden größten Vorteile, für den romantischen Urlaub eher weniger geeignet. DZ mit Dusche 60 €, ohne 49 €, EZ ohne Dusche 38 €. Via Donzelle 5, ☏ 0577-280358, 📠 0577-223933.

Miniresidence Casalbergo (18), den Gästen steht eine Küche zum Kochen zur Verfügung! Freundliche Bleibe mit 3 DZ (70 €), einem 3-Bett-Zimmer (100 €) und einem 4-Bett-Zimmer (115 €), Du/WC teils auf der Etage. Via del Paradiso 54, ☏ 0577-281458, 📠 0577-280619, www.casalbergo.net.

Alma Domus (19), schlafen im Kloster Santuario S. Caterina. Funktionale Zimmer, einige mit tollem Blick auf den Domhügel. Sogar eine Klimaanlage gibt es. Nachteil: um 20. 30 Uhr wird die Pforte geschlossen. DZ 65 €. Via Camporeggio 37, ☏ 0577-44177.

• *Außerhalb* **** **Villa Scacciapensieri**, ca. 3 km außerhalb, knapp hinter dem Campingplatz Siena Colleverde. Hübsch restaurierte Landvilla, umgeben von einem Park. Zimmer recht geräumig, alle mit einem kleinen Balkon. Im Erdgeschoss eine düstere, rustikale Bar und das Restaurant. Kleiner, nierenförmiger Swimmingpool und Tennisplatz. DZ 185–245 €, Via Scacciapensieri 24., ☏ 0577-41441, 📠 0577-270854, vilasca@tin.it, www.villascacciapensieri.it

Das Rathaus mit dem hohen Torre del Mangia

Siena

- *Jugendherberge* **Guidoriccio**, im Ortsteil Stellino (vom Bahnhof mit Bus Nr. 10 erreichbar, von der Piazza Gramsci mit Bus Nr. 15, ab Piazza Sale mit Bus Nr. 4). Die Jugendherberge wurde komplett renoviert und umgebaut, auch Doppelzimmer vorhanden. Kein Jugendherbergsausweis notwendig, Beschwerden übers Personal sind aber keine Seltenheit. Übernachtung 14 €/Pers. Via Fiorentina 89, ☏ 0577-52212, www.ostellionline.org.
- *Agriturismo* **Villa Caselunghe**, kleines Landgut mit 17 Hektar Land (Wein, Oliven) inmitten unzersiedelter Landschaft. Nur ca. 3 km östlich des Stadtkerns (nicht weit vom neuen Hospital). Pool vorhanden. 3 Appartements für 2–4 Pers., je nach Größe und Ausstattung 600–2800 €. Via delle Tolfe 9, ☏ 340-5093785, ✉ 0577-270912, www.caselunghe.it.

Podere il Pero, kleines Landhaus, noch nicht kaputt saniert, mit vier Doppelzimmern und einer Wohnung für 2–4 Pers., wunderschön im Grünen gelegen und doch nur 10 Min. von der Piazza del Campo entfernt. DZ 75–105 €, App. 110–160 €. Strada di Montalbuccio 29 (Ausfahrt Siena-Ovest, Richtung Zentrum, 180°-Kurve Richtung Montalbuccio), ☏ 0577-236361, ✉ 0577-205021, www.podereilpero.it.

- *Camping* ***** Siena Colleverde**, ca. 3 km nördlich der Stadt. Mit Bus Nr. 3 ab Via Tozzi oder Bus Nr. 8 ab Piazza del Sale, letzter Bus um ca. 22.50 Uhr. Wie der Name schon vermuten lässt, liegt das Gelände auf einem grünen Hügel mit vielen Bäumen. Wenn der Platz überfüllt ist (während der Hauptreisezeit die Regel), muss man mit weniger begrünten Flächen vorlieb nehmen. Swimmingpool-Benutzung (geöffnet ab Juli) wird extra berechnet. In der Kantine preisgünstiges Menü. Von der Pizzeria in der Nähe des Campingplatzes hingegen war ein Leser ganz und gar nicht begeistert. Geöffnet von Ostern bis Nov. Es scheinen keine einheitlichen Preise verlangt zu werden. Strada di Scacciapensieri 47, ☏ 0577-280044, ✉ 0577-333298, campingsiena@terresiena.it.
- *Außerhalb* **** La Montagnola**, → Übersichtskarte Umschlagklappe vorne, in Sovicille, ca. 12 km westlich von Siena, erst 8 km entlang der SS 73 (Richtung Roccastrada). Großer, einladender Platz im schattigen Wald. Gepflegte Sanitäranlagen, absolute Ruhe. Busse nach Siena halten direkt im Campingplatz. Mehrere Leser waren von dem Platz begeistert. Unsere Empfehlung. Geöffnet Ostern–Ende Sept. Für italienische Verhältnisse günstige Preise. Strada della Montagnola 39, ☏ 0577-314473, ✉ 0577-349286, lamontagnola@camping.it.
- ***** Le Soline**, in Casciano di Murlo, ca. 23 km südlich von Siena (Richtung Grosseto, nach 20 km bei Fontazzi links nach Casciano di Murlo abzweigen, dann gut ausgeschildert). In der Regel ab April geöffnet, toller Swimmingpool mit Ausblick! Bungalows ab 357 € pro Woche. Via delle Soline 51, ☏ 0577-817410, www.lesoline.it.

Essen und Trinken (siehe Karte Umschlagklappe hinten)

Wer in Siena unter Italienern speisen möchte, wird auf Glück hoffen müssen. Bis in den November hinein wird die Stadt so von Touristen geflutet, dass an den Nebentischen üblicherweise alles andere als Italienisch gesprochen wird; leider wird der nichtitalienische Tourist trotzdem manchmal (oder deswegen?) recht unfreundlich behandelt. Das Essen in den vielen Trattorien ist meist gut, preislich ist der Besuch in der Regel aber wenig erfreulich, doch gibt es auch Ausnahmen. Zum Nachtisch sollte man den *panforte* probieren, den „schweren Kuchen" mit Mandeln und kandierten Früchten (gibt es auch in vielen Cafés) oder auch die *cantucci* – die trockenen Mandelplätzchen werden dabei in den süßen, an Portwein erinnernden *vin santo* getunkt. Typische Nudelgerichte sind *pici* (spätzleartige Nudeln, aber länger) mit verschiedenen Soßen oder *papardelle al cinghiale* (breite Nudeln mit Wildscheinragout). Als Hauptgerichte kommen hauptsächlich Wildgerichte und Kreationen mit Steinpilzen auf den Tisch, die sienesische Küche ist dabei eher mächtig als mediterran-leicht.

Da Enzo (4), der renommierte Küchenchef führt das Lokal selbst. Preislich noch im Rahmen: Secondi ab 17 €. Mit dem Festpreismenü ab 35 € ist man ganz gut bedient. Via Camollia 49. ☏ 0577-281277. Mo geschlossen.

Cane e Gatto (43), wer sich etwas Luxus leisten möchte, der es sicher auch wert ist,

Essen und Trinken

muss dieses kleine Lokal mit nur 8 Tischen besuchen. 2 Stunden sollte man für die „Dinner Party" schon einplanen. Täglich nur ein Menü zur Auswahl, 6 Minigänge werden serviert, alles vom Feinsten, ca. 55 €, Wein extra. Nur abends, Do geschlossen. Via Pagliaresi 6. ✆ 0577-287545.

Mugolone (33), alteingesessenes gutbürgerliches Speiselokal mit traditioneller Küche (z. B. frittiertes Kaninchen für 11 €) und flotter Bedienung. Viele Einheimische und Handelsreisende, besonders beim Mittagstisch. Do ganztägig und Sonntagabend geschlossen. Via dei Pellegrini 8. ✆ 0577-283039.

Castelvecchio (48), vielfach ausgezeichnet, trotzdem erschwingliche Preise, Primi ab 7,50 €, Secondi ca. 9,50 €, komplette cena für 30-40 €, auch vegetarische Gerichte. Die moderne Möblierung steht im angenehmen Kontrast zu den rustikalen Räumlichkeiten. Di geschlossen. Via Castelvecchio 65. ✆ 0577-49586.

La Taverna del Capitano (44), das kleine Lokal liegt zwar an der „Rennstrecke" zwischen Dom und Campo, aber der Wirt spekuliert weniger auf die Laufkundschaft. Preiswerte und gute Gerichte (Ribollita für 6 €!) und ein freundlicher Service machen die Taverne empfehlenswert. Sogar so untouristische Gerichte wie Stockfisch stehen häufig auf dem Speiseplan. Hier muss man allerdings viel Zeit mitbringen. Via del Capitano 6/8, ✆ 0577-288094.

Osteria Il Tamburino (46), preiswerte, solide Küche: Pici, Ossobuco oder Kaninchen. Familiäre Atmosphäre, etwas abseits der Touristenströme Do geschlossen. Via di Stalloreggi 11, ✆ 0577-280306.

Osteria Nonna Gina (49), kleine, sympathische Osteria mit preiswerter sienesischer Küche. Gute Hausmannskost ohne Schnickschnack und Pasta aus eigener Herstellung, leider lange Wartezeiten. Mo geschlossen. Pian dei Mantellini 2. ✆ 0577-287247.

Osteria Le Logge (34), die Küche gehört zu den besten in Siena, auch die Toscana-Fraktion um Otto Schily und Joschka Fischer ließen es sich in der ehemaligen Apotheke schon schmecken, und Sting gehört zu den Stammgästen. Natürlich gibt es auch den hauseigenen Brunello di Montalcino vom Besitzer Gianni Brunelli, die Preise sind natürlich gehoben, aber noch erschwinglich. So geschlossen. Via del Porrione 33. ✆ 0577-48013.

Nello La Taverna (39), hausgemachte Pasta, alles liebevoll angerichtet, insgesamt eher Qualität als Quantität. Dafür viele interessante Kreationen statt der immer gleichen toscanischen Küche. Auch Gerichte für Vegetarier. So geschlossen. Via del Porrione 28. ✆ 0577-289043.

La Torre (35), Trattoria in zentraler Lage, ganz und gar vom Tourismus bestimmt. Küche ohne besondere Raffinesse, Menu turistico für 25 €. Do geschlossen. Via di Salicotto 7. ✆ 0577-287548.

Orto de' Pecci (50), ein kleiner Agriturismo mit Restaurant und noch innerhalb der Stadtmauern in einem Garten inmitten der Stadt! Auch Verkauf von Gemüse aus biologischem Anbau. Hier fühlt man sich, als ob man schon auf dem Land wäre ... Via di Porta Giustizia 39. ✆ 0577-222201, www.ortodepecci.it.

Da Trombicche (17), kleine Osteria mit nur etwa 5 Gerichten zur Auswahl, alle sind links vom Eingang in der Vitrine auszuwählen und kommen dann in die Mikrowelle. Es handelt sich meist um gut zubereitete Suppen und Eintopfgerichte (z. B. leckeren Bohneneintopf). Gericht ca. 5 €. So geschlossen. Via delle Terme 66. ✆ 0577-288089.

Gallo Nero (40), authentische mittelalterliche Rezepte für Fleischliebhaber, jeden Freitag gibt es Bankette mit Livemusik für 30 €. Rechtzeitige Reservierung ist fast immer notwendig. Via del Porrione 65, ✆ 0577-284356, www.gallonero.it.

Tre Cristi (11), ein elegantes und teures Ristorante mit vielen Fischgerichten, empfehlenswert ist das schon vom Namen her poetische „Tarantello di tonno poco cotto con fantasia di pomodoro, crema di acciughe e capperi, riduzione all'aceto balsamico". Viccolo di Provenzano 1/7. ✆ 0577-280608, www.trecristi.com.

Osteria del Gatto (52), der neue Besitzer des Lokals ist gleichzeitig der Küchenchef. Relativ preiswert (cena für 15–20 €), gute Fisch- und Wildgerichte, mit einigen Tischen auf der Straße. So geschlossen. Via S. Marco 8. ✆0577-287133.

Osteria Enoteca Sotto le Fonti (38), etwas abseits im Viertel der heiligen Caterina gelegen, vielleicht auch deshalb gute Preis-Leistungs-Balance (cena für bis zu 30 €), sehr geschmackvoll eingerichtet, viele einheimische Gäste. Besonders zu empfehlen: die hausgemachten Nudelgerichte („Pici") und die Antipasti. 150 Weinsorten, die man zu einem sehr fairen Preis auch direkt kaufen kann. Das deutsch-italienische Betreiberpaar versteht etwas vom herzlichen Service. Abends bekommt der Gast zur Begrü-

Siena Karte siehe Umschlagklappe hinten

Siena

ßung einen Prosecco serviert. Sonntag Ruhetag. Via Esterna Fontebranda 114 (gegenüber dem Parkplatz Santa Caterina-Fontebranda), ℡ 0577-226446, www.sottolefonti.it.
Rosticceria Cinese La Rosa (42), ein Fast-Food-Chinese, bei dem es aber gut und verblüffend authentisch schmeckt. Nicht nur wegen der günstigen Preise eine willkommene Abwechslung in Siena, auch Lieferservice. Via Pantaneto 68. ℡ 0577-42037.
• *Außerhalb* **Fontebecci**, nahe der Einfahrt zur Superstrada nach Florenz, gegenüber der Tankstelle. Empfehlenswert, weil für wenig Geld Köstlichkeiten geboten werden. Die beste Pizza der Stadt, der *Pizzaolo* ist Neapolitaner! Leider sehr lange Wartezeiten. Do geschlossen. Via Fiorentina 133, ℡ 0577-50259.
Eden, in Costalpino an der Straßengabelung SS 73 (nach Roccastrada) und SS 223 (nach Grosseto). Angenehmes Restaurant mit überdachtem Vorbau. Spezialität des Hauses ist Fisch, abends werden aber auch Pizzen gebacken. Ein Leser, der die hervorragende Qualität des Essens im Eden lobt, vermerkt als einzigen Nachteil, dass die überdimensionalen Portionen kaum zu schaffen sind! Durchschnittliche Preise. Mo geschlossen. Grossetana 3, ℡ 0577-391140.

Cafés & Gelaterie (siehe Karte Umschlagklappe hinten)

Bar Le Logge (32), der beste Caffè und Cappuccino der Stadt. Schön sitzen kann man über der Theke auf dem kleinen Holzbalkon mit vier Tischlein. So geschlossen. Via Banchi di Sotto 11.
Nannini (27), hier kann man noch ausgebildete *baristi* bei der Arbeit bewundern und anschließend den formvollendeten Schaum auf dem Cappuccino. Aus der für ihre *paste* berühmten Sieneser Familiendynastie stammt übrigens auch die Sängerin Gianna. Via Banchi di Sopra 24.
Barché (15), in der Einkaufsgalerie. Sehr modernes, elegantes und versnobtes Café, in dem sich die Sienesen treffen. Von den Tischen der Terrasse hat man einen traumhaften Blick über die Stadt. Piazza Matteotti 17.
Caffè Novo (22), renovierte Kellerbar, weit verzweigte Räumlichkeiten, hell und gemütlich. Auch Bestuhlung auf der Straße. Ein zusätzliches Plus: diverse Spiele im Regal (u. a. Schach). Geöffnet 12–1 Uhr, im Sommer So, im Winter Mo geschlossen. Via Camporegio 13.
Bar & Internet Caffè Alfieri (37), riesige Auswahl an caffè, z. B. der *imperiale* mit Zabaione, Schokolade, Espresso, Rum, Sahne und Zimt für nur 1,50 €! So geschlossen. Via Pantaneto 59.
Gelateria Caribia (31), das vielleicht beste Gelato in Siena bekommt man hier direkt am Campo, und zwar auch ungewöhnliche Sorten wie Milchreis oder der Renner im Jahr 2007, Cacio (Schafskäse!) mit Birne. Von März bis Okt. geöffnet. Via Rinaldini 13.

Kneipen & Discos (siehe Karte Umschlagklappe hinten)

Tea Room (45), etwas versteckt bei der Piazza del Mercato und wohl nur deshalb fast ohne Touristenverkehr. Ilario bietet seinen Gästen nicht nur ausgewählte Teesorten in verschiedensten Tassen und Kännchen, sondern auch eine hervorragende Trinkschokolade, frische Kuchen und Cocktails. Dazu passt die Einrichtungen mit dem Besten, was die hiesigen Flohmärkte zu bieten haben und die dezente Jazzmusik, meistens vom Band, manchmal auch live. Di–So 20–3 Uhr, Mo geschlossen. Porta Giustizia 11, www.tearoomportagiustizia.com.
Al Cambio Music Hall (36), Underground-Atmosphäre, laute Musik, viele Studenten, oft auch Livemusik (es wird auch getanzt). Seitdem in Italien Rauchverbot herrscht, sieht man auch wieder mehr in den früher völlig verqualmten, länglichen Innenraum. Via del Pantaneto 48.
The Walkabout Pub (41), eine australische Kneipe mit den besten Weinen aus Downunder. Dazu kommen Sportübertragungen und Känguru-Sandwichs für alle, die kein Wildschein und Chainina-Rind mehr essen möchten. Via Pantaneto 90, www.walkaboutpub.it.
Dublin Post (8), original Irish Pub, auch zum Draußensitzen. Piazza Gramsci 21.
Bar L'Officina (5), öfter Livemusik, viele verschiedene Biersorten. Geöffnet 18–3 Uhr, So geschlossen. Piazza del Sale 3 a.
Caffè 15 (10), gemütlich – viel Holz, Spiegel, fast wie ein English Pub, für Bayern gibt es Maßkrüge, abgesehen davon „gay-friendly". Via dei Rossi 115.

San Paolo (30), die wahrscheinlich besten *panini* der Stadt, auch perfekt für den abendlichen Ausklang mit einem kühlen Blonden. Viccolo San Paolo 2, www.sanpaolopub.com.

Barone Rosso Pub (25), Ausschank von Guinness-Bier, Livemusik, geöffnet 21–3 Uhr. Via dei Termini 9, www.barone-rosso.com.

Enoteca Italiana (9), großzügig angelegte Weinprobierstube in den mächtigen Gewölben der Fortezza. Sie können den Wein glas- oder flaschenweise (ab ca. 8 €) probieren, aber auch ganz einfach kaufen. Über 600 verschiedene Qualitätsweine Italiens zur Auswahl! Leider schlechte Beratung und Service, man sollte vielleicht nur einen Rundgang machen und sich in den kleinen Önotheken umgucken, wo man besser beraten wird und in der Regel weniger bezahlt! Geöffnet 12–1 Uhr (Mo nur bis 20 Uhr), So geschlossen. Fortezza Medicea.

Sehenswertes

Il Campo

Der Platz, der sein heutiges Gesicht 1347 erhielt, ist sicher der schönste der Toscana und noch immer der Mittelpunkt des öffentlichen Lebens. Muschelförmig breitet er sich in der Senke der drei Hügel aus, auf denen Siena erbaut wurde. Rundum erhebt sich eine einzigartige Kulisse mittelalterlicher Paläste, die heute Restaurants und Cafés beherbergen. In den kühlen Abendstunden herrscht oft eine berauschende Atmosphäre: spontane Aktionen, Gaudi, Straßenmusik.

Der Brunnen am Platz heißt *Fonte Gaia* („fröhliche Quelle"). Er wurde zu Beginn des 15. Jh. errichtet und erhielt seinen eigenartigen Namen, weil es bei seiner Einweihung zu wahren Jubelstürmen kam, als sich erwies, dass das über einen immerhin 25 km langen Aquädukt hergeleitete Wasser tatsächlich am vorgesehenen Ort hervorsprudelte. Die Reliefs sind Kopien, die Originale befinden sich im Palazzo Comunale.

Wer das Treiben auf dem Campo aus kontemplativer Distanz betrachten will, sollte sich in das kleine *Café Torreficazione* an der Via di Città 13 begeben; vom Balkon aus hat man einen wunderschönen Blick über den gesamten Platz.

Palazzo Sansedoni: Der auffallend schön und aufwändig gestaltete Bau liegt vom Palazzo Pubblico aus gesehen an der rechten Seite des Campo. Früher besaß er noch einen Turm, der fast so hoch war wie die Torre del Mangia (s. u.). Im Inneren sind einige Kunstwerke aufbewahrt; leider kann man sie nicht besichtigen, denn der Palazzo Sansedoni ist nicht öffentlich zugänglich.

> **Kartenreservierungen/Sammeltickets (Biglietto cumulativo)**
> Eintrittskarten können unter ✆ 0577-41169, ✆ 0577-226265 oder unter moira.cencioni@comune.siena.it reserviert werden. Abholung am Palazzo Comunale.
> „Torre und Museum": 12 €
> „Musei Comunali": Museo Civico/Palazzo Papesse/Santa Maria della Scala 11 € (2 Tage gültig)
> „S.I.A. Inverno": Museo Civico/Palazzo Papesse/Santa Maria della Scala/Museo dell'Opera/Battistero S. Giovanni 14 € (7 Tage gültig)
> „S.I.A. Estate": Museo Civico/Palazzo Papesse/Santa Maria della Scala/Museo dell'Opera/Battistero S. Giovanni/S. Bernardino 17 € (7 Tage gültig)
> „Museo dell'Opera, Battistero, Cripta, Oratorio San Bernardino, Museo Diocesano": 10 € (3 Tage gültig)

Palazzo Pubblico (Palazzo Comunale)

Die Bauarbeiten am gotischen Rathaus mit seinem mächtigen Turm wurden Ende des 13. Jh. begonnen. 1327 standen der Mittelteil und der untere linke Teil. Bis 1680 folgten der Erker und die obere Fensterreihe. Mit seinen schlichten Verzierungen, den Zinnen und sienesischen Bögen über den Fenstern diente er vielen später erbauten Palästen als Vorbild.

Torre del Mangia: Der schlanke, 102 m hohe Glockenturm des Palazzo Pubblico wurde nach einem Glöckner mit dem wenig schmeichelhaften Namen *Mangiaguadagni* (etwa „Geldfresser") benannt. Wenn Sie den Turm besteigen, erwartet Sie eine Schwindel erregende Aussicht und eine tonnenschwere Bronzeglocke über dem Kopf!

⏱ im Sommer 10–19 Uhr, im Winter (31.10–16.3) 10–16 Uhr. Es werden jeweils 30 Pers. eingelassen. Besonders zu Stoßzeiten steht man u. U. eine Stunde lang an, obwohl ein Schild die Besucher ermahnt, sich nicht länger als 20 Min. auf dem Turm aufzuhalten. Am Besten Ticket vorher reservieren. Oft ist der Turm gegen Mittag schon bis 16 Uhr ausverkauft. Eintritt 7 €, mit Reservierung nur 6 €.

Museo Civico: Prachtvolle, von den besten Künstlern der damaligen Zeit gestaltete, mit Fresken geschmückte Repräsentationsräume im 1. Stock des früheren Stadtpalasts:

Saal der Balia und der Prioren: Fresken aus dem frühen 15. Jh., darunter Episoden aus dem Leben Papst Alexanders III., eines erbitterten Gegners des Kaisers und Verbündeten der lombardischen Städte. Die Fresken vermitteln einen plastischen Eindruck vom Leben in der Renaissance-Gesellschaft.

Sala del Concistoro: Die außerordentlich hell leuchtenden Fresken an der in regelmäßige Felder aufgeteilten Decke stammen von *Domenico Beccafumi*, dem bedeutendsten sienesischen Vertreter des Manierismus. Dargestellt sind die Tugenden des bürgerlichen Lebens.

Die Cappelle del Consiglio ist vollständig mit Fresken von *Taddeo di Bartolo* ausgeschmückt. Im Vorraum sind heidnische Gottheiten und die politische Prominenz des antiken Rom dargestellt.

Mappamondo – Saal des Erdballs: Benannt nach einer allerdings nicht mehr vorhandenen drehbaren Weltkarte von Ambrogio Lorenzetti. Hier ist das berühmte Reiterbildnis des Guidoriccio da Fogliano bei der Belagerung von Montemassi zu sehen.

Es stammt von Simone Martini, dem neben Giotto bedeutendsten italienischen Maler des Trecento (14. Jh.). Das märchenhaft anmutende Bild, auf dem Ross und

Die Zuckerbäckerfassade des Doms

Reiter dank der einheitlichen Kleidung vor der kargen, unbewachsenen Hügellandschaft miteinander verschmelzen, ist ein Bestseller unter den Postkartenmotiven Sienas. An der gegenüberliegenden Wand ein Frühwerk um 1315 von Martini: die Maesta, eine thronende Madonna, umgeben von Engeln und Heiligen als Stadtpatronin Sienas.

Sala di Nove (oder auch *Sala della Pace* – Saal des Friedens): Das war der öffentliche Sitzungsraum der „Regierung der Neun" aus der Blütezeit Sienas (1292–1355). Allegorien von Ambrogio Lorenzetti stellen „die gute und die schlechte Regierung" und die jeweiligen Auswirkungen für Stadt und Land dar.

Das Fresko rechts zeigt die Folgen der guten Regentschaft: Friedlich und in Harmonie begegnen sich die verschiedenen Gesellschaftsschichten in Stadt und Land, Wohlstand und Frohsinn finden ihr Abbild in den blühenden Landschaften.

Ganz anders an der gegenüberliegenden Wand die Folgen der „Schlechten Regierung", die Tyrannei durch den Alleinherrscher: die Gerechtigkeit liegt in Ketten, es herrschen Gier, Grausamkeit, Betrug und Zerstörung.

Loggia: Ein Stockwerk höher hat man der großen Loggia einen weiten Blick über den Markt hinaus ins Land.

⏰ 10–19 Uhr (im Winter nur bis 17.30 Uhr). Eintritt 7,50 €, mit Reservierung 6,50 €. Studenten- und Rentnerermäßigung.

Dom

Er ist Sienas ganzer Stolz, und das nicht zu Unrecht. Denn mit seiner aufwändigen gotischen Zuckerbäckerfassade kann er ohne weiteres mit dem Florentiner Dom konkurrieren.

Erst wird man von der Fassade aus hellem Marmor regelrecht geblendet, dann verliert sich das Auge in vielen feinen Details. Vor allem im oberen Teil ist der Dom

reich mit Ornamenten, Statuen, Mosaiken und Skulpturen ausgestattet. Im unteren Teil ist die Fassade genau wie der Glockenturm mit einer markanten Streifung versehen. 2007 wurde die Fertigstellung der Fassadenrestaurierung gebührend gefeiert. Der Dom sieht nun von außen noch eindrucksvoller aus als in den Jahren zuvor.
Früher stand an der Stelle des Doms eine Kapelle, doch als Siena im 13. Jh. zu großem Wohlstand kam, wollte man ein gewaltiges Werk zu Ehren der heiligen Maria errichten. Teile des alten Baus wurden abgerissen, das neue Werk wurde in Angriff genommen, doch bald erschien auch dieses – vor allem im Vergleich zum Florentiner Dom – zu klein. Der bis dahin gebaute Teil sollte nun das Querschiff bilden, das riesige Längsschiff sollte folgen. *Lando Di Pietro* und die Brüder *Agostino* machten sich um das Jahr 1339 ans Werk. Pest und Wirtschaftskrise zwangen jedoch 1348 zur Einstellung der Arbeiten. Erst 1376 vervollständigte *Giovanni di Cecco* den oberen Teil der Fassade. Die Glasmosaike wurden im 19. Jh. angebracht.
Wer von dem gigantischen, letztlich aber gescheiterten Vorhaben einen Eindruck bekommen will, betrete das Domareal vom Baptisterium her: Das wunderschöne gotische Portal ist Teil des nicht vollendeten Bauabschnitts. Die Piazza Jacopo della Quercia ist Teil des Längsschiffs, die Mauer mit dem Eingang zum Dommuseum bildet die linke Seitenwand.
Das **Innere** ist von Säulen in gestreiftem Dekor unterteilt, vom Deckengewölbe leuchten aufgemalte Sterne. Über den Säulen reihen sich chronologisch in U-Form die päpstlichen Häupter von Siricius (384–399) bis Marinus II. (942–946). Auffallend schön ist die mit Flachreliefs mit Motiven aus dem Leben Jesu geschmückte Marmorkanzel von *Nicola Pisano*, deren Säulen auf zwei weiblichen und zwei männlichen Löwen ruhen. Sie entstand 1268 und zählt zu den Hauptwerken *Pisanos*.
Apsis: Neben dem Altar von *Peruzzi* gibt es hier noch einige andere Sehenswürdigkeiten: Im oberen Teil der Wandfresken entdeckt man *Beccafumis* Darstellung der Himmelfahrt Marias. Das außerordentlich hübsche, neunteilige Fenster ist eine Arbeit aus dem 13. Jh. Das Chorgestühl datiert aus dem 14. Jh., die großartigen Intarsien von *Liberale Da Verona* (16. Jh.) wurden erst Anfang des 19. Jh. eingefügt.

① Im Sommer 10.30–19.30 Uhr, im Winter 10.30–18.30 Uhr (sonn- und feiertags jeweils ab 13.30 bis 18.30 bzw. 17.30 Uhr). Eintritt 3 €. In der Zeit vom 20.8. bis 19.10., wenn der Domboden freigelegt ist, zahlt man 6 €. Eine Schleuse sorgt dafür, dass sich nie mehr als 700 Besucher im Dom aufhalten. Saisonabhängig können sich lange Warteschlangen bilden.

Libreria Piccolomini (Dombibliothek): Sie befindet sich links in einem Nebenraum des Doms und wurde im Auftrag des Erzbischofs von Siena, Kardinal Francesco Todeschini Piccolomini, eingerichtet. Er war der Neffe von Pius II. und besetzte später als Pius III. selbst ein Jahr lang den Papststuhl. Unter den dekorativ bemalten Gewölbebögen stellen farbenprächtige Fresken von *Pinturicchio* zehn Episoden aus dem Leben Pius II. dar. Über dem Eingang der Bibliothek ist die Krönung Pius III. zu sehen. Im Gewölbe prangt das Wappen der Piccolomini, ein Kreuz mit fünf Halbmonden. Zweck des ganzen Aufwands: Die Bibliothek sollte die umfangreiche Sammlung Pius II. beherbergen. Dazu kam es nicht, weil der Auftraggeber vorher verstarb und die wertvollen Werke in die vatikanische Bibliothek wanderten. So beschränkt sich der Bestand noch heute auf die domeigenen Chorbücher aus dem 15. Jh.

① Anfang März bis Okt. 10.30–19.30 Uhr; Nov.–Febr. 10.30–18 Uhr, So und feiertags nur am Nachmittag. Eintritt 3 €.

Domboden: Der größte Teil des einzigartigen Dombodens mit seinen 52 Bildern entstand zwischen dem 14. und 16. Jh. Bei den ältesten Teilen erzeugen eingeritzte, mit Teer gefüllte Fugen das Bild. Die neueren Bildwerke sind wertvolle Einlegearbeiten aus verschiedenfarbigem Marmor. Erzählt werden Episoden der Menschheitsgeschichte von den Ägyptern bis zum Neuen Testament. Um den „Marmorteppich" zu schützen, wurde ein Großteil mit Holzplatten abgedeckt (zu wechselnden Terminen – alle zwischen dem 20. August und Ende Oktober – sind alle Bildteile frei zu betrachten). Die Inschrift am Haupteingang erinnert den Besucher daran, dass er den „keuschen, der Jungfrau geweihten Tempel" betritt.

Das erste Feld zeigt den ägyptischen Mystiker und Philosophen Hermes Trismegistos, der in der Renaissance als Zeitgenosse und Lehrer Moses' galt. Seine Werke wurden erst im 15. Jh. vom Griechischen ins Lateinische übersetzt. Er beschrieb darin eine Naturreligion mit aufregenden magischen Elementen, was gut zum damaligen Zeitgeist passte. Das folgende Feld zeigt die sienesische Wölfin im Kreis der Wappenzeichen der verbündeten Städte (19. Jh., nach einem Original aus dem 14. Jh.). Das letzte Feld im Hauptschiff stammt von *Pinturicchio*: Eine Gruppe wohlhabender Leute nimmt, allen Schlangen und Eidechsen trotzend, den

Detail des Fußbodenreliefs – Hermes Trismegistos

steilen, felsigen Weg zum Berg der Weisheit auf sich. Die nackte Fortuna hat sie auf eine Insel gebracht, sie steht mit einem Fuß auf ihrem Boot, mit dem anderen auf einer Kugel und hält mit ihrer Linken das Segel hoch. Oben am Gipfel thront die Weisheit, flankiert von griechischen Philosophen. Sokrates reicht sie die Palme, Krates Mallotes ein Buch, während dieser Reichtümer ins Meer schüttet. Eine Inschrift unterstreicht: Der Pfad der Tugend ist beschwerlich, doch winkt als Lohn das höchste Gut: der Seelenfriede. In den Seitenschiffen sind die Sibyllen dargestellt, die Christi Kommen ankündigen: weiße Frauengestalten auf schwarzem Hintergrund.

Dommuseum (Museo dell'Opera): Der Eingang zum Museum ist Teil des neuen Doms, der unvollendet blieb. Neben Messgewändern, Gold- und Schmiedearbeiten sind einige Skulpturen von *Pisano* zu bewundern. Im Erdgeschoss befinden sich die Originalfiguren der Domfassade. Im ersten Stock wird das wichtigste Werk der Sieneser Schule aufbewahrt, die „Maestà" von *Duccio di Buoninsegna*. Das Gemälde entstand zwischen 1308 und 1311 und schmückte einst den Hochaltar. Im 15. Jh. wurde es aus dem Dom entfernt. Vom dritten Stock führt eine Treppe hinauf zur *Facciatone*, der großen Fassade des unvollendeten Domschiffes. Von hier genießt man einen phantastischen Blick auf die Stadt.

① 15.3.–30.9. 9.30–19 Uhr, 1.11.–14.3. 10–17 Uhr. Eintritt 6 €.

Baptisterium (Battistero di San Giovanni): Es liegt im Unterbau des Doms, wurde 1382 fertig gestellt und ist in seinem Stil dem Dom ähnlich. Drei Portale führen in das Innere mit Kreuzgewölbe. Die Fresken in der Apsis und im Gewölbe stammen von *Il Vecchietto* und seinen Schülern (16. Jh.).

Das unbestrittene Prunkstück des Baptisteriums ist das Taufbecken (15. Jh.) mit Szenen aus dem Leben Johannes des Täufers. Mehrere Künstler haben an den Bronzereliefs gearbeitet, unter ihnen die bekanntesten ihrer Zeit: *Donatello*, *Lorenzo Ghiberti* und *Jacopo della Quercia*.

⏰ 1.3-31.10. 9.30–19 Uhr. Eintritt 3 €.

Pinacoteca Nazionale

Die rund 700 Bilder vermitteln einen guten Überblick über die toscanische und speziell die sienesische Malerei des 13.–16. Jh. Der Rundgang beginnt in der zweiten Etage. Vom frühesten Meister Sienas, von *Duccio di Buoninsegna*, ist die „Madonna dei Francescani" (teilweise zerstört) zu sehen. Den Namen hat das Bild wegen der drei knienden Franziskanermönche erhalten, die – beschützt vom weiten Mantel der thronenden Maria – im Gebet verharren: eine sehr eindrucksvolle Komposition.

Der Saal 6 zeigt eine ganze Reihe Madonnen mit Kind, darunter auch einige von *Simone Martini*, der – anfänglich stark von *Duccio* beeinflusst – später zu einem dekorativeren Stil gefunden hat, wie der berühmte „Guido Riccio" im Palazzo Pubblico zeigt.

Ebenso berühmt wie *Simone* waren in der ersten Hälfte des 14. Jh. die Brüder *Pietro* und *Ambrogio Lorenzetti*. Von *Pietro* ist u. a. der „Karmeliter-Altar" zu sehen, ein großflächiges Gemälde in Gold- und Grüntönen. *Ambrogio* ist u. a. mit einer ausdrucksstarken „Beweinung Christi" und einer „Verkündigung" vertreten. Bei letzterem Bild achte man auch auf den Fußboden: Der Künstler hält sich intuitiv streng an die damals noch nicht formulierten Gesetze der Zentralperspektive.

Vermutlich ebenfalls von *Ambrogio* stammt die „Città sul Mare", ein Miniaturbild, das ein wunderbar märchenhaftes Städtchen mit Festung, Ziegeldächern und Geschlechtertürmen zeigt.

Giovanni di Paolo vertritt das 15. Jh., im Saal 14 ist sein „Weltgericht" mit böse quälenden Teufelchen zu sehen. Der Reigen sienesischer Künstler schließt sich in der ersten Etage in den Sälen 28 bis 30.

⏰ Di–Sa 8.15–19.15 Uhr, So und Mo 8.30–13.15 Uhr, Eintritt 4 €, unter 18-Jährige frei.

> ### Das „Geheimnis" der deutschen Kapelle in der Basilika San Domenico
> Friedrich II. von Hohenstaufen trieb die Gründung von Universitäten stark voran. Deshalb war auch die erste Zeit der Sieneser Universität im 14. Jh. stark deutsch geprägt bzw. die Uni wurde von vielen deutschen Studenten besucht. Viele starben auch in Siena, die meisten von ihnen waren adliger Herkunft. Da man ja damals nur in bzw. unter der Kirche (geweihte Erde) begraben werden konnte, kauften sich viele dieser begüterten Studenten „ihre" Grabstelle in der Krypta von San Domenico. In Erinnerung an die zahlreichen deutschen Studenten wurde ihnen dann eine ganze Seitenkapelle gewidmet. Böse Zungen behaupten auch, dass viele von ihnen außer bei Duellen und durch Krankheiten auch durch übermäßigen Weingenuss starben und dass sie sich im Sarg ein kleines Reservoir anlegten, um so auch im Jenseits immer mit Wein versorgt zu werden!

Weitere Sehenswürdigkeiten in der Stadt

Ospedale di Santa Maria della Scala: Der mächtige Palast gegenüber dem Hauptportal des Doms ist eines der ältesten kirchlichen Hospize Europas.

Die Verkündigungskirche *(Chiesa della Santissima Annunziata)* gleich im Eingangsbereich ist ohne Eintrittskarte zu besichtigen, im Chor zeigt ein Fresko aus dem 18. Jh., wie Kranke zum heilenden Quellbecken getragen werden.

Prunkstück ist der Pilgersaal (Raum 7, *Sala dei Pelegrini*), der mit recht realistisch wirkenden weltlichen Motiven ausgemalt ist. Sie zeigen u. a. Szenen aus dem Alltag des Krankenhauses. Die meisten Fresken wurden im 15. Jh. von *Domenico di Bartolo* geschaffen, dessen Stil stark an *Masaccio* erinnert.

Die alte Sakristei (Raum 2, *Cappella del Sacro Chiodo*) ist komplett mit Fresken von *Lorenzo Vecchietta* ausgestattet: Neben dem Altar spuckt der Wal Jonas aus, an der linken Wand sieht man eine Darstellung der Geburt Christi.

In den restlichen Sälen werden wechselnde Ausstellungen präsentiert, die meist einen Bezug zur früheren Bestimmung des Gebäudes haben. Im Keller stehen die stark angewitterten Originalreliefs des Brunnens Fonte Gaia, der auf dem Campo steht.

⏱ Im Sommer 10–18.30, im Winter 10.30–16.30 Uhr. Eintritt 6 €, mit Reservierung 5,50 €. Studenten- und Rentnerermäßigung.

Basilika San Domenico: Der hohe gotische Bau aus dem 13. Jh. (im 15. Jh. erweitert) wirkt mit seiner kahlen Backsteinfassade beinahe modern im Vergleich zu den sonstigen historischen Bauwerken Sienas. Ein Besuch ist besonders in den Morgenstunden lohnenswert, wenn durch die blau und rot bemalten Glasfenster über dem Hauptaltar das Licht hereinflutet. Sehenswert ist die Cappella di Santa Caterina mit *Sodomas* „Die Ohnmacht der Heiligen Katharina". In der Cappella delle Volte ist eine weitere Darstellung der Katharina zu sehen: Die in Blau gekleidete Heilige mit einem Blumenzweig richtet den Blick auf eine vor ihr kniende Gläubige. Das Fresko stammt von *Andrea Vanni*, der Sienas Stadtheilige persönlich gekannt hat, die Gesichtszüge gelten als authentisch.

Katharinas Haupt wird in einer Seitenkapelle rechts aufbewahrt, daneben weitere Reliquien, u. a. ein in Silber gefasster Finger der Heiligen – so war das eben damals üblich.

Chiesa San Francesco: Die Kirche gehört zum Sieneser Franziskanerkloster, dessen weitere Gebäude zu einem großen Teil von der Universität genutzt werden; angehende Nationalökonomen und Kommunikationswissenschaftler schleppen Lehrbücher durch den Kreuzgang. Sehenswert die „Kripta", heute der Lesesaal.

Das zebragestreifte Innere ist groß und ziemlich kahl. In zwei Chorkapellen sind Fresken der Brüder *Lorenzetti* erhalten. Allerdings ist das Gold abgeblättert und nur noch die rote Grundierung zu sehen, was jedoch die Deutlichkeit der Darstellungen nicht wesentlich beeinträchtigt. Man betrachte z. B. in der zweiten Kapelle links die Figuren in *Ambrogio Lorenzettis* „Gelübde des Heiligen Ludwig": Vor dem Papst kniend, spricht Ludwig das Gelübde. Er wird in den Franziskanerorden eintreten und so seinem Bruder Robert den Weg zum Königsthron von Neapel freimachen. Kontemplativ das Kinn auf die Hand gestützt, verfolgt Robert die Szene, neben ihm Kardinäle, im Hintergrund das neugierige Publikum.

In einer Nebenkapelle wird das „Fortdauernde eucharistische Wunder" verehrt. Es handelt sich um 223 Hostien, die am 14. August 1730 geweiht und am folgenden

Tag gestohlen wurden. Drei Tage später fand man sie in einem verstaubten Opferstock. Da man sie den Gläubigen nicht mehr zumuten mochte, aber auch nicht einfach wegwerfen konnte (schließlich waren sie geweiht), bewahrte man die Hostien einfach auf. Sie sollen noch heute allen chemischen Verfallsprozessen trotzen und frisch sein.

Oratorio di San Bernardino: Das zweistöckige Oratorium gleich neben der Chiesa San Francesco ist ebenfalls Teil des Klosters und vor allem wegen der Oberkapelle einen Besuch wert: Die Wände schmückt ein Marienzyklus von Geburt bis Tod, der größtenteils von *Sodoma* stammt. In der Unterkapelle hat *Francesco Vanni* die beiden Stadtheiligen von Siena mitsamt Stadtansicht an der Decke verewigt.
① Mitte März bis Ende Okt. 10.30–13.30 und 15–17.30 Uhr. Eintritt 3 €.

Casa di Santa Caterina: Hier wurde Katharina als 25. (!) Kind eines Färbers geboren. Das „Haus" ist ein richtiger kleiner Gebäudekomplex geworden, mit Pilgerunterkünften und kleinem Kloster. Besonders schön ist der Eingangsbereich mit seinem doppelten Portikus. Die Kapelle befindet sich genau an der Stelle des elterlichen Wohnhauses (beim Altar, hinter Glas ein Fragment der Küchenwand). Hier fühlt man sich wie in einem bunten Schatzkästlein: eine schwer vergoldete Kassettendecke, die Wände voll mit großflächigen Ölgemälden aus dem 17. Jh., welche Episoden aus dem Leben der Heiligen zeigen.
① 9–12.30 und 15–19 Uhr. Eintritt frei.

Synagoge: Die einst starke jüdische Gemeinde Sienas zählt heute nur noch rund 50 Mitglieder und wird vom Florentiner Rabbi betreut. Die Synagoge im alten Judenghetto Sienas wurde erst nach einer Renovierung in den 1990er Jahren, die das Innere wieder hell und feierlich erstrahlen lässt, öffentlich zugänglich gemacht. Sie stammt aus der Übergangszeit zwischen Rokoko und Klassizismus. Ein Schmuckstück ist der im Vorraum ausgestellte „Stuhl von Elias" mit seinen feinen Intarsienarbeiten. Verse in der Rückenlehne beziehen sich auf das Beschneidungszeremoniell, bei dem der Stuhl verwendet wurde.
① So 10–13 und 14–17 Uhr mit Führungen zu jeder vollen Stunde. Eintritt 3 €.

Fortezza Medicea: Die westlich der Altstadt gelegene Stadtfestung ist wegen ihrer Lage einen Spaziergang wert. Die Verteidigungsanlage wurde 1560 von Cosimo I. in in Auftrag gegeben und an der Stelle erbaut, an der die Florentiner nach dem Sieg über die Sieneser ihr Hauptquartier aufschlugen. Sie ist noch immer das Symbol der Niederlage und wird vielleicht deshalb von den Sienesern gelegentlich auch Forte Santa Barbara genannt – nach der Schutzheiligen der Artillerie.
Der Spaziergang zur Fortezza lässt sich mit einer Weinprobe in der Enoteca Italiana (s. o. „Kneipen") abschließen. Im Juli und August kann man hier wie in so vielen italienischen Städten „Kino unter den Sternen", also open-air genießen – Sitzkissen für die harten Steinbänke werden verteilt.

An die Festung schließt sich im Nordosten die **Lizza** (Turnierplatz) an, eine Parkanlage mit altem Baumbestand und einem Reiterstandbild Garibaldis.

Fontebranda: Die bis vor kurzem noch abseits vom Trubel gelegene Branda-Quelle wurde die letzten Jahre „aufgewertet": die alten Schuppen gegenüber machten einem Kunsthandwerkszentrum Platz („Siena Artefice"), in dem nun anspruchsvollere Toscana Souvenirs verkauft werden.Ebenso wurde der Parkplatz Santa Caterina-Fontebranda erweitert, von dem eine Rolltreppe direkt zum Dom führt. Unser Tipp: in den frühen Abendstunden hingehen!

Weitere Sehenswürdigkeiten in der Stadt

Palazzo delle Papesse: Via di Città. Päpstinnen kennt die katholische Kirchengeschichte nicht, und auch die päpstlichen Kurtisanen sind mit „Papesse" nicht gemeint. Beim schmucken Renaissance-Palast handelt es sich ganz einfach um den Wohnsitz, den der Piccolomini-Papst Pius II. für seine Schwester Katharina errichten ließ. Architekt war angeblich *Bernardo Rosselino*, der Baumeister der Reißbrettstadt Pienza.

Seit 1999 ist im Palazzo das Centro Arte Contemporanea untergebracht, eine überaus ambitionierte Einrichtung, die auf drei Etagen mit wechselnden Ausstellungen den gegenwärtigen Kunstströmungen nachspürt.

① 12–19 Uhr, Mo geschlossen. Eintritt 5 €, mit Reservierung 4,50 €. Studenten- und Rentnerermäßigung.

Palazzo Chigi-Saracini: Der Palast am Campo (Eingang an der Via di Città) ist heute Sitz der weltbekannten Musikschule von Siena. In den Sälen, in denen viele Konzerte stattfinden, hat sich ein kleiner Kunstschatz angesammelt: *Botticelli*, *Pinturicchio*, *Sodoma* und viele andere sind hier vertreten (öffentlicher Zugang bis zum wappenverzierten Innenhof mit Zisterne, Besichtigung der Säle nur mit Sondergenehmigung).

Fontebranda – abseits des Gewühls

Palazzo Salimbeni: Am gleichnamigen Platz. Hier wurde 1472 die erste Bank der Welt gegründet, die noch heute aktive „Monte dei Paschi". Siena war berühmt für seine stabile Währung – Fürsten und Kardinäle kamen hier zum Geldpumpen vorbei. Im 19. Jh. wurde der Palast umgebaut und erhielt sein heutiges gotisches Aussehen.

Museo della Tortura: Im Viccolo del Bargello beim Campo. Zu sehen gibt es mehr als 100 Folterinstrumente aus dem 16. und 17. Jh. Darunter befinden sich auch einige sehr seltene Exemplare, die die grausame Phantasie der damaligen Henker zeigen.
① tägl.10-20 Uhr, Eintritt 8 €, erm. 5,50 €, Gruppen 3 €.

Parco Sculture del Chianti: mit den zeitgenössischen Skulpturen eine willkommene Abwechslung zu Sienas mittelalterlicher Kunst und Architektur. Näheres zum Skulpturenpark finden Sie unter Castellina in Chianti.

Ponte della Pia bei Rosia

Südlich von Siena

Das an Siena südlich angrenzende Gebiet ist sehr vielseitig. Die Montagnola und die Colline Metallifere nach Westen sind waldreich und wenig besiedelt. Bergbau war hier für lange Zeit der wichtigste Wirtschaftsfaktor, für eine landwirtschaftliche Nutzung war das Gebiet zu hügelig und zu wenig fruchtbar. Hier finden sich ausgedehnte Eichenwälder, in denen sich nicht nur Wildschweine wohl fühlen.

Das oft schwer zu durchdringende Buschwerk, die *macchia mediterranea*, bietet vielen Tieren Schutz und macht die Gegend zwischen Siena, Murlo und Roccastrada bzw. zwischen den Flüssen Farma und Merse nicht nur im heißen Sommer zu einem interessanten Erkundungsgebiet. Einen starken Kontrast bilden die südlichen Crete, die bis nach Montepulciano und in das Val di Chiana reichen. Bis zur Getreideernte versteht man, weshalb die riesigen Flächen bereits in römischen Zeiten als Kornkammer betrachtet wurden. Wenig später, bis zum Frühjahr, gleicht das Meer aus Erde – insbesondere bei Nacht – einer Mondlandschaft. Dann werden die eigentümlichen geologischen Formationen mit ihren Schluchten noch plastischer.

Von Siena durchziehen alte Pilger- und Handelswege das Gebiet Richtung Süden. Die mittelalterliche *Massetana* führt von der Porta San Marco in Siena an der Abtei San Galgano vorbei bis an die Küste der Maremma, und die *Frankenstraße*, die ihren Anfang in Canterbury hat, führt von Siena fast schnurgerade über Viterbo nach Rom. An dieser Strecke entstanden zahlreiche Klöster und Einsiedeleien.

Ganz im Süden der Toscana, fast an der Grenze zum Latium, wird das Landschaftsbild vom kegelförmigen *Monte Amiata* dominiert, an dessen Hängen einige beschauliche und bisher wenig besuchte Orte liegen. Im Schatten des erloschenen

Vulkans sprudeln heiße Quellen, die zum Baden einladen: ob im aufgeheizten Bachlauf beim Weiler *Bagni San Filippo* an der Nordostseite des Monte Amiata oder in Form einer gepflegten Thermalanlage mit angeschlossenem Luxushotel im östlich gelegenen *San Casciano dei Bagni*. Das eindrucksvollste Badeerlebnis bieten jedoch zweifelsohne die warmen Kaskaden von *Saturnia*, die mit ihren großzügigen Naturbecken jahraus, jahrein Tag und Nacht zum Baden einladen. Auch Wellness ist hier in den letzten Jahren zum Thema geworden. Wirkten die Thermalbäder von San Filippo, Chianciano oder Rapolano noch vor kurzer Zeit etwas angestaubt, finden sich heute moderne Anlagen für Wassertherapien und andere Anwendungen.

Lohnende Abstecher einer Entdeckungstour in den Süden sind die Tuffsteinstädte *Pitigliano* und *Sorano*, die dank der zahlreichen Etruskergräber und der in den Stein gehauenen Hohlwege in der Umgebung für Hobby-Archäologen ein wahres Eldorado sind. Etruskischer Kultur begegnet man auch in *Roselle* und *Vetulonia* bei Grosseto sowie ganz im Osten der Südtoscana im beschaulichen Städtchen *Chiusi*. Hauptanziehungspunkt der Gegend sind natürlich *Montalcino* und *Montepulciano* mit ihren weltberühmten Weinen, dazwischen *Pienza*, die „Città Ideale" der Renaissance mit ihrem eindrucksvollen Stadtbild. Weniger touristisch erschlossen, aber kaum weniger reizvoll präsentieren sich in der südlichen Toscana die kleineren Orte wie z. B. *San Quirico d'Orcia*, *Monticchiello* und *Montefollonico* (bei Montepulciano), *Semproniano* am Südhang des Monte Amiata oder *Magliano* ganz im Süden – Beschaulichkeit und toscanisches Landleben. Highlights der Gegend sind die vielen – oft romanischen – Kirchen und Klöster, von denen die *Abbazia Monte Oliveto Maggiore* bei Asciano, aber auch *Sant'Antimo* bei Montalcino und die Abtei *San Galgano* im Westen unbedingt einen Ausflug lohnen.

Wanderung durch den Montagnola-Wald zum Ponte della Pia

Durch den „rauen" Montagnola-Wald mit etwas anstrengendem Einstieg (200 Höhenmeter) zum kleinen Weiler Tonni. Beim Abstieg ins Tal schöner Ausblick auf den ehemaligen militärischen Vorposten von Siena: Montarrenti.

Ausgangs- und Zielpunkt: eine Art Parkplatz ca. 900 m südlich von Rosia

Länge: ca. 9,5 km

Dauer: ca. 2 ½ bis 3 Stunden (reine Laufzeit)

Wege: Schotterwege, Waldwege, befahrene Asphaltstraße

Schwierigkeitsgrad: Nur die ersten 1,8 km (ca. 30 Minuten) sind etwas anstrengend, der restliche Verlauf leicht und mit viel Schatten.

Von der IP-Tankstelle **(1)** in Rosia fährt man auf der SP 73 genau 900 m in südliche Richtung und lässt gleich nach einer Kurve den Wagen rechts auf einer Art Parkplatz **(2)** stehen. Die Wanderung beginnt auf dem parallel zur Straße verlaufenden Schotterweg. Ca. 10 Minuten nach Beginn der Wanderung hält man sich an einer Weggabelung rechts. Der Wanderweg ist rot-weiß markiert und anfangs mit der Nummer 118 gekennzeichnet. Er verläuft ca. 1,8 km (30 Minuten) in Serpentinen ansteigend, man überwindet ca. 200 Höhenmeter. Die Wanderstrecke ist ab jetzt eben, schattig und nicht mehr steinig. Man bleibt auf der eindeutig erkennbaren Hauptstrecke und passiert dabei Wegabzweigungen **(3 + 4)**.

Weiter geht es bis zu einer Weggabelung mit Zypressen **(5)**, rechts sieht man die *Fattoria Le Reniere*. Den Weinbaubetrieb rechts liegen lassen und der 118 weiter folgen. Wenn man am zweiten Eingang des Weinguts vorbeigekommen ist **(6)**, erscheint kurz darauf der *Borgo*

Pretale, einer der mittelalterlichen Weiler, die in eine Nobelherberge umgewandelt wurden. Dem Hauptweg folgend, lässt man den Borgo rechts liegen.

Man passiert die zweite Zufahrt zum Borgo Pretale **(7)** – rechter Hand durch ein Hinweisschild gekennzeichnet – und geht auf der Schotterstraße weiter. An der nächsten großen Weggabelung **(8)** hält man sich ebenfalls links. Der Weg heißt jetzt 100 und ist für ein kurzes Stück asphaltiert. An der Ausschilderung in Richtung *Tonni* links in den malerischen Ort abbiegen. Am Ortseingang wird man von bellenden Hunden begrüßt. Die Piazza eignet sich hervorragend für eine Rast, das Wasser des Brunnens ist trinkbar. Bis hierher wurden ca. 5 km Wegstrecke bewältigt.

Am Ende der Dorfstraße geht es auf steinigem Weg zwischen den Häusern rechts wieder aus dem Ort hinaus. Die rot-weiße Markierung findet sich linker Hand auf einem Zählerkasten aus Ziegelstein. Der Weg führt abwärts in den Wald hinein. Man folgt dem Hauptweg **(9)** und gelangt an eine Kreuzung **(10)**, an der man links abwärts abbiegt (Markierung an einer Steineiche). An einer Weggabelung bleibt man auf dem Hauptweg nach rechts (rote Markierung). Der Waldboden ist hier oft aufgeweicht, und es lohnt sich, nach den Fährten von Wildschweinen und anderen Waldbewohnern Ausschau zu halten. Man passiert ein moosbewachsenes, vom Verfall bedrohtes Mäuerchen **(11)** links am Wegrand, wandert auf ansteigendem Weg weiter und stößt nach einiger Zeit auf einen Weg, in den man links einbiegt **(13)**. Würde man an dieser Stelle den Pfad rechts einschlagen, stünde man nach wenigen Schritten vor einem Hochstand von Jägern **(14)**. Wir halten uns wie gesagt links. Nach 10 Minuten bergab erreicht man einen ehemaligen Steinbruch **(15)**. Von hier hat man einen fantastischen Blick auf Montarrenti, einen mittelalterlichen Vorposten Sienas.

Weiter geht es auf der Hauptstrecke bergab, bis man an der Asphaltstraße SS 73 anlangt. Rechts unten liegt ein Marmorsägewerk. Die SS 73 überqueren, 10 m links bis zum Wegweiser *Eremo di Santa Lucia* laufen und hier rechts (Wegemarkierung Nr. 100) in den Wald in Richtung *Eremo* einbiegen und den Bachlauf überqueren. Man folgt dem alten Pilgerpfad, der parallel zum Bach bzw. zur SS 73 verläuft und unterhalb der verlassenen Einsiedelei Santa Lucia **(16)** vorbeiführt. Diese lohnt einen Abstecher: an dem alten Turm aus Backstein rechts ca. 100 m bergauf von der Hauptstrecke abzweigen. Die Funde der dortigen Ausgrabungen reichen bis in die Zeit der Etrusker zurück.

Blick auf Montarrenti

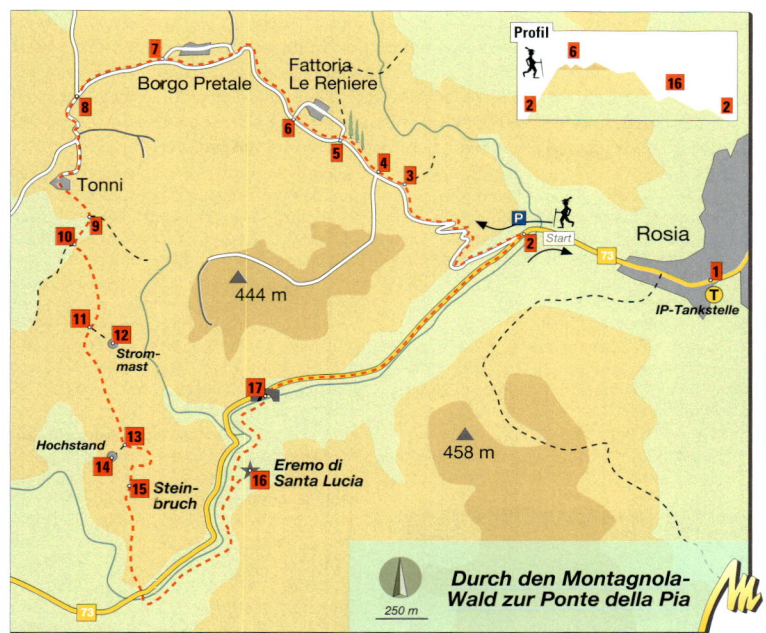

Südlich von Siena

Danach geht man zurück zum Hauptweg und folgt diesem bis zum *Ponte della Pia* (**17**), einer mittelalterlichen Brücke aus dem 13. Jh., die nach der Pia Ptolomeo benannt wurde und immer ein Foto wert ist. Das Brücklein überqueren und rechts ca. 1,6 km (ca. 20 Minuten) auf der unschönen asphaltierten SS 73 (an vielen Stellen ist es möglich, auf der rechten Straßenseite rechts der Leitplanken zu laufen) zurück zum Parkplatz wandern, auf dem der Wagen steht.

Die Abtei San Galgano

Etwas abseits der Route von Siena nach Massa Marittima steht eine Kirchenruine wie im Traum versunken auf einer grünen Wiese. Errichtet wurde San Galgano, eine der ältesten gotischen Kirchenbauten Italiens, von Mönchen des Zisterzienserordens.

Mit dem Bau wurde 1218 begonnen, und schon bald war die Abtei ein wichtiger Wirtschaftsfaktor für die Region. Die geschäftstüchtigen Mönche, die in den Diensten der Stadt Siena standen, legten Sümpfe trocken und schafften neue landwirtschaftliche Nutzflächen. Außerdem bauten sie Mühlen und Walkereien, in denen Wolle veredelt wurde. Der wirtschaftliche Abstieg begann aber bereits im 14. Jh., als durch Hungersnöte und Pestepidemien viele Mönche und Laienbrüder starben und marodierende Söldnerheere aus Florenz die Gegend unsicher machten.

Jahrhundertelang wurde mit der Abtei dann Schindluder getrieben – ein gewissenloser Abt verscharcherte sogar das Bleidach der Kirche, was zum Verfall des Gewölbes führte. Nach und nach trugen die Bauern der Umgebung Steine vom Mauerwerk ab, um sich damit ihre Häuser zu bauen. Erst in jüngerer Zeit wurden die Außenmauern der Ruine wieder vollständig aufgerichtet. Für das Dach und die Fenstergläser reichte es allerdings nicht mehr. Und statt eines feierlichen Altars begnügte man sich mit einem nackten Steinbänklein. Abends wird die Kirche bis 23 Uhr mit Bodenstrahlern eindrucksvoll illuminiert. Geöffnet ist sie rund um die Uhr (Eintritt frei).

• *Information* Im ehemaligen Skriptorium von San Galgano, einem kühlen Kreuzkuppelgewölbe mit alten Fresken, ist ein **Pro-Loco-Büro** untergebracht. März bis Okt. tägl. 10.30–17.30 (13–14 Uhr Pause). Im Sommer bis 19 Uhr geöffnet. ✆/✆ 0577-756738. info@prolocochiusdino.it, www.prolocochiusdino.it.

• *Parken* San Galgano hat sich in jüngster Zeit zu einem Tourismus-Magneten entwickelt. Folge: großer, gebührenpflichtiger Parkplatz, um den man zumindest in der Saison kaum herumkommt.

• *Busverbindung* San Galgano liegt an den Busstrecken Siena – Massa Marittima. San Galgano ist nur Bedarfsstopp, deshalb sollten Sie dem Busfahrer rechtzeitig Bescheid sagen. Busse nur 2x täglich ab Siena, Dauer ca. 40 Min. Die Busse halten an der Straße, von hier noch etwa 500 m zur Kirche.

• *Veranstaltungen* Im stimmungsvollen Ambiente der beeindruckenden Kirchenruine werden in den Sommermonaten (Juni/Juli/Aug.) klassische Konzerte und Opern aufgeführt. Infos und Tickets beim Pro-Loco-Büro (s. o.) oder unter www.festivalopera.it oder www.prolocochiusdino.it.

• *Übernachten* **Cooperativa Agricola San Galgano**, im renovierten Bauerngehöft vor der Kirche werden 12 Zimmer vermietet, alle mit modernem Bad. Schlichte, aber angenehme Einrichtung mit gefliesten Böden und altem Mobiliar. In der Bar mit Souvenirshop im Erdgeschoss kann man ein kleines Frühstück einnehmen. Angeschlossene Trattoria, schattiger Garten. DZ 45 €, 3-Bett-Zimmer 55 €. ✆ 0577-756292, info@sangalgano.it, www.sangalgano.it.

• *Essen* Die **Weinbar Salendo** bietet zum Wein toskanischen Käse und Aufschnitt. Die Bar mit Garten liegt am emporsteigenden Fußweg zwischen der Abtei und der Cappella di Monte Siepi. Mo geschlossen.

• *Außerhalb* **Ristorante Le Torre di Stigliano** mit einladender Terrasse. Die Köchin kommt aus Deutschland und kocht gute toskanische Küche. Loc. Stigliano, von Rosia in Richtung Torri/Orgia bis zum Abzweig nach Stigliano (ca. 2,5 km). Mo geschlossen. ✆ 0577-342069.

• *Außerhalb* **** Da Vestro**, im 6 km entfernten Ort Monticiano, 14-Zimmer-Hotel mit sehr gutem, preiswertem Restaurant (Mo geschlossen), Garten mit kleinem Pool, der gerade für eine Erfrischung ausreicht. DZ mit Frühstück 75 €. Via Senese 4, ✆ 0577-756618, ✆ 0577-756466, , www.davestro.it.

Palazzo a Merse, Bed & Breakfast bei einer jungen, sportbegeisterten Familie, sowohl DZ als auch Appartements. Von der SS 223 Ausfahrt Orgia, das Haus erscheint nach 500 m auf der linken Seite. 2 Pers./pro Woche ab 320 €, tageweise auf Anfrage. Loc. Palazzo a Merse, 53010 Sovicille, ✆ 0577-342063, 0577-

Der Himmel ist das Dach – Kirchenruine San Galgano

Die Abtei San Galgano

342900, ℡ 0577-342900, palazzomerse@tin.it.
Azienda Agraria Montestigliano, im Weiler aus dem 18. Jh. ist die Uhr nur scheinbar stehen geblieben. Großzügige Anlage mit viel noblem Charme aus vergangenen Tagen. 11 Appartements, untergebracht in der Villa und in umliegenden Gebäuden. Jede Familie hat ihren eigenen Garten. Shop, Restaurant und zwei Pools. Nur wöchentliches Einmieten möglich. Preise in der Nebensaison: 4 Pers. ab 648 €, in der Hauptsaison ab 1234 €. Loc. Montestigliano Rosia, 53010 Sovicille, ℡ 0577-342189, ℡ 0577-342100, info@montestigliano.it, www.montestigliano.it.

In Serpentinen führt eine Zypressenalle zur Cappella di Monte Siepi

▶ **Cappella di Monte Siepi**: Auf einem Hügel oberhalb der Abtei steht die eigenartige Rundkirche aus Ziegelstein, die nach Galganos Tod im Jahr 1182 erbaut wurde. In der Mitte des Rundbaus sieht man ein in den Fels gerammtes Schwert.

Die halbkugelförmige Kuppel über dem Schwert verwirrt den Blick, denn man schaut in konzentrische Kreise aus dunkelrotem Ziegelstein und hellem Travertin – ein mystisches Sinnbild der Unendlichkeit.

In der im 14 Jh. angebauten Seitenkapelle zeigen Fresken von *Ambrogio Lorenzetti* u. a. Begebenheiten aus dem Leben des Heiligen. So sieht man ihn zusammen mit dem Erzengel Michael, auf dessen Geheiß er sich – so die Legende – in die Einsamkeit des Monte Siepi zurückgezogen hatte. Den Mittelpunkt des gut restaurierten *Maestà-Freskos* auf der hinteren Wand bildet die ruhende Eva, die zu Füßen der thronenden Madonna liegt. Als Symbol der Ursünde hält sie eine Feige in der Hand, und als Sinnbild der Unkeuschheit sind ihre Schultern mit einem Ziegenfell bedeckt. In Lorenzettis ursprünglicher Version (die Rötelzeichnungen wurden bei den Restaurierungsarbeiten sichtbar) hielt die Madonna übrigens anstatt des Jesuskindes eine Weltkugel in den Armen. Den Auftraggebern missfiel diese Interpretation der Rolle Marias offenkundig so sehr, dass Lorenzetti sein Werk entsprechend verändern musste.

① Die Kirche ist täglich von 9 Uhr bis Sonnenuntergang geöffnet, rechts vom Eingang befindet sich ein kleiner Shop (Souvenirs, Literatur, Getränke). Rechts der Kirchenruine San Galgano führt ein Fußweg hinauf zur Cappella di Monte Siepi (etwa 10 Minuten).

> ### Galganos Schwert
>
> Der Legende nach soll Galgano aufgrund einer Erscheinung des Erzengels Michael dem kriegerischen Leben den Rücken gekehrt, sich nach Monte Siepi zurückgezogen und hier sein Schwert in den Felsen geschleudert haben, aus dem es seither wie ein Kreuz herausragt. Später wurde darüber die Kapelle gebaut.
>
> Notorischen Skeptikern sei verraten, dass man das Schwert noch bis in die 1920er Jahre aus dem Felsen herausziehen konnte, erst dann wurde es mit Blei ins Gestein gegossen. In jüngster Zeit hat mit kirchlicher Genehmigung Luigi Garlaschelli, Professor für Chemie an der Universität von Pavia und bekannt als Entmystifizierer katholischer Wunder, Untersuchungen vor Ort durchgeführt. Von einer großen Zuschauermenge umringt, starrte er mit einem Endoskop in den Felsen – und entdeckte direkt daneben einen Raum, der möglicherweise das lang gesuchte Grab des Heiligen ist. Das Schwert, so beschied der Professore, stamme tatsächlich aus Galganos Zeiten, es sei vermutlich später in eine Spalte des Felsens geschoben worden.
>
> Eine andere Geschichte erzählen die knöchernen Arme im Reliquienschrein der Seitenkapelle. Sie stammen von einem bösen Individuum, das das Schwert in Galganos Abwesenheit aus dem Felsen zu ziehen versuchte. Mit dem Heiligen befreundete Wölfe eilten noch rechtzeitig herbei und fraßen den Mann kurzerhand auf – das Schwert also doch besser stecken lassen!

▸ **Sehenswertes in der Nähe**: Auf der Höhe von Rosia, zwischen Siena und San Galgano, liegt der winzige Ort **Torri**. Der Ausflug lohnt, um sich den wunderschön dekorierten, dreistöckigen Kreuzgang der ehemaligen Abtei der *Chiesa della Santissima Trinità* (13. Jh.). aus Marmortravertin und Alberese anzuschauen.
⏰ Mo–Fr von 9–12 Uhr.

Wanderung von der Abtei San Galgano nach Monticiano

Der Weg führt von San Galgano über den Fluss Merse auf meist schattigem Weg durch bewaldetes Gelände in das Dorf Monticiano. Im typischen Bergdorf der Montagniola erwarten den Wanderer die historische Altstadt und eine gute Einkehrmöglichkeit im Restaurant „Da Vestro".

Ausgangs- und Zielpunkt: Abtei von San Galgano
Länge: ca. 7 km
Dauer: 2 bis 2 1/2 Stunden (reine Laufzeit)
Landschaft, Wege: Feld - und Waldwege (größtenteils im Schatten)
Schwierigkeitsgrad: mittel

Die Wanderung beginnt direkt links an der Abtei von San Galgano auf einem Sandweg **(1)** in Richtung *Cappella Monte Siepi*. Noch bevor der Weg zum Anstieg zur Cappella beginnt, folgt man direkt vor einem Weinberg rechts dem Pfad nach Monticiano (hölzerner Wegweiser **(2)**). Den Weinberg zur linken, eine Böschung aus Hecken zur rechten Hand, wandert man auf diesem schmalen Pfad und lässt die Abtei hinter sich. Dem Wegeverlauf nach rechts folgend, erreicht man den Fluss Merse. Den Fluss zur Linken, folgt man für weitere 100 m dem Weg und erreicht eine Brücke **(3)**, über die man das andere Ufer der Merse erreicht.

Von dort läuft man bis zum Wald und folgt links dem Hauptweg, der ab hier

Wanderung San Galgano – Monticiano

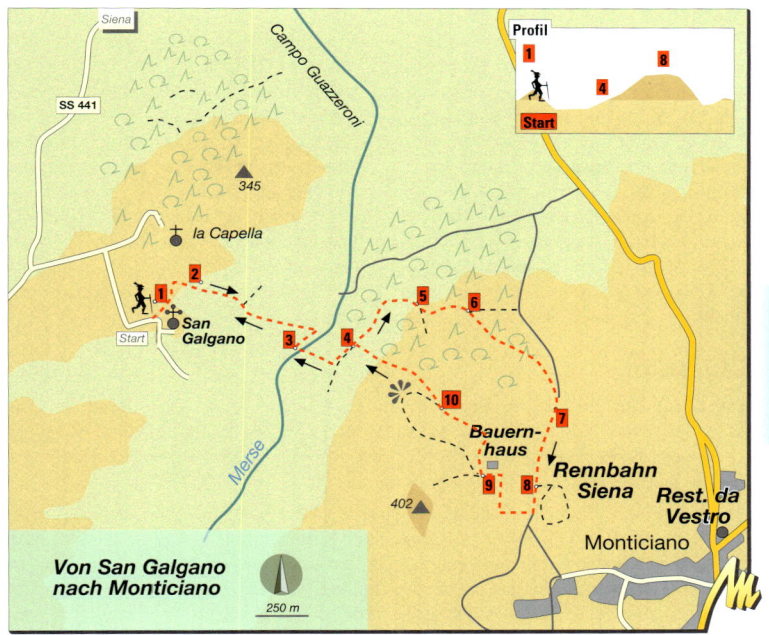

rot-weiß markiert ist. Am ersten Wegweiser geht man in Pfeilrichtung geradeaus nach Monticiano (**4**). Man passiert zwei mit Holztischen und Bänken ausgestattete Rastplätze (**5 + 6**), an denen man sich jeweils rechts hält. Am zweiten Rastplatz folgt man dem Schild *Monticiano*, der Weg steigt an.

An der nächsten Gabelung (**7**) hält man sich erneut rechts und folgt dem ausgeschilderten Weg. Man läuft an einer Pferderennbahn (**8**), der Trainingsstrecke für das Palio-Rennen in Siena, vorbei. Die Bahn entspricht dem Profil des Campo in Siena. Immer auf dem Hauptweg bleibend, erscheint links der Ort Monticiano.

An den Neubauten des Ortes geht es an der Kreuzung auf einer Asphaltstraße links in Richtung Ortszentrum. An der nächsten Straße hält man sich erneut links (Ortsschild Monticiano). Am Dorfplatz, der Piazza S. Agostino, gibt es eine klassische Bar sowie die Enoteca „Benedetto Vino", die durchgehend geöffnet einen Imbiss aus Bio-Produkten anbietet. Ziel der Wanderung ist aber die Kirche der unweit gelegenen Altstadt. Man läuft ins ausgeschilderte *Centro storico*, kommt dabei an der Piazza Cavour (mit Kriegsdenkmal) vorbei und erreicht schließlich die Piazza Garibaldi, wo die *Chiesa Pietro e Paolo in S. Agostino* steht. Hinter der Kirche befindet sich ein Aussichtspunkt – der ideale Platz fürs Picknick. Die Altstadt lädt zu einer Besichtigung ein.

Der Rückweg beginnt wieder an der Piazza S. Agostino und führt links am Supermarkt *Coop* vorbei. Man verlässt den Ort wieder auf der Asphaltstraße und orientiert sich an den Schildern für Wanderer, die den Weg nach San Galgano zurück weisen. Zunächst wandert man auf derselben Strecke wie auf dem Hinweg, bis man am Anfang der Pferderennbahn rechts auf einen Wegweiser stößt. Dieser weist den Weg links nach San Galgano, eine schöne Variante zum Hinweg (kürzer, aber etwas schwieriger). Man umläuft einen eingezäunten Bauerngarten und orientiert sich vor dem Bauernhaus am nächsten Hinweisschild nach San Galgano links. Nach ca. 150 m kommt man zu einer Gabelung mit drei Wegen (**9**): der rechte führt leicht bergab nach San Galgano, der mittlere ist ein empfehlenswerte Variante über eine Bergkuppe mit sehr schönem Blick auf die Abtei. An der Stelle, an der sich die beiden Varianten treffen (**10**), führt ein schmaler Pfad bergab, bis man wieder auf den Weg der Hinstrecke trifft. Hier links einbiegen. Am Feld angekommen, rechts dem Wegweiser aus dem Wald hinaus folgen. Die Brücke über die Merse wieder überqueren und sich rechts halten und gleich links auf den direkten Weg zurück zur Abtei.

Chiusdino (ca. 850 Einw.)

Das kleine Dorf liegt 2,5 km westlich von San Galgano am östlichen Rand der *Colline Metallifere*. Einst waren die erzhaltigen Hügel, wie überall in dieser Gegend, Quelle des Broterwerbs. Heute sind fast alle Minen geschlossen, es bleibt noch die Arbeit als Holzfäller, Tourismus gibt es kaum.

In Chiusdino erblickte der heilige Galgano 1148 das Licht der Welt. Sein Geburtshaus – im oberen Teil des Orts – wurde zur Kapelle umgebaut. Rechts des Altars liegt ein Felsbrocken, der eine eigenartige Vertiefung aufweist. Sie stammt angeblich von Galganos Pferd, das bei der Erscheinung des Erzengels Michael (siehe San Galgano) eine ehrfürchtige Kniebeuge auf dem Felsen vollzog. Wer noch eine weitere Gedenkstätte des Heiligen aufsuchen will, begibt sich zur nahen Pfarrkirche San Michaele Arangelo. Sie verwahrt Galganos Schädel, der bis 1977 die Sammlung des Museo dell'Opera del Duomo von Siena schmückte. Das Reliquiar ist – Reverenz an die Legende – von einem Schwert durchbohrt.

- *Markt* Donnerstagvormittag auf der Piazza XX Settembre, dem Hauptplatz des Orts.
- *Übernachten/Essen*: **La Palazzina**, vom Zentrum in Richtung Montieri/Massa Marittima, dann rechts ab (ausgeschildert). Bescheidene, aber freundliche 3-Zimmer-Pension mit beliebtem Restaurant, das für seine Wildspezialitäten bekannt ist. Mo geschlossen. DZ mit Bad auf der Etage 30 €. Via L. Santini 4, ✆/✆ 0577-751040.

Osteria Il Minestraio, direkt außerhalb der Mauer, ist zu empfehlen ist die gute toscanische Küche, die von der Wirtsfamilie serviert wird, einfach und nicht teuer, Dienstagabend geschlossen, Piazza Matteotti 28, ✆ 0577-751143.

Osteria La Grotta di Tiburzi, eine urige Taverne in den Gewölben einer ehemaligen Brennerei in der Altstadt. Einfache Gerichte. Man kann hier aber auch nur auf ein Gläschen bei Käse und Schinken einkehren. Mi geschlossen. Via Mascagni 15, ✆ 0577-752948.

- *Außerhalb* **Casa Italia**, zwischen Chiusdino und Montieri liegt das Dorf Ciciano mit einer gemütlichen Herberge (2 DZ) mit Bistro/Trattoria Dai Galli, die von Signora Isabelle, einer Französin geleitet wird. Von 12 bis 22 Uhr kann man hier einkehren. Mo geschlossen. DZ mit Frühstück 65 €. Via Massetana 5, Loc. Ciciano, ✆ 0577-750206, www.daigalli.com.

Roccatederighi

Das ehemals vom Grafen Tederigo beherrschte, an einen Fels geklammerte Burgdorf ist sicherlich das schönste der Umgebung. Roccatederighi liegt abseits der gängigen Rundtouren, die Besucher halten sich hier in Grenzen, der Tourismus spielt eine untergeordnete Rolle. Durch einen Torbogen gelangt man auf der Via

Roccatederighi 77

Vittorio Emanuele II ins Centro storico, das sich auf einer Felsnase aus Vulkangestein ausbreitet. Das mittelalterliche Dorfbild ist unverändert erhalten geblieben. Hinter der Dorfkirche hat man eine tolle Aussicht auf rund abgeschliffene Felsformationen, darüber hinaus eröffnen sich von hier schöne Blicke auf die Maremma. Alljährlich am 14. August kämpfen die fünf Bezirke des kleinen Ortes mit einem Eselsrennen („Palio dei Ciuchi") um die dicksten Lorbeeren. Schon etwas früher, am ersten Augustwochenende, findet das mittelalterliche Stadtfest „Medioevo nel Borgo" statt. Im Zentrum gibt es einige kleine Restaurants.

- *PLZ* 58028
- *Information* **Pro Loco**, Via Roma 31 (Durchgangsstraße im Zentrum), im 1. Stock. Sehr auskunftsfreudig und hilfsbereit bei der Zimmersuche, man erhält u. a. eine Liste mit Unterkünften (Affitacamere/Agriturismo) in der Umgebung. Nur von Juni bis Ende Sept. geöffnet: Mo–Fr 9–12.30 und 16–19 Uhr, Samstagnachmittag und sonntags geschlossen. ℡/℻ 0564-567244. proloco_rocca @hotmail.it, www.roccatederighi.info.
- *Busverbindungen* 3x tägl. nach Casone (dort Bahnhof), 3x Roccastrada, 4x Grosseto und 3x Piombino. Nach Siena und Florenz immer in Roccastrada umsteigen. Tickets in der Bar Free Time schräg gegenüber der Touristeninformation.
- *Fahrräder* kann man sich bei **Maremma in Bici** ausleihen (pro Tag, je nach Fahrradtyp 10–20 €). Riccardo und Mariella haben mit viel Sorgfalt ein schönes Tourenprogramm von über 30 Exkursionen zusammengestellt, mit dem historische Straßen in der Maremma, Kirchen, verlassene Schlösser und Burgen entdeckt werden können. Dabei werden unterschiedliche Schwierigkeitsgrade mit den Kunden abgestimmt und auch Unterkünfte und Passagen organisiert. Via delle Cortine 1, ℡ 0564-569660. www.maremmainbici.it (auch Deutsch).
- *Weinverkauf* **Enoteca Le Volte**, kleiner Weinausschank im Gewölbe. Kostproben von Schinken und Pecorino-Käse zum guten Tropfen aus den umliegenden Anbaugebieten der Strada del Vino di Monterregio. Via Roma 35.
- *Übernachten/Essen/Trinken* **Trattoria Da Nada**, unbedingt lohnenswert ist hier ein Besuch: Genauso unspektakulär wie der Eingang dieser Cafébar sind die Preise. Was in dem kleinen, piksauberen Speiseraum mit Panoramablick auf den Tisch kommt, wird seit Jahrzehnten in diversen „Fressführern" gerne empfohlen. Mittags und abends geöffnet, in den Wintermonaten Do geschlossen. Außerdem werden drei renovierte Zimmer mit Bad vermietet, nur kleines Frühstück in der angeschlossenen Bar. Via Trento 13 (Durchgangsstr. Richtung Massa Marittima auf der linken Seite). DZ 46–50 € (ohne Frühstück). ℡/℻ 0564-567226.

Ristorante/Pizzeria La Conchiglia, etwas verfeinerte Küche, auch für seine Fischspezialitäten bekannt, mit großer Terrasse. Di geschlossen, Via Roma 24c, ℡ 0564-567430.

Ristorante/Pizzeria Garum, auf dem Weg ins Centro storico, Mi geschlossen. Via delle due Porte 9, ℡ 0564-567445.

- *Außerhalb* **Da Momo**, im Nebenörtchen Sassofortino (Richtung Roccastrada) gibt es ebenfalls die Möglichkeit zur Einkehr und Rast. Das einfache Ristorante bietet Hausmannskost und Pizza bei „rustikalem" Service. Mo geschlossen. Gleich nebenan ist auch eine kleine, ordentliche Zimmervermietung gleichen Namens (anderer Eigentümer!) untergebracht. DZ im 50er-Jahre-Stil 40 € (ohne Bad etwas billiger). Via Cavour 18, 58029 Sassofortino, ℡ 0564-569701 (Restaurant), 569641 (Pension).

Podere Usignolo, ein Übernachtungstipp von Anna Engelberger aus Basel: "3 km von Sassofortino entfernt haben Barbara und Martin ein Olivengut und können in ihrem liebevoll umgebauten Landhaus bis zu 8 Personen unterbringen. Die große Sonnenterrasse ist ein Hit. Gekocht wird ebenfalls und die Diskussionen beim gemeinsamen Essen waren interessant und anregend.". Übernachtung im DZ mit Frühstück 57 €. Anfahrt über steinig, holprigen Weg, ℡ 335-5384033, www.usignolo.eu.

La Fattoria di Tatti, ca.15 km von Roccatederighi entfernt liegt das Örtchen Tatti. Direkt im Zentrum des malerischen Weilers steht die stattliche Villa, in der Maria ein äußerst gastfreundliches B&B betreibt. Die oberen Etagen der ehemaligen Sommerresidenz eines Marchese wurden mit Phantasie in 8 großzügige und komfortable DZ verwandelt. Die Schweizer Wirtin nimmt sich für Ihre Gäste viel Zeit, gibt hervorragende Tipps, und manchmal wird für alle gekocht.

Herzlicher Empfang nicht nur für Stammgäste! Viel Platz und viel Ruhe garantieren einen angenehmen Aufenthalt. Ein einfaches Restaurant gibt es ebenfalls im Ort. März–Nov. geöffnet. Inkl. Frühstücksbuffet kosten die Zimmer 90–110 €. Via Matteotti 10, 58040 Tatti, ✆ 0566-912001 oder 333-9906520, www.tattifattoria.it.

Montemassi heute

Montemassi

Berühmt wurde die Burg des Ortes als Vorlage für *Simone Martinis* riesiges Fresko im Mappamondo-Saal des Palazzo Pubblico von Siena. Das Gemälde zeigt die Eroberung von Montemassi 1328 durch Siena – auf dem Pferd der Söldnerführer Guidoriccio von Fogliano. Heute sind von der stolzen Burg nur noch Ruinen übrig. Wie ein Fremdkörper neben so viel Mittelalterlichem wirkt die Residenzlage am Dorfrand. Der Bau des heute unbewohnt wirkenden Gebäudekomplexes war umstritten, doch der von Landflucht gebeutelten Gemeinde eine willkommene Investition.

Durch den wenig spektakulären Ort zur Burgruine hinaufzusteigen lohnt einzig wegen der wirklich herrlichen Aussicht auf die Ebene.

- *Busverbindungen*   5x tägl. nach Roccastrada (hier umsteigen in Richtung Florenz/Siena), 3x Piombino und 4x Grosseto. Abfahrt an der Umgehungsstraße (beim Ristorante Il Grottaione).
- *Appartements*   **Tenuta di Montemassi**, ziemlich im Zentrum der Altstadt ist diese Appartementvermietung untergebracht. Via Pannocchieschi 6, 58020 Montemassi, ✆ 0564-578268, ✆ 0564-562802. info@agrimassi.com, www.agrimassi.com.
- *Essen/Trinken*   **Il Grottaione**, einfaches Ristorante an der Straße, die um Montemassi herumführt (am unteren Dorfrand). Schöne, einladende Terrasse mit tollem Fernblick. Gemäßigtes Preisniveau, mittags und abends geöffnet (am Wochenende nur abends), auch Pizzeria (nur abends ab 19.30 Uhr), Mi geschlossen. ✆ 0564-579290.

Roccastrada (ca. 3.000 Einw.)

Wegen der großen Kupfer- und Silbervorkommen in der Umgebung war Roccastrada bereits zu etruskischen Zeiten ein reiches Städtchen. Im 19. Jh. reichte es so-

Roccastrada

gar zu einem eigenen Theater, dem *Teatro dei Concordi*, das 1999 nach längerer Restaurierung wieder eröffnet wurde. Etwas Industrie (u. a. Bekleidung) und viele kleine Weinbauern bilden heute das wirtschaftliche Standbein der angenehm wenig herausgeputzten Kleinstadt.

Einen Besuch wert ist die *Kirche San Niccolò*, ein romanischer Bau, dessen Eingangsfassade modernisiert wurde. Sehenswert sind hier vor allem das alte Taufbecken und ein Fresko, das die Auferstehung Christi darstellt. In der Via Pelligrini steht die *Casa Berzotti*, der Stadtpalast einer Adelsfamilie aus dem 15. Jh. Folgt man in der Altstadt der Ausschilderung „Collese Panorama", gelangt man auf eine Aussichtsplattform, die einen schönen Blick in die Umgebung bietet.

Museo della Vite e del Vino (Weinmuseum): Das kleine Museum ist in einem Tuffelsengewölbe in der Altstadt untergebracht (Via Independenza 9). Hier kann auch der regionale Tropfen, der *Monteregio di Massa Marittima*, degustiert werden. Der Eintritt ist frei. Im Museum befindet sich auch das Info-Büro des Ortes (Öffnungszeiten s. u.).

- *PLZ* 58036
- *Information* Beim Weinmuseum. Mai/Juni Fr/Sa 15–19.30 Uhr, So 9–13 Uhr; im Juli Mi 9–13.30 Uhr, Fr/Sa 9–13.30 und 15–19.30 Uhr, So 9–13.30 Uhr; im Aug. Di/Mi 9–13.30 Uhr, Fr/Sa 9–13.30 und 15–19.30 Uhr, So 9–13.30 Uhr; im Sept. Fr 15–19.30 Uhr, Sa 9–13.30 und 15–19.30 Uhr, So 9–13.30 Uhr. Piazza dell'Orologio, ✆/℡ 0564-563281.
- *Bahnverbindung* Bahnhof ca. 8 km außerhalb (Stazione di Roccastrada), hier führt die Nebenlinie Siena–Grosseto entlang, 2–3 Züge täglich. Ab Roccastrada nur unregelmäßige Busverbindungen hierher.
- *Busverbindung* Je 1x tägl. Florenz und Siena, 4x Grosseto und Follónica, 3x Piombino, 6x Roccatederighi. Tickets in der Bar Fuori Orario am Corso Roma 27, Haltestelle gegenüber.
- *Bar* Den besten Cappuccino trinkt man auf der Terrasse der zentralen **Bar Modemo** gegenüber dem Palazzo Comunale in der Via Roma 41.
- *Markt* Am Mittwochvormittag belebt sich das Städtchen durch den Wochenmarkt (Viale Marconi).

Montemassi – historisch auf dem Gemälde von Simone Martini (1328), Siena, Palazzo Pubblico

Südlich von Siena

- *Außerhalb* ***** Sant'Uberto**, eine tatkräftige, junge, sympathische Belgierin hat 2005 diese überaus empfehlenswerte Anlage übernommen. Auf dem 4000 qm großen Gelände inmitten einer waldreichen Landschaft (1 km abseits einer ohnehin wenig befahrenen Straße) ist Einsamkeit garantiert. Die Zimmer sind im toprenovierten ehemaligen Verwaltungsgebäude einer stillgelegten Kaolin-Mine (Porzellanerde) untergebracht. Im „Fabrikgebäude" werden zusätzlich Appartements angeboten. Das Restaurant in einem Nebengebäude, hoch wie ein Kirchenschiff, von dem ein kleiner Sektor für die Küche abgetrennt wurde, serviert hervorragend zubereitete und preiswerte Küche. Großer Pool, Tischtennis, Fitness, Sauna. Idealer Ausgangspunkt für Spaziergänge, Mountainbike-Touren oder Ausritte. Nadine, die rührige Managerin, steht in Sachen sportlicher Betätigung gerne mit kompetentem Rat zur Verfügung. Neben Italienisch, Französisch, Holländisch und Englisch spricht sie auch ein wenig Deutsch. Anfahrt: 8,5 km nördlich von Roccastrada an der Straße Richtung Siena (SS 73) links ab, ausgeschildert, ab hier noch 1 km auf Naturstraße. DZ inkl. Frühstück je nach Saison 80–120 €, in der Hauptsaison in der Regel nur Halbpension, Appartement für 4 Personen je nach Saison und Ausstattung 68–110 € am Tag. Loc. Piloni, ✆ 0564-575466, ✎ 0564-575646, www.hotelsantuberto.it.

Casa Mazzoni, schön gelegen, gut organisiert und deutschsprachig, 9 komfortable Zimmer mit Pool, abends wird zusammen an der langen Tafel gegessen. Von Roccastrada 4 km nördlich in Richtung Sassofortino. DZ pro Person mit HP 57 € (Nebensaison) 63 € (Hauptsaison). Loc. Pod. Mazzoni, Sassofortino, ✆ 0564-567488, ✎ 0564-567473, www.casamazzoni.it.

Agriturismo Poggio Oliveto, herrliches Anwesen, Agriturismo vom Feinsten (auch B&B-Möglichkeit à 5 € für's Frühstück pro Pers.) auf einem Landgut wie aus dem Bilderbuch. Schönes Ambiente in toller Lage am Hügel, nur sieben elegant-rustikale Appartements. Zum Anwesen gehört auch ein Pool. Loc. Venturi. Anfahrt: 5 km südlich von Roccastrada an der Straße Richtung Ribolla, ausgeschildert. Ab Juni bis Sept. nur wochenweise zu mieten, für jeweils 4 Pers. 800–1.000 €, außerhalb der Hochsaison auch tageweise (100 € für 2 Pers.). Loc. Venturi 36, ✆ 0564-577257, ✎ 0564-979518, www.poggiooliveto.it.

Agriturismo Il Bettarello, freundliche Familie, die auf ihrem einfachen Landgut Olivenöl produziert. Auch in Sachen Obst, Gemüse und Schafsmilch von 20 Schafen ist man hier autark. Zur Verfügung stehen mehrere Mountainbikes und ein Pool. Auf Anfrage wird für die Gäste auch gekocht (Anfahrt wie Poggio Oliveto, s. o., ausgeschildert). Es gibt 11 einfache, aber ordentliche Zimmer (DZ 55 €, mit Frühstück 59 €). Anfahrt wie Poggio Oliveto, ✆/✎ 0564-577582, www.bettarello.com.

- *Essen* **La Grotta del'Orso**, „die Bärenhöhle". Treffender Name, im Innenraum des sympathischen, kleinen Lokals in der Altstadt geht es urig zu: rustikale Einrichtung mit dunklen Holzbänken und -tischen, rustikal auch die hervorragende toscanische Küche. Im Sommer (August) wird hier an einigen Abenden ein typisches Maremma-Menü angeboten, Reservierung dringend empfohlen. Sympathischer Service, relativ günstiges Restaurant, es gibt auch eine kleine, schattige Terrasse. Mittags und abends geöffnet, abends auch Pizza, Mi geschlossen. Via IV Novembre 31, ✆ 0564-564183.

La Tavolaccia, kleine Osteria in der Altstadt. Sympathisch, preiswert und gemütlich. Auch Pizzen. Mo geschlossen. Piazza Garibaldi, ✆ 0564-565025.

- *Außerhalb* **Il Frantoio**, in Sticciano Alto (20 km südlich von Roccastrada, etwas abseits der SS 73), nette Atmosphäre und toller Panoramablick. Maremmische Küche und auch Pizza. Nur abends geöffnet, sonntags auch zur Mittagszeit. im Sommer tägl., im Winter nur Do–So. ✆ 0564-577091.

Bagni di Petriolo

An der alten Straße nach Grosseto. Die Schnellstraße (SS 223) führt auf einer schwindelerregend hohen Brücke über das Tal der Farma, am südlichen Brückenende ist unübersehbar ein riesiges Viersterne-Thermal-Hotel in moderner Klotz-Architektur entstanden.

Wer Thermalfreuden günstiger genießen möchte, wählt die alte Straße nach Grosseto, die im Tal unten verläuft. Hier findet man einen malerischer Badeteich im natürli-

Bagni di Petriolo 81

chen Flussbett – tief genug, um darin zu schwimmen – und darüber einige badewannengroße, schlammige Kuhlen mit über 40 °C heißem Thermalwasser für ein Vollbad. Hohe mittelalterliche Mauerreste sorgen für eine stimmungsvolle Kulisse. Der schweflige Geruch, der an faule Eier denken lässt, ist eine unvermeidliche Zugabe, im Wasser aber schnell vergessen.

• *Übernachten* ***** Albergo Imposto**, knapp an der alten Straße von Bagni di Petriolo in Richtung Siena (3 km von Petriolo entfernt), mit Restaurant. Alle Zimmer mit Bad. DZ mit Frühstück 76 €/90 €/106 €, mit HP 90 €/108 €/130 € (Preise saisonal gestaffelt). Loc. Santo/Iesa, 53015 Monticiano, ✆ 0577-757094, ✆ 0577-757071, www.tenutailsanto.com.

Zimmervermietung Leccio, (3 km von Bagni di Petriolo entfernt). 2 DZ zu ca. 50 €. Loc. Leccio, Ortschaft Pari, ✆ 0564-908995.

• *Camping* **Agricamping Le Fontanelle**, idyllisch im Wald gelegenes Campingplätzchen mit nur 12 Stellplätzen und 3 Duschen. Stromanschlüsse für Camper vorhanden, Frühstück mit selbst gemachter Himbeermarmelade und Abendessen (Barbecue) gibt es auch. SS 223 Richtung Siena, Ausfahrt Ponte Macereto, Richtung S. Lorenzo a Merse/Iesa. Loc. Le Fontanelle/Iesa, ✆/✆ 0577-758103, www.latoscanadanoi.it/fontanelle.asp.

• *Essen* **Hostaria Da Rosanna**, in Casale di Pari (3 km südl. von Bagni di Petriolo). Wer seinen Hunger im Ambiente einer unkomplizierten Trattoria bei äußerst moderaten Preisen stillen möchte, ist hier gut aufgehoben. Große Portionen, echte Hausmannskost. Menü mit Pasta, Wildschweinbraten und Obst ca. 15 € (irkl. Wein und Wasser!). Fr geschlossen. SS 223, Ausfahrt Casale di Pari, im Ort an der Piazza Milazzo, ✆ 0564-908810.

Badewanne

▶ **Civitella Marittima**: Etwa auf halbem Weg zwischen Siena und Grosseto gelangt man beim Verlassen der SS 223 in ein Gebiet mit einigen pittoresk auf Anhöhen, Hügeln oder Felsen positionierten mittelalterlichen Bergdörfern. Der erste Ort, an dem man vorbeikommt, ist Civitella Marittima, das bis auf einen in den Gassen versteckten Gasthof touristisch nicht viel zu bieten hat.

• *Übernachten/Essen* **Locanda nel Cassero**, rustikal, es lohnt die Einkehr nicht nur wegen der guten Küche, die der Gastro-Vereinigung Slow Food (nur lokale Produkte der Saison) angeschlossen ist. Di geschlossen. Der freundliche junge Wirt bietet auch Übernachtungen in einem der 4 schönen Zimmer. DZ, 60 € inkl. Frühstück. Via del Cassero 29/31, ✆ 0564-900680, oder 338-3030033 (mobil).

▶ **Paganico und Campagnatico**: Folgt man der SS 223 weiter in südlicher Richtung, kommt man zuächst an der Ausfahrt Paganico, dann an der von Campagnatico vorbei. Die Altstadt von Paganico liegt in der Ebene und ist von einer im Jahre 1334 erbauten, fast komplett erhaltenen sienesischen Stadtmauer umgeben. Durch die Tore der ehemaligen Wachtürme gelangt man mit dem Auto direkt ins Altstadtzen-

Südlich von Siena

trum. Campagnatico liegt ca. 5 km von der Ausfahrt der SS 223 entfernt in den Hügeln und ist mit seiner hübschen Altstadt der einladendere Ort. Dante erwähnt ihn im Fegefeuer seiner „Göttlichen Komödie".

• *Übernachten/Essen* **** La Pace**, der große, unprätentiöse Bau am Ortsrand mit dem riesigen Parkplatz wird mehr von Lastwagenfahrern als von Touristen frequentiert. Die Zimmer sind geräumig, der Empfang freundlich, und von der Kantinenatmosphäre im Selfservice-Restaurant sollte man sich nicht abschrecken lassen. Die Gerichte sind stets frisch, hervorragend zubereitet und spottbillig. DZ 50–60 €. Via della Madonna 1, Paganico, ✆ 0564-905046, ✉ 0564-905629, www.albergolapace.com.

Il Molino di Paganico, die Zimmervermietung (6 moderne, ordentliche DZ) mit der auffallenden Fassadenmalerei liegt am Ortsausgang von Paganico an der Porta Senese. Die alte Mühle aus dem 13. Jh. wurde vom Eigentümer, einem Kunsthistoriker aus Deutschland, nach und nach umgebaut. Gutes Preis-Leistungs-Verhältnis! DZ 60 € (incl. Benutzung des Lavazza-Kaffeeautomaten und abgepacktem Frühstückskuchen). Viale della Stazione 4, ✆ 0564-906048 oder 335-5449556, ✉ 0564-906931, www.ilmolinodipaganico.com.

Podere Santa Maria, auf dem schönen Landgut in Familienbesitz, das wie eine Oase ca. 7 km von Paganico entfernt liegt, wird man von der fleißigen und nicht minder flotten Wirtin Elena empfangen. Das Bauernhaus bietet Übernachtungen in kleinen, hübschen Zimmern im Haupthaus und in der daneben liegenden Dependance. Die ausgezeichnete Küche kann im Sommer auch auf der überdachten Terrasse genossen werden. Es gibt einem gepflegten Pool (auch Indoor-Pool), Mini-Wellness und einen Verkauf der hauseigenen Produkte. Die das Anwesen umgebenden Wiesen teilt man sich mit einer Schafherde. Ein Aufenthalt lohnt schon wegen der zwei romantischen Schaukeln, auf denen man sich und seine Seele baumeln lassen kann! Viele Stammgäste. Auch bei Italienern für die Ausrichtung von Festen sehr beliebt. Anfahrt von Paganico ca. 2,5 km Richtung Monte Amiata bis zur Gabelung, wo man links unter der Bahn hindurch, in Richtung Monte Antico abbiegt. Nach 1 km hält man sich an der nächsten Gabelung wieder links in Richtung Casal di Pari. Nach 4 km liegt Santa Maria links an der Straße (schlecht ausgeschildert!). DZ mit Frühstücksbüfett 84–116 €. Loc. Dogana, Civitella Paganico, ✆ 0564-906082, ✉ 0564-906945, www.poderesantamaria.net.

Podere di Piatina, im uralten Anwesen eines Konvents aus dem 13. Jh. sind nach der Restaurierung 8 DZ entstanden. Die rustikal-raffinierte Einrichtung mit toscanischer "Patina" ist das Richtige für Liebhaber alter Gemäuer. Das großzügige Gehöft besitzt einen Pool, hält Pferde und eine eigene Küche für die Gäste bereit. Die Anfahrt von Paganico: 2,5 km in Richtung Monte Amiata, an der Gabelung nach Monte Antico fährt man links unter der Bahn hindurch. Nach 1 km folgt man an einer Gabelung der Straße rechts in Richtung Monte Antico. Nach 4 km erreicht man das Gut. B&B im DZ 60–90 €, HP 100–120 €. Loc. Monte Antico, ✆ 0564-991037, ✉ 0564-991112, www.piatina.com.

*** Locanda del Glicine, schönes Hotel mit „Charme & Relax"-Label, das sich durch seinen bläulichen Verputz von den anderen Häusern des Altstadtzentrums abhebt. Hervorragendes Restaurant mit exzellentem und freundlichem Service (Mo geschlossen). 6 DZ ab 130 € (inkl. Frühstück). Piazza Garibaldi 6/7/8 Campagnatico, ✆ 0564-996490, ✉ 0564-996916, www.locandadelglicine.com.

Villa Bellaria, schöne Villa aus dem 18. Jh. mit 3 ha Park und Pool. Das großzügige Anwesen wird von der Besitzerin, einer sympathischen Venezianerin, geleitet. Insgesamt 16 Appartements (teilweise auch in Nebengebäuden) für 2 Pers. 387–490 €, 4 Pers. 465–670 €, 6 Pers. 568–980 € (Vermietung auch tageweise). Via dei Granai 1, Campagnatico (in der Vorstadt westlich des historischen Ortskerns gelegen), ✆ 0577-281716 oder 335-6097438, ✉ 0564-996626, www.villabellaria.it.

Ristorante La Cantina di Poggio Caiano, in Campagnatico, im historischen Zentrum von Campagnatico gelegen und von Einheimischen empfohlen. Im Sommer sitzt man im Innenhof zwischen mittelalterlichen Wohnhäusern. Nur abends geöffnet. So auch mittags. Mo geschlossen. Via Mazzini 19, ✆ 0564-996404.

Erosionsfördernder Ackerbau – Getreidefelder in der Crete

Crete Senesi und Val d'Orcia

Eine fast herbe Hügellandschaft, keine Wälder, nur ab und zu unterbrechen Zypressenreihen und Weingärten die gleichförmigen Getreidefelder.

Eine von Bodenerosion geprägte Lehmhügellandschaft (*creta* = Tonerde), in der die winterlichen Sturzbäche die Hänge durchfurchen. Ursprünglich war das Gebiet völlig dem Bischof von Arezzo untergeordnet, das erstarkte Siena übernahm aber schon früh die Gerichtsbarkeit. Der feudale Großgrundbesitz, meist in der Hand Sieneser Bürgerfamilien, schürte soziale Spannungen. Bis in die 1960er Jahre hielt sich hier die Halbpacht, die „mezzadria" (siehe Buonconvento). Erst wegen der starken Abwanderungsrate der Bauern in die Industriegebiete wurde sie durch das System der Lohnarbeit ersetzt. In dieser Zeit des Umbruchs, als ganze Dörfer aufgegeben wurden, kamen Kleinbauernfamilien mit ihren Schafherden aus Sizilien und später auch aus Sardinien, um sich hier eine bessere Existenz aufzubauen.

Der dünn besiedelte Landstrich hat einige der wichtigsten toscanischen Touristenattraktionen zu bieten: *Montepulciano* mit seiner Kleinstadteleganz, *Pienza* mit seiner Renaissance-Architektur und dem weiten Val d'Orcia und *Montalcino* mit seinen edlen Weinen. Nicht zu vergessen schließlich *Chiusi*, das auf den Überresten einer legendären Etruskerstadt erbaut wurde.

Castello di Murlo

Ein niedliches Festungsdorf, herausgeputzt wie aus dem Spielzeugladen. Ringförmig umschließen die wenigen Häuser den Bischofsturm, heute das Museo Etrusco. Es gibt kaum Souvenirläden, und auch die Besucherströme halten sich unter der Woche in Grenzen. Dem *Cappellone*, einer Skulptur eines etruskischen Prinzen, des-

84   Crete Senesi und Val d'Orcia

sen eigentümlicher Hut mexikanische Assoziationen hervorruft, begegnet man in dieser Region überall auf Plakaten, die einen nach Murlo weisen. Das Original ist im Museum (s. u.) ausgestellt und gilt als eine Art Wahrzeichen des Ortes, in dem heute ca. 20 Einwohner leben.

Die „Neustadt" von Murlo, *Vescovado di Murlo*, gibt sich im Vergleich zu Castello di Murlo sehr nüchtern und unspektakulär. Das moderne, wenig romantische Reihendorf liegt ca. 1,5 km nördlich der Festung. Hier befindet sich auch das einzige Hotel von Murlo, außerdem gibt es einige Restaurants und Kneipen. Wanderungen können zu den alten Minen in südwestlicher Richtung gemacht werden (auf die Schilder achten). Außerdem verläuft entlang der Gleise der ehemaligen Werksbahn der landschaftlich reizvolle *Sentiero delle Miniere*.

Museo Etrusco: Auf drei Etagen werden Fundstücke aus der Umgebung ausgestellt. Hübsch sind die kleinen Bronzeschmuckstücke und die so genannte „Importkeramik" mit vielen orientalischen Motiven im ersten Stock. Ebenfalls sehenswert ist die außergewöhnlich gut erhaltene Dachziegelkonstruktion in der dritten Etage, die in dieser Form wohl im gesamten damaligen Mittelmeerraum bekannt war.

Seit den 1970er Jahren legten amerikanische Archäologen am Poggio Civitate, einem Hügel etwas außerhalb von Murlo, einen etruskischen Palast aus dem 7. Jh. v. Chr. frei. Nach dem Verfall des Gebäudes wurde der Standort von den damaligen Bewohnern aufgegeben und ist deshalb nicht von späteren Epochen „verunreinigt" – ein ideales Betätigungsfeld für die Wissenschaftler. Die Grabstätten wurden noch nicht entdeckt, deshalb fehlen die in anderen etruskischen Museen so spektakulären Aschekästen und Grabbeigaben. Aber darauf kommt es den Altertumsforschern in Murlo auch gar nicht an. Wichtiger war z. B. der Fund einer Bronzewerkstatt, der die Archäologen zur Gründung von Arbeitsgruppen anregte, die vom Handwerker bis zum Verfahrenstechniker verschiedenste Disziplinen zusammenbrachte. Im Rahmen dieser Zusammenarbeit wurde ein zeitgenössischer Schmelzofen rekonstruiert (Ziegenfellblasebalg im Museum). Außerdem fertigte man in einer antiken Gießgrube (am oberen Rand des Parkplatzes) eine Bronzestatue.

April–Juni und im Sept. tägl. 10–13 und 15–19 Uhr; im Juli/Aug. tägl. 10–19 Uhr; im März und Okt. tägl. 10–13 und 15–17 Uhr; Nov.–Febr. Mo–Fr 10–13 Uhr, Sa/So 10–13 und 15–17 Uhr. Eintritt 3,10 €.

- *PLZ* 53016
- *Information* Ein kleines Infobüro ist von Apr. bis Okt. Mo–Sa 10–13/17.30–19.30 Uhr an der Piazza delle Carceri 17 geöffnet. 0577-814050, turismo@comune.murlo.siena.it.
- *Feste* Am ersten Sonntag im Juni findet im Weiler Murlo das Mittelalterfest *Medioevo a Murlo* statt. Die Kulisse des Weilers wird mit mittelalterlicher Tradition, Aufführungen und gastronomischen Ständen belebt. Eintritt 5 € (Museumsbesuch inkl.).
- *Übernachten* ***** L'Albergo di Murlo**, geradliniger Bau aus Ziegelsteinen und unbearbeiteten Travertinsteinen an der Eingangsfassade. 44 ordentliche Zimmer und aufmerksame Besitzerin, großer Pool, Restaurant. Geöffnet März bis Mitte November. DZ ca. 80 € (inkl. Frühstück). Via di Martiri di Rigosecco 2, Vescovado di Murlo, 0577-814033, 0577-814243, www.albergodimurlo.com.

B&B Il Castello, . DZ 65–85 €. Piazza delle Carceri 14, Castello di Murlo, 0577-814188 oder 348-5534525, 0577-814188, www.affitacamereilcastello.it.

L'etrusco, die kleine Zimmervermietung mit 3 Zimmern befindet sich gleich neben der Pizzeria dell' Arco. B&B 70 €. Via delle Carceri 15, 0577-811102 oder 814046, www.etruscomurlo.it.

- *Außerhalb*: ***** Mirella**, gepflegtes Hotel mit 30 Zimmern (8,5 km westlich von Vescovado). Im Erdgeschoss offener Speisesaal, freundlicher Service. Klimaanlage und Pool vorhanden. März bis Mitte November geöffnet. DZ 70–90 € (Frühstück inkl.), Halbpension nur unwesentlich teurer. Strada Pro-

Castello di Murlo 85

vinciale di Casciano 43, Casciano di Murlo, ✆ 0577-817667, ✉ 0577-817575, hotelmirella@tin.it, www.hotelmirella.com.

• *Agriturismo* **La Palazzina**, freundlicher Empfang durch die Besitzerin Eloise auf dem gepflegten Anwesen mit Pool. 6 Appartements für 2–8 Pers., alle mit Küche und Bad, im Juli/August eine Woche Mindestaufenthalt. Übernachtung pro Pers. ca. 30–40 €. Strada Provinciale di Murlo 24, Loc. La Palazzina, Vescoavado di Murlo (auf halber Strecke zwischen Vescovado di Murlo und Casciano di Murlc), ✆ 0577-817776 oder 339-5437203, ✉ 0577-817797, www.lapalazzina.com.

• *Camping* **Le Soline**, 1 km außerhalb von Casciano di Murlo (8,5 km westlich von Vescovado), von dort aus bestens ausgeschildert. Gepflegte Anlage in sanfter Hanglage mit tollem Blick ins weite Val d'Arbia. Viel Schatten, sehr einladender Pool, Pizzeria, Ristorante, Mini-Mercato. Die nette Signora bemüht sich um das Wohl ihrer Gäste und ist sehr kinderfreundlich. Zum Platz gehört auch eine Gänsefamilie. Ganzjährig geöffnet. ✆ 0577-817410, ✉ 0577-817415, camping@lesoline.it, www.lesoline.it.

• *Essen* **Ristorante/Pizzeria dell'Arco**, Via delle Carceri 13, Castello di Murlo. Das Gasthaus des fotogenen Etruskerwirts (siehe Kasten „Murlo und seine etruskischen „Wiedergänger"). Einfache Speisekarte, man isst hauptsächlich Pizza. Im Garten hinterm Haus sitzt man besonders schön. Mo geschlossen. ✆ 0577-811092.

• *Außerhalb* **Ristorante Brunello**, Loc. La Befa. Gute und günstige Hausmannskost im etwas derben Gasthaus, Einheimischen besser unter „La Befa" bekannt. Mi geschlossen, ✆ 0577-806255.

Murlo und seine etruskischen „Wiedergänger"

Für Schlagzeilen sorgten vor einigen Jahren Untersuchungen Turiner Wissenschaftler, die bei den Einwohnern von Murlo frappierende Ähnlichkeiten mit der Physiognomie der Etrusker feststellen konnten. Als Vergleichsgrundlage dienten die Abbilder auf den Urnendeckeln der längst verblichenen „Originale". Ein Artikel über diese Entdeckungen erschien im Magazin der französischen Zeitung *Le Figaro* im Jahre 1993. Illustriert war der Beitrag mit dem Foto eines ortsansässigen Kneipenwirts: Halb liegend und nur mit einem Bademantel bekleidet posiert er über einem im etruskischen Museum von Volterra ausgestellten Urnendeckel. Der Wirt zeigt sich als sichtlich zufriedener „Wiedergänger", sogar die Bauchphysiognomie ist identisch.

Etruskische Verwandtschaften – alte Grabstele und der Wirt von Murlo (Fotomontage)

Asciano (ca. 6.300 Einw.)

Das „Centro delle Crete Senese" erweist sich als verschlafenes Städtchen mit einigen Straßencafés an der Hauptgasse Corso Matteotti und der Piazza Garibaldi. Auf dieser Hauptachse des Centro storico findet jeden zweiten Sonntag im Monat der *Mercatino delle Crete* statt, ein Markt, auf dem hauptsächlich landwirtschaftliche Produkte der Umgebung angeboten werden. Herausragend ist der Schafskäse *Pecorino delle Crete Senesi*.

Am oberen Ende des Corso Matteotti steht die besonders von außen hübsch anzuschauende *Kirche S. Agata*. Das Gemäuer aus hellem Travertin gibt zusammen mit der Umfriedung ein imposantes romanisches Bauwerk ab. Das Freskenfragment einer Kreuzabnahme an der linken Wand wird *Sodoma* zugeschrieben. Besser erhalten ist die „Thronende Madonna" seines Schülers *Girolamo del Pacchia* an der rechten Wand. Ebenfalls am Corso Matteotti (Nr. 22) zeigt das im Palazzo Corboli untergebrachte *Museo Acheologico e d'Arte Sacra* etruskische Funde, die größtenteils aus der ca. 5 km östlich von Asciano gelegenen Grabstätte *Poggio Pinci* stammen (Mi–So 10–13 und 15–19 Uhr, Eintritt 4,50 €). Dem Werk des einheimischen Malers Amos Cassioli (1832–1891) ist das *Museo Cassioli* in der Via Mameli 36 gewidmet. Die Besichtigung der Sammlung erfolgt nach Anfrage im Ufficio Turistico.

Im unteren Altstadtteil steht an der Piazza del Grano ein mächtiger Brunnen aus dem 15. Jh., der mit allegorischen Figuren verziert ist.

- *PLZ* 53041
- *Information* **Ufficio Turistico**, Corso Matteotti 78. Unter anderem Vermittlung von Unterkünften in Agriturismi (5 % Vermittlungsgebühr). Di–Fr 10.30–13/15–18 Uhr, Sa/So 10.30–13 Uhr. ✆ 0577-719510 oder 0577-718811, biancane@inwind.it.
- *Bahnverbindung* Der Bahnhof Asciano Centro liegt am Rand des Zentrums, 11x tägl. Züge nach Siena, genauso oft nach Chiusi.
- *Busverbindungen* Die TRA.IN-Busse fahren vor dem Bahnhof ab, Verbindungen nur nach Siena.
- *Weine* Val d'Arbia, ein lokaler DOC-Weißwein mit geringem Alkoholgehalt, strohgelber Farbe und kräftigem Bouquet.
- *Markt* Der Wochenmarkt findet am Samstag statt, der kleine *Mercatino delle Crete* jeden zweiten Sonntag im Monat.
- *Übernachten* ***** Il Bersagliere**, „Standard" mit Minibar, TV und Haartrockner. Ruhige Zimmer nach hinten, Lift. Garage für Zweiräder gratis. Empfehlenswerte Unterkunft, wenn auch direkt an der Ausfallstraße nach Rapolano/Arezzo gelegen. DZ ab 70 €. Via Roma 41, ✆ 0577-718629, ✆ 0577-710028, www.albergobersagliere.it.
- *Agriturismo* **Podere Finerri**, großzügig renoviertes Landgut mit herrlichem Panoramablick auf die Crete bis nach Siena, das unter neapolitanisch-neuseeländischer Regie zu einem ausgefallenen Ort mutiert ist. Daniela kocht neapolitanisch (es werden auch Kochkurse veranstaltet), und Malcome ist für die Olivenhaine verantwortlich. Fünf komfortable Appartements. DZ ab 100 €, Wochenpreis ab 550 €, Abendessen 30 € pro Pers. inkl. Wein. Loc. Finerri (Richtung Rapolano, dann Richtung Trequanda bis Poggio Pinci, dann noch ca. 2 km Naturstraße), ✆/✆ 0577-704475, www.thelazyolive.com.

Il Paradiso, gepflegtes Anwesen mit Pool, sympathische, kinderfreundliche Besitzerin. Angenehm eingerichtete Appartements, alle mit Küche, Bad, TV und Terrasse. Appartement je nach Größe und Saison. 450–750 €/Woche (nach Angeboten fragen!). Strada del Piano 32 (von Siena aus noch vor Asciano links ab, ca. 1,3 km auf Schotterstraße), ✆ 0577-718586, ✆ 0577-710014, www.agriturismoparadiso.it.

Casanova, 3 km von Asciano in Richtung Monte Oliveto, dann links ab (ausgeschildert). 5 modern eingerichtete Zimmer und ein Miniappartement auf einem einsamen Gehöft (deutsche Besitzerin), gemeinsame Küche. Die prachtvolle Chianina-Herde auf der Weide linker Hand gehört zum Hof. DZ 70 € (inkl. Frühstück) . ✆ 0577-718572. www.agriturismo-casanova.it.

Rofanello, nur ca. 300 m vom Casanova entfernt (dem Schotterweg folgen), noch einsamer. 3 Appartements mit Küche und Bad. Für 2 Pers. ca. 350 €/Woche. ✆ 0577-718395 oder 338-8945038 (mobil), ✆ 0577-718395, , www.rofanello.it.

● *Essen* **La Mencia**, Corso Matteotti 77. Gehobene Mittelklasse in netter Atmosphäre, abends auch Pizza. Menü ca. 25–30 €. Lauschiger, schattiger Garten hinter dem Haus. Mo geschlossen, ✆ 0577-718227.

Locanda del Ponte del Garbo, neue Bewirtschaftung, die hausgemachte Pasta, Pizza und Fleischgerichte vom Grill anbietet. Auch ein Gärtchen ist vorhanden. Corso Matteotti 128, ✆ 0577-718011.

Ristorante/Pizzeria L'Angolo dello Sfizio, Corso G. Matteotti 14. Günstig. Mo geschlossen. ✆ 0577-717128.

● *Außerhalb* **Osteria La Pievina**, 6 km in Richtung Siena (SS 438), direkt an der Straße. Landgasthaus, das seit Jahren für seine opulenten Menüs bekannt ist (u. a. Fisch). Ein „bekannter Insider" inmitten der einzigartigen Crete-Landschaft. Reservieren! Mo und Di geschlossen. ✆ 0577-718368. Für den, der bleiben will: Appartement für 2 Pers. 90 €/4 Pers. 120 € (inkl. Frühstück). ✆ 0577-718093.

Gleich neben o. g. Gasthaus gibt es den herausgeputzten **B&B Alle Logge di Sotto**, kleine, romantische Zimmerchen für 47,50 € (pro Pers.!). Komfort wie Pool, Flatscreen und Ausblick auf die Crete (teilweise) kann man bei diesen Preisen schon erwarten. ✆/✆ 0577-717199, contact@alleloggedisotto.it, www.alleloggedisotto.it.

Mit dem Zug durch die Crete Senesi – der Treno Verde

1994 wurde der reguläre Eisenbahnverkehr zwischen Asciano und Monte Antico wegen mangelnder Rentabilität eingestellt. Schon bald aber erkannte man, dass sich die außerordentlich panoramareiche Strecke durch die Crete Senesi und das Orcia-Tal gut für touristische Zwecke eignet und erweckte sie unter dem Label *Treno Verde, auch Treno Natura genannt,* zu neuem Leben. Seither kann man sich ganz entspannt in alte 50er-Jahre-Triebwagen setzen und die grandiose Landschaft an sich vorbeiziehen lassen; manchmal kommen sogar alte Dampfloks zum Einsatz.

Die aktuellen Fahrttermine können beim Ufficio Turistico in Asciano erfragt werden. Die Fahrten werden jedoch fast nur als Ausflugsfahrten an Feiertagen veranstaltet. Für die Strecke Asciano – Monte Antico und zurück zahlt man 10 € pro Person (jeder Erwachsene kann kostenlos ein Kind unter 10 Jahren mitnehmen), die Fahrt mit einer Dampflok ist allerdings teurer und kostet ca. 25 €. Es ist auch möglich, die Fahrt bis Siena zu verlängern bzw. dort zu starten (dann 15 €/Person). Detaillierte Informationen unter www.ferrovieturistiche.it.

Rapolano Terme (ca. 4.700 Einwohner)

10 km nordöstlich von Asciano liegt dieser kleine Thermalort. Oberhalb der „Neustadt" befindet sich der mittelalterliche Kern, der heute von einem modernen Brunnen auf der mit dunklem Travertin gepflasterten Piazza Matteotti dominiert wird. Bereits im 13. Jh. lebten in Rapolano – im Schutze einer Grenzburg der Republik Siena – etwa 100 Familien. Auch die beiden Thermalquellen des Orts waren bis ins ferne Rom bekannt.

Das ältere Thermalbad ist die *Antica Querciolaia* (ca. 1 km nordöstlich), wo Reste eines römischen Bades sowie etruskische Terrakotta gefunden wurden. Das Bad hat aufgrund seines eher niedrigen Schwefelgehalts das angenehmste Thermalwasser der Region. Im Sommer finden donnerstags Konzerte statt. Eines der ältesten Dokumente über den Badebetrieb ist eine Badeordnung des Jahres 1292, die der Bürgermeister von Siena erließ. Die größte Gefahr bildete damals offenkundig das gemeinschaftliche Badebecken beider Geschlechter. Glücklicherweise konnte die drohende Katastrophe im Jahr 1309 durch die Anbringung einer Trennwand abgewendet werden.

In den dem Thermalbad angegliederten, z. T. stillgelegten Travertinbrüchen finden sich zwischen den noch intakten Travertinfabriken sehr fotogene Relikte der Industriekultur aus der Vorkriegszeit.

Travertin – Edelstein für die Hausfassade

Um Rapolano gibt es vier große Travertinvorkommen, das größte hat eine Dicke von ca. 40 m und umfasst eine Fläche von ca. 6 qkm. Bereits die Etrusker benutzten den harten, aber gut zu verarbeitenden Stein und fertigten daraus u. a. ihre Urnen. Abhängig von den im Stein gelösten Mineralstoffen haben sich helle und dunkle Travertinarten herausgebildet. Die auf den Steinen sichtbaren Strukturen wirken oft wie gemalt; entsprechend wird Travertin häufig für Fußböden verwendet.

Viele inzwischen angewitterte und deshalb ockerbraune bis eisengraue Palazzi und Kirchen der Gegend wurden gänzlich aus diesem Stein gebaut und geben den Städten ihr eigentümliches Erscheinungsbild. Auch in Deutschland wird Travertin gerne für Monumentalarchitekturen verwendet. So nutzte beispielsweise *Mies van der Rohe* das edle Material zum Bau der Neuen Nationalgalerie in Berlin (1968).

Die Entstehung von Travertin hat den folgenden geochemischen Hintergrund: Regenwasser nimmt aus der Luft und dem Boden Kohlendioxid beim Versickern auf und bildet Kohlensäure. Kalksubstanzen sind in diesem leicht sauren Wasser gut löslich. Das so durch Kalk angereicherte Wasser heizt sich in tieferen Erdschichten dermaßen auf, dass es durch vorhandene Erdspalten schnell an die Oberfläche zurückgedrückt wird. Dort angekommen, entweicht durch den verminderten Wasserdruck (wie bei einer Sprudelflasche) die Kohlensäure, worauf sich das gelöste Kalziumkarbonat ablagert und mächtige Kalktuffkeile formt. Das gleiche Prinzip ist übrigens bei der Bildung von Tropfsteinen wirksam.

Rapolano Terme

Im Gegensatz zur Antica Querciolaia, die mit ihren beiden Outdoor-Pools in Richtung populäres Vergnügungsbad investiert hat, pflegt das etwa 2 km südlich des Orts gelegene *Thermalbad San Giovanni*, das mit einem überdachten Kuppelbad und ebenfalls zwei Außenbecken ausgestattet ist, nach wie vor die Tradition des Kurbads. Doch hat man auch hier die Zeichen der Zeit erkannt und bietet zusehends mehr Relax- und Beautyprogramme an. Im kleinen Kurpark sprudelt in einem pyramidalen Glasbau die heiße Quelle. Es ist das ruhigere Bad von den beiden, und wenn am Wochenende die Antica Querciolaia hoffnungslos überfüllt ist, eine gute Alternative.

Außer den Thermalbädern hat Rapolano wenig zu bieten. Im 7 km entfernten **Serre di Rapolano** finden Liebhaber das *Museo dell'Antica Grancia di Serra*. Es widmet sich neben der Geschichte der Olivenölproduktion und der Kornspeicher auch den Gebräuchen der mittelalterlichen Bevölkerung. Als Gebäude dient ein ehemaliger Kornspeicher.

April–Okt. Mi/Do 15–17.30 Uhr, Fr 10.30–13 und 15–17.30 Uhr, Sa/So 10.30–13 und 15–19 Uhr, Nov.–März Fr 10.30–13 und 15–17.30, Sa/So 10.30–13 und 15–18 Uhr. Eintritt 3,50 €.

• *PLZ* 53040

• *Öffnungszeiten* **Antica Querciolaia**, Mo–Fr 9–19 Uhr, Sa 9–24 Uhr, So 9–20 Uhr (im Sommer donnerstags Konzerte), Mo–Fr 11 €, Sa/So 14 €.
Terme San Giovanni, Mo–Fr 9–19 Uhr (12 €, nach 15 Uhr 8 €), Sa 9–24 Uhr (15 €, nach 15 Uhr 10 €) So 9–21 Uhr (15 €, nach 15 Uhr 10 €).

• *Information:* Infobüro in der Via Provinciale Nord 1. April–Okt. geöffnet am Di/Mi 10–13 Uhr, Do–Sa 10–13 und 15–18 Uhr, So 10–13 Uhr.; März Sa/So 10–13 Uhr (variabel). ✆ 0577-724079, ✉ 0577-726591. inforapolano@inwind.it.

• *Markt* jeden Donnerstag.

• *Feste* **Festa di Ciambragina**, ein hübsches Mittelalterfest am zweiten Maiwochenende im 7 km entfernten Serre di Rapolano.

• *Übernachten*: *** **Hotel Terme San Giovanni**, renoviertes und stilvoll eingerichtetes Thermalhotel mit 60 Zimmern, sehr gute Küche. DZ inkl. Frühst. 102–126 €. Via Terme San Giovanni 52, ✆ 0577-724030, ✉ 0577-724053, info@termesangiovanni.it, www.termesangiovann.it.
*** **Hotel 2 Mari**, Pool, Garten und ein beachtlicher Wellness-Bereich („Aqua Dei"). Im 60-Zimmer-Haus kostet das DZ je nach Komfort und Saison mit Frühstück 64–98 €. Via Giotto 1, Loc. Bagni Freddi (1 km vom Querciolaia-Bad entfernt, unter der Schnellstraße hindurch, dann ausgeschildert), ✆ 0577-724070, ✉ 0577-725414, www.hotel2mari.com.

• *Zimmer*: **Bar/Trattoria Trento**, sehr einfache Zimmer ohne Bad. DZ 35 €. Via Provinciale Nord 100, ✆ 0577-724071.

• *Außerhalb* **** **Grand Hotel Serre**, in der Namensgebung etwas hochgestochen, hat sich das Haus eher auf Bustourismus spezialisiert. Der Riesenbau strotzt nicht gerade vor toscanischem Flair, bietet aber modernen Komfort zu reellem Preis. Vor dem Eingang tummeln sich im Teich nicht weniger als 25 Schildkröten. Restaurant gleich nebenan. DZ mit Frühstück 88 €. Loc. Crocevie in Serre di Rapolano (ca. 7 km entfernt, der Ausschilderung ab Rapolano Terme folgen), ✆ 0577-704777, ✉ 0577-704780, http://hotelserre.it.

• *Essen* **Osteria Il Granaio**, lobende Worte fanden Leser für das Restaurant in der Altstadt gegenüber der Kirche: "Gemütlich im Gewölbe sitzend, waren die Pici (dicke Spaghetti) ebenso wie die leckeren Fleischgerichte zu empfehlen. Wahrlich ein gutes Restaurant; und nicht einmal teuer." Di geschlossen. Via dei Monaci, ✆ 0577-726975.

Trattoria La Patria, einfaches Gasthaus mit ordentlicher Hausmannskost zu günstigen Preisen. Nur abends geöffnet, Sa geschlossen. Via Garibaldi 12, ✆ 0577-724464.

• *Außerhalb* Im ca. 7 km entfernten Serre di Rapolano versteckt sich schräg gegenüber vom Grand Hotel Serre das Restaurant **Ischieto**. Einfahrt durch Fahnen und den Hinweis „Agriturismo" auf Travertinsteinen gekennzeichnet. Wunderschön gelegen, sehr stilvoll. Nur abends geöffnet. Di geschlossen. ✆ 0577-705025.

Buonconvento

Der von hohen Ziegelsteinmauern umfriedete Ort mit der schachbrettartig angelegten Innenstadt entstand im 12./13. Jh. Seine Lage inmitten einer breiten Talsenke und an der alten Frankenstraße zwischen Nordeuropa und Rom machte ihn im Mittelalter zu einem florierenden Handelszentrum.

Händler, Gesandte und sogar gekrönte Häupter logierten hier mit ihrem jeweiligen Tross, so auch Heinrich VII., der auf seinem Feldzug gegen Neapel in Siena eine Zwischenstation einlegte. Er kam nicht mehr weit, in Buonconvento holte ihn die Malaria ein, die er sich vermutlich in der Maremma eingefangen hatte. Heinrich starb 1313, ohne Buonconvento wieder verlassen zu haben.

Heute teilt sich Buonconvento in eine wenig ansprechende Neustadt und das unerwartet idyllische Centro storico innerhalb der Stadtmauern, wo sich auch die meisten Geschäfte befinden.

Die Halbpacht in der Provincia di Siena

Ein Sprung in halbfeudale Vorzeit kann im **Museo della Mezzadria** in Buonconvento getan werden. Sorgfältig recherchiertes Material, eine suggestive Didaktik und eine rege Teilnahme der älteren Einwohner bei der Requisitensuche zeichnen dieses in der alten Stadtmauer untergebrachte Museum aus.

Die so genannte mezzadria ist eine besondere Form der Halbpacht, welche die landwirtschaftlichen Produktionsverhältnisse Mittelitaliens in den vergangenen Jahrhunderten stark geprägt hat. Dabei handelte es sich um ein System mit vertraglich geregelter Gewinn- und Risikobeteiligung: Der jeweilige Grundeigentümer stellte dem Bauern Land, Vieh und Haus zur Verfügung, der Bauer und seine Familie waren im Gegenzug dazu verpflichtet, die Hälfte der Erträge an den Eigentümer abzutreten. Das „Fifty-Fifty-Prinzip" galt auch für den Ankauf der zur Aufrechterhaltung des Betriebs notwendigen Güter bzw. Materialien: Beide Vertragspartner waren zu gleichen Teilen an den Kosten beteiligt. Anders als in der Latifundienwirtschaft waren die Betriebsflächen in der Regel so groß, dass die bäuerliche Familie von der ihr verbleibenden Hälfte der Erträge zumindest leben konnte.

Im ersten Jahrzehnt der einbrechenden Industrialisierung in Mittelitalien, nach 1950, kam es zu einer starken Migration nach Norden. In neorealistischen Filmen werden gerne die Eskapaden der jungen Generation gezeigt, wie sie als Akt der Erlösung mit ihrem Fiat cinquecento in die Großstadt schwärmen. Besonders in den 1960er und 1970er Jahren war der Sog nach Norden derart stark, dass Haus und Hof stehen und liegen gelassen wurde.

Eine bedeutende Fotosammlung (großformatige S/W-Aufnahmen) ergänzt die vielen landwirtschaftlichen Geräte und Gegenstände. Im zweiten Stock des Museums sind originalgetreue Einrichtungen alter Häuser und das Leben im Wechsel der Jahreszeiten dargestellt. Man blickt auf Feste und den Alltag einer alten, aber mittellosen Kultur.

① Piazzale Garibaldi, Di–Fr 10–13.30 Uhr, Sa/So 10–13 und 14–18 Uhr, Mo geschlossen (Nov.–Feb. nur Sa/So geöffnet). Eintritt 4 €. ✆ 0577-809075, www.museo mezadria.it.

Buonconvento

Palazzo Ricci Soccini: Der alte Palast wurde 1909 im Jugendstil renoviert. Ganz oben im Treppenhaus sieht man die vier Jahreszeiten als Jugendstilfresko mit dem Wappentier der Familie Ricci (einem Igel). Hier oben beginnt auch der Rundgang durch das *Museo d'Arte Sacra della Val d'Arbia*: In Saal 1 sind alte Altarbilder ausgestellt, die aus den Dorfkirchen der Umgebung zusammengetragen wurden, darunter auch ein kostbares Werk von *Duccio di Buoninsegna* (Madonna mit Kind). Erwähnenswert auch *Il Brescianinos* Gemälde „Mutter mit Kind und Johannes der Täufer" in Saal 4, ein wechselvolles Licht- und Schattenspiel mit elegant ausgearbeiteten Figuren.

- *PLZ* 53022
- *Information* **Ufficio Turistico Comunale**, Piazzale Garibaldi 2, im Museo della Mezzadria Senese. Di–So 10–13, 14–18 Uhr. ✆/✉ 05 77-807181. buonconvento@crete.siena.it.
- *Verbindung* Gute Busverbindungen nach Siena und Montalcino (7x tägl.), Züge nach Siena und Grosseto (8x tägl.).
- *Einkaufen* Einen großen **Coop-Markt** findet man südlich des Städtchens in der Via di Bibbiano (ausgeschildert). Die größte Auswahl an frischem Obst und Gemüse und hausgemachten Produkten findet sich bei **Tutta Frutta** an der Piazza Gramsci. Gleich rechts daneben gibt es Süßes bei **Le dolcezze di Nanni** (nicht nur für Mitbringsel!) .
- *Markt* Jeden Samstag auf der Piazza Garibaldi.
- *Übernachten* *** **Ghibellino**, moderner Klotz mit 23 Zimmern, an der Rezeption war man jedoch sehr freundlich und hilfsbereit, 2001 vom Besitzer des Hotels Roma eröffnet. DZ 85–92 € (inkl. Frühstück). Via Dante Alighieri 1 (Neustadtzentrum an der Straße nach Montalcino), ✆ 0577-809112, ✉ 0577-809025, www.hotelghibellino.it.

** **Roma**, 14-Zimmer-Haus. Preiswerte, angenehme Übernachtungsmöglichkeit, angeschlossen ein Restaurant mit Enoteca (Mo geschlossen). DZ mit Bad 56 € Frühstück extra. Via Soccini 14 (Hauptgasse des „mittelalterlichen" Zentrums), ✆ 0577-806021, ✉ 0577-807284.

- *Zimmer*: **L'Albergotto**, selten jemand vor Ort, daher telefonisch versuchen. Via del Sole 50 (Altstadt), ✆ 0577-806686 oder 347-4235978 bzw. 349-5659692 (mobil), ✉ 0577-806686.

Caliani, einfache, schöne Zimmer in einem Privathaus, ganz zentral gelegen, Bar für's Frühstück gleich gegenüber. DZ 50 €. Piazza Matteotti 6, ✆ 333-6944662 oder 338-5725294.

Percenna, im gleichnamigen Restaurant (s. u.). 5 größere Gästezimmer mit neuen Bädern. DZ mit Frühstück 50 €. Ca. 800 m außerhalb Richtung Monte Oliveto, ✆/✉ 0577-809900, www.percenna.com.

- *Agriturismi* **Quarantallina**, es finden sich 2 freundlich eingerichtete DZ, 1 Dreier und 3 Appartements. Serena ist Hobbyköchin, Mario eigentlich Landwirt – in seiner freien Zeit verwandelt er Metallschrott zu großen Skulpturen. Serena spricht Deutsch. DZ/Frühstück 70–80 €, Abendessen 25 €. Podere Quarantallina 97 (Richtung Murlo, kurz vor der Steigung nach Bibbiano rechts, dann ausgeschildert), ✆ 0577-808365, ✉ 0577-808628, www.quarantallina.com.

La Ripolina, Landgut im mittelalterlichen Weiler, mit Weinanbau. Insgesamt 8 Appartements zu vermieten. Man kann sich auch tageweise im DZ einmieten. Die Inhaberin Laura Cresti spricht auch Englisch. B&B im DZ 78–85 €. Pieve di Piana (einige Kilometer Richtung Murlo), ✆ 0577-282280 oder 335-57392 84 (mobil), ✉ 0577-282280, www.laripolina.it.

Agriturismo Fattoria Pieve a Salti, eine der größten Ferienlandhäuser-Anlagen Italiens. Auf dem weitläufigen Gelände von ca. 700 m^2 mit Restaurant, Pool, Hallenbad, Pferden, Mountainbikes, Tennis- und Fitness-Center fehlt es einem an nichts. Sehr gute Ausstattung, ideal auch für Kinder, die Preise fallen entsprechend aus. 12 Appartements, für 2 Pers. ab 520 €/Woche, für 4 Pers. ab 750 €/Woche, 40 DZ mit Frühstück 104 €, mit HP 132 €. Strada Provinciale Pieve a Salti (Schotterpiste zwischen Buonconvento und San Giovanni d'Asso), ✆ 0577-807244, ✉ 0577-809507, www.pieveasalti.it.

- *Essen* **Osteria da Duccio**, Via Soccini 76, teure toscanische Küche direkt im Altstadtzentrum. Do geschlossen. ✆ 0577-807042.

Il Poggioli, Via V. Tassi 6 (Nähe Hotel Ghibellino), die Adresse für frischen Fisch. In der offenen Küche kann man dem Chefkoch zuschauen. Es gibt aber auch Pizza aus dem Steinofen. Große Terrasse, elegantes Ambiente. Mo geschlossen. ✆ 0577-806546.

Percenna, ca. 800 m außerhalb Richtung Monte Oliveto. Hausmannskost mittleren Preisniveaus in einem hübschen Podere mit großer Panoramaterrasse. Auch Pizza. Mo geschlossen. ✆ 0577-809000.

Da Mario, Via Soccini 60 (Centro storico). Ohne Menükarte bekommt der Gast in der kleinen Trattoria des Familienbetriebes verschiedene Tagesgerichte (wie z. B. in Fencheldolden verpackte Schweinsleberknödel – veramente casalinga!) serviert. Die Frauen kochen gut, und die Preise stimmen auch; daher ist es hier mittags und abends sehr schnell voll. Im Sommer sitzt man tagsüber auch an der Straße, abends im kleinen Garten. Sa geschlossen. ✆ 0577-806157.

Bar Moderno, Piazza Gramsci (gegenüber dem Hotel Ghibellino), die Panini-Variante mit Terrasse. Mo geschlossen.

• Außerhalb **Taverna del TNT**, in Bibbiano, einem kleinen Dorf ca. 3 km südwestlich von Buonconvento (Richtung Murlo, ausgeschildert). Holzofenpizza, hausgemachte Nudeln, schön zum Draußensitzen. Am späteren Abend Kneipenbetrieb. Di geschlossen, ✆ 0577-807077.

Fahrradtour: Durch das Brunello-Anbaugebiet südlich von Montalcino nach Buonconvento

Mit dem Zug zunächst von Buonconvento bis zum Ausgangspunkt der Tour nach Monte Antico (ca. 15 Min., Abfahrtzeiten: 8.23 Uhr und 12.41 Uhr). Dauer der Radtour: 3–4 Std. Natürlich ist die Strecke auch gut zu Fuß zu machen, dann sollte man ca. 5–6 Stunden veranschlagen.

Nordöstlich (ca. 100 m) vom Bahnhof von Monte Antico über den beschrankten Übergang, dann sofort links in die Schotterstraße. Nach 200 m endet sie an einem Agriturismo. Dort linker Hand dem schmalen, parallel zu den Gleisen verlaufenden Pfad in östlicher Richtung folgen. Nach ca. 800 m erreicht man eine alte Eisenbahnbrücke, die den Ombrone überquert (Achtung: mehrmals täglich Bummelzug).

Nach der Brücke folgt ein Eisenbahnhaus (Aufschrift: km 233), gegenüber führt ein kurzer Feldweg zu einem verlassenen Haus mit einem Weinfeld. Dieser Weg mündet in die Einfahrt eines renovierten Hauses. Hier beginnen bereits die Weinfelder der Azienda Banfi. Eine breite Schotterstraße führt nun in nördlicher Richtung 2 km langsam bergauf. Linker Hand erscheint bald das Castello Poggio alle Mura. Der Straße weiter folgen bis zur Abzweigung links nach Camigliano. Für einige hundert Meter bietet sich ein weites Panorama über die Banfi-Ländereien bis nach Paganico. Nach weiteren 3 km liegt auf der rechten Seite die Pieve Poggio al Muro.

Nach weiteren ca. 2 km stößt man auf eine asphaltierte Straße und die Abzweigung nach Camigliano. Dieser nicht folgen, sondern Richtung Montalcino fahren. Einige Zeit später durchquert man den Weiler Tavarnelle, dann geht es nach einer Steigung links nach Castiglione del Bosco, rechts nach Montalcino. Man orientiert sich hier Richtung Castiglione und gelangt nach 200 m auf eine Schotterstraße, die ca. 9 km am Waldrand entlang nach Castiglione führt (mit weiten Panoramablicken in die Colli Senesi und nach Montalcino). Von Castiglione sind es noch ca. 8 km bis nach Buonconvento. Nach der Abfahrt von Castiglione ins Tal – Vorsicht beim Bremsen auf der kurvenreichen Schotterstraße – folgt im Tal ein Eisenbahnübergang. Von hier verbleiben 3 km asphaltierte Straße.

Monte Oliveto Maggiore

Eines der wichtigsten Benediktinerklöster des Landes, ein wuchtiger Ziegelsteinbau inmitten einer grünen Zypressen-Oase. Ein Genuss ist der Besuch besonders wegen der phantastischen Fresken im Kreuzgang, die von Sodoma und Signorelli stammen.

Als „Wüste von Accona" wurde die Einöde bezeichnet, in die sich der sienesische Adlige *Giovanni Tolomei* 1313 mit zwei Gefolgsleuten zurückzog, um in der Abgeschiedenheit ein gottesfürchtiges Leben zu führen. Schon nach wenigen Jahren scharte sich eine größere Gemeinschaft von Mönchen um Tolomei, der sich inzwischen Bernardo nannte (nach Bernhard von Clairvaux). Auch dem Areal hatte man einen neuen Namen gegeben: *Monte Oliveto* (= Ölberg), der Ordensname *Olivetaner* ist von dieser Bezeichnung abgeleitet. Die Mönche lebten nach der Benediktinerregel (Eigentumsverzicht, Ortsgebundenheit etc.) und waren dem benediktinischen Mutterorden formal unterstellt. Nur ihre Kleidung unterschied sich von der der Benediktiner: Sie war nicht schwarz, sondern weiß und entsprach damit den Gewändern von Jesus und Maria, die Tolomei in einer Vision erschienen waren. Bis zum 15. Jh. entwickelte sich das Kloster zu einem wichtigen religiösen Zentrum – gefördert von Papst Pius II., der mit Ambrogio Piccolomini einen Verwandten unter den ersten Mitgliedern der Klostergemeinschaft hatte.

Vom Tor mit der Zugbrücke führt ein kopfsteingepflasterter, von Zypressen und einigen Kapellen gesäumter Weg den Hügel hinunter zum riesigen Klosterkomplex. Die erste Kapelle, ein neoklassizistisch wirkender Bau aus dem Jahr 1760, ist dem Klostergründer gewidmet und steht an der Stelle, wo sich seine erste Behausung befand.

Klosterkirche: Gebaut wurde die Kirche zwischen 1400 und 1417. Sie entstand an der Stelle, an der Tolomei seine Vision hatte, in der Jesus und Maria ganz in Weiß gekleidet am oberen Ende einer silbernen, in den Himmel emporragenden Treppe standen. Im Kircheninneren, das 1772 im barocken Stil erneuert wurde, kann man sich ein wertvolles Chorgestühl mit feinen Einlegearbeiten von Fra Giovanni da Verona aus dem 16. Jh. anschauen, das im Jahre 2002 restauriert wurde.

⏱ Täglich 18.15 Uhr (außer Sa/So) Vesper mit gregorianischen Gesängen (die Stunde lohnt sich!). Vorher beim Pförtner des Kreuzganges um Erlaubnis fragen, da die Kirche um diese Zeit bereits für die Öffentlichkeit geschlossen ist. So 11 Uhr Messe. Info (Pförtner): ✆ 0577-707611. abbazia@monteolivetamaggiore.it, www.monteolivetomaggiore.it.

Der hl. Benedikt erteilt den Olivetanermönchen die Ordensregeln.

zur Kirche

Benedikt verlässt das Elternhaus, um in Rom zu studieren. Mit dabei ist seine Amme Cirilla. Im Hintergrund die umbrische Stadt Norcia, wo er als Nachfahre eines römischen Prokonsuls aufwuchs.

Ein Priester zweigt nach einer Eingebung Gottes einen Teil seines üppigen Ostermales an den Eremiten ab. Integriert in die Szene ist ein bogenförmiges Fenster mit zwei Mönchporträts.

In die idyllische Szenerie der Erimitage schleudert der Teufel einen Stein.

Der alte Mönch Romanus streift Benedikt die Eremitenkutte über.

Er verlässt angewidert die römische Schule – die genusssüchtige und korrupte Gesellschaft Roms steht der antiken heidnischen um nichts nach. Hinten auf dem Thron der Rektor, rechts vorne Benedikt.

Sodoma hat sich in der Episode "Wie der heilige Bedenikt den zerbrochenen Holztrog zusammenfügt" selbst verewigt: Er ist der Ritter mit den weißen Handschuhen; daneben eines seiner Haustiere, ein zahmer Dachs. Bei der rechts von ihm stehenden Mutter mit Tochter handelt es sich wahrscheinlich um seine Familie. Dieses Wandbild gilt als das ausgewogenste des Sodoma-Zyklus.

Zalla, der grausame Gote, überfällt einen Bauern. Der erzählt ihm, dass er seine Ersparnisse im Kloster abgelegt habe. Gemeinsam ziehen sie zum Kloster, wo Benedikt den Bauern zur Freiheit verhilft.

Harte Ordensregel Nr. 2: Ein Mönch bettelt, man möge ihn aus dem Kloster ziehen lassen. Kaum hat er die Klostermauern verlassen, wird er von einem Ungeheuer bedroht und kehrt reumütig zu seinen Brüdern zurück.

Harte Ordensregeln: Ohne Segen Benedikts besucht ein junger Bruder seine Eltern. Dort stirbt er, wird begraben, aber sein Leichnam findet keine Ruhe und liegt jeden Morgen erneut vorm Grab – bis Benedikt dem Verstorbenen eine geweihte Hostie auf die Brust legen lässt.

Zwei Möche ziehen nach Terracina, um ein neues Kloster zu bauen. Immer nachts erscheint Benedikt im Traum und gibt Bauanleitungen. Über dem Schlafzimmerfenster der lateinische Spruch: "Die Nacht sei voller Schlaf und der Tag ohne Streit."

Zwei adeligen Nonnen, die wegen Misshandlung ihres Dieners exkommuniziert waren, erteilt Benedikt bei Ihrem Begräbnis die Absolution. Ausdrucksstark die Sängergruppe rechts hinten.

Das Mehlwunder: Nachdem alle Vorräte aufgebraucht sind, stehen plötzlich zweihundert Scheffel Mehl an der Klosterpforte. Die entspannte "Abendmahlszene" trägt diesem freudigen Ereignis Rechnung. Rechts vorne ein Mönch, der seinem Nächsten feixend das Brot raubt.

Gotenkönig Totila, mit seinem Heereslager in der Campagnia weilend, stellt den Heiligen auf die Probe, indem er seinen Knappen in Königsgewändern zu Benedikt schickt. Von der grimmigen Soldateska-Mimik lässt der sich aber nicht einschüchtern.

Eingang

Oben rechts sagt Benedikt dem Besucher Thoprobus die Zerstörung Monte Cassinos voraus. Das Gemälde ist ein weiteres Meisterwerk Sodomas, ein Gewirr aus ausdrucksstarken Menschenfiguren und Pferdeleibern zeigt das Langobardenheer, das 581 das Kloster zerstörte.

Ein behörnter, hüftlahmer Pilger verführ seinen Pilgerbruder dazu, das Fasten gebot zu brechen. In Monte Cassin angekommen, wird dem jungen Man vergeben.

Im diesem Fresko verbeugt sich der leibhaftige Totil vor Benedikt. Die grimmigen Gesichter der Soldaten die im Hintergrund Gefangene abtransportieren werden nur durch die bissigen Pferdeköpfe übertro fen.

Beinahe übermannte Ihn die nur mit einem durchsichtigen Schleier bekleidete, schwebende Sinnesfreude. Schwer lasten unkeusche Gedanken auf seinem Gemüt (links), dagegen hilft nur ein nacktes Bad im Dornenbusch (rechts).

Unterrichtung der Bauern in der christlichen Lehre.

Eremiten bitten ihn, ihr Abt zu werden.

Erstes Attentat: Seine Mönche vernachlässigen die Ordensregeln. Die gemäßregelten Mönche wollen deshalb ihren Abt loswerden. Gotteskraft lässt aber den Giftbecher zerspringen.

Die beiden Knaben Maurus und Placidus werden ehrfürchtigen Blickes in den Orden aufgenommen. Die Eltern mit einem großen Gefolge haben die beiden Jünglinge aus Rom in die Provinz geleitet. Eines der besten Fresken Sodomas mit einer Vielzahl von verschiedensten Gesichtsausdrücken und Körperhaltungen.

Benedikt als Klosterbaumeister

Züchtigung eines Mönches, der – vom Teufel geritten – sich vom gemeinsamen Gebet entfernt. Oben im Himmel der schmerzverzerrte, herausgeprügelte Teufel.

Die vor Benedikt knienden Mönche bitten um eine Wasserquelle für ihre Bergklöster. In der darauffolgenden Nacht markiert der Heilige die Stelle, wo die Möche graben sollen.

Links: Dem in der Erzählung "der Gote" genannten Mönch ist die Hacke vom Stiel gerutscht. Mitte: Der Heilige findet sie im See wieder.

Über dem Wasser schreitend, rettet Maurus seinen Mitbruder Placidus vor dem Ertrinken.

Ein Junge liefert von zwei Krügen Wein nur einen ab. Benedikt zaubert eine Schlange in den unter Büschen versteckten zweiten Krug.

Zweites Attentat: Florentius, ein Neidbruder, der regelmäßig von Benedikt gemäßregelt wird, setzt dem Heiligen ein Stück vergiftetes Brot vor. Er ahnt es und lässt das Stück Brot von einem gezähmten Raben an einem sicheren Platz entsorgen.

Auch diese beiden Szenen illustrieren den Bau des neuen Klosters im Kampf mit den teuflischen Wiedrigkeiten: En Stein lässt sich nicht verrücken, weil der Teufel draufhockt, Mauern brechen ein und begraben einen Mönch, der wieder zum Leben erweckt wird.

Als Florentius seinenvermeintlichen Sieg über den nach Monte Cassino ziehenden Benedikt feiert, bricht sein Haus zusammen und seine schwarze Seele wird von zufriedenen Teufeln zur Hölle getragen.

Drittes Attentat: Nach dem misslungenen Giftanschlag greift Florentius zu Botticelli-Schönheiten: Er schickte sieben wiegende Liebesdienerinnen zu den Möchen. Da bleibt nur die Flucht mit dem Esel – zur Gründung des Klosters Monte Cassino. Hier endet der Freskenzyklus von Sodoma.

Zwei Mönche schlagen sich im Haus von Freunden den Bauch voll, das Speisen außerhalb des Klosters ist aber streng verboten. In der kleinen Szene rechts knien die ertappten Mönche vor dem Meister.

Benedikt bekehrt die Heiden von Monte Cassino, im Hintergrund wird ein Götzenbild Apollos vom Sockel gezerrt.

Von einem Schwiegersohn Sodomas gemalte Szene: Benedikt schickt Maurus zur Ordensgründung nach Frankreich und Placidus nach Sizilien.

Monte Oliveto - Großer Kreuzgang

Der Höhepunkt des Klosterbesuchs ist der Kreuzgang mit seinen 36 Freskenszenen von *Sodoma* und *Luca Signorelli*, die das Leben des heiligen Benedikt illustrieren. Die Darstellungen beruhen auf den „Dialogen" Papst Gregors des Großen, in denen sich die entsprechenden Hinweise zur Lebensgeschichte des Heiligen finden.

Den Rundgang sollten Sie neben dem Eingang zur Sakristei beginnen, denn dort sind die Illustrationen zu den Jugendepisoden zu sehen. Danach geht es im Uhrzeigersinn chronologisch weiter bis in die späteren Phasen der Lebensgeschichte (entstanden sind die Fresken dagegen in umgekehrter Reihenfolge).

9.15–12 und 15.15–18 Uhr (im Winter nur bis 17 Uhr). Eintritt frei. In das Refektorium, das noch heute den 30 Mitgliedern der Klostergemeinde als Speisesaal dient, kann man hineinschauen. Die Bibliothek mit 18.000 Büchern kann in der Regel nur von Gruppen mit Anmeldung besichtigt werden. (Klopft man hier höflich an die Tür, werden gelegentlich auch Ausnahmen gemacht!) Beim Besuch des Klosters wird generell um angemessene Kleidung gebeten: also keine Shorts oder Miniröcke und nichts Schulterfreies. Handys müssen ausgeschaltet werden, Ruhe ist erwünscht. Fotografieren ist nur ohne Blitz gestattet.

• *Information* Info-Büro in einem Gebäude kurz vor der Kirche links, vor allem Bookshop. Tägl. außer Mo 10–12.30 und 14–17.30 Uhr (variiert saisonal). ✆ 0577-707262.

Hinter den schlichten Backsteinfassaden: eindrucksvolle Renaissance-Wandmalereien

• *Einkaufen* **Klösterliche Bottega**, hier werden Broschüren, Schönheitscremes und Duftwässerchen hergestellt (aus Kräutern) und auch Musikkassetten mit den gregorianischen Gesängen der Mönche verkauft. Tradition hat der Kräuterlikör *Flora di Monte Oliveto*, dem herzstärkende und verdauungsfördernde Wirkung zugeschrieben wird. Tägl. 9.30–12.30 und 15–17.30 Uhr.

• *Übernachten* **Foresteria monastica**, Gästehaus des Klosters mit insgesamt 52 Betten. EZ, DZ und Mehrbettzimmer. Anmeldung 9.30–10, 14.30–15.20 und 17.30–18 Uhr. Nov. geschlossen. DZ 25 € (nur Übernachtung). 53020 Chiusure, ✆ 0577-707652, ✆ 0577-707644, www.monteolivetomaggiore.it.

• *Außerhalb* **Bar Gorelli**, Signora Licia vermietet im Ort ein einfaches Appartement (2–4 Pers.), auch tageweise. Mi geschlossen. Via del Cassero (Straße nach Asciano, nach 1 km rechts abzweigen), Chiusure, ✆ 0577-707025.

• *Agriturismo* **Laura Giannettoni**, das Haus liegt ca. 800 m in Richtung Buonconvento und bietet einen schönen Blick auf das Kloster. Appartement für max. 6 Pers. ab 60 € (für 2 Pers.). Loc. Cristena, ✆ 0577-806922.

• *Essen* **Restaurant/Café La Torre**, am Torhaus zum Kloster. Mittags und abends geöffnet, mit Terrasse und Bar. Gehobenes Preisniveau, aber auch für Snacks zu empfehlen. Di geschlossen. ✆ 0577-707022.

Ristorante San Valentino, für den Fall, dass die Miete für ihr Restaurant La Torre zu teuer werden sollte, hat sich die Familie alternativ ein zweites Standbein unweit des Klosters geschaffen, aauch hier gute Küche. Ein Hotelbetrieb mit 9 Zimmern zu 80 € (mit Frühstück) ist dem Restaurant an-

Wanderung zur Abbadia Monte Oliveto Maggiore

geschlossen. An der S.P. 451 in Richtung Monteoliveto gelegen, ✆ 0577-707153, info@piccolohotelsanvalentino.com, www.piccolo hotelsanvalentino.com.

• *Außerhalb* **Locanda Paradiso**, in Chiusure (Straße nach Asciano, nach 1 km rechts abzweigen). Eine Leserin schrieb: „Eine äußerst liebenswerte, kleine Trattoria in wunderbar gelegenen mittelalterlichen Dorf. Ein freundliches Ehepaar serviert auf der Terrasse aus gezeichnet zubereitete toscanische Spezialtäten (Bruschetta, Pecorino, Minestrone, Papardelle etc.). Der Ausblick – u. a. auf das Kloster Monte Oliveto – ist großartig." Mo geschlossen, ✆ 0577-707016.

Il Pozzo di Chiusure, gleich neben dem alten Brunnen im Ort kann man für gute Hausmannskost, wie Suppen und Picci bei der sympathischen Wirtin der kleinen Osteria einkehren. Mo geschlossen. ✆ 0577-707103.

Wanderung in der Crete Senesi zur Abbadia di Monte Oliveto Maggiore

Schöne Kammwanderung mit tollem Blick in die schroffen Erosionsschluchten der wilden Crete Senesi mit anschließendem Abstieg ins Tal der Trüffel.

Ausgangs- und Zielpunkt: Chiusure (8 km südlich von Asciano)
Länge: ca. 5 km
Dauer: ca. 1 ¾ Stunden (reine Laufzeit)
Landschaft, Wege: Feldwege, Waldboden, ein kurzes Stück Asphalt, Einkehrmöglichkeit Restaurant *La Torre* an der Abtei, Besichtigung des Klosters Monte Oliveto Maggiore
Schwierigkeitsgrad: mittelschwer (wasserfeste Wanderschuhe sind erforderlich)

Die Wanderung beginnt in Chiusure **(1)** auf dem Platz Piazza del Pozzo, am Restaurant „Il Pozzo". Man verlässt den Ort in westlicher Richtung, geht an der Post vorbei und gelangt sogleich an die Hauptstraße. Dieser ein kurzes Stück geradeaus folgen. Man passiert die Müllcontainer und erreicht die Stelle, an der links der Wanderweg 513 beginnt (gekennzeichnet durch einen Aufsteller mit Wanderkarte). Nach ca. 20 Minuten kommt man am Gehöft *Pioca* vorbei. Das Gut liegt oberhalb der Wanderstrecke und ist kaum zu sehen. Kurz danach zweigt der Wanderweg 542 im spitzen Winkel rechts ab **(2)**. Diesen ignorieren und zunächst auf demselben Feldweg 513 durch den Olivenhain weiterwandern.

Erst nachdem man am nächsten Gehöft *Le Caldesi* **(3)** vorbeigewandert ist, biegt man nach ca. 100 m rechts in einen etwas versteckten Feldweg ein (vor **4**, einem Strommast). Ab jetzt ist die Wanderstrecke nicht mehr markiert. Dieser Weg führt bergab in die sumpfigen Gräben der Talsenke, in denen im Herbst die kostbare Knolle des weißen Trüffels wächst. Unten angelangt, folgt man dem Weg, der zunächst rechts an einem Eichenwald vorbeiführt und dann allmählich in ein Pappelwäldchen übergeht. Man passiert das erste Schild **(5)** mit dem Hinweis, dass es sich um ein Trüffelreservat handelt und die Suche nach den Knollen nicht erlaubt ist! Der lehmige Boden kann hier vor allem im Herbst nach Regenfällen ziemlich rutschig sein. Nach ein paar hundert Metern trifft man auf einen Weg, der von einigen großen Pappeln gesäumt wird. Diese Pappeln **(6)** stehen parallel zu dem Weg, der von rechts auf diese Stelle trifft. An diesem Punkt nun links einbiegen und durch das Schilf den Bachlauf *Le Borraia* (Sumpf) überqueren. Auf der anderen Seite **(7)** dem Weg nach links folgen (den Bachlauf ein kurzes Stück zurück). Unterhalb der Lehmfelsen entlang bis zu einer Weggabelung, an der man sich rechts hoch hält.

Der Weg führt jetzt auf ansteigendem Waldboden in Richtung der Badia di Monte Oliveto Maggiore. Man erreicht das erste Backsteingebäude (rechts am Weg) unterhalb der eigentlichen Abtei. Hier zweigt schräg links ein etwas

Crete Senesi und Val d'Orcia

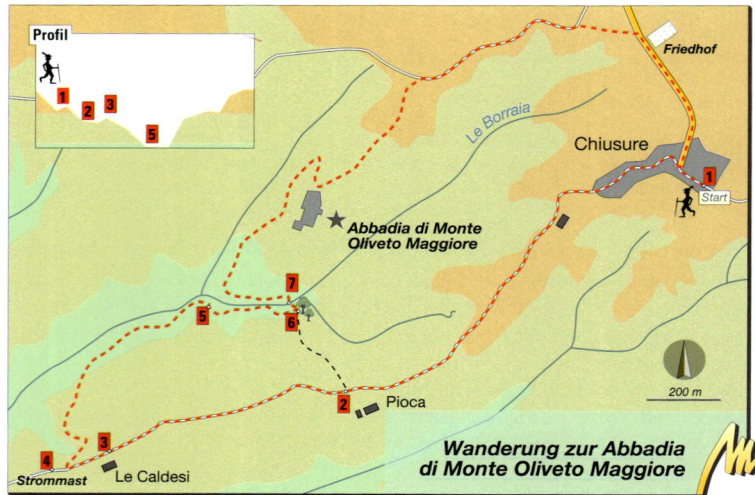

schlecht sichtbarer Pfad vom breiten Hauptweg ab. Dieser Pfad (zur Orientierung dient nun wieder die rot-weiße Markierung an einer Zypresse) führt noch für ein kurzes Stück von ca. 5 Minuten Dauer unterhalb der Klosteranlage weiter. Nach diesem kurzen Aufstieg erreicht man an einem Kiesweg die Abbadia di Monte Oliveto. Hier geht es rechts zur Kirche der Abtei.

Auf dem mit Zypressen gesäumten Fußweg (mit Backsteinen gepflastert) beginnt der Weg nun zurück nach Chiusure. Durch den Torbogen mit Zugbrücke am Restaurant *La Torre* entlang links am Parkplatz vorbeilaufen und an der Asphaltstraße rechts in Richtung Siena/Asciano. Nach einem kurzen Stück hält man sich erneut rechts und folgt der Straße bis zu einem roten A.N.A.S.-Häuschen (Straßenwacht), das rechts an der Straße steht. Dort folgt man dem Hinweisschild *Sentiero Le Piaggiarelle* eine Sandtreppe empor und weiter, bis man am Friedhof von Chiusure an der Asphaltstraße am Ortseingang herauskommt. Hier nun rechts und zurück zum Auto wandern.

San Giovanni d'Asso

Südöstlich von Monte Oliveto Maggiore liegt dieser Ort, in dem sich zwischen Oktober und Januar alles um die weiße Trüffel dreht. Interessant wird es an den mittleren Novemberwochenenden in der alten Burganlage (14. Jh.) über dem Ort, wenn zahlreiche kulinarische Events stattfinden. In den anderen Monaten wird der Marzuolo (Frühjahrstrüffel) und der Scorzone (Sommertrüffel) gefunden.

Sehenswert ist das imposante mittelalterliche **Castello di San Giovanni d'Asso**, heute Sitz der Gemeinde. Die *Sala del Camino* mit schönen Fresken und Familienwappen der Familien Pannilini und Piccolomini (16. Jh.) und der Saal, in dem die Trüffel-Ausstellung *Mostra del Tartufo bianco* stattfindet, sind für die Öffentlichkeit zugänglich (Mo–Fr 9–12 Uhr, Di/Do auch 15–18 Uhr). In einem Teil des Castellos ist das kleine Museo del Tartufo, das sich dem Thema des weißen Trüffels widmet, untergebracht.
 ⏰ Sa/So 10–13 und 15–18 Uhr, Eintritt 3 €, ☏ 0577-803268. www.museodeltartufo.it.

San Giovanni d'Asso

Trüffel, schnüffel!

San Giovanno d'Asso und Montisi zählen zusammen etwa 900 Einwohner, von denen allein 50 Personen als offizielle Trüffelsucher registriert sind (genehmigungspflichtig!). Jeder der *Tartuffai* besitzt mindestens zwei Hunde, mit denen er in der Saison ab Ende Oktober den *tartufo bianco* aufzuspüren versucht. Eine Stunde vor Sonnenaufgang beginnt ein regelrechter Run auf die Knolle, die in manchen Jahren spärlicher Ausbeute mit bis zu 3.000 € pro Kilogramm gehandelt wird. Jedes gehobelte Gramm des nicht zu kultivierenden Gewächses mit dem unbeschreiblichen Aroma ist also kostbar! Die Hunde sind eigens für das Aufspüren abgerichtet. Wichtig ist, dass sie den Fund nicht fressen, sondern nach erfolgreichem Aufspüren schnell anderweitig belohnt werden, sonst ist der Aufwand vergebens. Aber gerade die weiße Sorte schmeckt auch Hunden sehr gut! Suchen sollte man den *Tuber magnatum* in den Gräben in der Nähe von Pappeln. Wo aber genau, das verraten die Tartuffai nicht! Noch mehr Infos unter www.assotartufi.it oder www.museodeltartufo.it.

Chiesa San Pietro in Villore: Um das von Zypressen umgebene, romanische Kirchlein (Ende des 11. Jh.) zu besichtigen, muss man sich an Signora Lydia wenden, die den Schlüssel verwahrt. Bei der individuellen Besichtigung sollte man sich auch die Krypta zeigen lassen. Von der Kirche aus den Parkplatz überqueren, durch das Castello di San Giovanni laufen, beim Hinaustreten auf die Piazza V. Emanuele auf die andere Straßenseite wechseln und gleich an der Kirche links in die Gasse einbiegen – dort am Ende wohnt Signora Lydia.

Ein Tipp nicht nur für Gartenliebhaber und Kunstinteressierte: Im nahen **Bosco della Ragnaie** ist unter der Regie des amerikanischen Konzeptkünstlers Sheppard Craige ein Park entstanden, in dem hundertjährige Steineichen auf subtile Spuren der Gegenwart treffen. Der ehemalige Maler hat sich ganz der Garten- und Landschaftsgestaltung hingegeben. Am Nachmittag trifft man ihn oft bei der Gartenarbeit bzw. bei der Realisierung neuer Projekte. Sehenswert! (Info unter www.laragnaia.com).

- **PLZ** 53020
- *Information* Im Castello, Mo–Fr 9–12.30, Do 15.30–18 (bei der Gemeinde), Sa/So 10–13 und 15–18 Uhr (im Museo del Tartufo). ✆ 0577-803101, ✉ 0577-803203, info@comune.sangiovannidasso.si.it, www.comune.sangiovannidasso.s .it.
- *Einkaufen* Der holprige Weg zur schön einsam gelegenen **Käserei Vergelle** lohnt sich. Die sardische Familie mit ihren 600 Schafen stellt einen hervorragenden Pecorino her (auch Agriturismo, s. u.). Die Käserei liegt ca. 7 km südlich von San Giovanni d'Asso. An der Straße in Richtung Torrenieri rechts auf die Ausschilderung achten.

Terrakotta: eine Riesenauswahl von Figuren, Töpfen, Vasen etc. in der Verkaufsausstellung von Terrecotte Artistiche Senesi, Loc. Ampella, geöffnet Mo–Fr 8–13 und 16–17 Uhr, Sa 8–13 Uhr.

- *Übernachten* ***** La Locanda del Castello**, erst im Jahr 2003 eröffnet. Alles sehr schick und geschmackvoll eingerichtet; entsprechend teuer. DZ mit Frühstück ab 120 €. Piazza Vittorio Emanuele II 4 (im Castello), ✆ 0577-802939, ✉ 0577-802942, www.lalocandadelcastello.com.
- *Außerhalb*: ***** La Locanda di Montisi** (7 km östlich von San Giovanni d'Asso.), kleines Hotel in einem hübsch renovierten Haus an der Dorfstraße des Bilderbuchortes Montisi. DZ 75–90 €. Via Umberto I 39, Montisi. ✆ 0577-845906, ✉ 0577-845821, info@lalocandadimontisi.it, www.lalocandadimontisi.it.

B & B Santa Caterina, Montisi. Eliana (genannt Lalla), die sich mit ayurvedischen Anwendungen befasst, und Sergio vermieten in einem kürzlich renovierten Haus 5 DZ und ein 3er-Zimmer. „Toller Panoramablick über die Hügellandschaft bei der Crete", verrät uns ein Leser, der sich hier sehr gut aufgehoben fühlte. Pool vorhanden. Lalla verab-

100　Crete Senesi und Val d'Orcia

reicht auch Massagen. DZ Dusche/WC ca. 60 €. Via Umberto 187 A, ℡ 0577-845180, www.santacaterina-bb.it.

• *Agriturismi*　**La Romita**, 11 Zimmer sowie 3 Appartements, Pool vorhanden. Im Herbst wird hier ein vielfach prämiertes Öl gepresst. Die Ölmühle kann während der Presszeit ab November auch besucht werden. Wer Oliven anliefert, erhält ca. 12–15 % des abgelieferten Olivengewichts in Öl. An der Durchgangsstraße. DZ/Frühstück 90–110 €. Via Umberto I 144, Montisi, ℡ 0577-845186, 📠 0577-845201, www.romita.it.

La Grancia, gegenüber dem Restaurant "da Roberto" (s. u.). Vornehme Appartements im historischen Gemäuer eines mittelalterlichen Kornspeichers, gepflegtes Anwesen mit Pool. Appartements ab ca. 850 €/Woche. Via Umberto I, Montisi, ℡/📠 0577-845041, www.lagrancia.net.

Vergelle, einsam gelegener Bauernhof (Käserei), wo einen nur das Glockengebimmel der vorbeiziehenden Schafherde stören könnte … Mit Pool, großen Zimmern und netten Besitzern. Appartements pro Pers./Nacht ca. 40 €, für 2 Pers./Woche ab 550 €. Loc. Vergelle 135 (Anfahrt ab San Giovanni d'Asso siehe „Einkaufen"), ℡ 0577-834046 oder 0577-834431, www.vergelle.it.

Bagnacci, das Gut gehört neuerdings einer Holding aus Südtirol. Hoffentlich bleibt der Bauernhof so gast- und kinderfreundlich, wie es viele der deutschen Gäste schätzen. Kleiner Zoo mit Schafen, Ziegen und Eseln sowie Pferde für Reitmöglichkeit. In Travertin geschlagenes Thermalbad aus römischen Zeiten und Restaurant. Mit der ca. 30 Grad warmen, mineralhaltigen Quelle wird ein weiterer Pool versorgt. 14 Appartements, 40–50 € pro Pers./Tag. Loc. Lucignano d'Asso, ℡ 0577-803151, www.agriturismobagnacci.it.

• *Essen*　**La Locanda del Castello**, Anbau des gleichnamigen Hotels (s. o.). Vorzügliche, aber nicht billige Küche. Mi geschlossen. ℡ 0577-802939.

Osteria La Bottega delle Crete, Via XX Settembre 22. Mini-Imbiss mit Schinken, Käse, Wein und einem guten Sortiment an Produkten aus biologischem Anbau. Selbstverständlich auch Getrüffeltes.

• *Außerhalb*　**La Romita**, im gleichnamigen Agriturismo (s. o.). Hier wird ein ausgefallenes Menü mit angeblich etruskischen Gerichten angeboten. (Was man sich nicht alles einfallen lässt…!) Mi geschlossen.

Da Roberto Taverna in Montisi, Via Umberto I 1, Montisi (7 km östlich von San Giovanni d'Asso), direkt am Ortseingang. Roberto kommt aus Rom und leitete einige Jahre das Hotel im Ort. Er versucht sich nun in der gastronomischen Sparte. Restaurant mit Terrasse mit noch (!) moderaten Preisen. Mo geschlossen. ℡ 0577-845159.

Pizzeria/Ristorante La Compagnia, Loc. Torrenieri (9 km von San Giovanni d'Asso). Holzofenpizza, knusprig und lecker, aber so dünn, dass der hungrig Einkehrende ohne eine Vorspeise nicht satt werden dürfte. Lebhafter Betrieb mit Terrasse, wo sich auch Kinder wohl fühlen (unbedingt reservieren!). Mi geschlossen. ℡ 0577-834265.

Osteria Bar Il Rondò, Via Umberto I, Montisi. Gegenüber von La Romita (s. o.) hat der Sohn die unkompliziertere Variante aufgebaut. Hier kann man auch nur auf eine Bruschetta und ein Gläschen einkehren. Beim letzten Check ließ der Service allerdings arg zu wünschen übrig.

Il Barrino, Via Umberto I 145, Montisi (schräg gegenüber von La Romita, s. o.), Snackbar und Kino. Hier gibt es einen Cinema-Club, der in einem gerade renovierten Kino der 50er Jahre von Video über DVD in Originalversion mit italienischen Untertiteln alles auf die Leinwand bannt. Freitags günstige Kombitickets für Abendessen mit Kinobesuch in den Restaurants von Montisi. ℡ 0577-845190.

Alimentari Giannetti Eraldo, Loc. Lucignano d'Asso. Kleiner Laden mit guten Käse- und Aufschnittspezialitäten. Auch ein paar Tischchen zum Einkehren sind vorhanden. Viel ist nicht los im idyllischen Weiler. Wenn aber Eraldo bei Laune ist und sein Akkordeon heraushohlt, kann es abends schon mal später werden. 8–20 Uhr geöffnet, Mo geschlossen. ℡ 0577-803087..

▸ **Trequanda**: Das harmonische historische Ortsbild von Trequanda (einige Kilometer nordöstlich von San Giovanni d'Asso) wird von schmalen Gassen und einem Schloss aus dem 13. Jh. geprägt. An der Piazza Garibaldi befinden sich der Palazzo Comunale und die Kirche SS. Pietro und Andrea mit ihrer auffälligen Fassade: ein Schachbrettmuster, in dem weißer Travertin und ockerfarbener Sandstein verwendet wurden. Im Inneren ist an der rechten Wand ein Fresko (Auferstehung Christi) zu sehen, das *Sodoma* zugeschrieben wird.

San Giovanni d'Asso 101

- *PLZ* 53020
- *Information* **Ufficio Turistico**, Via Roma 4 (Nähe Piazza Garibaldi). Im Sommer tägl. 10–12.30 und 17–19.30 Uhr, im Winter Mo–Sa 10.30–12.30 und 16–19 Uhr, So 9.30–11.30 Uhr (Do geschlossen). Einige Prospekte, aber vor allem Verkauf von Schinken, Pecorino und Wein. ✆/✉ 0577-662296. info@trequan daproloco.it, www.trequandaproloco.it.
- *Busverbindung* Über Asciano oder Sinalunga nach Siena und Florenz. An Sonntagen meist keine Verbindungen.
- *Bahnverbindung* Die nächste Bahnstation befindet sich in Sinalunga (5 km), sie liegt an der Strecke Siena–Chiusi. Von der Bahnstation verkehren Busse 5x täglich.
- *Übernachten* **Centro Turistico Moscadella**, exklusives Landgut mit Restauration, Weinbar und Wellness-Einrichtungen. Die Küche ist gut und teuer. 12 DZ ab 120 € (Frühstück), 2 große Appartements für 4 Pers. ab 140 €/Tag. Loc. Moscatella (bei Castelmuzio), ✆ 0577-665310, ✉ 0577-665807, www.lamoscadella.it.
- *Appartements* **Abbadia a Sicille**, an der Straße nach Sinalunga. In einem Teil der Anlage, die auch eine alte Kapelle besitzt, werden Appartements vermietet. Die Abtei ist auch für Hochzeitsfeiern beliebt. Ab ca. 700 €. ✆ 0577-665293, www.abbadiasicille.it.
- *Agriturismi* **Donatella Cinelli Colombini**, eines der architektonisch auffälligsten Landgüter südlich von Siena (2 km von Trequanda in Richtung Monte Oliveto). Im 12. Jh. diente es Leopold von Habsburg, dem Großherzog der Toscana, als geheimes Liebesrefugium. Heute werden in den historischen Räumen Weindegustationen, Kochkurse u. a. durchgeführt. In der Osteria wird,

Lichtspiel im Gemeindehaus

wie Signora Cinelli Colombini betont, ausschließlich nach alten Rezepten gekocht. Mehrere Schwimmbäder, ein alter Park, ein Kinderspiel- und ein Tennisplatz. 4 DZ 86–105 € (mit Frühstück), 19 Appartements unterschiedlichster Ausstattung (ab 103 € für 2 Pers.). Loc. Fattoria Il Colle, ✆ 0577-662108, ✉ 0577-662202, www.cinellicolombini.it.

Podere Casanova, Landgut mit schönem Panorama auf S. Anna di Camprena (kurz vor Castelmuzio). Es wird Käse und biologisches Öl produziert. DZ 70 €, große Appartements ab 500 €/Woche. Via G. Matteotti, Castelmuzio, ✆/✉ 0577-665057.

▶ **Petroio**: Eine panoramareiche Straße führt von San Giovanni über Montisi und Castelmuzio nach Petroio. Der mittelalterliche Ort ist von alten Terrakottamanufakturen umgeben, wo seit Jahrhunderten Vasen und Töpfe produziert werden. Die handgearbeiteten Stücke sind natürlich etwas teurer als die Produkte der seriellen Fertigung im Chianti, dafür aber garantiert frostsicher. Die größte Auswahl findet sich bei Giuseppe Lorenzetti in der TAS (Terracotte Artistiche Senesi) zwischen San Giovanni und Montisi, der heute mit seinen Söhnen Ricardo und Fillipo die Arbeit der traditionsreichen Fabrik weiterführt. Ein kleinerer Betrieb, dessen Fabrikschlot fast an der Stadtmauer in den Himmel ragt, ist die Werkstatt von Mauricio Benocci, der seine Produkte im nahen Sinalunga verkauft. Anlässlich des Ölfests in Petroio (Anfang November) werden die schönsten Arbeiten ausgestellt. Wer sich für die Geschichte des Gewerbes interessiert, kann sich im kleinen *Museo della Terracotta* kundig machen. Historische Dokumente belegen, dass bereits um die vorletzte Jahrhundertwende mit England und Amerika Handel betrieben wurde.

⏱ April–Sept. Do/Fr 16–19 Uhr, Sa/So 10–12.30 und 16–19 Uhr. Eintritt 2,50 €.

Fiaschetteria Italiana – städtische Eleganz mitten in der Provinz

Montalcino (ca. 5100 Einwohner)

Die grünen Weinberge um Montalcino beleben das Landschaftsbild der gleichförmigen, von Hügeln und Getreidekulturen geprägten Crete. Auf dem steinigen Boden gedeihen die Trauben für den roten Brunello, einen Nobelwein, von dem mehr als die Hälfte exportiert wird.

Der Ort selbst, auf einem schmalen Hügel gelegen und umschlossen von Verteidigungsanlagen, ist mittelalterlich und provinziell. An der *Piazza del Popolo* steht das handtuchschmale Rathaus, mehr Platz hatte man beim Bau einfach nicht zur Verfügung. Schauen Sie am Platz auch mal in die *Fiaschetteria Italiana* hinein: Das 1888 eröffnete Café mit seinen roten Plüschsesseln und Spiegelwänden könnte auch in Paris stehen (auch die Preise haben Pariser Niveau).

Am obersten Punkt der Stadt erhebt sich die *Rocca di Montalcino*, eine symbolträchtige Festung: Nach dem Fall von Siena (1555) riefen die vertriebenen Sieneser hier die „Republik von Siena in Montalcino" aus. Bis 1559 konnte die letzte freie und demokratisch regierte Stadt der Toscana noch ihre Unabhängigkeit bewahren, bevor sie der absolutistisch regierende Medici Cosimo I. aus Florenz unterwarf. Heute beherbergt die Festung eine kleine Enoteca, die Tische im Innenhof eignen sich hervorragend für ein Picknick.

① Tägl. 9–20 Uhr, Eintritt 3,50 €. Vor der Festung befindet sich ein gebührenpflichtiger Parkplatz.

Museo Civico: Eine der wichtigsten Kunstsammlungen im Umkreis von Siena ist im ehemaligen Kloster S. Agostino an der Via Ricasoli untergebracht. Das wohl wertvollste Stück der Ausstellung ist die „Madonna mit Kind" von *Simone Martini* gleich links beim Eingang in Saal B. Ebenfalls erwähnenswert ist die im selben Saal ausgestellte Holzskulptur „San Pietro" von *Francesco di Valdanbrino*. In den oberen Ausstellungsräumen ist u. a. ein Werk des lokalen Malers *Arturo Lucinani* (1861–1936) ausgestellt, das sehr plastisch die Missionierung der Amazonas-Indianer zeigt: tausche Hemd gegen Seele.

① 10–13 und 14–17.50 Uhr (Nov.–März nur bis 17.40 Uhr), Mo geschlossen. Eintritt 4,50 €.

Montalcino 103

Informationen/Diverses

- *PLZ* 53024
- *Information* **Pro Loco**, im Municipio (Via Costa del Municipio 1), freundlich und kompetent, auch kostenlose Zimmervermittlung und Busticketverkauf. 10–13 und 14–17.50 Uhr, im Winter Mo geschlossen. ✆/✉ 0577-849331. info@prolocomontalcino.it, www.prolocomontalcino.it.
Gleich nebenan befindet sich das Büro des Konsortiums Brunello di Montalcino. Mo–Fr 9–13.30 und 14.30–18 Uhr (Fr nur bis 17 Uhr), ✆ 0577-848246, www.consorzio brunellodimontalcino.it.
- *Busverbindung* Ab Piazza Cavour 11x tägl. über Buonconvento nach Siena. Verbindungen nach Sant'Antimo und zum Monte Amiata (Privatbus, 4x tägl. außer So, Tickets im Bus). Wer nach Montepulciano will, muss in Torrenieri (auf der Strecke nach Siena) umsteigen. Tickets und Fahrplan in der Bar Prato. Sonntags ist die Bar geschlossen, dann werden die Tickets im Zeitschriftenladen der Via Mazzini (200 m von der Piazza Cavour auf der rechten Seite) verkauft.
In den Sommermonaten (Mitte Juni bis Anfang Sept.) fährt ab Montalcino jeden Morgen (ca. 8 Uhr) ein Bus der *Autolinea Mar Tirreno* zur Küste (nach Castiglione della Pescaia und Follonica) und abends (ca. 18.30 Uhr) wieder zurück: Abfahrt in der Via del Poggiolo 2 (Bar Le Terrazze) nahe dem großen Parkplatz bei der Festung.
- *Einkaufen* **Coop-Supermarkt (25)**, Viale della Libertà (in der Nähe des Museo Civico).

Enoteche findet man zuhauf in Montalcino. Einige unserer Leser schätzten *Franci* (direkt gegenüber der Fortezza), wo nebenbei auch diverse Honigsorten angeboten werden.

Pasticceria Mariuccia, Piazza del Popolo 29. Seit 1935 gibt es hier leckere Törtchen, Gebäck und andere süße Köstlichkeiten.

- *Feste* **Sagra del Tordo** (Drosselfest), am letzten Sonntag im Oktober. Das Fest geht auf die herbstliche Drosseljagd zurück, von der die Jäger mit Beutetieren beladen zurückkamen und mächtige Gelage veranstalteten. Auch heute noch steht neben dem folkloristischen Bogenschießen ein gastronomisches Bankett im Mittelpunkt der Veranstaltung. Anstelle von Drosselbraten werden heutzutage Wachteln verspeist. Viele kleine Buden mit Weinausschank und Snacks innerhalb der Burg.

Settimana del Miele (Honigwoche), drei Tage lang in der ersten Septemberhälfte. Honigprodukte (Honiggrappa, Nüsse in Honig …) und vieles mehr zum Degustieren.

- *Internet* **Essepi Informatica**, Via Mazzini.

Übernachten (siehe Karte S. 104/105)

*** **Vecchia Olivera (1)**, klein und fein, in der ehemaligen Ölmühle neben dem Stadttor nach Siena. Nur 13 Zimmer, die meisten mit Panoramablick, was allerdings seinen Preis hat. Alle Zimmer mit TV und Klimaanlage. Unter österreichischer Leitung, freundlich-professioneller Service. Schwimmbecken im Garten. DZ ab 150 € (inkl. Frühst.). Via Landi 1 (Porta Cerbaia), ✆ 0577-846028, ✉ 0577-846029, www.vecchiaoliviera.com.

*** **Dei Capitani (7)**, tolle Lage an der unteren Stadtmauer. 24 Zimmer mit ungetrübtem Blick in die weitläufige Landschaft. Kleines, terrassenartiges Gärtchen mit Minipool zum Abtauchen. Auch einige Parkplätze. DZ ab 115 € (inkl. Frühstück). Via Lapini 6, ✆ 0577-847227, ✉ 0577-847239, www.deicapitani.it.

*** **Il Giglio (5)**, mitten im Zentrum. Gepflegte Zimmer mit TV und Telefon, die Rückfront mit Ausblick. DZ 100 €, mit Frühstück 114 €. Via S. Saloni 5, ✆/✉ 0577 848167, www.gigliohotel.com.

** **Giardino (22)**, einfache, meist geräumige Zimmer. Der Wirt ist Weinkenner. DZ mit Dusche 53 €, Frühstück extra. Piazza Cavour 4 (Bushaltestelle), ✆/✉ 0577-848257.

- *Außerhalb* ***** **Castello di Velona**, in 5-jähriger Renovierungsarbeit wurde das Mittelalter auf Hochglanz poliert. Die Burg aus dem 12. Jh. bietet heute 20 Suiten. Zwischen 250 und 650 € pro Nacht (je nach Saison und Ausstattung). Loc. Velona (ca. 9 km in Richtung Castelnuovo dell'Abate), ✆ 0577-800101, ✉ 0577-835661, www.castellodivelona.it.

*** **Al Brunello**, DZ 85–150 € (inkl. Frühstück). Via Traversa Osticcio (knapp 2 km Richtung Grosseto), ✆ 0577-849304, ✉ 0577-849430.

*** **Bellaria**, in unmittelbarer Nähe des Al Brunello. DZ ab 103 € mit Frühstück. Via Traversa Osticcio, ✆ 0577-848668, ✉ 0577-849326, www.hotelbellariamontalcino.com.

- *Privatzimmer* Fragen Sie im Pro-Loco-Büro, ob noch Zimmer frei sind. Wer es auf eigene Faust versuchen will:

B & B Palazzina Cesira (10), unser Tipp! Stilvolles Ambiente in einem Stadtpalast aus dem 13. Jh. Was am Eingang ganz bescheiden als „Camere" bezeichnet wird, entpuppt sich als edle Unterkunft. Zur Palazzina gehören ein großzügiges Wohnzimmer mit kleiner Bibliothek sowie ein stilvoller Frühstücksraum mit großer Tafel. Leider nur vier Zimmer, alle mit Geschmack eingerichtet, Frühzeitige Buchung ist ratsam. Jan./Febr. geschlossen. DZ 85 €, Mini-Suite 105 €. Via S. Saloni 2, ☎ 0577-846055, ℡ 0577-847904, www.montalcinoitaly.com.

B & B Il Palazzo (9), die freundliche Signora Sestili führt seit Jahren diese empfehlenswerte Pension. Ein tolles, verwinkeltes Haus, jeder Raum liebevoll und individuell eingerichtet. Die insgesamt 12 Zimmer sind groß bis riesig. Im Haus auch eine kleine Bibliothek mit Literatur zur Gegend. Das Frühstück spendet viele zuckersüße Kalorien. Hunde erlaubt, Fahrrad- und Mopedverleih, es werden auch Ausflüge organisiert. Ganzjährig geöffnet, frühzeitige Reservierung ist zu empfehlen. DZ 80 €. Via Panfilo dell'Oca 23, ☎ 0577-847251 oder 346-3877600, ℡ 0577-846900, www.dormireintoscana.it/ilpalazzo.

Camere Anna (3), Anmeldung im Hotel Giglio (s. o.). DZ 70 €/B&B 84 €. Via Saloni 23, ☎ 0577-848167.

Pierangioli, bei der Enoteca nachfragen. DZ ca. 45 € (ohne Frühstück). Piazza del Popolo 28, ☎ 0577-849113.

Camere di Bacco (20), Anmeldung beim Reisebüro daneben. DZ 70 €. Via Mazzini 65, ☎ 0577-849356 oder 348-5702298 (mobil), www.lecameredibacco.com.

Camere Idolina (15), die ältere Dame vermietet rustikal eingerichtete Zimmer, einige auch mit Kochgelegenheit und Kühlschrank. DZ ab 45 €. Via Mazzini 70 (Eckhaus an der Piazza Cavour), ☎ 0577-848634.

Camere La Torre (14), DZ 60 € (ohne Frühstück). Via Bandi 1, ☎ 347-4007457 (mobil), ℡ 0577-849103.

B&B Porta Castelana (2), 3 einfache Zimmer. DZ 75 € mit Frühstück und Parkplatz. Via Santa Lucia 20, ☎ 0577-839001 oder 328-2793202.

Casa degli Orsi (26), freundliche Zimmervermietung gleich neben dem Dom. 4 DZ 90 € (Frühstück), eine Mini-Suite 100 €. Via

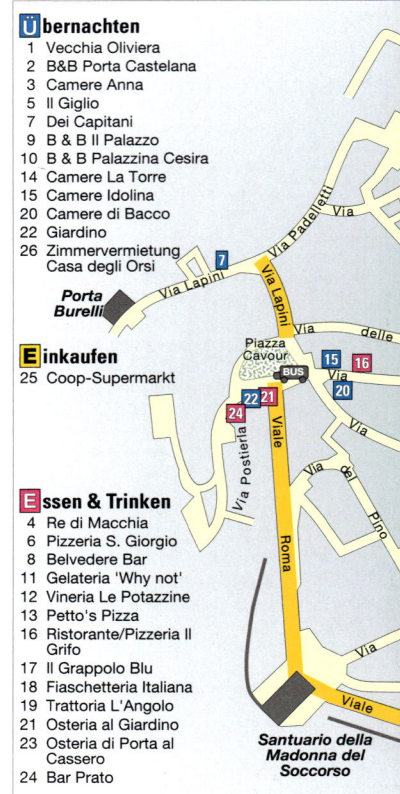

Übernachten
1 Vecchia Oliviera
2 B&B Porta Castelana
3 Camere Anna
5 Il Giglio
7 Dei Capitani
9 B & B Il Palazzo
10 B & B Palazzina Cesira
14 Camere La Torre
15 Camere Idolina
20 Camere di Bacco
22 Giardino
26 Zimmervermietung Casa degli Orsi

Einkaufen
25 Coop-Supermarkt

Essen & Trinken
4 Re di Macchia
6 Pizzeria S. Giorgio
8 Belvedere Bar
11 Gelateria 'Why not'
12 Vineria Le Potazzine
13 Petto's Pizza
16 Ristorante/Pizzeria Il Grifo
17 Il Grappolo Blu
18 Fiaschetteria Italiana
19 Trattoria L'Angolo
21 Osteria al Giardino
23 Osteria di Porta al Cassero
24 Bar Prato

Spagni 20, ☎ 340-7155410.

- *Appartements* Außerhalb der Stadt werden in den folgenden beiden Anwesen Appartements vermietet:

Fattoria dei Barbi, siehe auch Essen. 2 Appartements, ☎ 0577-841111, info@fattoriadeibarbi.it.

- *Urlaub auf dem Weingut* **Il Poderuccio**, das aus Südtirol stammende Ehepaar Renate und Giorgio hat sich hier niedergelassen. Weinbauerfahrung brachten sie mit und produzieren heute auf einem halben Hektar Rebfläche ca. 4000 Flaschen Wein (Brunello und Rosso). 6 Zimmer sind in dem top gepflegten Anwesen zu vermieten. Pool und Boccia-Bahn sind vorhanden. Nachteil: Weder Kinder noch Hunde sind hier zugelassen. April–Nov. geöffnet. DZ mit Bad und

Frühstück kostet 90 €. San Angelo in Colle (10 km von Montalcino an der Straße nach Grosseto, ca. 1,5 km nach dem Abzweig nach S. Angelo in Colle), ℅ 0577-844052, ℅ 0577-844150.

*E*ssen/*T*rinken

Während der Honigwochen Anfang September sind in fast allen Restaurants honigkuchenartige Nachspeisen erhältlich; eine Ausstellung der zahlreichen Honigproduzenten der Region findet am ersten Septemberwochenende im Innenhof der Fortezza statt.

Bei der Wahl des passenden Restaurants sollte man nicht zu lange zögern; oft schließt die Küche bereits um 13.30 Uhr, abends um 21.30 Uhr.

Il Grappolo Blu (17), Via Scale Moglio, eines der besten Mittelklasserestaurants Montalcinos, freundliche Stimmung, nettes Ambiente, durchschnittliche Preise. Obwohl es versteckt in einer Seitengasse (bzw. Seitentreppe) der Via Matteotti liegt, ist es schwer, ohne Reservierung einen Tisch zu bekommen. Leckere Spezialität ist der „Sauerbraten" mit einer Soße aus Balsamico-Essig – so schwarz gefärbt, dass man meinen könnte, ein Tintenfisch habe dran glauben müssen. Fr geschlossen, ℅ 0577-847150.

Crete Senesi und Val d'Orcia

Re di Macchia (4), Via S. Saloni 21, das edle Restaurant ist im Untergeschoss eines Palazzos untergebracht. Hervorragende Weinauswahl (Flasche ab 16 €, Menü ab 20 €, es geht natürlich auch wesentlich teurer). Gehobenes Preisniveau mit entsprechendem Service und Ambiente. Do geschlossen. ✆ 0577-846116.

Osteria al Giardino (21), Piazza Cavour, seit Alberto nicht mehr da ist, ist es im Mittelklasserestaurant teurer, aber nicht unbedingt besser geworden. An der Piazza Cavour eine hübsche, betischte Pergola, mittleres bis gehobenes Preisniveau. Nicht in derselben Hand wie das gleichnamige Hotel. Mi geschlossen, ✆ 0577-849076.

Ristorante/Pizzeria S. Giorgio (6), Via S. Saloni 10, in einem doppelräumigen Magazingewölbe. Leckere Pizzen für ca. 6–10 €, auch Gerichte à la carte. Und was bei der italienischen Gesetzgebung fast ein Ding der Unmöglichkeit ist: Smoker's Room!!! ✆ 0577-848507.

Ristorante/Pizzeria Il Grifo (16), Via Mazzini 18, großes Gewölbelokal, im hinteren Teil Panoramablick, regionale Küche und Pizzen. Mo geschlossen, ✆ 0577-847070.

Vineria Le Potazzine (12), Piazza Garibaldi 10, nur Primi, bzw. kleine Gerichte zu örtlichen Durchschnittspreisen, also zu leicht angehobenen Preisen. Einladende Terrasse zur Piazza hin. Mo geschlossen, ✆ 0577-846054.

Trattoria L'Angolo (19), Via Ricasoli 9. Das frühere „Sciame" hat nur den Namen gewechselt, nicht die Besitzer. Cesare und Maria führen das sympathische Lokal nach wie vor. Gute und günstige Hausmannskost, wahrscheinlich die besten Menüs in der preiswerten Klasse, in der Regel proppenvoll. Di geschlossen, ✆ 0577-848017.

Osteria di Porta al Cassero (23), Via della Libertà 9, kleine Gerichte auf etwas beengtem Raum. Mi geschlossen, ✆ 0577-847196.

Petto's Pizza (13), Piazza Garibaldi 1, Schnittpizza vom Blech.

• *Außerhalb* **Poggio Antico**, unser Tipp in der oberen Preisklasse. Ausgezeichnetes Feinschmeckerlokal in herrlicher Lage. Gediegene, noble Atmosphäre, toscanische Menüs mit 5 Gängen 50 €, mit 7 Gängen 70 €. Man kann auch à la carte bestellen. Auf dem herrlichen Landgut werden auch Weindegustationen angeboten, außerdem Direktverkauf. Reservierung empfehlenswert. Im Sommer immer geöffnet, im Winter Sonntagabend und Mo geschlossen. ✆ 0577-849200. Anfahrt: von Montalcino 4 km Richtung Grosseto, dann rechts ab (ausgeschildert), 1,5 km auf einer Schotterpiste, das letzte Stück dann durch eine malerische Zypressenallee.

Boccon di Vino, ca. 1 km außerhalb an der Straße Richtung Siena, ausgeschildert, rechter Hand das auffällig große, weiße Haus. Auch hier herrliche Lage, dazu eine urgemütliche Terrasse mit tollem Blick. Spezialität des Hauses ist die florentinische Zwiebelsuppe. Menü ab 35 €. Im Juli und Aug. nur abends geöffnet. Die Küche hat dann oft noch bis 23 Uhr geöffnet. Di geschlossen, ✆ 0577-848233.

Fattoria dei Barbi, Schweine- und Schafzucht (Schafskäse) und hervorragende Weine, die Cantina ist tägl. von 10–13 und von 14.30–18 Uhr geöffnet, am Wochenende nur nachmittags. Im Restaurant herrscht gediegene Atmosphäre, korrekte Kleidung wird erwartet (nach Angaben eines Lesers erntet man mit Sandalen schiefe Blicke). Der Service ließ beim letzten Check eher zu wünschen übrig. Mi geschlossen, ✆ 0577-847117. info@fattoriadeibarbi.it, www.fattoriadeibarbi.it. Anfahrt: von Montalcino 3,5 km nach Sant' Antimo, dann links ab (ausgeschildert) und noch 900 m auf Schotter.

• *Cafés* **Fiaschetteria Italiana (18)**, Piazza del Popolo 6. Montalcinos 1888 gegründetes Nobelcafé, Tradition und Ambiente. Zur Weindegustation ebenso wie zum teuren Cappuccino empfehlenswert. Auf der Terrasse an der Piazza lässt es sich stundenlang aushalten. Tägl. 8–23 Uhr geöffnet.

Belvedere Bar (8), Via Matteotti 29. Die preiswerte Alternative zur teuren Fiaschetteria. Süßigkeiten aus der Pasticceria Mariuccia. Vom Hinterzimmer phantastischer Blick über die Weinberge von Montalcino. Hier auch Internetzugang.

Bar Prato (24), Piazza Cavour, für ein günstiges Frühstück: frische Panini und süßes Gebäck, ein paar wacklige Tische und Stühle an der Piazza, morgendlicher Treffpunkt in Montalcino. Auch Bustickets und Fahrplan. So geschlossen.

• *Gelateria* **Why not (11)**, Via Costa Garibaldi 7. Mit einladender, kleiner Terrasse.

• *Disko* **Kaffeina**, am unteren Ortseingang auf der rechten Seite. Bar und Livemusik, Musikvideos und Filme. Freundlicher Service, Bier in verschiedenen Farben vom Fass. Mi geschlossen.

14 km südwestlich von Montalcino im Dorf Camigliano gibt es an Samstagen im Sommer eine **Open-Air-Disko** (an der Piazza). Vor 23 Uhr braucht man nicht zu erscheinen.

Brunello – des Weinliebhabers roter Himmel

Dieser kräftige Rotwein mit dem weltbekannten Namen und dem vollmundigen Bouquet wird ausschließlich im Gebiet um Montalcino angebaut, und auch hier ist die Anbaufläche limitiert. Zwar röhrten im Sommer 1999 erstmals wieder seit zwanzig Jahren die Caterpillars, aber die Erweiterung der Anbaufläche fiel eher gering aus (lediglich 15 % auf jetzt ca. 1600 ha). Die stabil hohen Preise des edlen Rebensaftes werden dadurch sicher nicht beeinflusst.

Der Brunello wird aus der Sangiovese-Grosso-Traube gekeltert, die ursprünglich aus der Romagna stammt. Veredelt wurde sie um 1880 vom Montalciner Winzer Ferrucio Biondi-Santi, der resistente Sorten gegen den aus Amerika eingeschleppten Mehltaupilz und die Reblaus suchte.

Damit sie ihren Wein „Brunello" nennen dürfen, werden den Weinbauern strenge Auflagen gemacht. So darf der Ertrag pro Hektar nicht mehr als 80 Doppelzentner betragen, und der Wein muss vier Jahre in einem Eichenfass reifen, bevor er in den Handel gelangt. Um ihn noch begehrenswerter zu machen, haben clevere Marketingstrategen dem Brunello übrigens aphrodisierende Wirkung zugeschrieben.

Die Preise eines aktuellen Jahrgangs liegen bei 13–18 €, und von Kennern wird der bis zu 100 Jahre alte Wein wie eine teure Antiquität behandelt. Preiswerter ist der aus den Trauben zweiter Wahl gekelterte **Rosso di Montalcino**, ein einfacherer Wein, der in der Regel jung getrunken wird. Mitte Februar eines jeden Jahres wird der neue Brunello getestet, um ihn mit Sternchen zu prämieren. Damit diesem Event die notwendige Publizität erwächst, wird für jeden Jahrgang ein „Pate" gewonnen, mit Vorliebe ein international bekannter Modemacher oder Sportler. Verewigen darf sich jeder „Jahrgangsonkel" (bzw. jede „Jahrgangstante") in Form einer kunstvoll gestalteten Keramikkachel, die dann neben den uralten Bürgermeisterwappen an der Fassade des alten Rathauses angebracht wird. Im Jahr 2000 hatte Gianelli, Karikaturist des Mailänder *Corriere della Sera*, die Ehre und verewigte sich – selbstverständlich – mit einer Karikatur: die ziemlich beschwipste Mona Lisa. 2004 beehrte die Stadt eine Persönlichkeit aus Hollywoods Traumfabriken: diesmal fungierte der amerikanische Schauspieler Peter Weller als *Padrino*.

Die **Qualitätsstufen der letzten 18 Jahrgänge**: ** 1989, ***** '90, **** '91, ** '92, **** '93, **** '94, ***** '95, *** '96, ***** '97, **** '98, **** '99, *** 2000, **** 2001, ** 2002, **** 2003, ***** 2004, ****2005, *****2006.

> **Weingut Banfi und das Glasmuseum**
> **Mit Lambrusco zum Brunello-Massenweinhersteller**
>
> Das mit Abstand größte Weingut der Gegend ist die Kellerei Banfi in *S. Angelo Scalo* (ca. 13 km südwestlich von Montalcino). Auf dem insgesamt 3000 ha großen Gut sind 860 ha mit Reben bebaut und verschaffen dem Brunello Banfi einen Marktanteil von etwa 20 %. Fast die Hälfte der Weinstöcke wird mittlerweile nach „amerikanischer" Manier maschinell geerntet. Der Rest der bewirtschafteten Fläche ist mit Oliven und Pflaumen (Trockenobst) bepflanzt. Seit den 80er Jahren des 19. Jh. sind die Latifundien im Besitz der Familie der Italo-Amerikaner John und Harry Mariani, zwei steinreiche Weinimporteure in dritter Generation. Namensgeberin Banfi war eine nähere Verwandte der Besitzer.
>
> **Die Geschichte der Weinflasche**: So könnte man das Museum nennen, das im sehr schön restaurierten *Castello Banfi* (eigentl. Poggio alle Mura) eingerichtet wurde. Es handelt sich um die umfassendste Zusammenstellung alter Weinbehälter in Europa (Trinkgläser, Kelche und kleine Glaskunstwerke).
>
> Das wohl älteste Gefäß zur Lagerung des Weines ist das so genannte *Dolion*, eine niedrige Amphore, die zu zwei Dritteln im Boden eingegraben war und mit Wachs und Holz versiegelt wurde. Trotzdem wurde der Wein mit der Zeit sauer und war eigentlich nur mit Wasser verdünnt genießbar. Im selben Raum wie das Dolion sind einige Vitrinen ausgestellt, in denen die Materialien zur Glasherstellung gezeigt werden: Quarz, Kiesel, Pottasche und Natron. Gerade das Natron, das im nördlichen Europa nicht vorkam, verschaffte dem Nahen Osten in früheren Zeiten ein Herstellungsmonopol. Ursprünglich war Glas wohl ein Abfallprodukt der Metallherstellung, erst die Römer erfanden im 1. Jh. das Glasblasen, um größere Behältnisse herstellen zu können.
>
> Die erste Glasflasche im heutigen Sinn wurde erst Mitte des 17. Jh. in England gefertigt. Triebfeder war wohl das Verbot, das bis dahin übliche Holz als Brennmaterial für die Glasöfen zu verwenden. Die wenigen übrig gebliebenen Wälder brauchte das Land dringend für den Schiffsbau. Durch die höheren Temperaturen, die mit der Braunkohlefeuerung erzielt wurden, konnte die Qualität des Glases beträchtlich erhöht werden. Auch das Bleiglas kam damals auf, es war widerstandsfähiger und konnte geschnitten und geschliffen werden.
> **Öffnungszeiten**: Museum/Cantina: Mo–So 10–19 Uhr, Eintritt 2,50 €, ℡ 0577-816001, Tickets für das Museum in der Probierstube (Cantina). Mo–Fr auch geführte Kellerbesichtigung (gratis), aber nur nach Anmeldung unter ℡ 0577-877505 oder 877514.
> **Anfahrt**: Von Montalcino der Beschilderung Grosseto/S. Angelo folgen, nach etwa 10 km rechts ab zum Castello Banfi (Poggio alle Mura), ab hier noch 3 km.

Kloster Sant'Antimo

„Wenn die Menschen nicht sprechen, dann sollen die Steine schreien." Die Steine schrien ganze 530 Jahre, bis wieder Mönche nach Sant'Antimo zurückkehrten. Eindrucksvoll sind die gregorianischen Gesänge, mit denen die Padres mehrmals am Tag ihre Messen und Andachten untermalen.

Die herrlich gelegene Benediktinerabtei unterhalb des kleinen Dorfes Castelnuovo dell'Abate (10 km südlich von Montalcino) wurde bereits im 8. Jh. gegründet und in den folgenden Jahrhunderten stetig erweitert. Die mächtige Kirche, im 12. Jh. aus cremefarbenem Travertin errichtet, ist ein stattliches Beispiel des italienisch-romanischen Baustils. Sie wurde nie ganz fertig gestellt, da der aufwändige Bau wahrscheinlich den finanziellen Rahmen der Abtei überstieg.

Das schmale Hauptschiff beeindruckt durch seine Höhe von 20 m und seine Säulen, deren Kapitelle z. T. mit Ornamenten verziert sind. Besonders auffallend ist das Kapitell der zweiten Säule rechts mit dem Motiv „Daniel in der Löwengrube". Es wird dem *Meister von Cabestany*, einem Bildhauer aus dem französischen Languedoc, zugeschrieben. Rechts vom Chor befindet sich die so genannte *Karolingische Kapelle*, eines der wenigen Überbleibsel aus der Gründerzeit (8. Jh.). Die Tür zu diesem Raum ist meist verschlossen, da die Kapelle als Sakristei genutzt wird. Wer ihre Fresken sehen möchte, kann sich an den Kustoden am Eingang der Kirche wenden.

Vom 10. bis zum 12. Jh. regierten die Äbte des Klosters ein Gebiet, das von Montalcino bis zur Maremma reichte. Sie waren Feudalherren und kaiserliche Beamte in einem und trieben deshalb auch die Steuern ein. Der Niedergang begann mit dem erwachenden Machtstreben Sienas, das im Jahr 1200 Montalcino an sich riss. Im Laufe der folgenden Jahrzehnte schrumpfte der Besitz des Klosters auf ein Fünftel zusammen. Erst 1979 kam mit fünf Prämonstratensermönchen wieder kirchliches Leben in die Abtei. Inzwischen leben acht mehrheitlich aus Frankreich stammende Fratres in Sant'Antimo.

Wanderung: Vom Kloster führt ein markierter Wanderweg über *Villa a Tolli* nach Montalcino (Dauer ca. 2 Std.).

- *Öffnungszeiten* Mo–Sa 10.30–12.30 und 15–18.30 Uhr, So 9.15–10.45 und 15–18 Uhr.
- *Gregorianische Gesänge* u. a. während der 9-Uhr-Messe (ca. 1 Std.), sonntags um 11 Uhr (ca. 1½ Std.) oder täglich um 7, 12.45/14.45/19 Uhr (15–30 Minuten).
- *Literatur* In der Kirche ist ein außergewöhnlich guter Klosterführer in deutscher Sprache erhältlich.
- *Anfahrt* Am Ortseingang von Castelnuovo dell'Abate (aus Montalcino kommend) steil rechts ab, die Abbazia Sant'Antimo ist bestens ausgeschildert.
- *Busverbindung* Außer So 4x täglich nach Montalcino (Privatbus, nur im Sommer). Erkundigen Sie sich in der Touristeninformation in Montalcino.
- *Übernachten/Essen* **Locanda Sant'Antimo**, an der Abzweigung zur Abtei. Restaurant mit schöner Terrasse, auch Holzofenpizza. Di geschlossen. 5 einfache DZ für 70 €. Via Bassomondo 8, ✆ 0577-835615.

Osteria Bassomondo, gegenüber der vorgenannten Locanda. Imbiss mit verlockendem Angebot an Käse und Schinken – und einem guten Hauswein. Mo geschlossen. ✆ 0577-835619.

San Quirico d'Orcia

Ein mittelalterlicher Marktflecken an der Via Cassia. Außerhalb der noch fast intakten Ummauerung rauscht der Verkehr über der vierspurig ausgebauten SS 2 vorbei, innerhalb herrscht idyllische Ruhe.

Ursprünglich zogen die Reisenden über die alte Via Cassia und damit mitten durch S. Quirico. Am südlichen Tor befand sich das *Ospedale della Scala*, dessen Innenhof mit dem Ziehbrunnen besichtigt werden kann. Am anderen Ende der Via Dante Alighieri, der zentralen Geschäftsader, steht der *Palazzo Chigi* aus dem späten 17. Jh., einst Sitz der lokalen Herrscher, heute beherbergt er wechselnde Ausstellungen meist zeitgenössischer Künstler. Ganz in der Nähe steht die romanische *Stiftskirche* mit drei beachtenswerten Portalen. Das eine wird von zwei Ungetümen getragen, auf deren Schultern die miteinander verknoteten Tragsäulen ruhen; darüber kämpfen zwei Krokodile. Masken und Tierfratzen ergänzen die mittelalterliche Dämonen-Szenerie.

Über der Stadt liegen die *Horti Leonini* (geöffnet tägl. 8–19 Uhr), eine gepflegte Gartenanlage aus dem 16. Jh. mit einladenden Parkbänken unter Schatten spendenden

Crete Senesi und Val d'Orcia

Laubengängen aus Steineichen und geometrisch angeordneten Buchsbaumhecken. Ein idealer Ort für die sehenswerten Skulpturenausstellungen, die hier in den Sommermonaten stattfinden. Im unteren Teil schließt sich ein kleiner Rosengarten an.

> **Die Märkte im Val d'Orcia**
> Castiglione d'Orcia: 4. Samstag des Monats; Campiglia d'Orcia: 1. Dienstag des Monats; Gallina: 3. Dienstag des Monats; Vivo d'Orcia: 2. Samstag des Monats; Montalcino: Freitag; Torrenieri: 1. und 3. Dienstag des Monats; Pienza: Freitag; Radicofani: 2. und 4. Donnerstag des Monats; Contignano: 2. und 4. Dienstag des Monats; San Quirico d'Orcia: 2. und 4. Dienstag des Monats.

- *PLZ* 53027
- *Information* Piazza Chigi, gegenüber dem gleichnamigen Palazzo. April bis Ende Okt. Mo–Fr 10–13/15–18 Uhr, Sa/So 10–13/14–17 Uhr, Mi geschlossen. ✆ 0577-897211. ufficioturistico@comunesanquirico.it, www.comunesanquirico.it.
- *Busverbindung* Sehr bescheiden: Nur 4x tägl. fährt ein Bus nach Siena.
- *Einkaufen* Weinverkauf im Weinkeller der **Cantine Sampieri**, Via Dante Alighieri 96. Verkostung von Wein (Orcia Rosso, der hier aus 80% Sangiovese und 20% Merlot bzw. Canaiolo besteht) und gutem Olivenöl, freundlicher, gesprächiger Herr.
- *Feste* **Festa del Barbarossa**, 3. Wochenende im Juni, zur Erinnerung an das Treffen Friedrich Barbarossas mit den päpstlichen Abgesandten 1154 in San Quricio, um über seine Krönung zu verhandeln. Wettkämpfe in Fahnenschwingen und Bogenschießen, vor allem aber wird kräftig getafelt.
- *Übernachten* ***** Relais Palazzo del Capitano**, ein schön restaurierter Palast im Zentrum der Altstadt. Jeweils inkl. eines auf der Terrasse servierten Frühstücks. Traumhafter kleiner Garten. 11 DZ zu 140 €, Suiten ab 170 €. Via del Poliziano 18, ✆ 0577-899028, ✆ 0577-899421, www.palazzodelcapitano.com.

*** Palazzuolo, die Sonnenterrasse mit Swimmingpool (plus Kinderbecken) und der Ausblick über die Landschaft mögen mit dem nüchternen Bau und der weniger attraktiven Lage im Neubauviertel versöhnen. Restaurant. DZ inkl. Frühstück 98–110 €. Via S. Caterina 43 (am Stadtrand), ✆ 0577-897080, ✆ 0577-898264, www.hotelpalazzuolo.it.

** Garibaldi, eine Art Motel bei der TAMOIL-Tankstelle. DZ 52 € (inkl. Frühstück). Via Cassia (gleich außerhalb der Stadtmauern), ✆ 0577-898315.

- *Privatzimmer* **L'Orcia**, gleich neben der zentralen Piazza. 12 altmodisch eingerichtete Zimmer von sehr unterschiedlichem Komfort. Das schönste ist wohl die Nr. 3, allerdings liegt es direkt über der Bar Centrale. Am Nachmittag ist selten jemand da. DZ für eine Nacht 50 €, für mehrere 45 €. Via Dante Alighieri 49, ✆ 0577-897677 oder 349-4029686 (mobil).

La Dimora del Poeta, 4 Zimmer und ein Appartement im Zentrum. Die Handwerker waren beim letzten Check mit dem Ausbau weiterer Zimmer zugange. DZ ab 52 €. Via Dante Alighieri 91, ✆ 0577-776536 oder 328-0373638 (mobil), www.nautilus-mp.com.

Casa Lemmi, genau im Zentrum gegenüber der Kirche wohnt man in einem der antikgeschmackvoll eingerichteten 9 Zimmer. Der Palazzo war einst Domizil der Adelsfamilie Lemmi. B&B im DZ 100 €, Suite 130 €. Via Dante Alighieri 29, ✆ 0577-899016.

Villa Il Cedro, Signora Alessandra Sisani vermietet 5 ruhige, geräumige Zimmer mit Frühstück. DZ mit Bad ab 58 €, ohne ab 48 €. Via dei Canneti 27 (Straße, die um die Mauer führt), ✆ 0577-897526, masisani@virgilio.it.

- *Appartements*: **Casanova**, eine kleine Ferienanlage am südlichen Rand von Quirico. Die Flachbauten mit Giebeldächern beherbergen Zimmer und Appartements. Für den 2001 in Betrieb genommenen Trakt wurden nur ökologisch unbedenkliche Baustoffe verwendet. 2-Personen-Studio pro Woche knapp 600 €. Loc. Casanova, ✆ 0577-898177, ✆ 0577-898190, info@residencecasanova.it., www.residencecasanova.it.

- *Agriturismo* **Il Rigo**, altes, von Weizenfeldern umgebenes Bauernhaus in den Hügeln der Crete. Neun mit Originalmobiliar ausgestattete. Die hausgemachte Pasta wird abends gemeinsam an langen Holztischen in den ehemaligen Stallungen verzehrt. Auch Kochkurse. Anfahrt von San Quirico: auf der Cassia Richtung Süden, nach ca. 2,3 km links auf die Ausschilderung achten. Ab hier noch 2,2 km gut pas-

An der Piazza in San Quirico d'Orcia

sierbare Schotterpiste. DZ für 100–110 €, mit HP 144–156 €. Via Alighieri 24, Pod. Casablanca, Loc. Casabianca, ✆ 0577-897291, ℻ 0577-898236, , www.ilrigo.com.

• *Essen/Trinken* **Al Vecchio Forno**, Via Piazzola 8, sowohl von Touristen als auch von Einheimischen gelobt. Zentral liegende Trattoria mit toscanischer Küche der mittleren Preisklasse. Im Sommer sitzt man auch im schattigen Garten. Mi geschlossen, ✆/℻ 0577-897380.

Osteria Il Tinaio, Via Dante Alighieri 35a (schräg gegenüber vom Palazzo Chigi), im gemütlichen Gewölbekeller gute Auswahl an toscanischen Spezialitäten. Do geschlossen. ✆ 0577-898347.

Trattoria Osenna, hier stimmen Preis und Qualität für typisch toscanische Hausmannskost, die vor allem von Ortsansässigen gelobt wird (Primo schon ab 5 €).

Hübscher, mit Glyzinen überrankter Garten. Zur Mittagszeit immer voll. Mi geschlossen. Via Dante Alighieri 42, ✆ 0577-897541.

Le Contrade, Via Nuova 18 (außerhalb der Stadtmauern). Holzofenpizza, Außenbetischung. Mo geschlossen. ✆ 0577-898098.

Bar Centrale, Piazza della Libertà. Gleich links nach Eintritt durch die Porta Nuova lädt die fast großstädtisch anmutende Bar ein. Treffpunkt der Dorfbevölkerung: gutes Eis, Pizza, Primi und Panini und nicht zuletzt Televisione. Der neue Pächter aus Sizilien hat das Angebot mit Süßigkeiten aus seiner Heimat bereichert. Sehr zu empfehlen.

Bar/Enoteca Angolo del Vino, gut sortierte Auswahl. Im kleinen Garten kann man auch gemütlich für ein Glas mit einem Panino einkehren. Mo geschlossen. Via Dante Alighieri 37a.

Bagno Vignoni

Der kleine Ort ist längst zu einem beliebten Ziel für Ausflugstouren (oft Busse) geworden, dementsprechend gibt es einige überteuerte Touristenrestaurants. Mittelpunkt des 3000 Jahre alten Thermalortes – Etrusker und Römer waren schon hier – ist ein großes Bassin mit ca. 40 Grad warmem Thermalwasser, in dem allerdings seit 1989 nicht mehr gebadet werden darf. Etwas oberhalb des Ortes liegt der ca. 2,5 km entfernte Weiler Vignoni mit seinem gut erhaltenen Turm und den erst kürzlich restaurierten Wohngebäuden.

Crete Senesi und Val d'Orcia

Thermalbad Val di Sole: Gleich unterhalb des Hotels Posta Marcucci. Im einzigen öffentlichen Thermalbad von Bagno Vignoni rauscht das Wasser mit 38 Grad in den Pool, die Beckentemperatur liegt bei etwas über 30 Grad.
⊙ 9–13, 14–18 Uhr, Einlass bis 17 Uhr. Do geschlossen. Eintritt 12 €. Bademütze obligatorisch! Bei zu viel Andrang wird gelegentlich „aus Sicherheitsgründen" die Eingangstür vorübergehend geschlossen.

Kostenlose heiße Fußbäder kann man im Rinnsal unterhalb des Parkplatzes nehmen. Hier finden sich auch Relikte des mittelalterlichen Bads. Unterhalb des Hangs liegt ein kleines Becken zum Schwimmen, der Abstieg ist jedoch zu steil, man muss den Ort in Richtung SS 2 verlassen und dann die Piste am Tal entlang benutzen.

- *PLZ* 53027 (San Quirico, Loc. Bagno Vignoni)
- *Information* Pro Loco im Bungalow gegenüber dem Gratisparkplatz. Nur in der Saison tägl. 10–13 und 15.30–19.30 Uhr geöffnet (Do geschlossen), info@bagnovignoni@libero.it, ✆ 0577-888975.
- *Parken* Großer Gratis-Parkplatz am Ortseingang, am Wochenende oft nicht groß genug. Gleich daneben gebührenpflichtig.

- *Übernachten/Essen* ***** **Adler Thermae**, Auffahrt knapp an der Abzweigung nach Bagno Vignoni. 2004 eröffnete, sehr luxuriöse Wellness-Anlage, die sogar Saturnia und San Casciano dei Bagni in den Schatten stellt. Der Travertinkomplex aus mehreren flachen Häusern ist dezent über dem Dorf versteckt. Großes Angebot an Sport-, Fitness-, Wellness-, Massage- und Beautyprogrammen. Einchecken können Sie direkt mit dem Auto. DZ 330–372 €. ✆ 0577-889000, ✆ 0577-889999, info@adler-thermae.com, www.adler-thermae.com.

- *Außerhalb* **** **Osteria dell' Orcia**, aus der ehemaligen Poststation direkt am Pilgerweg der Frankenstraße ist ein elegantes Countryhotel geworden. Netter Empfang durch den Wirt aus Norditalien und Artus, den Berner Sennhund. Vom Garten mit Pool hat man einen schönen Blick auf den Sinterabhang von Bagno Vignoni. Teures Restaurant angeschlossen. DZ ab 120 €. Ca. 2 km in Richtung Castiglione d' Orcia, ✆ 0577-887111, ✆ 0577-888911, , www.hotelosteriadellorcia.com.

*** **Le Terme**, im ehemaligen Piccolomini-Palast mitten im Dorf (am alten Badebecken). Bei der Renovierung der 29 Zimmer wurde nicht viel Geschmack bewiesen, aber die Aussicht von einigen Zimmern auf die einzigartige Kulisse des Wasserbeckens lohnt den Aufenthalt (auch bei Gruppen sehr beliebt). Zum Hotel gehört das Restaurant „La Terrazza" mit Terrasse (und Winterterrasse). DZ mit Frühstück 116 €, bei längerem Aufenthalt günstiger. Piazza delle Sorgenti 13, ✆ 0577-887150, ✆ 0577-887497, www.albergoleterme.it.

*** **Posta Marcucci**, hat kürzlich, ohne seinen Charme zu verlieren, renoviert und seither ein eigenes kleines Thermalbad (gedeckt) und eine Sauna. Die Küche der Familie Marcucci gilt als hervorragend. DZ mit Frühstück ab 150 €, Suiten ab 176 €. Via Ara Urcea 43 (knapp unterhalb des Dorfbe-

Pläuschchen auf der Steinbank

ckens), ✆ 0577-887112, ℻ 0577-887119, www.hotelpostamarcucci.it.

B & B La Locanda del Loggiato, Bed & Breakfast vom Allerfeinsten. Acht romantisch und phantasievoll dekorierte Zimmer (Baldachinbetten). Im gemeinsamen Wohnzimmer mit Kamin steht ein gestimmter Flügel. Infos über die Locanda auch in der Weinbar „Il Loggiato" schräg gegenüber, in der morgens ein tolles Frühstück serviert wird. DZ 130–150 €. Piazza del Moretto 30, ✆ 0577-888925 oder 335-430427, ℻ 0577-888370, www.loggiato.it.

• *Außerhalb* **San Buona Ventura**, an der Cassia (1,6 km nördlich von Bagno Vignoni). Bed & Breakfast eines Engländers aus Kent. 5 schöne Zimmer. Preise gelten auch für die Unterbringung in den 2 Appartements. DZ 70 €. ✆/℻ 0577-888967, www.termedibagnovignoni.com.

• *Agriturismo* Siehe Pienza.

• *Essen* **Osteria del Leone**, Piazza del Moretto, besonders am Abend sehr einladend, ganz im Zentrum, mit feiner Küche und schönem Ambiente – allerdings übertéuert. Mo geschlossen. ✆ 0577-887300.

Trattoria La Parata, Piazza del Moretto 40, toscanische Küche auch auf der Terrasse. Was man beim Essen gespart hätte, zahlt man bedauerlicherweise bei der Wahl auch eines einfachen Weins wieder drauf! Man fühlt sich hier trotzdem gut aufgehoben. Di geschlossen. ✆ 0577-887508.

La Bottega del Cacio, Piazza del Moretto. Gartenwirtschaft mit Selbstbedienung. Es gibt Brotzeitteller und diverse Antipasti. Bei Hochbetrieb wird am Eingang eine Nummer gezogen. Di geschlossen.

Il Loggiato, urgemütliche Weinbar gleich am Becken, in der man Crostini, überbackene Polenta und andere Kleinigkeiten probieren kann. Außerhalb der Saison nur Fr/Sa/So jeweils abends geöffnet.

> Als im Herbst 2001 das Wasser der Quelle immer weniger wurde, die gewohnte Sprudelintensität immer mehr nachließ und der Wasserpegel im antiken Becken sank, brach in der Gemeinde große Besorgnis aus. Ohne das heiße Quellwasser, das sowohl das Dorfbecken als auch das öffentliche Schwimmbad von Bagno Vignoni speist, wäre der Ort buchstäblich auf dem Trockenen sitzen geblieben. Ein Jahr später, im September 2002, konnten die Experten die Vermutung bestätigen, dass sich das Quellwasser unter dem Becken mit der Zeit andere Wege gesucht hatte als den in das Becken. Der Wasserverlauf wurde geortet, und mit Hilfe von moderner Technik konnte das Problem der Wasserversorgung behoben werden. Seit dem Frühjahr 2003 ist das Becken, wo Szenen des Kultfilms „Nostalghia" gedreht wurden, wieder gut gefüllt.

Wanderung von Bagno Vignoni über Castello Ripa d'Orcia hinab ins Orciatal

Steiler, schattenloser Aufstieg, der durch den Panoramablick zu beiden Seiten des Weges bis nach Montepulciano und Montalcino belohnt wird. Reizvoller Abstieg durch Mischwald.

Ausgangs- und Zielpunkt: Ortseingang von Bagno Vignoni, Schotterstraße links vom Laden mit Zeitungen und Badelatschen (rechts von Touristeninfo)

Länge: ca. 12 km

Dauer: ca. 3 ½ Stunden (reine Laufzeit)

Landschaft, Wege: Schotterstraßen, steinig-schottrige Waldwege

Schwierigkeitsgrad: Erste Etappe bis zum Weiler Vignoni Alto ansteigender Weg ohne Schatten, zweite Etappe bis zur Burg Castello di Ripa d'Orcia leicht und ohne Schatten, dritte Etappe schattiger Waldweg durch Macchiawald, etwas anstrengend durch starkes Gefälle.

Die Wanderung beginnt auf dem Wohnmobilparkplatz (1) links oberhalb des Ladens mit Zeitungsverkauf am Ortseingang. Man orientiert sich an den Hinweisschildern der Agriturismi. Für ca. 40 Minuten geht es auf breiter Schotterstraße bergauf durch Olivenhaine und Weinberge, bis man am Friedhof (2) (links am Weg) des Weilers Vignoni Alto erreicht. Hier biegt man rechts auf den Trampelpfad ein und erreicht so Vignoni Alto durch den alten Torbogen. Im Dorf kann man die Kirche besichtigen. Am Ortsausgang wieder auf den Schotterweg, weiter am Gutshof Podere Belaria vorbei, bis man an eine T-Kreuzung gelangt. Rechts unten liegt die Ortschaft S. Quirico d'Orcia.

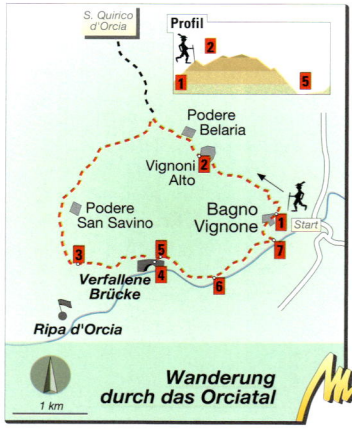

An der T-Kreuzung links in die breite Schotterstraße einbiegen, kommt man zunächst links an einem Bauernhaus, dann an der Azienda Poggio Grande vorbei. Gleich darauf folgt man dem Weg in Richtung *Castello Ripa d'Orcia*. Nach ca. 30 Minuten (ab T-Kreuzung) erreicht man den Gutshof Podere San Savino, wo man sich an der Gabelung mit dem Hinweisschild in Richtung Castello di Ripa d'Orcia links bergab hält. An der Cantina Ripa d'Orcia und an der Azienda Poderuccio vorbei wird die nächste Weggabelung erreicht, an der man auf einen Trinkwasserbrunnen (3) stößt. Rechts geht der Weg zum Castello di Ripa d'Orcia, einer Viersterneherberge, die keine Möglichkeit zur Besichtigung oder Einkehr bietet. Eine gute Gelegenheit zur Rast befindet sich jedoch links vom Haupteingang zum Castello. Der Weg dorthin ist durch Gefahrenschilder gekennzeichnet. Von hier hat man einen eindrucksvollen Blick aus ca. 400 m Höhe auf die Flussengen des Orcia.

Nach der Pause geht es zunächst die 500 m zurück zur Gabelung mit Trinkwasserbrunnen, an der man jetzt rechts in Richtung Bagno Vignoni einbiegt. Man gerät unmittelbar an eine weitere Gabelung, an der man sich links hält und auf steinig-schottrigem Weg durch den Schatten spendenden Macchiawald bergab läuft. Zur Orientierung dient die rot-weiße Markierung. Im Tal angelangt, überquert man einen Bachlauf (4). Rechts liegt der Fluss Orcia mit einer eingestürzten Brücke.

Der Hauptweg führt weiter bergauf bis zu einem Feld. Hier wird die erste Möglichkeit rechts (5) in Richtung Fluss genommen, bis man erneut an einem Feld anlangt, wo man rechts dem Wegverlauf folgt. Immer dem rot-weiß markierten Weg folgend, passiert man einen Steinbruch (6), läuft durch das verlassene Fabrikgelände und kommt kurz darauf an den Thermalwasserfällen (7) von Bagno Vignoni heraus. An den Sinterwasserfällen und natürlichen Thermalwasserbecken (Bademöglichkeit) führen Treppenwege (mit Geländer) wieder zum Dorf hinauf.

Die Piazza il Vecchietta – grobes Steinpflaster und ein alter Travertinbrunnen

Castiglione d'Orcia

Bei der Fahrt auf der Cassia weist einen der weithin sichtbare Turm der *Rocca di Tentennano* darauf hin, dass man auf der Reise in die südliche Toscana in der Gegend des Orciatals angekommen ist. Die Besichtigung des innen aufwändig restaurierten Turms aus dem 13. Jh. sei sowohl wegen des spektakulären Blicks aus 620 m ins Umland empfohlen als auch für einen Besuch der zeitgenössischen Kunstausstellungen in der Rocca (Ostern–Okt. Di–So 10–13 und 15.30–18.30 Uhr, Eintritt 3 €.) Das Gelände um die Torre degli Aldobrandeschi war beim letzten Besuch bis auf weiteres abgesperrt und nicht mehr zugänglich. Auch hier sind Restaurierungsarbeiten geplant. Bis zum Erhalt der Genehmigungen bzw. Finanzierungen kann es Jahre dauern.. In der Ortschaft Castiglione sollte man Zeit einplanen, um die wunderschöne *Piazza Il Vecchietta* zu besichtigen, die Mitte des 15. Jh. vom Bildhauer Lorenzo di Pietro erschaffen wurde.

Der mittelalterliche Weiler *Rocca d'Orcia*, der sich nördlich an Castiglione anschließt, zählt ca. 50 Einwohner. Das mittelalterliche Juwel, dessen Zentrum ebenfalls eine kleine Piazza mit Zisterne bildet, ist ein herrliches Fotomotiv und unbedingt sehenswert.

• *Information* In der Kirche San Giovanni hinter der Piazza Il Vecchietta, ✆ 0577-887211. Ostern bis Ende Okt. 10–13 und 15.30–18.30 Uhr, Mo geschlossen. Hier ist auch ein kleines Museum für Sakralkunst aus Castiglione (Sala d'arte sacra) in der Kirche untergebracht.

• *Übernachten/Essen* **** Albergo Le Rocche**, das Hotel bekam nach der Renovierung einen Stern dazu. Francoise aus Paris ist am Empfang und verleiht der nach wie vor nüchternen Herberge ewas Herzlichkeit. Toscanische Hausmannskost (auch Pizza) im Saal. 8 einfache und praktisch eingerichtete DZ 45–65 € (nach hinten raus mit schönem Blick ins Val d'Orcia). Via Senese 10, ✆ 0577-887198 oder 338-7353634, ✆ 0577-888990, www.albergolerocche.it.

Hotel San Simeone, ein altes Konvent wurde unter der Regie eines geschäftstüchtigen Norditalieners in ein Hotel umgewandelt, das sich mit allem Komfort und hübschen Zimmern vor allem dem Standard amerikanischer Gäste anpassen möchte. Der Bruder betreibt die Bar „La Locanda del Bardo" im Weiler von Rocca d'Orcia (Mo und Di geschlossen.). Rocca d'Orcia, Via della Chiesa 11, ℡ 0577-888984, www.hotel sansimeone.com.

Pane&Companatico, ein unscheinbarer Imbiss auf dem Parkplatz der Rocca di Tentennano in Castiglione entpuppt sich als echter Tipp, der sich unter Ortsansässigen bereits herumgesprochen hat. Auch ohne Karte wird der Wirt garantiert das Richtige empfehlen. Der Wein wird im Krug serviert, das Ambiente ist einfach und funktionell, das Essen ausgezeichnet, und die Preise sind okay. Durchgehend geöffnet. Mi geschlossen.

Cisterna nel Borgo, hübscher Ort, schöne Terrasse - nur leider hat die Qualität der Speisen von Laura und Marta sehr nachgelassen. Dazu auch negative Leserstimmen. Schade, trotz aller Freundlichkeit der Wirtin mit Tochter! Mo geschlossen. DZ ca. 75 € (inkl. Frühstück). Borgo Maestro 37, Rocca d'Orcia, ℡/℻ 0577-887280, www.cisternanelborgo.it.

Il Vecchietta, kleine Zimmervermietung bei einer Familie mit Garten im oberen Teil der Ortschaft von Castiglione d'Orcia. Es gibt eine Küche im Garten mit Grillgelegenheit zur allgemeinen Benutzung für die Gäste. DZ pro Nacht 60 €, ab 2 Nächte 50 € (inkl. Frühstück),das Appartment ab 75 €. Via del Cassero 10, ℡ 0577-887367 oder 338-2262248, ilvecchietta@virgilio.it.

• *Außerhalb* **Agriturismo La Valle del Sole**, Bauernhaus im Orciatal, in dem Olivenöl und Wein produziert werden. Im Sommer wird man den Pool schätzen. Schöne Anlage mit 3 Appartements, ab 56 € (inkl. kleinem Frühstück). Podere San Giuseppe 48 (von Castiglione in Richtung Cassia rechts auf die Ausschilderung achten), ℡/℻ 0577-88 7103, www.lavalledelsole.com.

Agriturismo I Lecci, neben einem Wildpark schön gelegenes, gepflegtes Landgasthaus mit guter Küche, das an Wochenenden gerne von Einheimischen besucht wird. Pool vorhanden. Übernachtung im DZ 60 € (70 € inkl. Frühstück), teilweise mit Kochmöglichkeit 78€, Appartement je nach Größe und Saison ab 80 €. Loc. I Lecci (von Castiglione ca. 5,5 km in Richtung Vivo d'Orcia), ℡ 0577-887287, ℻ 0577-887154, www.agriturismoilecci.it.

Pienza
(ca. 3.000 Einw.)

Die erste am Reißbrett entworfene Musterstadt (Città Ideale) der Toscana entstand auf Wunsch von Papst Pius II. (1405–1464) in dessen Geburtsort Corsignano. In nur zwei Jahren Bauzeit sollte der nunmehr Pienza genannte Ort zur „Perle der Renaissance" werden. Doch Pius starb noch vor der Vollendung des gigantischen Projektes.

In Pienza wurde zum ersten Mal versucht, die Ideale der Humanisten städtebaulich umzusetzen. Mit dem Bau von Rathaus, Palast und Kathedrale wurde der Baumeister *Il Rosselino* beauftragt. Ferner wurden die Kardinäle angehalten, hier einen Palast zu bauen, aber nicht jeder hatte das Geld dazu.

Im Wohnviertel innerhalb der Stadtmauern wohnten die Beamten und Militärs. Am Stadtrand entstand eine Siedlung fürs Volk, von der allerdings kaum mehr etwas zu sehen ist, weil sie im Zweiten Weltkrieg fast vollständig zerstört wurde. Die Prominenz residierte an der *Piazza Pio II*. Für die Bauwerke ist der Platz allerdings ein wenig klein geraten, auch wenn durch die optische Täuschung der „aus dem Winkel" gedrehten Grundrisse Größe vorgetäuscht wird. Man hat den Eindruck, in einem Museum zu sitzen. Der Betrachter kann den Blick schlecht irgendwo fixieren – das „Herz der Toscana" ist eine unruhige Mitte.

Auch in Pienza spielt sich hauptsächlich Tagestourismus ab. Pro Jahr zählt das schöne Renaissance-Städtchen bis zu 1 Million Besucher. Bescheidene 6.000 verkaufte Eintrittskarten für das Museum der Stadt lassen erkennen, wie sich dieser

Tourismus an manchen Tagen gestaltet: Busladungen von Gästen, für die in der Regel keine Zeit eines Museumsbesuches bleibt, werden durch den Corso Rossellino geschleust. Nach Möglichkeit sollte man Pienza daher nicht an sommerlichen Wochenenden aufsuchen. Erst abends wird es im Renaissance-Städtchen ruhiger. Am Corso finden sich zahlreiche auf den Tourismus zugeschnittene, teure Önotheken und Feinkostläden. Der hier angebotene berühmte Käse von Pienza verbreitet in den heißen Sommermonaten allerdings keine Wohlgerüche.

> **Pius II. im Jahre 1459 bei einem Besuch in Corsignano (Pienza)**
>
> „Über Corsignano, jetzt Pienza. – Von Darteano reiste der Papst weiter nach Corsignano. Über dem Tal der Orcia erhebt sich ein Hügel, dessen Kamm eine schmale, 1000 Schritt lange Plattform bildet. Dort, wo man im Winter gegen die aufgehende Sonne blickt, liegt ein kleiner, wenig bekannter Ort mit gesunder Luft, gutem Wein und guter Nahrung. Wer von Siena nach Rom reist und nach dem Kastell San Quirico in Richtung Radicofani abbiegt, kommt an Corsignano vorbei: Linker Hand sieht man, 3000 Schritt von der Hauptstraße entfernt, den sanft ansteigenden Hügel.
>
> Der größte Teil des Ortes gehörte früher den Piccolomini, und Silvio, Pius' Vater, hatte hier seine angestammten Güter. Hier wurde Pius geboren, und hier verbrachte er die Jahre seiner Jugend. Bei seiner Rückkehr hoffte er auf ein freudiges Wiedersehen mit der Heimat und mit früheren Gefährten. Aber das Gegenteil traf ein. Fast alle Jugendfreunde waren gestorben, und wer noch lebte, war so alt, daß er das Haus nicht verlassen konnte. Nur wenige zeigten sich. Die Gesichter entstellt, die Kräfte verbraucht, erschienen sie als Vorboten des Todes. Wie in einem Spiegel erkannte der Papst an sich selbst die Zeichen des Alters. Wenn schon die Kinder derer, die er als Knabe verlassen hatte, alt geworden waren: wie hätte er sich selbst nicht als Greis fühlen sollen, der bald sterben muß?"
>
> *(Andreas Tönnesmann: Pienza. Städtebau und Humanismus. Hirmer Verlag, 1990)*

Bei einem Spaziergang durch das Städtchen sollten Sie es auf keinen Fall versäumen, einen Abstecher zur Stadtmauer (hinter dem Dom) zu machen: Von hier eröffnet sich ein toller Weitblick auf die toscanischen Hügel bis hinüber zum über 1700 m hohen Monte Amiata.

Die **Kathedrale Santa Maria Assunta (Duomo)** mit ihrer Renaissance-Fassade präsentiert sich im Innern als typisch gotische Hallenkirche – eine ansonsten in Italien eher selten vorkommende Form der Sakralarchitektur. Im Mauerwerk sind große Risse sichtbar, die durch das Absinken der Grundmauern im Chorraum entstanden sind; Ursache war eine unterirdische Wasserader. Seit rund 500 Jahren sinkt dieser Teil kontinuierlich, bislang etwa 30 cm. Durch aufwändige Baumaßnahmen konnte das Gebäude bisher stabil gehalten werden. Das Wasser setzt seine bedrohliche Tätigkeit jedoch fort, und so werden die Risse auch in Zukunft dafür sorgen, dass den Restauratoren die Arbeit nicht ausgeht.

Links vom Chorraum zieht das Altarbild „Mariä Himmelfahrt" von *Il Vecchietta* (1412–1480) die Aufmerksamkeit auf sich. Dieses Meisterwerk der Frührenaissance zeigt Pius, wie er die abgeschnittenen Brüste der heiligen Agata segnet – eine schockierende Darstellung von physischer Grausamkeit. Ganz anders die erst 2005 anlässlich des 500. Geburtstags von Pius II. vom einheimischen Künstler *Piero*

Sbarluzzi geschaffene Terrakotta-Skulptur links des Eingangs: Sie zeigt den Papst sitzend und in kontemplativer Haltung.
⏰ Tägl. 7–13 und 14.30–19 Uhr.

Palazzo Piccolomini: Im Stil des Florentiner Palazzo Rucellai gehalten, mit Kreuzgang und Hängegärten, von denen sich eine tolle Aussicht auf das Orcia-Tal bis zum Monte Amiata bietet. Die erste Etage mit Speisesaal, Waffenraum und kleiner Bibliothek ist zu besichtigen. Gleich links vom Eingang das Musikzimmer, in dem vergilbte Fotos der letzten adeligen Bewohner zu sehen sind. Das Ganze wirkt authentisch: löchrige Polstermöbel, abgewohnt, speckig. 1962 verstarb der letzte Piccolomini, seitdem ist der Palast unbewohnt. Der unangemessen hohe Eintrittspreis sollte einen dennoch nicht von einem lohnenden Besuch abhalten!
⏰ Di–So 10–12.30 und 14–18. Die Führung dauert ca. 30 Minuten. Eintritt 7 €.

Museo Diocesano: Das 1999 eingerichtete Diözesanmuseum befindet sich an der Westseite der Piazza Pio II, im **Palazzo Borgia**, den der skrupellose Rodrigo Borgia – der spätere Papst Alexander VI. – gegen Ende des 15. Jh. errichten ließ. Das Prunkstück des Museums ist das bestickte Messgewand von Pius II. (*Piviale di Pio II.*), eine englische Arbeit aus dem frühen 14. Jh. Außerdem beherbergt das Museum *Pietro Lorenzettis* berühmte „Madonna del Monticchiello" (siehe unter Monticchiello).
⏰ Mitte März bis Oktober 10–13 und 15–19 Uhr, Di geschlossen, im Winter nur Sa/So geöffnet (gleiche Zeiten). Eintritt 4,10 €.

Vor der Stadtmauer weist ein Schild zur **Pieve di Corsignano**, wo Pius II. (damals noch *Enea Silvio de' Piccolomini*) und sein Neffe, der als Pius III. kirchengeschichtlich bedeutungslos blieb, getauft wurden. Das romanische Tuffsteinkirchlein ist allerdings nur unregelmäßig geöffnet.

Informationen/Verbindung

- *PLZ* 53026
- *Information* Ufficio turistico, Corso Rossellino 30 (im Museo Diocesano) Tägl. 10–13 und 15–19 Uhr (Di geschlossen). ✆/🖷 0578-749905, www.portaledipienza.it oder www.comunepienza.it.
Info Prospettiva Pienza, privates Info-Büro, Piazza Dante Alighieri (genau an der Porta al Murello). Tägl. 9.30–13 und 15–18.30 Uhr, Organisation von Touren und Verleih von Audioguides für Stadtspaziergänge, ✆ 0578-748359 oder 749071, info@ufficioturisticodipienza.it, www.ufficioturisticodipienza.it.
- *Internet* Internet-Point in der Via del Balsello (kleine Seitenstraße rechts vom Hotel Il Chiostro.)
- *Parken* Parkplätze rund ums Zentrum, teils gebührenpflichtig, teils genügt die Parkscheibe. Umsonst parken kann man in den Seitenstraßen der „Neustadt", von hier nur wenige Minuten ins Zentrum.
- *Busverbindung* 7x tägl. Busse der Gesellschaft TRA.IN von und nach Siena und Montepulciano. Abfahrt in der Via della Madonnina (nahe der Piazza Dante Alighieri), Tickets beim Zeitschriftenladen im Eckhaus an der Piazza Dante Alighieri.
- *Einkaufen* Das Angebot an Pecorinokäse in allen Variationen ist besonders an heißen Tagen nicht zu verfehlen. Auf dem Corso Rossellino stapeln sich die Käselaibe u. a. in der **Bottega del Naturista**, Corso Rossellino 16. Hier kann man auch probieren.
Im Laden des **Consorzio Agrario Siena** gibt es neben Pienza-Käse auch Wein, Wurst und andere Lebensmittel. Viale Mangiavacchi 45 (außerhalb der Altstadt an der Durchgangsstraße).
- *Markt* Wochenmarkt jeden Freitagvormittag.
Fiera del Cacio, jährlich am 1. Sonntag im September. Mehr über das Käsefest siehe Kasten „Fiera del Cacio" auf S. 121.
- *Wäscherei* Simonette Nisi wäscht auch für den Folgetag. Corso Rossellino 101.
- *Fahrradverleih* **Cicloposse**, Via 1 Maggio 27, ✆ 0578-749983, www.cicloposse.com.

Pecorino-Käse aus Pienza

Übernachten (siehe Karte S. 121)

**** Il Chiostro (16), im ehemaligen Stadtkloster S. Francesco hat 1993 diese Nobelherberge ihre Tore geöffnet. Freundlicher Empfang. Die unkomplizierte, aber zuvorkommende Art des Teams wird vor allem von amerikanischen Gästen geschätzt. Viele der insgesamt 37 Zimmer mit Blick in den Kreuzgang. Im gepflegten Garten befinden sich Pool und Liegewiese. Frühstück auf der Terrasse im Garten des vornehmen Restaurants. DZ 160–220 € (inkl. Frühstück). In einem Seitentrakt des Klosters werden auch eine sehr kleine Zimmer (Nr. 401–409) mit Blick in eine dunkle Seitenstraße vermietet (DZ ca. 140 €). Corso Rossellino 26, ✆ 0578-748400, ✉ 0578-748440, www.relaisilchiostrodipienza.com.

*** Piccolo Hotel La Valle (11), 2003 eröffnetes Hotel mit komfortablen Zimmern mit Klimaanlage, Eisschrank und Safe. DZ mit Frühstück 105–130 €. Via Circonvallazione 7, ✆ 0578-749402, ✉ 0578-749863, www.piccolohotellavalle.it.

*** Corsignano (2), kompetente und freundliche Rezeption. Moderner Bau an der Straße nach Siena, 3 Min. außerhalb der Altstadtmauern. DZ mit Frühstück 85–110 €. Via della Madonnina 11, ✆ 0578-748501, ✉ 0578-748166, www.corsignano.it.

** Rutigliano (3), neues, modernes Haus mit hellen Zimmern und angenehmer Atmosphäre. Außerhalb der Altstadt an der Hauptstraße direkt neben dem Wasserturm im Renaissancestil. DZ 90 €. Via della Madonnina 18, ✆ 0578-749409, ✉ 0578-749409, www.albergorutiliano.it.

Residence/Camere San Gregorio (1), 1999 eröffnet. Mit Restaurant. Moderne DZ für 90 €, Appartement für 2 Pers. 96–106 € (in der Saison nur wochenweise). Via della Madonnina 4, ✆ 0578-748175, ✉ 0578-748354, www.pienza.net.

● *Privatzimmer* **Camere Oliviera (7)**, unser Tipp! Sig. Ciacci vermietet Zimmer und Appartements in ruhiger Lage in einer Seitengasse des Corso Rossellino. DZ mit Bad ca. 50 € (Frühstück inkl.), Appartements (2–4 Pers.) für 60–80 €, alle angenehm eingerichtet. Ab 5 Tagen Aufenthalt gibt es ca. 10 % Rabatt. Via Condotti 4b, ✆ 0578-748274.

Camere Il Giardino Segreto (8), mit Garten. Frühstück bereitet man sich mit dem Wasserkocher auf dem Zimmer selbst zu. DZ 57–62 €, Appartement für 2 Pers. 50–67 €, für 4 Pers. 125 €. Via Condotti 13, ✆ 0578-748746 oder 338-8995879 (mobil), www.ilgiardinosecreto.toscana.nu.

Crete Senesi und Val d'Orcia

Camere Andrei (10), sehr freundliche Herberge mit eigenem Parkplatz. Sechs geräumige Zimmer, komfortabel und mit elegantem Bad. DZ 54 €, mit Frühstück 60 €. Via Circonvallazione 7, ✆ 0578-748377 oder 380-5285394 (mobil), www.camereandrei.it.

Ristorante Dal Falco (4), hübsch eingerichtete, aber etwas enge Zimmer. Das Restaurant mit Terrasse bietet solide toscanische Küche. Fr geschlossen. DZ mit Dusche 65 €. Piazza Dante Alighieri 3, ✆/☏ 0578-748551, www.ristorantedalfalco.toscana.nu.

La Chiocciola (6), siehe auch „Essen". DZ mit Du/WC für 65 €. Via Mencatelli 4, ✆ 0578-748683, , www.trattorialachiocciola.it.

L'Affittacamere del Corso (18), Zimmer in einem alten Palazzo, alle mit eigenem Bad, eher klein, dafür aber mitten im Zentrum der Stadt. DZ ab 50 €. Corso Rossellino 99, ✆ 0578-748550, www.santafrancesca.it.

Camere in Pienza (13), stilvolle DZ in einem Renaissance-Palast schräg gegenüber vom Dom. Infos in der Bar „La Posta". Kleines DZ 53 €, die beiden größeren 65 €, Minisuite für 4 Pers. 94 €. Corso Rossellino 23, ✆ 0578-748500 oder 0578-748349.

• *Agriturismi* Im Gebiet von Pienza und Monticchiello gibt es rund zwei Dutzend Agriturismo-Betriebe – von der Luxuseinrichtung bis zum Appartement in der Einöde oder einem Zimmer im Bauerngehöft.

Lucignanello, komplett renoviertes Gut mit schöner Aussicht auf Pienza. Pferdehaltung. 2 DZ à 70 €, Appartement 90 € (ab 3 Tagen nur 80 €). Loc. Lucignanello, ✆ 0578-708306 oder 333-3928775 (mobil), www.lucignanello.it.

Podere Lamone, sehr freundlicher Familienbetrieb mit 2 großzügigen Appartements. Auch tageweise mit Frühstück 75 €, bei längerem Aufenthalt weniger. Monticchiello, ✆ 0578-755074, ☏ 0578-755749.

Barbi, Anfahrt: Von Pienza Richtung Bagno Vignoni, nach 6 km links ab nach Monticchiello, nach 3,5 km auf der rechten Seite (ausgeschildert) liegt das Anwesen. Einsames Landhaus an einer wenig befahrenen Straße, biologischer Anbau. Gepflegtes Appartement mit großer Küche, Bad, Waschmaschine, TV und hübscher Terrasse (max. 4 Pers., 65 bzw. 95 € pro Tag). 2 weitere Appartements für 2 Pers. zu 80 €, für 4 Pers. 120 € befinden sich im Gebäude unterhalb an der Straße. Via Podere Montello 26, Montichiello, ✆ 0578-755149 oder 338-7705202, ☏ 0578-755149, www.agriturismobarbi.it.

Santo Pietro, 5 km von Pienza an der Straße nach Montepulciano (auf der rechten Seite). Zwar direkt an der Straße gelegen, doch tut das der Idylle keinen Abbruch: gemütliche, stilvoll eingerichtete Zimmer, alle mit Bad, unterhalb des Anwesens kleiner Pool mit Liegewiese. Netter Service. DZ 85 € (mit Frühstück), mit Halbpension 130 €. Mindestaufenthalt drei Nächte. Via Santo Pietro 29, Loc. Santo Pietro, ✆/☏ 0578-748410, santo.pietro@libero.it.

Podere Il Casale – Agricampeggio, auf einem Hügel bei Monticchiello. Ein überaus interessantes Projekt eines Schweizer Vereins, das an die Ursprünge des Agriturismo anknüpft: Leben auf dem Land, ferienhalber und/oder arbeitend. 1997 wurde mit Fröhlichkeit und Zuversicht aufgebaut, seit 1999 steht den Gästen ein kleiner „Agricampeggio" zur Verfügung. Gepflegte sanitäre Anlagen, alles ist behindertengerecht ausgestattet. Das Restaurant bekocht nur Schlafgäste, gegessen wird allabendlich gemeinsam an großer Tafel auf der wunderschönen Terrasse des Anwesens – toller Blick auf die Umgebung inklusive. Selbstverständlich stammt ein großer Teil der Speisen (auch Schafkäse) aus eigener Produktion. Es gibt auch einen Hofladen. Nette und angenehm ungezwungene Atmosphäre, dem Unternehmen gilt unsere Sympathie! Anfahrt: An der SP 146 von Pienza nach Montepulciano rechts dem Wegweiser nach Monticchiello folgen (Schotterstraße), nach ca. 3 km taucht das Il-Casale-Schild auf, dort links hoch. Agricampeggio: Stellplatz 5,50 €, pro Pers. 8,50 € (Kinder 4,25 €) inkl. Frühstück, Stromanschluss 3 € am Tag. ✆/☏ 0578-755109, www.portalepienza.it/siti_commerciali/agriturismi/il_casale/agricamp_ing/agricamp_ing.html.

Essen/Trinken (siehe Karte S. 121)

Latte di Luna (20), Via San Carlo 2–4. Täglich wechselnde Gerichte, typisch toscanische Küche, gerne von Einheimischen besucht. Benannt nach einer Erosionszone vor der Stadt, die wegen ihrer weißen Erde „Milch des Mondes" genannt wird. Die Außenbetischung reicht oft nicht aus, deshalb sollten Sie reservieren. Mittleres bis leicht gehobenes Preisniveau. Di geschlossen. ✆ 0578-748606.

Pienza 121

Übernachten
1. San Gregorio
2. Corsignano
3. Rutigliano
4. Ristorante dal Falco
6. La Chiocciola
7. Camere Oliviera
8. Camere Il Giardino Segreto
10. Camere Andrei
11. Piccolo Hotel La Valle
13. Camere in Pienza
16. Il Chiostro
18. L'Affitacamere del Corso

Essen & Trinken
5. La Mensa del Conte
6. Trattoria La Chiocciola
9. La Cucina di Fiorella
12. Osteria Sette di Vino
14. Sperone Nudo
15. Caffè della Volpe
17. Caffè la Posta
19. La Bucca delle Fate
20. Latte di Luna

La Buca delle Fate (19), Corso Rossellini 38. Alteingesessenes Lokal im Zentrum, ebenfalls hervorragende Küche, hausgemachte Teigwaren (Pici). Klassisch-schöne Einrichtung im weiß gekalktem Gewölbe. Preislich in etwa wie das vorgenannte, aber etwas größer, daher findet man eher Platz. Mo geschlossen. ℡ 0578-748448.

La Cucina di Fiorella (9), Via Condotti 11. Täglich frische Pasta. Das kleine Restaurant ist schnell voll, daher reservieren. Serviert wird auf zwei Etagen. Gehobenes Preisniveau. Mittags und abends geöffnet. Mi geschlossen. ℡ 0578-749095.

Trattoria La Chiocciola (6), Via Mencatelli 4. Hübsch überdachte Plätze im Freien und unter der Loggia, leider direkt an der Straße. Mittleres Preisniveau. Mi geschlossen. ℡ 0578-748683.

Fiera del Cacio

Seit alters gilt Pienza als die „Hauptstadt des Schafkäses". Die aromatischen Gräser der Wiesen in der Umgebung begünstigten eine qualitativ hochwertige Schafzucht. Die Bauern lebten lange Zeit in der so genannten *mezzadria*, d. h. in Halbpacht. Die Familien wohnten und arbeiteten ziemlich isoliert voneinander, sodass die verschiedenen Käsesorten – jede Familie pflegte aufgrund geschmacklicher Vorlieben ihr ganz eigenes Rezept – untereinander nicht vermischt wurden. Deshalb gibt es bis heute eine riesige Auswahl der typischen pientinischen „Caciotta". Einmal im Jahr trafen sich früher die Käseerzeuger auf der Herbstmesse in Pienza, wo die Produkte ausgestellt und verkauft wurden. Heute findet das traditionelle **Käsefest** der Stadt jährlich am ersten Sonntag im September statt. Wer zu dieser Zeit in der Gegend ist, sollte sich dieses kulinarische Highlight nicht entgehen lassen.

Liebhaber italienischer Spezialitäten können auch im Geschäft des „Club delle Fattorie" (gleich links hinter der Porta al Murello) einen Katalog bestellen, der Ihnen dann zugeschickt wird.

Osteria Sette di Vino (12), Piazza di Spagna 1, nett zum Draußensitzen. Der Wirt ist bei seiner Mutter, der oben gelobten Fiorella, in die Schule gegangen. Serviert werden Crostini, Käse, Fladenbrot, Sardellen in Pesto, Rucola-Salat, leckeres Gemüse und andere Gaumenkitzler – eine raffinierte Auswahl an Snacks. Mittags und abends geöffnet, Mi geschlossen, ✆ 0578-749092.

Sperone Nudo (14), im Zentrum (ebenfalls Piazza di Spagna). Snacks und Primi dazu gibt es Bier vom Fass. Mittags und abends geöffnet, Mo geschlossen, ✆ 0578-748641.

Ristorante/Pizzera La Mensa del Conte (5), für die schnelle, unkomplizierte Einkehr. Mit niedrigeren Preisen vor allem bei jüngeren Italienern beliebt. Auf einer Art Biergartengarnitur sitzt man direkt an der Piazza D. Alighieri. Do geschlossen. ✆ 0578-748076.

Caffè la Posta (17), Piazza Pio II. Hinter dem hübschen Schild der ehemaligen Poststation von Pienza gibt es süße Köstlichkeiten aus der Gegend, außerdem Zigaretten, Zeitungen und Landkarten der Umgebung. Angesichts der zahlreichen Touristen, die sich hier herumtreiben, sind die Preise relativ zivil.

Caffè della Volpe (15), nettes Café in einer malerischen Seitenstraße. Via Case Nuove.

Pienza/Umgebung

Spedaletto: Auf dem Weg nach Pienza steht mitten in der Landschaft dieses zinnenbewehrte Kastell mit seinen Ausgucktürmchen und einer Kirche mit gotischem Portal. Der Gebäudekomplex wird heute sowohl für Privatwohnungen als auch für den Fremdenverkehr genutzt, im hinteren Teil schließt sich ein landwirtschaftliches Gehöft an. Der *Agriturismo Grancia di Spedaletto* ist in einem der sechs noch existierenden *grancie* (Kornspeicher) untergebracht, die seit dem 12. Jh. als große Vorratsspeicher für das Ospedale der Santa Maria della Scala von Siena dienten. Einst gab es in der Gegend Sienas zwölf dieser Depots, aus deren Vorräten die Kranken, aber auch Pilger, die sich auf dem Weg nach Rom befanden, versorgt wurden.

● *Übernachten* **Agriturismo Grancia di Spedaletto**, 7 DZ im Kastell und 3 weitere DZ in den Nebengebäuden (mit Frühstück jeweils ca. 75 €). Pod. Niccolò 151, Loc. Spedaletto, ✆/✆ 0578-748158, www.agriturismocastellolagrancia.com.

Abbadia Sant'Anna in Camprena: Einsam liegt dieser 1324 von Bernardo Tolomei gegründete Ableger des Klosters Monte Oliveto Maggiore am unteren Rand der Crete Senesi. Eine malerische Zypressenallee führt zum Klostereingang – Toscana wie aus dem Bilderbuch. Im Refektorium befinden sich gut erhaltene Fresken von *Sodoma*, die der damals 26-jährige Maler als ersten großen Auftrag zwischen 1503 und 1507 anfertigte (die Fresken können Mitte März bis Oktober besichtigt werden). Zu sehen ist u. a. die „Speisung der 10.000" vor einer lieblichen Hügellandschaft. Weltweit bekannt wurde Sant'Anna in Camprena jedoch erst 1996 durch den Kinofilm „Der englische Patient", dessen Italiensequenzen (auch die Außenaufnahmen) zum größten Teil hier gedreht worden sind. Seit 1995 wird das Kloster restauriert und als Agriturismo und multifunktionales Kunstzentrum genutzt – mit einer Schule für Malerei, Freskenmalerei und Bildhauerei.

- *Anfahrt* Ca. 7 km nördlich von Pienza gelegen, ab Pienza 2 km auf der Straße nach Siena, dann rechts ab (ausgeschildert). Keine Busverbindung.
- *Sprachschule* Kurse für Anfänger und Fortgeschrittene. Den individuellen Bedürfnissen der Schüler wird Rechnung getragen: Die Preise sind abgestuft nach Teilnehmerzahl (Einzelunterricht, Gruppen von 2 oder 2–5 Schülern) und Intensität: vom gemächlichen Andante (10 Std./Woche) bis zum anstrengenderen Prestissimo (40 Std./Woche). ✆/✉ 0578-749404. karen64@libero.it, www.scuolacamprena.it.
- *Übernachten* **Agriturismo Sant'Anna in Camprena**, spartanische Zimmer im einfachen Ambiente klösterlichen Lebens. DZ mit Bad 70 €, ohne Bad 65 € (Frühstück stets inkl., mindestens 2 Nächte), Halbpension 50 € pro Pers. Es gibt auch Appartements, die jedoch nur wochenweise vermietet werden. Das kleine für 420 €/Woche, die beiden großen für 700 €/Woche. Geöffnet Mitte März bis Okt. Loc. S. Anna in Camprena, 53026 Pienza, ✆ 0578-748037 oder 338-4079284, ✉ 0578-748037, www.camprena.it.

Monticchiello (ca. 120 Einw.)

Ein kleines Dorf, malerisch von einer Wehrmauer umgeben und herausgeputzt wie ein Freilichtmuseum. Monticchiello wirkt wie ein Bilderbuchdorf aus gelben Travertin-Legosteinen. Vom Platz am Stadttor bietet sich ein außergewöhnlich schöner Blick auf die umliegenden Hügel.

Ein Spaziergang durch Monticchiello führt unweigerlich zur **Chiesa dei Santi Leonardo e Cristoforo** aus dem 13. Jh. Bei Restaurierungsarbeiten im Jahr 1933 wurden hier einige bemerkenswerte Fresken zu Tage gefördert, darunter die monumentale Christophorus-Darstellung (fast 5 m hoch) im linken Chorteil, die vermutlich aus dem 15. Jh. stammt. Komplett erhalten (weil über Jahrhunderte von einer Ziegelmauer geschützt) ist das „Grande Arcosolio" genannte Fresko an der linken Wand: Im Zentrum thront der heilige Nikolaus von Bari, im unteren Teil werden Episoden aus seinem Leben erzählt, in Holzfässern warten die Verzweifelten auf Erlösung. Das kunstgeschichtlich bedeutendste Werk der Kirche, die „Madonna del Monticchiello" von *Pietro Lorenzetti*, wurde in den letzten Jahren gleich zweimal gestohlen und wiedergefunden; jetzt wird das berühmte Kunstwerk aus Sicherheitsgründen im Museo Diocesano von Pienza aufbewahrt. In der rechten Chorkapelle ist eine Reproduktion von Lorenzettis Madonna-Bildnis zu sehen.

Der Festungsturm im obersten Teil des Dorfes ist von einst vieren als einziger übrig geblieben. Er ist im Privatbesitz der Nachkommen der 2003 verstorbenen finnischen Bildhauerin *Eila Hiltunen*, die hier jahrelang gewohnt hat. Von ihr stammt eine kleine Eisenplastik, die an der Mauer links vom Stadttor angebracht ist, ein Spielmann mit Mandoline und Narrenkappe – ein ganz persönliches Geschenk an das *Teatro povero*. Dieses „Arme-Leute-Theater" entstand 1967, als Monticchiello stark von der Landflucht gebeutelt war und einen Großteil seiner Einwohner verloren hatte. Die im Ort Verbliebenen wollten mit der Einrichtung des Laientheaters ein Zeichen dörflicher Solidarität setzen und führen seither alljährlich in der letzten Juli- und den ersten beiden Augustwochen ein von ihnen selbst geschriebenes volkstümliches Stück auf. Es hat meist aktuelle Themen aus dem Dorfleben zum Inhalt.

Kartenreservierung ab Mitte Juli Mo–Fr 10–13 und 16–19 Uhr unter ✆ 0578-755118. Während der Spielzeit Mo keine Aufführungen. Wer mehr erfahren möchte, wendet sich an das lokale Informationsbüro (siehe Information) oder schaut unter www.teatropovero.it nach.

Museum: Die Tradition des volkstümlichen Theaters ließ gleich nebenan das kleine Museo Tepotratos entstehen. Mit diversen Kommunikationsmitteln, Licht und Geräuschen wird Bühnenausstattung effektvoll in Szene gesetzt.

🕐 Di–So 10–13 und 15–19 Uhr. Eintritt 4 €.

> Am 6. April 1944 war Monticchiello Schauplatz des Widerstands gegen die deutschen Besatzer: Etwa 70 Partisanen kämpften gegen eine Übermacht von 450 deutschen Soldaten. Letztere mussten zunächst das Feld räumen, kehrten dann aber mit Verstärkung zurück. Als sich die Partisanen zurückgezogen hatten, drohten die Deutschen, alle Einwohner des Ortes zu erschießen. Dank des Verhandlungsgeschicks des Pfarrers und der deutschen Frau eines Grundbesitzers konnte ein Blutbad verhindert werden. Eine Eisenskulptur des pientinischen Künstlers *Emo Formichi* gleich neben der oben erwähnten Skulptur von Eila Hiltunen) erinnert an die Ereignisse.

• *Information* Piazza Nuova 1, rechts der Kirche. Mo 9–12.30, Di–So 9–12.30 und 15–18 Uhr. Gute mündliche Information, Bücher, Presse und kostenlose Internetnutzung. ✆/📠 0578-755118. infomonticchiello@comunedipienza.it.

• *Privatzimmer* **B & B La Casa di Adelina**, (gegenüber der Kirche bei der Via di Mezzo 35 durch den Torbogen). Geführt wird dieses kleine, gemütliche Bed & Breakfast von den Söhnen des Theaterleiters. DZ 67–80 €. Piazza San Martino 3, ✆ 0578-755167 oder 333-9302520 (mobil), 📠 0578-755714, www.lacasadiadelina.it.

• *Agriturismo* Siehe Pienza.

• *Essen* **Taverna di Moranda**, Via di Mezzo 17 (Hauptgasse zur Kirche). Rustikales Ambiente, lokaltypische Spezialitätenküche zu gehobenen Preisen. Fr geschlossen. ✆ 0578-755050.

La Porta, Via del Piano 3. Osteria, Bar und Enoteca am Ortseingang. Große Primi-Auswahl, Snacks, offener Wein etc., durchschnittliche Preise, gemütliche Speiseterrasse mit Panoramablick. Do geschlossen. ✆ 0578-755163.

La Guarduola, am Ortseingang. Bar-Bruschetteria mit kleinem Garten. Mo geschlossen.

Montepulciano (ca. 15.000 Einw.)

Der Ort an einem Steilhang am Rande des Chianatals ist bis heute über die Grenzen der alten Stadtmauern nicht hinausgewuchert – ein Stück Mittelalter, durchsetzt mit dem Renaissancestil der Adelspaläste.

Montepulciano galt als beliebter Ruhesitz für Kaufleute aus Florenz und Siena, denen die städtische Konkurrenz zu schaffen machte und die sich hier ein Landgut aus Kirchenbesitz erwarben. Die Einwohner wurden (und werden bis heute) „Poliziani" genannt, und genauso nannte sich auch der bekanntesten Sohn der Stadt *Angelo Poliziano* (eigentlich *Angiolo Ambrogini*, 1454–1494). Der Humanist und Dichter unterrichte am Hof in Florenz die Söhne Lorenzo di Medicis.

Montepulciano (665 m) – eines der höchstgelegenen Städtchen der Toscana

Im Mittelalter war Montepulciano im Kampf um seine Unabhängigkeit immer wieder Zankapfel der konkurrierenden Städte Siena und Florenz, bis die Stadt im August 1511 endgültig in den Herrschaftsbereich von Florenz fiel. Seine heutige Ausdehnung erreichte Montepulciano bereits im 13. Jh., lediglich im 16. Jh. wurden noch einige größere städtebauliche Veränderungen vorgenommen, z. B. um die *Piazza Grande* im oberen Teil Montepulcianos sowie hauptsächlich um die *Porta al Prato* am unteren Ende der Stadt. Heute ist Montepulciano das zweitwichtigste Verwaltungszentrum der Provinz Siena. Entsprechend viele Beamte leben in der Stadt.

Bekanntheit in der Musikszene erlangte Montepulciano, als der deutsche Komponist Hans Werner Henze hier 1976 das Festival „Cantiere Internazionale d'Arte di Montepulciano" ins Leben rief und so jungen und wenig bekannten Künstlern wie auch den Bürgern von Montepulciano selbst Gelegenheit zum öffentlichen Auftritt gab. Nachdem es zwischen Henze und den Verantwortlichen der Gemeinde Montepulciano zum Bruch gekommen war, wurde das Festival unter eine andere Leitung gestellt, die eine konzeptionelle Neuorientierung vornahm (s. u. „Feste und Veranstaltungen"). Vor ein paar Jahren trat die Kölner Musikhochschule in Henzes Fußstapfen und eröffnete hier im Sommer 2001 mit der „Europäischen Akademie für Musik und Darstellende Kunst" eine Begegnungsstätte für junge Künstler – „eine Art musikalische Villa Massimo", wie die *Süddeutsche Zeitung* es nannte. Dafür stellten die Kölner die Gelder zur Restaurierung des Akademiesitzes im *Palazzo Ricci* unterhalb der Piazza Grande zur Verfügung.

Bei vielen Touristen erfreut sich Montepulciano vor allem wegen seiner hervorragenden Weine großer Beliebtheit: der **Vino Nobile di Montepulciano** ist ein önologisches Spitzenprodukt.

Crete Senesi und Val d'Orcia

Bravìo delle Botti

Der „Palio" der Stadt findet jedes Jahr am letzten Sonntag im August statt. Um 10 Uhr morgens startet der Wettstreit der acht *Contrade* (Stadtteile) von Montepulciano, jedes Viertel schickt zwei kräftige junge Männer ins Rennen, die von der *Piazza Savonarola* (Palazzo Avignonesi) den 1650 m langen Weg zur *Piazza Grande* zurücklegen und dabei ein 80 kg schweres Weinfass die steile Straße hoch rollen müssen. Die begehrten Startplätze in erster oder zweiter Reihe werden ausgelost, die durchschnittliche Zeit des Rennens liegt bei etwa 8 Minuten (!). Wer sich das Spektakel anschauen will, sollte möglichst früh an Ort und Stelle sein.

Eröffnet wird das traditionelle Stadtfest schon in der vorhergehenden Woche mit einer Reihe von Veranstaltungen: u. a. am Sonntag zuvor mit einer historischen Prozession und am Donnerstag mit einer Kerzenprozession. Infos und das Programm der Veranstaltungen erhalten Sie bei der Touristeninformation oder unter www.braviodellebotti.it.

Information/Verbindungen/Adressen

- *PLZ* 53045
- *Information* **Pro Loco**, Piazza Don Minzoni. Viel Info-Material über die Stadt und Internetzugang (mit Drucker). Verkauf von Bus- und Bahntickets. Auch Fahrradverleih. Mo–Sa 9.30–12.30 und 15–20 Uhr, So 9.30–12.30 Uhr. 0578-757341. info@prolocomontepulciano.it, www.prolocomontepulciano.it oder www.montepulciano.com.

Das Info-Büro der **Associazione La Strada del Vino Nobile di Montepulciano** befindet sich an der Piazza Grande 7 (gegenüber dem Dom). Hier auch Informationen zu Hotels, für Touristen wird eine „Wine Tour" mit Degustation bei verschiedenen Weingütern angeboten, Preis pro Pers. ca. 24 €, max. 2 Pers. Geöffnet während der Saison Mo–Sa 10–13 und 15–19 Uhr. 0578-717484, 0578-752749. info@stradavinonobile.it, www.stradavinonobile.it.

- *Internet* Im Pro-Loco-Büro (s. o.) oder an der Via di Gracciano del Corso 26, dort Mo–Sa 10–13 und 15–20 Uhr.
- *Bahnverbindung* 10 km entfernt liegt der Minibahnhof Montepulciano Stazione, die Lokalzüge auf der Strecke Siena–Chiusi halten hier. Buszubringer zur Busstation Piazzale Pietro Nenni.
- *Busverbindung* Große Busstation mit Bar und Ticketverkauf unterhalb der Ringstraße beim Hotel Granducato. 5x tägl. Pienza und Siena, 3x Florenz, fast stündlich nach Chiusi und Chianciano Terme.
- *Stadtbusse* Wem's zu heiß ist – ca. alle 30 Minuten fahren von der Via Sangallo bzw. vom Busbahnhof kleine Busse hoch zur Piazza Grande (7–20 Uhr). Tickets zu 90 Cent am Busbahnhof, beim Pro Loco oder bei verschiedenen Tabaccherie.
- *Taxi* unter 0578-716081 oder 348-2868790 (mobil) zu erreichen.
- *Parken* Umsonst Parken können Sie auf den Parkplätzen 1, 5, 7, 8, auf den Parkplätzen 3, 4 nur für eine Stunde (alle ausgewiesen), alle anderen sind gebührenpflichtig (ca. 1 € pro Stunde).
- *Wohnmobile* Genügend Platz auf dem Piazzale Pietro Nenni (neben der Busstation). Mit Toilettenentsorgungsstation. Do geschlossen.
- *Sprachschule* **Il Sasso**, Via di Gracciano nel Corso 2. Ein zweiwöchiger Sprachkurs kostet 370 €, Unterkünfte werden auf Wunsch vermittelt (ca. 34 € pro Pers. und Nacht). Zu den Sprachkursen wird ein vielfältiges Freizeitprogramm angeboten. 0578-758311, 0578-757547. info@ilsasso.com, www.ilsasso.com.
- *Mosaikschule* Der Besuch lohnt sich in der kleinen Werkstatt der **Scuola Italiana del Mosaico**. Aus unzähligen Glas- und Marmorsteinchen, die in Kisten und Kästen aufbewahrt werden, entstehen hier meisterhafte Mosaiken. 0578-757272, Via Opio del Corso 14.

128 Crete Senesi und Val d'Orcia

- *Einkaufen* Zahlreiche Geschäfte und Boutiquen entlang der Via di Gracciano: Bekleidung, Accessoires, Schuhe etc. In der gleichen Straße auch einige Önotheken.
Conad-Supermarkt (2) durchgehend geöffnet, Via Bernabei 4a.
- *Wein* Bislang bieten die Weinerzeuger noch kostenlose Weinproben an. Unter anderen hier die bekanntesten Namen:
Poliziano, Piazza Grande, geöffnet 11–19 Uhr. Mi geschlossen. www.carlettipoliziano.com.
Contucci (siehe auch Info-Kasten „Weine aus Montepulciano"), sehenswerter Keller unter dem Palazzo Contucci, Piazza Grande. Durchgehend geöffnet.
Redi, genau 88 Stufen führen in den spektakulären Weinkeller aus dem 15. Jh., in dem die 100-Hektoliter-Fässer stehen. Der ca. 8 m hohe Eingangsraum erinnert an einen Kathedralenbau. Läuft man weiter, gelangt man in ein Tuffsteingewölbe, bis man schließlich durch eine automatische Tür wieder ans Tageslicht gelangt und sogleich ein Gläschen probieren kann. 10.30–13 und 15–19 Uhr geöffnet. Palazzo Ricci, Via di Collazzi 5.
Crociani, Via del Poliziano 15, sympathische Leute, deutschsprachig.
Am südlichen Ende der Via San Donato gelangt man zum hübsch gelegenen Parco Communale an der Fortezza, in dem man sich von Weinproben erholen kann. Vino Rosso di Montepulciano 6 €, Vino Nobile 10 € und ausgezeichneter Vin Santo 17,50 €. Wenn möglich zeigt einem der Winzer auch gerne den Keller, in dem auch die Flaschenabfüllung stattfindet. www.crociani.it.
- *Außerhalb* **Fattoria Ristorante Pulcino**, direkt an der Straße 146 nach Chianciano Terme (ca. 2 km außerhalb links an der Straße mit großem Parkplatz) liegt der große Familienbetrieb mit Direktverkauf und einem riesigen Restaurant mit Panoramaterrasse, vor allem für Gruppen. Im beeindruckenden Verkaufsraum mit originaler Einrichtung aus dem 15. Jh. türmen sich Waren wie Wein, Öl, Käse, Wurst, Gläser mit Marmelade und Honig, Konserven, Seife und Kosmetik. In einem gigantischen Kamin lädt die lodernde Glut der Holzkohle zu gegrilltem Fleisch, wie einem Florentiner Steak ein (46 €/Kilo). Den antiken Weinkeller und das Museum der Franziskanermönche sollte man besichtigen. Ziemlich touristische Aufmachung, aber dennoch sehenswert! Tagesmenü (inkl. Wein) 24 €, à la carte kann's teuer werden. www.pulciano.com.
- *Markt* Donnerstagvormittag auf dem Piazzale Pietro Nenni.
- *Feste und Veranstaltungen* **Cantiere Internazionale d'Arte**, zweite Julihälfte. Das jährliche Festival der modernen Klassik wurde 1976 vom deutschen Komponisten Hans Werner Henze initiiert, 1993 gab er nach Unstimmigkeiten mit der Gemeinde Montepulciano die Leitung ab. Die 30. Ausgabe des Festivals fand 2005 unter der Leitung des Engländers Jan Latham-Koenig und Carlo Cavalletti statt.
Während der Festwochen platzt die Stadt beinahe aus den Nähten – man sollte sich daher frühzeitig um Karten (und Unterkunft!) bemühen. Vorverkauf bei der Associazione La Strada del Vino Nobile di Montepulciano oder unter ✆ 0578-757007 oder 757089, ✆ 0578-758307, www.fondazionecantiere.it.
- *Nachtleben* Diskothek **La Capannina**, Tanz nicht nur für die ganz Jungen. Im Sommer täglich geöffnet, ansonsten Fr und Sa, außerhalb Montepulcianos, ca. 2 km in Richtung Chianciano.

Übernachten/Essen & Trinken (Karte siehe S. 127)

- *Übernachten* ***** Marzocco (4)**, teils hübsch renovierte Zimmer. Unser Tipp: Nr. 25 und Nr. 26, beide mit ausladendem Balkon und Aussicht. DZ mit Bad 90 €. Piazza Savonarola 18, ✆ 0578-757262, ✆ 0578-757530, www.albergoilmarzocco.it.
*** Granducato (1), DZ mit Balkon und Blick auf das städtische Fußballstadion. Großes, modernes und komfortables Hotel aus den 1990er Jahren, professioneller, freundlicher Service. DZ mit Frühstück 72–94 €. Via delle Lettere 62, ✆ 0578-758610, ✆ 0578-758597, granducato@lenni.it, www.hotelgranducato.it.
*** Albergo Duomo (19), modern-rustikal eingerichtetes Haus beim Dom (und somit ganz oben am Berg), Parkmöglichkeit in der Nähe. 13 z. T. recht große Zimmer mit Bad und TV. DZ inkl. Frühstück 85–106 €. Via San Donato 14, ✆/✆ 0578-757473.
** La Terrazza (15), mit Dachterrasse. Nur wenige, aber gepflegte und sehr ansprechende Zimmer, wenn auch etwas klein, alle mit Bad und TV. Stilvoll mit altem Mobiliar eingerichtet. DZ mit Frühstück 85 €. Via Piè al Sasso 16, ✆/✆ 0578-757440, www.laterrazzadimontepulciano.it.

Montepulciano 129

Il Rondò (3), außerhalb der Stadtmauer bietet das schön gelegene Privathaus mit Garten und einem freundlichen Besitzer 7 DZ mit Internetanschluß, teilweise mit Ankleidezimmern ausgestattet. Vom Zentrum sind es ca.15 Minuten zu Fuß. DZ 98. Via Martiena 9, ☎ 0578-716899, ✉ 0578-716472, www.albergoilrondo.com.

• *Zimmer* **L'Agnolo Meublè (6)**, teilweise mit originalen Deckenfresken und Holzkassettendecken dekoriert. Signora Caroti vermietet in dem alten Renaissance-Palazzo ganzjährig 5 schöne und große DZ für 90 € inkl. Frühstück in der Bar. Via di Gracciano nel Corso 63, ☎ 0578-757095 oder 339-2254813 (mobil).

Meublè Il Riccio (14), herrliche Dachterrasse. Im gemütlichen Wohnzimmer liegen für die Gäste Zeitungen und Zeitschriften aus. Der ganze Traum in einem mittelalterlichen Palast mit Loggien im Innenhof. Modern eingerichtete DZ für 87 € mit Dusche, TV, Klimaanlage und Kühlschrank, zwei davon mit schwindelerregendem Blick auf das Umland. Via Talosa 21, ☎/✉ 0578-757713, www.ilriccio.net.

Bellavista (10), vermietet sehr schlichte Camere (auch tageweise), (fragen Sie nach Zimmer Nr. 6 – mit Terrasse). DZ 50–70 €. Via Ricci 25, ☎ 347-8232314 (mobil) oder 338-2291964 (mobil), ✉ 0578-716341.

Cittino, im gleichnamigen Restaurant (s. u.). Einige DZ ohne Bad für 35 €. ☎ 0578-757335.

• *Außerhalb* ***** Panoramic**, ca. 3 km außerhalb Richtung Chianciano. Gepflegtes Hotel mit Pool in Toplage auf einem Hügel, in den 1960er Jahren erbaut und komplett im damaligen Stil eingerichtet. DZ mit Frühstück 90–150 €. Via Villa Bianca 8, ☎ 0578-798398, ✉ 0578-799205, www.hotelpanoramic.com.

• *Ferienwohnungen* **Terre Toscane**, vermutlich die kompetenteste Agentur für Ferienhäuser und -wohnungen in der Region Montepulciano wie in der gesamten Südtoscana. Großes Angebot. Deutschsprachig. Via del Teatro 19, ☎ 0578-758582, ✉ 0578-757098, www.terretoscaneagency.it.

• *Agriturismo* **Podere Fontecastello**, (am unteren Stadtrand, ca. 500 m vom Stadio Comunale). Hübsch restauriertes Landhaus mit geschmackvoll eingerichteten Appartements mit Küche für 2–6 Pers. Bei der netten Vermieterin Signora Paganelli können Sie Wein degustieren und kaufen, zudem auch Verkauf von Olivenöl. Mai–Okt. nur wochenweise für 390–500 € (im Juli/Aug. 470–570 €), Nov.–April auch tageweise für 60 € (2

San Biagio – Renaissance-Kirche aus Travertin

Pers.). Via Acqua Puzzola 3, ☎ 0578-716831 oder 335-6644419, www.fontecastello.it.

• *Essen/Trinken* **Il Cantuccio (5)**, Via delle Cantine 1. Gute toscanische Küche zu gehobenen Preisen, begleitet vom relativ teuren Hauswein. Das Hühnchen auf etruskische Art oder Pici mit Ente lassen sich hier in gediegenem, etwas plüschigem Ambiente verspeisen. Mo geschlossen. ☎ 0578-757870.

Le Logge del Vignola (8), Via delle Erbe 6. Sehr schickes Ristorante mit jährlich wiederkehrenden Veronelli-Auszeichnungen. Gehobenes Preisniveau, in kurzen Hosen und Sandalen sollte man nicht kommen. Di geschlossen. ☎/✉ 0578-717290.

La Grotta (18), Via di San Biagio 15. Edelristorante gegenüber der Kirche San Biagio. Nobles Ambiente in zwei Speisesälen, kleiner Garten. Toscanische Spezialitäten, im Angebot selbstverständlich auch einige hervorragende Weine. Mi geschlossen. ☎ 0578-757607.

Wein aus Montepulciano – Cantina Contucci

Erwähnt wurde das Weinanbaugebiet um Montepulciano bereits in einer Schenkungsurkunde aus dem Jahr 790. 1549 dann attestierte Sante Lancerio, der Kellermeister Papst Pauls II., dem Nobile aus Montepulciano erstmals eine außergewöhnliche Qualität („vino perfettissimo"), und im 17. Jh. kürte ihn der Dichter Francesco Redi sogar zum „König aller Weine". Doch zum Spitzenwein wurde der **Vino Nobile di Montepulciano** erst 1980 durch die Erhebung in den DOCG-Status (Denominazione di Origine Controllata e Garantita) und die damit verbundene Festlegung von Rebsorten und Verarbeitungsmethode. Die Basis für den Vino Nobile bildet mit einem Anteil von 80 % die Rebsorte *Prugnolo Gentile* (eng verwandt mit der Sangiovese-Traube), für die besondere Eleganz des Weines sorgt mit 15 % der *Canaiolo Nero*, und das charakteristische Bouquet stammt von der *Mammolo*-Traube (5 %). Die vorgeschriebene Lagerzeit beträgt zwei Jahre im Holzfass; beim *Vino Nobile Riserva* sind es drei Jahre.

Der **Rosso di Montepulciano** ist die preiswertere Variante des Vino Nobile. Diese Appellation bietet den Winzern von Montepulciano die Möglichkeit, die für den Nobile angebauten Traubensorten auch zu einem leichteren, bereits früher genussreifen Rotwein zu verarbeiten. Die vorgeschriebene Lagerzeit des Rosso beträgt nur sechs Monate.

Probierstuben der Vino-Nobile-Erzeuger gibt es zahlreiche im Ort. Die älteste befindet sich im **Contucci-Palast** an der Piazza Grande, wo die gleichnamige Familie auf eine Tradition bis ins 11. Jh. zurückblickt. Hier werden die Spitzenweine der *Azienda Agricola Contucci* gelagert und zur Verkostung angeboten. Kellermeister *Adamo Pallecchi*, der seinen Beruf seit über 40 Jahren mit großer Leidenschaft ausübt, führt Sie herum – und plaudert ganz nebenbei ein wenig aus dem Nähkästchen: z. B. dass er seine Weine zweimal im Jahr umlagert, dies aber nur bei abnehmendem Mond und einem Hochdruck von 1000–1020 Millibar, oder dass er als Traditionalist vom Barrique-Ausbau rein gar nichts hält – man will ja schließlich „den Wein schmecken, nicht das Fass". Im alten Weinkeller erwartet den Besucher dann ein riesiges labyrinthartiges Weinlager, dessen edle Gerüche ihn erwartungsfroh der Degustation entgegensehen lassen. Der Preis für einen Vino Nobile liegt in der Cantina Contucci bei ca. 11 €, der edlere Pietra Rossa kostet 14 €, ein Riserva 20 €, für einen einfacheren Rosso di Montepulciano zahlt man 7 €. Die Cantina ist täglich 8–12.30 und 14.30–18.30 Uhr geöffnet (Via S. Donato 15, ✆ 0578-757006, ✉ 0578-752891, www.contucci.it).

Weitere Informationen über die Weine aus Montepulciano erhalten Sie an der Dom-Piazza bei der *Associazione La Strada del Vino Nobile di Montepulciano* (Piazza Grande 7), s. oben unter „Information".

Osteria Acquacheta (20), Via del Teatro 22, der Tipp auch für kleinere toscanische Gerichte in gemütlichem Ambiente eines Familienbetriebes. Di geschlossen. ✆ 0578-717086.

Trattoria di Voltaia (13), Via di Voltaia nel Corso 86. Sehr günstig, frisch zubereitete einfache Küche, niedriges Preisniveau, aufmerksamer Service, angenehm unspektakulär. Ein paar Tische auf dem Corso. 12–23 Uhr geöffnet, Sa geschlossen. ✆ 0578-757582.

Trattoria di Cagnano (17), Via dell'Opio nel Corso 30, lebhafter Betrieb, in dem es in mehreren Sälen vor allem Pizza gibt. Ideal auch für Kinder. Mo geschlossen. ✆ 0578-758757.

Montepulciano 131

Ai 4 Venti (16), Piazza Grande. Wer mit Blick auf die Piazza Grande speisen möchte, kann das hier bei klassischer toscanischer Küche tun. Do geschlossen. ℅ 0578-717231.

Pozzo di Pulcinella (7), Piazza Michelozzo 7. Toscanische Gerichte und Pizza im mittelalterlichen Gewölbe oder draußen auf der großen Terrazza. Preiswert. Viele Touristen. ℅ 0578-757040.

Trattoria Cittino (12), Vicolo della Via Nuova 2. Vermutlich das preiswerteste Restaurant von Montepulciano, TV inklusive. Speisekarte im Aushang studieren oder mit der Wirtin Marcella Italienisch parlieren. Sie hält nichts von der Cucina nobile, sondern pflegt Hausmannskost die jedermann bezahlen kann, z. B. *Pici bianchi* mit Semmelbröseln. Weitere Spezialität ist eine Soße aus Wurstbrät mit Sahne und Pilzen. In der Nebensaison riskiert man Wartezeiten, die Wirtin ist dann oft allein für Küche, Bar und Service zuständig (ohne ihre Freundlichkeit zu verlieren). Mi geschlossen. ℅ 0578-757333.

Pizza al Taglio, für den kleineren Hunger. Leckere Pizze zum Mitnehmen gibt es in der Via di Gracciano 25.

Antico Caffè Poliziano (11), Via Voltaia nel Corso 27. Nobles, 1868 eröffnetes Traditionscafé mit Verspiegelung auf zwei Etagen, erstrahlt seit der Renovierung 1992 in neuem Glanz. Die grandiose Aussicht vom Jugendstilbalkon (für gerade mal drei Personen) über die Landschaft hilft, die teuren Preise zu verdauen (an der Bar kostet der Cappuccino übrigens nur 1 €, im Gegensatz zur Nehmen-Sie-Platz-Variante, die für 3 € zu haben ist). Feines Restaurant im Kellergeschoss. ℅ 0578-758615.

Caffè degli Archi (9), Vicolo San Cristofano 2, großes Café im Neon-Stil, etwas versteckt gelegen. Erst abends um 23 Uhr wird es voll. Snacks, Bier, gelegentlich Livemusik (Jazz). 21–3 Uhr geöffnet. ℅ 0578-757739.

Sehenswertes

Centro storico: Kurz hinter dem unteren Ortseingang, der *Porta al Prato* aus dem 13. Jh. (im 16. Jh. restauriert), gelangt man zur *Piazza Savonarola*: Hier wurde 1511 die *Colonna del Marzocco* mit dem florentinischen Löwen als eindrucksvolles Machtsymbol der Republik Florenz aufgestellt. Zu sehen ist heute eine Kopie aus dem Jahr 1856, das Original des Löwen befindet sich im Museo Civico (s. u.). Gegenüber stößt man auf den *Palazzo Avignonesi*, an dessen Architektur der Baumeister Vignola (1507–1573) maßgeblich beteiligt gewesen sein soll. Nur wenige Meter weiter fällt der *Palazzo Bucelli* (Nr. 73) ins Auge; sein Gebäudesockel ist fast vollständig mit Bruchstücken etruskischer Graburnen verziert.

Ein Stück weiter ragt die elegante Marmorfassade der *Chiesa Sant'Agostino* auf (außen Frührenaissance und innen Spätbarock). Auf dem gegenüberliegenden Glockenturm schlägt der in weißem Blech gewandete Commedia-dell'Arte-Clown *Pulcinella* die Stunden. Es heißt, ein verbannter neapolitanischer Bischof habe das Glockenspiel der Stadt überlassen, zum Dank dafür, dass er mehrere erfüllte Jahre hier verbringen durfte.

Piazza Grande: An dem von Palästen und Rathaus umgebenen Hauptplatz in der Oberstadt dominiert als neuestes Bauwerk der frühbarocke **Dom**. Um 1600, in einer Phase des wirtschaftlichen Niedergangs, begonnen, wurde die rohe Backsteinfassade nie ganz fertig gestellt. Der unförmige, bauklotzartige Turm stammt noch vom Vorgängerbau aus dem 15. Jh. Über dem Altar strahlt ein großartiges, farbenfrohes Triptychon von *Taddeo di Bartolo*, links neben dem Eingang ein Terrakotta-Altar von *Andrea della Robbia*, die Seitenaltäre sind den geldklammen Stiftern gewidmet.

In einer Seitengasse betreiben drei alte Mosaikleger ihre kleinen Werkstätten – viel Hübsches und auch manch Kitschiges. Dieser aussterbenden Zunft soll durch eine jüngst eröffnete Fachhochschule für Mosaikkunst das Überleben gesichert werden.

🕐 Der Dom ist täglich von 9.30–13 und von 15–19 Uhr geöffnet.

Museo Civico: Das Museum in der Via Ricci 10 umfasst vier Abteilungen: in der archäologischen Abteilung etruskische Urnen und Grabbeigaben sowie römische

Funde aus der Umgebung, in der „Sezione Poliziano" einige Travertin-Arbeiten aus dem 14.–17. Jh. (u. a. der florentinische Löwe *Marzocco*). In der Pinakothek warten zahlreiche Altar- und Madonnengemälde aus dem 13.–16. Jh. (das wertvollste Stück der Sammlung schuf *Sodoma* zwischen 1530 und 1535: die „Sacra Famiglia con San Giovannino"), außerdem Landschaftsansichten, Stillleben sowie Porträts aus dem 17.–18. Jh. Eine eigene Abteilung ist den Terrakotta-Arbeiten von *Andrea della Robbia* gewidmet.

Das Rathaus – wie in Florenz

① Im Sommer Di–So 10–13 und 15–19 Uhr (August durchgehend), im Winter Sa–So 10–13 und 15–18 Uhr. Eintritt ca. 4 € (ermäßigt ca. 2,50 €).

Teatro Poliziano: Man meint, eine hübsch renovierte Miniaturausgabe der Mailänder Scala zu betreten. Jede der ansässigen Adelsfamilien besitzt eine eigene Loge. Viele öffentliche Veranstaltungen vom Neujahrsfest bis zum Fastnachtsball finden hier statt. Das Theater ist nur zu den Aufführungen geöffnet.

San Biagio: Außerhalb der Mauern, am Fuße des Stadthügels, steht diese honigfarbene Hochrenaissance-Kirche aus Travertin. Der auffällige, frei stehende Bau wurde von *Antonio da Sangallo* 1518 begonnen, wobei er sich an byzantinischen Kreuzkuppelkirchen orientierte. Überraschend sind die frei stehenden und doch in den Grundriss integrierten Türme, von denen nur einer komplett erhalten ist. Das Innere ist dann eher enttäuschend. Im perspektivischen Zentrum steht das kleine Bild einer „Madonna del Buon Viaggio", die den Reisenden eher skeptisch anblickt. Etwas von der Kirche entfernt steht die ebenfalls von Antonio da Sangallo entworfene *Canonica*, das ehemalige Pfarrhaus.

① Tägl. 10–12 und 15–19 Uhr (im Sommer auch durchgehend geöffnet).

Nördlich von Montepulciano

Montefollonico

Ca. 10 km nördlich von Montepulciano, etwas abseits der SS 327, liegt das beschauliche kleine Dorf auf einem Hügel in 575 m Höhe. Die zum Teil noch erhaltenen Befestigungsmauern stammen aus dem 13./14. Jh., einer Zeit, in der Montefollonico – wie die ganze Gegend – hin- und hergerissen wurde zwischen den beiden Großmächten Siena und Florenz. Als strategischer Außenposten der Sieneser wurde Montefollonico immer wieder angegriffen, aber erst 1543 von den Truppen *Karls V.* eingenommen und den florentinischen Medici unterstellt. Heute herrscht hier dörfliche Ruhe. Ein Spaziergang durch das stille Centro storico führt von der *Porta della Pianello* zum höchsten Punkt des Ortes, an dem sich die romanische *Pieve di San Leonardo* aus dem frühen 13. Jh. erhebt. Touristen trifft man in Montefollonico nicht viele.

- *PLZ* 53040
- *Information* In der Porta della Pianello. Nicht sehr kompetent und bei einer zweiten Frage eher unfreundlich. Mo/Do/Fr 9–13 Uhr, Mi/Sa 15–19 Uhr, So 9–13 Uhr. ✆ 333-3128813 (mobil).
- *Übernachten/Agriturismo* **Antica Fattoria di Montefollonico La Costa**, 15 komfortable Zimmer stehen zur Wahl, die teureren größer und mit Balkon. DZ ab 120 €. Via Coppoli 11-27 (centro storico), ✆ 0577-669488, ✉ 0577-668800, , www.lacosta.it.
- *Außerhalb* ***** La Chiusa**, etwas außerhalb gelegene Nobelherberge (am unteren Ortsende ausgeschildert) mit nicht minder noblem Ristorante. Luxuriöse Zimmer – v. a. die Badezimmer mit Wanne und z. T. mit Jacuzzi sind ein Traum. Sehr stilvolles Ambiente in renoviertem altem Gemäuer, alle Zimmer mit Kühlschrank und TV. Entsprechend teuer. Das DZ gibt es ab 200 €, die Luxussuite ab 400 €. Via della Madonnina 88, ✆ 0577-669668, ✉ 0577-669593, www.ristorantelachiusa.it.

Agriturismo La Vigna, nettes Anwesen mit gepflegtem Pool. Die freundliche Signora De Giacomo kümmert sich um das Wohl ihrer Gäste. Freundlich ist auch Maya, eine Mischung aus Labrador und Maremmano. 5 Appartements. 2 Pers. zahlen ab 420 €/Woche, 4 Pers. ab 660 €/Woche. Via la Vigna 1 (5 km in Richtung nach Torrita di Siena, dann bei einer Kurve auf der linken Seite), ✆ 0577-669714, ✉ 0577-668828, www.agriturismolavigna.it.

- *Essen/Trinken* **Antica Fattoria di Montefollonico La Costa**, im gleichnamigen Hotel (s. o.). Vornehmes Restaurant, tolles Ambiente, herrliche Terrasse mit schönem Blick, allerdings sehr gehobene Preisklasse.

Osteria/Merenderia/Vineria La Botta Piena, Piazza Donisia Cinughi (Centro storico). Schinken, Salami, hausgemachte Pici und alles, was man mit einem Pecorino anstellen kann (Pecorino mit Erdbeeren, mit Kürbismarmelade, all'aceto balsamico etc.) – und der Rote kommt im Fiasco auf den Tisch. Ein Laden mit Spezialitäten aus der Region ergänzt das Angebot. ✆ 0577-669481.

Ristorante 13 Gobbi, direkt an der Porta del Pianello, gemäßigtes Preisniveau, kleiner Garten. Mi geschlossen. ✆ 0577-669755.

Bar dello Sport, direkt außerhalb der Stadtmauer an der Porta del Pianello, lädt zum Cappuccino im schattigen Garten ein.

- *Außerhalb* **Ristorante La Chiusa**, im Hotel gleichen Namens (s. o.) und nicht minder nobel. Traditionelle toscanische Küche, der Service zuvorkommend, die Preise gehoben. Di geschlossen.

Torrita di Siena

Der kleine Ort (ca. 18 km von Montepulciano) liegt auf einem Hügel über dem Valdichiana und wird von den meisten Touristen ignoriert. Torrita di Siena war, wie der Name schon sagt, eine Verbündete der Sieneser und spielte im 14./15. Jh. im Kampf mit Florenz um die Vormachtstellung in der Region eine nicht unbedeutende Rolle. 1554 wurde die Stadt nahezu zerstört (von den Befestigungsmauern aus dem 14. Jh. ist nicht mehr viel erhalten) und unterstand fortan Florenz. Einen wirtschaftlichen Aufschwung erfuhr Torrita, als im 18. Jh. die Sümpfe des Valdichiana trocken gelegt wurden und ertragreiche landwirtschaftliche Flächen entstanden.

Beim Bummel durch die ruhigen Gassen stößt man unweigerlich auf die etwa in der Mitte des Ortes gelegene *Piazza Matteotti* mit Café/Bar. Hier finden im Sommer Freilichtveranstaltungen – u. a. auch ein Jazzfestival – statt. Sehenswert ist die *Chiesa di Santa Croce* aus dem Jahr 1642, die nur wenige Schritte von der Piazza entfernt ist. Hinter der schlichten roten Backsteinfassade verbirgt sich eine reiche barocke Innenausstattung. Auffälligstes Gebäude im Centro storico ist der mittelalterliche *Palazzo Pretorio* an der Piazza Matteotti. Geschäfte und Restaurants findet man im alten Ortsteil von Torrita kaum, die ungleich größere Neustadt lohnt keinen Besuch.

Information **Ufficio turistico** in der Via Otavio Maestri (im Zentrum in der Nähe der Piazza). Mi–So 9.30–12.20 und 15.30–18.30 Uhr, allerdings nur in der Saison. ✆ 0577-686571.

Südöstlich von Montepulciano

Chianciano Terme (ca. 7.400 Einw.)

Vom alten Zentrum ziehen sich die unzähligen Hotelbauten etwa drei Kilometer an einem sanften Talhang entlang nach Süden. Große Straßenzüge prägen das Bild, von Toscana-Flair ist hier nichts zu spüren. Der Kurort für Leberleidende konkurriert mit dem westlich von Florenz gelegenen Montecatini Terme.

Die Heilquellen müssen schon den Etruskern bekannt gewesen sein. In der Neuzeit wurden sie erst um die Wende zum 20. Jh. wiederentdeckt. Aus dieser Zeit stammt noch das noble Grand Hotel mit seinem luxuriösen Foyer. Den eigentlichen Boom erlebte der Kurort dann nach dem Zweiten Weltkrieg, besonders in den 1960er Jahren. 250 Hotels mit 13.000 Betten wurden insgesamt gebaut! Als Zentrum des neustädtischen Kurorts kann die *Piazza Italia* gelten. Nahezu unbehelligt vom Kurbetrieb liegt hingegen das beschauliche Centro storico von Chianciano mit seiner Häuserkrone auf dem Stadthügel. Nebenbei hat der Kurbetrieb zur Einrichtung zweier prächtiger Kurparks geführt. Sie sind gut ausgeschildert und liegen praktisch nebeneinander:

Parco Acqua Santa: Hier werden Trinkkuren gegen Leber- und Magenbeschwerden verabreicht – auf nüchternen Magen!
 ganzjährig tägl. 8–12 und 15–19 Uhr. Eintritt 9 € (Nebensaison 7 €) inkl. Heilwasser und Eintritt in den Parco Fucoli. 17–19 Uhr ist der Eintritt gratis.

Terme Sensoriali: Die Thermen der Sinne sind eine neue kleine, aber feine Wellness-Einrichtung auf dem Gelände des Parco Acqua Santa. Um sich mit allen Sinnen den wohltuenden Wirkungen der Elemente Luft, Feuer, Erde, Wasser zu unterziehen, sollte man für den Parcours des Wohlbefindens ca. 3 Stunden einplanen. Badekleidung mitbringen.
 täglich 10–22 Uhr. Eintritt 36 €. 0578-68480. www.termechianciano.it.

Parco Fucoli: Die üppig grüne und gepflegte Anlage verfügt über eine Boccia-Bahn und einen Minigolfplatz. Während der Saison finden unter dem gigantischen Zelt nachmittags oft Kurkonzerte und Tanzveranstaltungen statt (Infos unter 0578-68430).
 Mitte April bis Mitte Oktober tägl. 8–12 und 15–19 Uhr. Eintritt morgens (7–12 Uhr) mit dem Ticket des Parco Acqua Santa, nachmittags (16–19 Uhr) 5 € (in der Nebensaison 5 €).

La Foce: Wer sich für schöne Gartenarchitektur interessiert, sollte La Foce besuchen – Hecken von Buchsbaum, Lorbeer und Zypressen. Im Juni ist der mit blau blühender Glyzinie berankte Laubengang am schönsten. Auch den Klassiker eines jeden Toscana-Fotokalenders wird man hier entdecken: die berühmte serpentinenförmige Zypressenallee. Die Engländerin *Iris Origo*, die den Garten in den 1920er Jahren anlegen ließ und damit einen lang gehegten Traum verwirklichte, ist später als Autorin verschiedener Bücher bekannt geworden. Ihr *Toskanisches Tagebuch 1943/1944* beschreibt, wie der Krieg im Orcia-Tal Einzug hielt und wie ihr Gut zum Auffanglager für elternlos gewordene Kinder und entflohene englische Kriegsgefangene wurde. Heute ist La Foce im Besitz der beiden Töchter der 1988 verstorbenen Autorin und kann jeden Mittwochnachmittag besichtigt werden.
 Einstündige Besichtigung von April bis Sept. jeden Mi zwischen 15 und 19 Uhr; Okt.–März Mi 15–17 Uhr. Eintritt 10 €.

Chianciano Terme

La Foce – die schönste Renaissance-Gartenanlage

Museo Civico Archeologico delle Acque: Das kleine Museum kurz vor der Altstadt Chiancianos am Viale Dante 8 (der ockerfarbene Palazzo links gleich am Kreisverkehr) zeigt einige Schätze aus etruskischer Zeit, wie z. B. eine beachtliche Sammlung von Urnen (200 Stück), so genannten *Canopi*.

⏱ April–Okt. Di–So 10–13 und 16–19 Uhr; Nov.–März Sa/So 10–13 und 17–19 Uhr. Eintritt 5 €.

- *PLZ* 53042
- *Information* **APT-Büro**, Piazza Italia 67. Mo–Sa 8–14 und 16–19 Uhr, So 9.30–12.30 Uhr. Kompetente Auskunft und Verkauf von Bahn- und Bustickets. ✆ 0578-671122, ✉ 0578-63277, infoaptchiancianoterme@terre siena.it, www.chiancianotermeinfo.it, www.terrresiena.it.
- *Einkaufen* An Geschäften und Boutiquen besteht kein Mangel. Alles, was das Herz des Kurgastes begehrt, wird entsprechend teuer angeboten.

Der **Coop** befindet sich rechts am Viale Dante Alighieri, der Straße, die in die Altstadt führt.

- *Markt* Jeden Mittwoch.
- *Übernachten* ****** Grand Hotel**, nostalgisches, großes Haus, das die Atmosphäre des einst mondänen Kurbads noch erahnen lässt. Großzügige, teilweise bereits renovierte Zimmer. Prächtige Empfangshalle mit wuchtigen Kristallleuchtern. Das Schönste ist der Speisesaal mit Pomp in altem Stil. Es gibt auch einen Pool im Hof. Oft von Gruppen frequentiert. DZ mit Frühstück 120 €. Piazza Italia 80, ✆ 0578-63333, ✉ 0578-62014, www.grandhotelchianciano.it.
- *Ferienwohnung* **Palazzo dell'Opera**, schöne, aber nicht ganz billige Übernachtungsmöglichkeit in den 4 Appartements eines alten Palazzos, in dem sich alles um Giacomo Puccini dreht. Je nach Ausstattung pro Tag 105–160 €, pro Woche 620–930 €. Via Casini 28, im Centro storico (gleich rechts nach dem Torbogen), ✆ 0578-63360, ✉ 0578-64675, www.dimorastorica.it.
- *Essen/Trinken* **Ristorante/Pizzeria La Tavernetta**, Piazza Gramsci, Centro storico (vor dem Torbogen links). Trotz der seit 2005 anhaltenden Bauaktivitäten der größten Baustelle Chiancianos gleich neben dem Restaurant (ein Komplex aus Wohnungen, Büros, Geschäften und Garagen soll errichtet werden) hält sich die Tavernetta wacker. Hausmannskost und Pizze. Di geschlossen, ✆ 0578-31249.

Bar Centro Storico, Via Casini 22 (im alten Ortskern). Kuchen aus eigener Produktion, den man am besten auf der Panorama-Terrasse genießt. Auch Primi.

Chiusi (ca. 10.000 Einw.)

Der auf einem kleinen Hügel erbaute Ort war Königssitz von Porsenna, dem wohl mächtigsten Führer der etruskischen Konföderation. Nach den Aufzeichnungen von Plinius dem Älteren, einem der ersten römischen Geschichtsschreiber, soll Porsenna im Jahre 507/506 v. Chr. Rom erobert und mit Tributpflicht belegt haben.

Plinius zitiert aus den Aufzeichnungen eines gewissen *Terenzio Varone*, nach denen sich unterhalb von Chiusi das mächtige pyramidenförmige Grab des Herrschers befinden sollte. Bei dessen letzter Ruhestätte handele es sich – so der Chronist – um eine pure Orgie in Gold: ein goldener Wagen, gezogen von zwölf goldenen Pferden, dazu ein goldenes Huhn und 5000 Küken, ebenfalls aus dem edlen Material gefertigt. Gesichert ist, dass ein Teil der Stollen zu Verteidigungszwecken erbaut wurde: Die Krieger konnten auf diesem Wege die Stadt verlassen und dem Feind dann in den Rücken fallen.

Der Tourismus hat für Chiusi nur eine geringe wirtschaftliche Bedeutung. Arbeitsplätze schaffen der Schlachthof, die Lederverarbeitung (Schuhe) und eine Möbelfabrik. Das ruhige Zentrum von Chiusi lädt zum Spaziergang ein. In der Hauptgasse Via Porsenna finden sich zahlreiche kleine Geschäfte, und von der *Piazza Olivazzo* (von der Via Porsenna über die Via Petrarca zu erreichen) mit ihren einladenden Steinbänken hat man ein herrliches Panorama über das Umland. Treffpunkt des Städtchens ist der kleine, schattige Park gegenüber dem Etruskischen Museum.

Die wenig idyllische „Neustadt" Chiusi Scalo befindet sich 3 km östlich der Altstadt. Hier kann man verhältnismäßig günstig übernachten (die meisten Hotels liegen allerdings nicht gerade ruhig in Bahnhofsnähe), von Chiusi Scalo bestehen außerdem gute Bus- und Bahnverbindungen nach Florenz, Siena und in die nähere Umgebung.

Information/Verbindungen/Feste

- *PLZ* 53043
- *Information* **Pro Loco**, Piazza Carlo Baldini (Domplatz). Mo–Sa 9.30–12.30 und 15.30–18.30 Uhr, So 9.30–12 Uhr. Hier erhält man die Eintrittskarten für alle unten genannten Museen und Ausstellungen. Das Sammelticket für alle Sehenswürdigkeiten kostet ohne den Besuch der Katakomben 8 €, mit Katakomben 11 €. 0578-227667. prolocochiusi @bcc.tin.it, www.comune.chiusi.siena.it.
- *Bahnverbindung* Chiusi liegt an der Bahnlinie Arezzo–Orvieto–Rom. Der Bahnhof befindet sich in der Neustadt Chiusi Scalo; von hier häufige Verbindungen (ca. stündl.) nach Siena und Florenz. Außerdem mehrmals tägl. nach Rom, Mailand etc. Busverbindung zwischen dem Bahnhof und der Altstadt (Via Garibaldi) alle 30 Min.
- *Busverbindung* Busse starten vor dem Bahnhof in Chiusi Scalo. 3x tägl. Siena, 9x Chianciano Terme und Montepulciano, 2x Cetona, 4x San Casciano dei Bagni, 4x Radicofani und weiter nach Abbadia San Salvatore sowie 4x tägl. nach Sarteano. Fahrscheine erhält man am Zeitungskiosk in der Bahnhofshalle.
- *Parken* Am Ortsrand von Chiusi (beim Teatro Comunale) mit Parkscheibe, in Chiusi Scalo ausreichend Parkmöglichkeiten in den Seitenstraßen.
- *Pasticceria* **Tiribocchi**, Via E. Baldetti 10 (im Centro storico). Der gute Duft ist nicht zu überriechen. Meister Francescos Erfindung sind die „Dolce di Porsenna", eine Art etruskisches Früchtebrot. Alles aus eigener Produktion.
- *Feste und Veranstaltungen* Jedes Jahr am 3. Juli das **Patronatsfest** zu Ehren der heiligen Mustiola, einer römischen Patrizierin und Märtyrerin. Ihre Überreste befinden sich im Dom. Mit beeindruckender nächtlicher Prozession.

Palla al Bracciale, ein historisches Faustballspiel, das alljährlich an zwei aufeinander folgenden Sonntagnachmittagen in der ersten Septemberhälfte stattfindet.

Chiusi 137

Ein sehr beliebtes örtliches **Weinfest** fällt in die letzte Septemberwoche.

• *Einkaufen/Markt* Dienstags Wochenmarkt auf der Piazza Carlo Baldini (Domplatz).
Am Montag konkurriert Chiusi Scalo mit einem großen Markttreiben.

Übernachten

** La Sfinge, gastfreundliche, nette Wirtsleute, gepflegte, größtenteils geräumige Zimmer. 12 DZ mit Bad und unterschiedlicher Ausstattung zu 60–77 €. Das Schönste ist die Nr. 15. Via Marconi 2 (am unteren Ende der zentralen Via Porsenna), ℡/℻ 0578-20157, www.albergolasfinge.com.
B & B La Casa Toscana, gepflegtes Bed & Breakfast im Zentrum der Altstadt mit acht geschmackvoll eingerichteten, kleinen DZ, teilweise mit bemalten Holzdecken. Vom Gemeinschaftsbalkon des schönen Palazzo aus dem 18. Jh. hat man einen Blick auf die Kathedrale. DZ mit Bad, TV, Kühlschrank und Frühstück 75–85 €. Via E. Baldetti 37, ℡ 0578-222227, ℻ 0578-223812, www.valerianigroup.com.

• *Außerhalb*: ***** Centrale**, alteingesessen (seit 1910), aber gut in Schuss. DZ 54–62 €, kein Frühstück. Piazza Dante 3, Chiusi Scalo (beim Bahnhof), ℡ 0578-20118, ℻ 0578-222043

** I Longobardi, Gesamteindruck: etwas zu steril. DZ mit Bad 50 €, ohne Bad 38 €. Via Leonardo da Vinci 59, Chiusi Scalo (ebenfalls nur wenige Meter vom Bahnhof), ℡/℻ 0578-20115.

* La Rosetta, gepflegt, aber ziemlich einfach. Im angeschlossenen Restaurant wird deftige Hausmannskost serviert (sehr preiswert). Freundliche Besitzerin. DZ mit Bad 44 €, die günstigste Unterkunft in Chiusi Scalo. Via Mameli 53, Chiusi Scalo (ca. 300 m vom Bahnhof), ℡ 0578-20077.

Bed & Breakfast Le Rondine, Anfahrt: von Chiusi ca. 2,5 km in Richtung Chianciano, dann rechts auf das Hinweisschild achten und weitere 1,8 km der Holperstrecke folgen (Strada del Peraio). Auf Anfrage wird für die Gäste auch gekocht. Vermietet wird auch ein schönes Appartement mit Kamin und Wendeltreppe. Nette, familiäre Zimmervermietung mit 4 DZ zu ca. 80 €. Appartement bis 4 Pers. nur wochenweise. Loc. Fontepinella, ℡ 0578-274354 oder 347-6382858 (mobil), , www.lerondini.it.

• *Camping* Siehe Umgebung/Lago di Chiusi.

Essen/Trinken

Eine Spezialität, die angeblich auf die Etrusker zurückgeht, ist der *Pesce Brustico*. Über offenem Feuer (aus getrocknetem Schilf vom See) wird der nicht ausgenommene Fisch mit Schuppen, Kopf und Schwanz fast schwarz gebraten und erst vor dem Servieren mit Zitrone, Öl, Salz und Pfeffer gewürzt.

La Zaira, Via Arunte 12. Chiusis vornehmste Adresse. Im Familienbetrieb geführt, sehr gepflegte, etwas steife Atmosphäre. Die Chefköchin schlägt u. a. vor: Wildschweinschinken, Kaninchen mit Zitronensoße, Filet vom Chianina-Rind mit balsamischer Weintraubenextraktsoße, Taube auf etruskische Art. Ein Dutzend Gastronomieführer, die das Restaurant erwähnt haben, stehen auf dem Bücherbrett. Man sollte sich unbedingt den Weinkeller, der Teil des Porsenna-Labyrinths (siehe Sehenswertes) ist, zeigen lassen. Hier lagern ca. 20.000 Flaschen Wein. Außerhalb der Saison Mo geschlossen, ℡ 0578-20260.

La Solita Zuppa, Via Porsenna 21. Der Name („die gewöhnliche Suppe") verrät Bescheidenheit. Hier wird in modernem Ambiente traditionelle Küche serviert. Ein so reiches Angebot an Suppen findet man selten in Restaurants. Viele einheimische Gäste essen hier zu zivilen Preisen. Begeistert von der „Solita Zuppa" waren auch einige Leser, besonders von dem Wildschweinbraten in Rotweinsoße und der netten, zuvorkommenden Bewirtung. Di geschlossen, ℡ 0578-21006.

Il Bucchero, Via Bonci 28. Hübscher, mit Wein überrankter Hintergarten, gute, preiswerte Pizzen (nur abends), günstig sind aber auch die anderen Gerichte. Mi geschlossen. ℡ 0578-222092.

Osteria Etrusca, Via Porsenna 78 (beim Infobüro ums Eck). Die alteingesessene Rosticceria/Pizzeria „Il Duomo" hat mit dem neuen Besitzer den Namen gewechselt. Tägl. wechselnde Hauptgerichte, vor allem aber Pizze (auch vom Blech). Straßenbestuhlung. Di geschlossen. ℡ 0578-222243.

Il Grillo è Buoncantore, Piazza XX Settembre 10, geöffnet 7.30–15 und dann wieder ab 17 Uhr. Enoteca mit Pizza, selbst gebackenem

Brot, Aufschnitt- und Käsespezialitäten sowie vielen kleinen Gerichten zu gutem Wein. Junge, nette Wirtin. Vom Neonlicht sollte man sich nicht abschrecken lassen; im Keller sitzt man abends gemütlich bei Kerzenschein. Mo geschlossen, ✆ 0578-20112.

Il Kantharos, Via Porsenna 37/39, winziger Gastraum mit 3 Tischen und einem originellen Wirt, der in seiner winzigen Küche winzige Gerichte zubereitet. Auch gut für ein Glas Wein an der Theke. Mo geschlossen. ✆ 0578-21936.

Caffè Venezia, lädt mit schöner Terrasse und hauseigener Eisherstellung ein. Mo geschlossen. Piazza Graziano 1.

Sehenswertes

Museo Etrusco: Die umfangreiche Sammlung mit einer Fülle an kleinen und großen Exponaten bietet einen hervorragenden Einblick in die hoch entwickelte Kultur der Etrusker. Der rege Handels- und Ideenaustausch mit Griechenland zeigt sich deutlich an den Motiven der zahlreichen Tongefäße. Ausgestellt sind daneben auch Toilettenartikel (Kämme), Haus- und Küchengeräte, Goldschmuck, Waffen, Masken, bemalte Graburnen und reliefverzierte Sarkophage aus Alabaster. Kurios sind die so genannten Fälschungen: Da wurde eine Graburne einfach entleert und zum zweiten Mal benutzt, nachdem man auch das plastische Porträt des Verstorbenen durch das seines Nachfolgers ersetzt hatte – etruskisches Recycling.

⏱ Tägl. 9–20 Uhr. Eintritt 4 €. Im Eintrittspreis ist auch der Besuch der Nekropole von Poggio Renzo, also der Tomba della Pellegrina und der Tomba del Leone (s. u.) inbegriffen. Begleitete Führungen für die Tomba della Scimmia finden nur nach Anmelung Di, Do und Sa statt (im Sommer 11 und 16 Uhr, im Winter 11 und 14.30 Uhr). Eintritt 2 €. Reservierungen unter ✆ 0578-227667.

Nekropole von Poggio Renzo: Auf halbem Weg zum See von Chiusi liegen drei größere etruskischen Grabstätten (Öffnungszeiten und Eintritt siehe Museo Etrusco): Die **Tomba della Scimmia**, das „Grab des Affen" (5. Jh. v. Chr.), besteht aus einer Vorhalle und drei Grabkammern. Auf einem Wandfresko mit zahlreichen Sport-, Spiel- und Kampfszenen ist auch ein kleiner Affe zu sehen – daher der Name des Grabs, das von 1979 bis 2001 umfangreich restauriert wurde und erst seit einigen Jahren der Öffentlichkeit wieder zugänglich ist.

Die **Tomba della Pellegrina** und die **Tomba del Leone** enthalten kolorierte Urnen und reliefverzierte Sarkophage. Beim besser erhaltenen „Grab der Pilgerin" handelt es sich um ein so genanntes Ganggrab mit vier Grabnischen und drei Grabkammern. Auf einer der Graburnen sind Kampfszenen zwischen Griechen und Galliern zu sehen. Eine weitere Darstellung zeigt die Plünderung des Heiligtums von Delphi durch die Gallier.

Dom San Secondiano: Der Dom gehört zu den ältesten Kirchen der Toscana, ein erster Bau datiert aus dem 6. Jh. Aus dieser Epoche stammen noch die antiken römischen Säulen, die das Mittelschiff abstützen, und der Mosaikboden, auf dem der Altar steht. Der heutige Baukörper datiert im Wesentlichen aus dem 13. Jh. Die falschen Mosaiken hingegen sind eine Zutat aus dem 19. Jh. Das angeschlossene **Dommuseum** ist etwas für Liebhaber (u. a. Chorbücher aus dem 15. Jh.).

⏱ Die Öffnungszeiten sind identisch mit denen des Porsenna-Labyrinths (s. u.). Eintritt 2 €, Sammelticket Dommuseum und Porsenna-Labyrinth 4 €.

Porsenna-Labyrinth: Das weit verzweigte etruskische Gangsystem mit Wasserversorgung und Belüftungsschächten wurde bereits in den 1920er Jahren erforscht. 1989–95 wurden die Forschungen fortgesetzt, und heute ist ein 120 m langer Abschnitt der Öffentlichkeit zugänglich. Das legendäre Porsenna-Grab harrt weiterhin seiner Entdeckung.

Hinter der klassizistischen Fassade verbirgt sich eine der größten Sammlungen etruskischer Funde Italiens

⏱ Juni bis Mitte Okt. tägl. 9.30–12.45 und 15.30–18.30 Uhr; Mitte Okt. bis Mai Mo–Sa 9.30–12.45 Uhr, So 9.30–12.45 Uhr und 15–18 Uhr. In der Hauptsaison finden die Führungen etwa alle 30 Minuten statt. (Die Zeiten variieren allerdings von Jahr zu Jahr.) Eintritt für das Posenna-Labyrinth 3 €, das Sammelticket für Porsenna-Labyrinth und das Dommuseum 4 €.

Museo Civico: Das erst im Jahr 2004 eröffnete Museum umfasst eine kleine Ausstellung sowie die geführte Besichtigung (ca. 1 Stunde) eines weiteren unterirdischen Labyrinths. Interessant sind das System der damaligen Wasserversorgung, die Sammlung der Urnen und die Grabsteine mit Grabschriften, die den Übergang von der etruskischen zur römischen Epoche anschaulich verdeutlichen.

⏱ Mai–Okt. Di–So 10.15/11.30/12.45/16.30/17.45 Uhr, auch von Nov. bis April finden regelmäßig Führungen statt. Eintritt 3 €.

Katakomben: Im 17. Jh. entdeckten Mönche beim Graben eines Brunnens 2 km nordöstlich von Chiusi die *Santa-Mustiola-Katakomben* aus dem 2./3. Jh.; auf die *Santa-Catarina-Katakomben* (in Chiusi Scalo) stieß man erst 1847. Es handelt sich in beiden Fällen um Grabstätten von Urchristen, die noch nach etruskischem Ritus bestattet wurden.

⏱ Nur mit Führung (ca. 1 Stunde): Juni bis Mitte Okt. tägl. 11 und 16 Uhr; Mitte Okt. bis Mai Mo–Sa 11 Uhr, So 11 und 16 Uhr. Eintritt 5 €. Treffpunkt für die Führungen ist die Biglietteria am Dommuseum; hier erhält man auch eine Lagebeschreibung.

Umgebung

▶ **Lago di Chiusi**: 5 km nördlich von Chiusi liegt der kleine See mit etwa 1,5 km Durchmesser. Da das Seewasser, obwohl zeitweise stark mit Nitraten und landwirtschaftlichen Chemikalien verseucht, für die Trinkwasserversorgung verwendet wird, sollte das Baden eigentlich unbedenklich sein. Einladend ist der See allerdings nicht, dafür liegt vielerorts zu viel Müll herum, das Wasser wirkt trüb und nicht gerade sauber. Vogelfreunde mit Fernglas werden hier sicherlich einige interessante Zugvögel im Ufergras erspähen. *Ruderboote* (darunter auch einige sehr altersschwache Modelle) können für 3 € pro Stunde beim Ristorante Pesce d'Oro gemietet werden.

● *Übernachten/Camping/Essen:* ***** La Fattoria**, 500 m vom Lago di Chiusi entfernt. Traumhafte, mit wildem Wein umrankte Landherberge mit acht komfortablen Zim-

140 Crete Senesi und Val d'Orcia

mern. Von der großen Terrasse des beliebten Restaurants (Mo geschlossen) genießt man bei einer hervorragenden toscanischen Küche einen schönen Blick auf den 500 m entfernten See. Der kleine Campingplatz mit 29 Stellplätzen auf leicht abfallender Wiese mit Nadelbäumen gehört mit zum Anwesen und ist gut ausgestattet (auch elekt. Anschlüsse).Geöffnet von Mai bis Okt. DZ 85–95 € (inkl. Frühstück). Loc. Paccianese 48, ✆ 0578-21407, ✉ 0578-20644, www.la-fattoria.it.

Ristorante/Hotel/Camping Pesce d'Oro, mit netter Terrasse direkt am See gelegen. Gute Vorspeisen und als besondere Empfehlung sei Pesce Brustico genannt, ein auf traditionelle Art gegrillter Fisch. Es werden auch einfache Zimmer vermietet (DZ 45 €). Die Einrichtungen des angeschlossenen Campingplatzes wirkten beim letzten Check ziemlich ungepflegt. Nur 27 Stellplätze, aber ausreichend schattig. Die Rezeption ist an der Bar des Restaurants. Di geschlossen. Via Sbarchino 36, ✆ 0578-21403, www.ristorantepescedoro.it.

Ristorante Da Gino, am See, beliebtes Ausflugslokal mit weit über 100 Sitzplätzen. Bodenständige Küche zu gemäßigten Preisen, auch einige Plätze auf der kleinen Terrasse. Auch Gino ist für seine „etruskische" Fischspezialität Pesce Brustico bekannt. Mi geschlossen, ✆ 0578-21408.

▶ **Cetona**: Etwa 9 km südwestlich von Chiusi liegt dieses pittoreske Dorf mit der mittelalterlichen Burg an seinem höchsten Punkt. Die Burganlage – inmitten von Zypressen und Pinien – ist nicht zugänglich (Privatbesitz). Zu besichtigen hingegen ist das *Museo civico per la Preistoria del Monte Cetona* in der Via Roma 37. Dort sind die frühgeschichtlichen Besiedlungsphasen am Monte Cetona von der Altsteinzeit bis zur Bronzezeit anhand von Funden aus Wohnhöhlen anschaulich dokumentiert. Die vorgeschichtlichen Wohnhöhlen selbst kann man im 5 km entfernt gelegenen *Parco Archeologico Naturalistico di Belverde* aufsuchen (an der Verbindungsstraße zur Straße Sarteano – San Casciano dei Bagni).

- *PLZ* 53040
- *Information* **Pro Loco**, Piazza Garibaldi 63, im Gebäude der Sala Santissima Annunziata. Geöffnet von Juni bis Mitte Okt. 9–13 und 17–19 Uhr. Freundliche, kompetente Auskunft. Falls geschlossen, kann man sich am Monitor mit Touchscreen versuchen (auch in Deutsch). ✆ 0578-239143. proloco @cetona.it, www.cetona.org.
- *Öffnungszeiten* **Museo civico per la Preistoria del Monte Cetona**, Juni–Sept. Di–So10–13 und 16–19 Uhr, Okt.–Mai nur Sa 16–18 Uhr und So 9.30–12.30 Uhr. Eintritt 3 €. Kombi-Ticket Museo Civico und Parco Archeologico 7 €.
Parco Archeologico Naturalistico di Belverde, Juli–Sept. Di–So 9–13 und 16–19 Uhr. Zu den prähistorischen Höhlen und der Rekonstruktion einer Siedlung mit Nachbau von Hütten und Einrichtungen auf dem Gelände nur mit Führung. Eintritt 6 €. In den anderen Monaten nur nach Vereinbarung (✆ 0578-239219).
- *Busverbindung* 4x tägl. nach Chiusi Scalo und San Casciano dei Bagni.
- *Markt* Samstags auf der Piazza Garibaldi.
- *Übernachten* **La Locanda di Anita**, jedes der fünf geschmackvoll eingerichteten Zimmer hat je nach Ausstattung einen anderen Preis. In der Nebensaison kostet das billigste DZ 90 €, in der Hauptsaison 110 €. Piazza Balestrieri 4/5/6, ✆ 0578-237075, ✉ 0578-237917, www.lalocandadianita.it.
- *Außerhalb* **Convento di San Francesco**, das Kloster aus dem 13. Jh. wurde in den 1970ern von Padre Eligio und der Mondo X, einer Gemeinschaft für ehemals Drogenabhängige, restauriert und bietet heute luxuriöse Zimmer in einem ganz außergewöhnlich gepflegten Rahmen an. Das unkonventionelle freundliche Personal besteht aus den ca. 35 Mitgliedern der Gemeinschaft, die auch kostenlose Führungen anbieten (tägl. 8.30–12 und 15–19 Uhr). Das renommierte Restaurant des Klosters steht dem stilvollen Ambiente des Hotels in nichts nach: achtgängiges Degustationsmenü für ca. 100 € (ohne Getränke). Di geschlossen. DZ inkl. Frühstück 240 €. Via San Francesco 2 (1 km in Richtung Sarteano, dann links auf die Ausschilderung zum Convento achten), ✆ 0578-238261, ✉ 0578-239220, www.mondox.com.

Agriturismo Palazzo Bello/Casale Spagnoletto, Richtung San Casciano dei Bagni, nach ca. 3 km links ausgeschildert, von hier noch ca. 2,5 km Feldweg. Zwei große restaurierte Bauernhäuser, in denen gepflegte Appartements zu mieten sind. Pool und garantierte Ruhe inmitten von Weizen-, Mais- und Sonnenblumenfeldern. Appartement

Chiusi/Umgebung

für 2 Pers. 560–620 €/Woche oder Wochenende mit 2 Übernachtungen zu 140 €, mit 3 Übernachtungen 195 €. Loc. Spagnoletto, ✆ 0578-244052 und 348-2549900 (mobil), www.traveltoscana.com.

• *Essen* **Sobborgo**, Piazza Garibaldi (etwas versteckt neben der Bar dello Sport). Sehr gepflegtes, gemütliches Ristorante mit lauschigem, überdachtem Gärtchen. Schmackhafte Fisch- und Fleischgerichte, sehr hohes Preisniveau. Mo geschlossen, ✆ 0578-239191.

Osteria Vecchia, Via Cherubini 11 (Seitenstraße der Piazza Garibaldi), ansprechendes Lokal mit Terrasse. Di geschlossen. ✆ 0578-239040.

Osteria Il Merlo, Via Sobborgo 1, kleine Osteria im alten Turm der Torre del Rivellino mit sehr ansprechendem Ambiente und raffinierten Gerichten. Mo geschlossen. ✆ 0578-238299.

• *Außerhalb* **Trattoria del Contadino**, Via dei Poggi 2 (ca. 3 km in Richtung Chiusi). Schmackhafte Pasta, gute Secondi-Auswahl und netter Service. Im Sommer auch im Garten. Unbedingt reservieren! Mo geschlossen. ✆ 0578-238461.

▶ **Sarteano**: Der kleine Ort auf 573 m Höhe wird überragt vom quadratischen Turm des *Castello dei Manenti*, das abends hübsch angestrahlt wird. Wer von Chiusi her kommt, fährt zunächst durch das kleine, eher triste Neubaugebiet Sarteanos und kann leicht in die Versuchung geraten, den Ort über die Durchgangsstraße schnurstracks wieder zu verlassen. Man sollte sich aber durchaus ein wenig Zeit nehmen, denn Sarteano hat mehr zu bieten, als es auf den ersten Blick scheint: einen schönen, an den Hang gebauten historischen Kern mit engen Gässchen, ein archäologisches Museum, das u. a. Funde vom Monte Cetona präsentiert (im Palazzo Gabrielli in der Via Roma 24, 10.30–12.30 und 16–19 Uhr, Mo geschlossen, Eintritt 2,50 €), die leider oft geschlossene *Chiesa San Martino* an der gleichnamigen Piazza mit der „Verkündigung" von Domenico Beccafumi, das kleine *Teatro degli Arrischianti* im Palazzo Comunale und die *Thermalquelle Santa Lucia*, die die Schwimmbäder im wirklich schönen *Parco Campeggio delle Piscine* speist – für Camper ein idealer Standort für die Erkundung der Gegend.

• *Information* **Pro Loco**, Corso Garibaldi 9. Juni–Sept. täglich 10–12.30 und 16–19.30 Uhr, Mai und Okt tägl. Mi/Do/Sa/So 10–12.30 Uhr. ✆ 0578-269204, ✆ 0578-268889. turismo@comune.sarteano.siena.it, www.comune.sarteano.siena.it.

• *Feste* **Giostra del Saracino**, jährlich am 15. August, Reiterspiel in historischen Kostümen. Das **Febbre di Cavallo**, das „Pferdefieber", bricht jedes Jahr mit Ausstellungen und Vorführungen für Pferdefans in der 3. Juniwoche aus.

• *Thermalbad* Die **Santa-Lucia-Quelle** versorgt zwei Becken im Freien für Erwachsene (davon eines für die Campinggäste des Campeggio Parco delle Piscine reserviert) und eines für Kinder mit konstant 24 °C warmem Wasser. Die gesamte Anlage (Camping inklusive) macht einen sehr einladenden Eindruck. Mitte Mai bis Sept. 9–19 Uhr. Mo–Fr 10,50 € (ab 14 Uhr 9,50 €), Sa/So 13 € (ab 14 Uhr 11 €).

• *Camping* ****** Campeggio Parco delle Piscine**, am Ortsrand (gut ausgeschildert). Professionell geführter, kinderfreundlicher Campingplatz mit Thermalschwimmbecken (s. o.), über 500 teilweise schattigen Stellplätzen und gepflegten Sanitäranlagen. Trotz der Größe sehr angenehme Urlaubsatmosphäre. Große Liege- und Spielwiesen, außerdem eine kleine Bar, ein Restaurant, ein Fernsehraum sowie Internetzugang. Einen Campingladen gibt es nicht, da die Anlage direkt im Ort übergeht, wo man sich problemlos mit allem Nötigen versorgen kann. Einziger Nachteil ist der hohe Preis. Aber wo hat man schon ein Thermalbecken auf dem Campingplatz zur Verfügung? April–Sept. geöffnet. Pro Pers. und Stellplatz jeweils 10–14 €, Kinder 6–8 €, Wohnmobil 14–20 €, Auto 4–6,50 €. In der HS ist eine Reservierung ratsam. ✆ 0578-26971, ✆ 0578-265889, www.parcodellepiscine.it.

• *Essen* **Trattoria Tripolitana**, Corso Garibaldi 27, hervorragende selbst gemachte Pasta in einem Familienbetrieb in dritter Generation. ✆ 0578-265311.

Taverna di Merlino, Via di Fuori 16, rustikal, bodenständige Küche und gute Weine zu moderaten Preisen. Man kann auch im winzigen Innenhof sitzen. Mo geschlossen. ✆ 0578-266746.

La Giara, Viale Europa 1 (Straße Richtung Chiancano). Nara und ihr Mann servieren u. a. vorzügliche Pizzen zu mäßigen Preisen. Mo geschlossen. ✆ 0578-265511.

San Casciano dei Bagni

Schon die Römer priesen das Thermalwasser von San Casciano. 42 Quellen wurden in der Umgebung entdeckt. Viele sind privatisiert, z. B. die Doccia della Testa im unteren Ortsteil, andere, wie das Bagno Grande, sind weiterhin der Öffentlichkeit zugänglich.

Auch heute noch sind die Römer in dem gepflegten mittelalterlichen Städtchen mit Kurortcharakter zugange, als betuchte Hauptstädter, die sich auf die Suche nach einem noblen Feriendomizil machen. Viele der mittelalterlichen Bauten sind allerdings schon vergeben und von Grund auf renoviert worden. Das zinnenbewehrte *Castello Bologna* mit seiner riesigen Parkanlage befindet sich in den Händen derer von Bologna, und das 5 km außerhalb des Ortes gelegene *Castello Fighine* hat sich ein weitsichtiger Engländer rechtzeitig unter den Nagel gerissen.

Der Besucher, der mit Immobilien nichts am Hut hat, spaziert indes gelassen zum wappengeschmückten Rathaus. Vielleicht sucht er nachher das **Bagno Grande** auf, das im sonst teuren Ort eine Ausnahme bildet: es kostet nichts. „Grande" ist allerdings ein bisschen übertrieben, denn schon bei zwei Dutzend Gästen wird's voll: drei kleine Thermalbecken in freier Natur, eines mit Stein- und Schlammboden, eines mit Beton ausgegossen und eines derzeit geschlossen.

Anfahrt Von der Kreuzung am Großparkplatz die Via della Fontaccia hinuntergehen (Anliegerverkehr), nach ca. 1 km ist man an den Becken.

Teurer wird es im **Thermalzentrum Fonteverde**. Der Jahrhundertwendebau mit der kleinen Parkanlage wurde in den 1930er Jahren erweitert. Eine komplette Neugestaltung ist das Open-Air-Bad. Darüber verwöhnt das Fünf-Sterne-Hotel Fonteverde seine Gäste. Im Centro Termale wird Wellness total geboten: Beauty-Farm, türkische Bäder, Sauna, Fitness-Studio und natürlich sämtliche therapeutischen Applikationen des 38 Grad heißen Thermalwassers. Die im Jahre 2002 neu eröffnete Anlage zählt zu den bestausgestatteten in Europa.

Im Park der weitläufigen Anlage befindet sich das wohl älteste Bauwerk von San Casciano, das so genannte „Heidentempelchen" aus dem 5. Jh., heute als *Chiesa della Colonna* zum Christentum konvertiert.

9–19 Uhr (Di nur bis 17 Uhr). Eintritt Mo–Fr 14 € (nach 15 Uhr 10 €), Sa/So stets 20 €. 0578-57241, info@fonteverdespa.com, www.fonteverdespa.com.

- *Information* **Pro Loco**, am Eingang des Centro storico. Tägl. 10–13 und 16.30–19.30 Uhr geöffnet (allerdings unzuverlässig). 0578-58141. ufficioturistico@sancascianodeibagni.org. www.sancascianodeibagni.org.
- *Busse* Ab dem Piazzale del Ponte (am großen Parkplatz) 4x tägl. nach Cetona und weiter nach Chiusi. Tickets in den Bars im Zentrum.
- *Parken/Wohnmobile* Gebührenpflichtige Parkplätze am Stadttor, kostenlos ist der große Parkplatz unterhalb des Dorfes. Dort auch Camper-Service mit Wohnmobilplätzen und Chemietoiletten-Entsorgungsstation.
- *Übernachten/Essen* ***** Sette Querce**, 9 luxuriöse, farbenprächtig ausgestattete Suiten. 2 Pers. zahlen inkl. Frühstück 170–210 €. Viale Manciati 2/5 (neben dem kostenlosen Großparkplatz), 0578-58174, 0578-58172, www.settequerce.it.

*** La Fontanella, an der Straße zum Thermalbad, ein sehr gepflegtes, angenehmes Albergo, das nach einer Renovierung der 16 Zimmer gleich einen Stern hinzubekam. Komfortable, gut eingerichtete DZ für 135 € mit Frühstück. Via Roma 38a, 0578-58300, 0578-58336, www.albergolafontanella.com.

Bar Centrale/Restaurant Daniela, Piazza Matteotti 3 (vor dem Centro storico). Unter den luftigen Deckengewölben waren ursprünglich die Pferde der Postillions untergebracht. Guter Service und leichte, bodenständige Küche. In der Bar werden auch deutsche Zeitungen verkauft. Schöne Terrasse – das Ambiente hat aber seinen Preis! Außerhalb der Saison Mi geschlossen. 0578-58234.

Herbststimmung am Monte Amiata

Monte Amiata

Der Gebirgszug um den 1738 m hohen, erloschenen Vulkan bietet ein Kontrastprogramm zu den Kunst- und Kulturoasen der nördlichen Toscana. Dünn besiedelte Landschaft, über weite Strecken einsame Kastanien- und Buchenwälder und heiße Thermalquellen lohnen den Besuch.

Der Gipfel, die *Vetta Amiata*, ist bis auf die letzten 200 m auch mit dem Wagen erreichbar. Hier oben hat man eine phantastische Aussicht auf die südliche Toscana bis hinüber zum Meer. Das eiserne Gipfelkreuz aus dem Jahr 1910 hatte schon einige Blitzschläge abbekommen, bevor es die Nazis bei ihrem Abzug aus der Region in die Luft sprengten. 1946 ließ es Papst Pius XII. wieder instand setzen. Daneben gibt es Souvenirstände und eine Bar zur Erfrischung. Wer den wenig anstrengenden Aufstieg vom obersten Parkplatz (Skilift und Hotels) zum Gipfel hinter sich gebracht hat, folgt am besten noch ein Stück weiter den Wegweisern zur „Madonna degli Scouts": Nur etwa 5 Minuten vom Gipfelkreuz entfernt erhebt sich die Felsengruppe, von der aus man ein großartiges Panorama genießt.

Die kreisförmig um den Berg angeordneten Orte liegen alle auf 600 bis 800 m, einer Höhe, in der zahlreiche Quellen entspringen. Bis auf ca. 1000 m Höhe führen die Straßen durch dichte Kastanienwälder, deren essbare Früchte im Oktober Anlass für diverse *Feste della Castagna* geben. Fährt man weiter hoch in Richtung *La Vetta* wechselt die Vegetation in Buchen-Hochwald, in dem die riesigen moosbewachsenen Felsen der Waldlandschaft eine wild-romantische Atmosphäre verleihen. Ab Mitte August sind hier – an Pilzblick und Korb zu erkennen – passionierte Sammler unterwegs, deren Ziel die *Funghi Porcini* (Steinpilze) sind.

Wirtschaftlich liegt das Gebiet seit der Schließung der Quecksilberminen im Abseits. Der Wintersporttourismus, in den viel investiert wurde, ist in den letzten Jahren wegen etlicher milder Winter mager ausgefallen. Neue Impulse verspricht die verstärkte Nutzung der Erdwärme durch Kraftwerke und als Nebenprodukt die Beheizung 30 ha großer (!) Glashäuser zur Blumenzucht durch die Abwärme bei Piancastagnaio.

- *Anfahrt* Der Gipfel des Monte Amiata liegt 12 km von Abbadia San Salvatore (s. u.) entfernt und ist gut ausgeschildert, die meiste Zeit führt die schmale Asphaltstraße durch dichten Wald. Gelegentliche Busverbindungen von Santa Fiora und Abbadia San Salvatore. Vom folgenden Hoteltipp sind es noch ca. 200 m zu Fuß empor, vorbei am Fernsehantennenwald.

- *Übernachten* *** **Albergo General Cantore**, ein Berggasthof auf 1400 m Höhe mit einer schönen Wiese davor, der von der sympathischen und kernigen Wirtstochter Elisabetta geführt wird. DZ mit Frühstück 90 €. Loc. Il Rifugio Cantore 70, 53021 Abbadia San Salvatore, ✆/℻ 0577-789704, www.ilcantore.it.
*** **Albergo Sella**, am großen Parkplatz beim Gipfel, ein wenig Berghütten-Feeling auf knapp 1700 m Höhe. Schöne DZ mit Bad und TV zu 75 €, Frühstück extra. Vetta Amiata, 53021 Abbadia San Salvatore, ✆/℻ 0577-789747, albergo.sella@tin.it.

- *Wandern* Das Schöne an diesem Wandergebiet ist, dass man sich je nach Kondition und Laune seine individuelle Route zusammenstellen kann. Nachteilig für Wanderfreaks: Die Aussicht wird meist durch den Wald eingeschränkt. Und: Uralte, verwitterte und z. T. schlecht erkennbare Markierungen sind für die Orientierung nicht gerade dienlich.

Es gibt einen rot-weiß-rot markierten **Rundwanderweg** *(Anello della Montagna)* um den Berg, der sich meist zwischen 900 und 1300 Höhenmetern bewegt. Er ist als erholsame, 29 km lange Zweitageswanderung gedacht und führt an zahlreichen Hütten und Rastplätzen vorbei. Eine gute Übernachtungsmöglichkeit nach der ersten Etappe bieten die Hotels im Ort Casteldelpiano. Anstrengend wird es erst beim Abstecher zum Gipfel, da geht es steil bergan. Teilweise sind auf wenigen Kilometern 700 m Höhenunterschied zu bewältigen. Die Wanderwege der *Strada della Castagna* sind 12 schöne Wanderrouten unterschiedlicher Länge (3–8 km) durch die Landschaft der Kastanienwälder des Monte Amiata. Infos im Touristenbüro in Abbadia San Salvatore.

- *Kartenmaterial* Empfehlenswert ist die Wanderkarte „Chianciano – Valdichiana – Monte Amiata" von Freytag & Berndt im Maßstab 1:50.000

- *Mountainbike* Die Umrundung des Berges, z. T. auf Wegen, aber auch auf Teersträßchen, ist in einem guten halben Tag zu schaffen – vorausgesetzt, man bringt einiges an Kondition mit. Fahrradverleih z. B. im Hotel Le Macinaie (Castel del Piano) oder im Parkhotel Lucesorgente (Arcidosso).

- *Skifahren* Ein Sessellift und 13 Skilifte ab 1300 m Höhe machen Abfahrten verschiedener Schwierigkeitsgrade zugänglich. Langläufer finden kilometerlange Loipen. Immer vorausgesetzt, es schneit auch ordentlich!

Abbadia San Salvatore (ca. 6900 Einw.)

Die alte Bergarbeiterstadt ist der größte und höchstgelegene Ort am Amiata (830 m ü. d. M.). Der mittelalterliche Kern mit seinen ruhigen, autofreien Gassen kontrastiert mit dem pulsierenden Leben in den Straßenzügen der Neustadt.

Die seit dem Mittelalter ausgebeuteten Quecksilberminen von Abbadia San Salvatore wurden in den 1970er Jahren geschlossen. Seither sank die Einwohnerzahl von ehemals 9000 um ein Viertel.

1947, nach einem Anschlag auf Palmiro Togliatti, den Vorsitzenden der Italienischen Kommunistischen Partei, besetzten Arbeiter die Stadtverwaltung, worauf es zu heftigen Auseinandersetzungen mit der Polizei kam. Die Kommunisten kämpften für eine Verbesserung der Arbeitsbedingungen (sehr niedrige Lebenserwartung wegen des Quecksilbers) und für neue Arbeitsplätze. Noch heute wählt die Stadtbevölkerung zu 80 % links.

Sich in der relativ großen Neustadt zurechtzufinden ist nicht ganz einfach. Erschwert wird das Ganze durch ein trickreiches Einbahnstraßensystem. Am besten also das Auto abstellen und die Stadt in einem Spaziergang zu Fuß erkunden. Einen

Abbadia San Salvatore 145

Stadtplan hält man in der Touristeninfo bereit. Der *Borgo Medioevale* (Altstadt) östlich der Neustadt ist nur für Fußgänger zugänglich. Die Hauseingänge sind teilweise mit schönen Türeinfassungen aus Lavastein dekoriert, besonders sehenswert in der Hauptstraße des Altstadtviertels, der Via Filippo Neri. Die Nr. 18 ist mit Hammer und Amboss verziert, hier war die Werkstatt des Schmieds, der Nummer 16 prangt eine Schere, und der Name des Gewandmachers, *Mastro Matteo*, ist neben der Jahreszahlangabe 1569 bis heute im steinernen Türbalken erkennbar.

- *PLZ* 53021
- *Information* **APT-Büro**, Via Adua 25 (im Zentrum der Neustadt, nahe der Piazza Gramsci). Sitz des Fremdenverkehrsamts des Monte Amiata, entsprechend gibt es hier Infos für Wanderer und Radfahrer. Mo–Sa 9–13 und 16–19 Uhr (im Winter bis 18 Uhr). ✆ 0577-775811, ℻ 0577-775877. info@amiataturismo.it, www.amiataturismo.it.

Das **Pro-Loco-Büro** am Piazzale R. Rossaro (beim Museo Mineraria) ist weniger kompetent. Täglich 9.30–12.30 und 15.30–18.30 Uhr. ✆ 0577-778324, ℻ 0577-775221. info@terreditoscana.net, www.terreditoscana.net.

- *Busverbindung* 3x tägl. nach Siena, ca. 4x nach Buonconvento (an der Bahnlinie Siena–Grosseto), 3x tägl. nach Chiusi (Bahnlinie Rom–Florenz). Zu den Bergorten Arcidosso und Santa Fiora 6x tägl., nach Grosseto 4x tägl. Abfahrt der Busse: vor 9 Uhr morgens im Viale Roma 47 (Tickets in der *Agenzia Vale* oder in der *Bar Centrale* gleich an der Busstation), nach 9 Uhr in der Via Gorizia beim Stadion (Tickets beim Tabacchaio).
- *Einkaufen* Geschäfte findet man vor allem in der Via Cavour und der Via Roma.

Der **Coop-Supermarkt** befindet sich in der Via Bolzano (Nähe Krankenhaus).

- *Markt* 2. und 4. Donnerstagvormittag im Monat. Gemüse und Obst werden täglich vormittags an Ständen in der Via Italia (Nebenstraße der Via Cavour) angeboten.
- *Übernachten* An Hotels besteht kein Mangel, die Preise sind in der Regel saisonabhängig.

*** **Parco Erosa**, das Haus präsentiert sich fast im Tiroler Stil, auch innen viel Holzverkleidung. Sehr ruhige Lage, gut ausgestattete Zimmer, Garten und Pool, freundlicher Service. DZ inkl. Frühstück ab 60 €, in der Saison nur Halbpension (ab 45 €/Pers.). Via Remedi 108 (am südöstlichen Ortsende, Straße Richtung Piancastagnaio), ✆ 0577-776326, ℻ 0577-779735, www.parcoerosa.it.

*** **Gambrinus**, die praktische Variante ohne besonderen Charme: modern eingerichtete Zimmer, teils mit Balkon und Aussicht bis zur Festung von Radicofani. Nehmen Sie ein Zimmer nach hinten hinaus, vorne verläuft die viel befahrene Straße. DZ mit Bad ab 55 €. Via Essaseta 38/40, knapp oberhalb der Stadt an der Straße nach Siena auf der rechten Seite, ca. 1,5 km vom Zentrum, ✆/℻ 0577-778307, www.gambrinusamaita.it.

*** **Italia**, zentral gelegenes, angenehmes Hotel mit Gärtchen und großzügigen Zimmern mit Blümchentapete. Gutes Restaurant angeschlossen. DZ ca. 45 €. Viale Roma 30, ✆/℻ 0577-778007.

*** **Roma**, zentral gelegen. Großes Haus, das eine Renovierung dringend nötig hat; es könnte ihm sonst der dritte Stern verloren gehen. DZ mit Du/WC 50–60 €. Via Matteotti 32, ✆ 0577-778015.

* **Cesaretti**, mit beliebtem Ristorante (s. u.). DZ mit Bad und Frühstück 45 €. Via Trento 37 (ca. 150 m oberhalb der IP-Tankstelle, Ortsausgang Richtung Siena auf der linken Seite), ✆ 0577-778198, ℻ 0577-775589.

- *Essen* **Ristorante Italia**, Viale Roma 30. Die Empfehlung im Zentrum des Städtchens. Gute Adresse lokaler Küche, nicht teuer. Wird auch gern von Ortsansässigen besucht. Die Tortelli di Ricotta sind hervorragend. Do geschlossen. ✆ 0577-778007.

Ristorante Il Cantinone, Via Asmara 14/16 (Seitenstraßchen gegenüber der ESSO-Tankstelle und unterhalb der Piazza Gramsci). Auch wenn der ehemalige Koch ins o. g. Restaurante Italia abgewandert ist, kann man hier nach wie vor zu reellen Preisen gut essen. Mi geschlossen, ✆ 0577-776552.

Ristorante Cesaretti, im gleichnamigen Hotel (s. o.). Beliebt und preiswert, exzellente Casalinga. Meist 4–5 Gerichte zur Auswahl. Im Winter Sonntagnachmittag geschlossen.

Osteria Re Ratchis, Via Pinelli 12, urgemütliches, kleines Lokal in der Altstadt mit ortstypischen Spezialitäten wie Schnecken, Eselfleisch oder gefüllte Hühnerhälse. Vor allem gern von jungen Leuten aus Abbadia besucht. Mo geschlossen. ✆ 349-7156955.

Ristorante/Pizzeria Il Gatto & La Volpe, Via della Pace 44. Einfache Trattoria neben dem Fußballstadion. Im Vorraum eine kleine Bar,

daneben das familiäre Speisezimmer. Di Ruhetag. ✆ 0577-778751.
Ristorante Laccoria, oberhalb der Stadt und mitten im Grünen liegt dieser gemütliche Gasthof mit guter bodenständiger Küche (auch Holzofenpizza). Mi geschlossen. ✆ 0577-777107.

Caffè Staropramen, Via Cavour 42, eher eine Kneipe als ein Café. Der Name steht schließlich für ein gutes tschechisches Bier, weitere tschechische Reminiszenzen wurden ins Interieur integriert. Antipasti und knackige Salate, gute Stimmung. Nur im Sommer geöffnet. So geschlossen.

Sehenswertes

Klosterkirche: Am Ortsrand, etwas eingezwängt zwischen den Häusern, steht die Kirche des heute nicht mehr existierenden Klosterkomplexes, der dem Ort den Namen gab: **Abbadia San Salvatore** (7–20 Uhr geöffnet). Im Mittelalter war die Abtei ein bedeutendes Zentrum weltlicher Macht. Ausgestattet mit päpstlichen Privilegien beherrschten die Benediktineräbte das Gebiet bis zur Küste beim Monte Argentario. 1229 befand Papst Gregor IX., die Benediktiner frönten hier einem gar zu üppigen Leben, und übergab das Kloster den Zisterziensern. Das wahre Motiv lag wohl eher darin, dass die Benediktiner es mit Gregors Erzfeind, Kaiser Friedrich II, hielten. 1783 musste der letzte Zisterzienserabt sein Amt aufgeben, der Klosterbetrieb wurde per Dekret eingestellt. Erst 1939 hielten die Zisterzienser wieder Einzug.

Die Klosterkirche im romanischen Stil datiert aus dem Jahr 1035. Fresken aus dem 17. Jh. zeigen einige Episoden aus dem Leben des Langobardenkönigs *Rachis*, der das Kloster einer Legende zufolge im 8. Jh. gegründet haben soll. Er befand sich auf einem Feldzug gegen Perugia, als er auf einem Jagdausflug in den Wäldern des Monte Amiata eine Gotteserscheinung hatte. Rachis war davon so beeindruckt, dass er beschloss, fortan mit Frau und Kind unterhalb des Gipfels zu hausen.

Aus der Mitte des 11. Jh. stammt auch die *Krypta Longobarda*. Um sie nach den Ausgrabungen zugänglich zu machen, wurde der Kirchenboden angehoben. Die Krypta, sehr eindrucksvoll ausgeleuchtet, ist durch 36 Säulen unterteilt, deren Kapitelle noch nicht vollständig ausgedeutet sind: Ein gordischer Knoten ohne Anfang und Ende symbolisiert die Unendlichkeit Gottes, das bärtige Gesicht gehört vielleicht dem Langobardenkönig Rachis. Links der Kirche kann man den wenig spektakulären Kreuzgang der Abtei besichtigen. Das *Museo dell'Abbazia* bei der Kirche wird nur nach vorheriger Anmeldung an der Via del Monastero 42 oder unter ✆ 0577-778083 geöffnet.

Quecksilbermuseum: Auf dem weiten Minengelände am oberen Ortsrand von Abbadia San Salvatore wurde im Jahr 2000 das *Museo Minerario* eröffnet. In sechs Museumsräumen ist hier alles Wissenswerte rund um die ehemalige Mine zu erfahren (Geschichte des Bergbauzentrums, Abbaumethode, Arbeitsalltag der Minenarbeiter etc.). Eine eigene Abteilung ist den Arbeiteraufständen von Abbadia San Salvatore gewidmet.

Viele der ehemaligen Fabrikgebäude auf dem Gelände verfallen, zum Teil wurden sie an kleinere Firmen untervermietet. Die Stahltürme, in denen das Metall raffiniert wurde, stehen größtenteils noch. Der industrielle Quecksilberabbau am Monte Amiata begann in der zweiten Hälfte des 19. Jh. Das abgebaute Zinnober (Quecksilbersulfid), das früher auch zum Färben benutzt wurde, wurde auf 750 Grad erhitzt, bis das Quecksilber ausdampfte und als Kondensat gesammelt werden konnte. Die Mine war einst eine der weltweit größten ihrer Art. Als aufgrund fallender Weltmarktpreise die Förderung unrentabel geworden war, wurde dichtgemacht.

⏱ Tägl. 9.30-12.30 und 15.30–18.30 Uhr. Eintritt 3 €.

Abbadia San Salvatore 147

Galleria Livellos VII, auf dem Gelände des Museo Minerario ist neurdings auch eine ehemalige Stollenanlage zu besichtigen. Die Führungen durch die unterirdischen Anlagen des Bergbaus werden von einem ehemaligen Minenarbeiter geleitet (im Sommer auch mit Übersetzung). In der Regel findet die Besichtigung um 10 und 16 Uhr statt.
Reservierung unter ✆ 0577-778324 im ProLoco-Büro, Eintritt 4 €, Sammelticket Museum und Stollen der Galleria Livello VII 6 €.

Vivo d'Orcia

Der 400-Seelen-Ort liegt ca. 8 km nördlich von Abbadia San Salvatore und wird vor allem seiner ehemaligen Einsiedelei wegen aufgesucht, die in romantischer Umgebung neben dem Flusslauf des *Vivo* unterhalb der Ortschaft liegt. Den Wagen lässt man am Hauptplatz stehen und folgt der Ausschilderung in Richtung *Eremo* (Via IV Novembre). Bald überquert man rechts eine steinerne Brücke. Von der Mühle auf der linken Seite sind nur noch Ruinen geblieben. Das in Privatbesitz befindliche Castello lässt man rechts liegen und gelangt durch den Torbogen in den Borgo Principale.

● *Übernachten/Essen* **I Tre Rioni**, auch was aus der Küche kommt, ist sehr ordentlich, und so wird das Gasthaus gern auch von Ortsansässigen besucht. Mo geschlossen. Restaurant mit ein paar gepflegten Zimmern ab 60 €. Via Campotondo 3 (wenige Kilometer östlich von Vivo d'Orcia), ✆ 0577-872015, www.itrerioni.com.

La Taverna del Piano delle Mura, der Tip im Örtchen von Vivo d'Orcia. In der Küche wird ausschließlich mit biologischen Zutaten gearbeitet. Das Resultat ist hervorragend. Freundliche, offene Atmosphäre im gemütlichen Gastraum und auf der kleinen Terrasse. Di–Fr erst ab 17.30 Uhr auch für den Aperitif mit Imbiss geöffnet. Sa/So bereits ab Mittag. ✆ 0577-874009, Mo geschlossen.

Osteria Il Castagno, Via Amiata 117. Ohne Speisekarte wird regionale Küche aufgetischt, auch draußen unter einer großen Kastanie. Mo geschlossen. ✆ 0577-873508.

Weithin sichtbare Landmarke – der Burgturm von Radicofani

Radicofani

Ein einsames, verschlafenes Bergnest östlich des Monte Amiata, dominiert von einer weithin sichtbaren Burg auf einem Basaltfelsen in ca. 760 m Höhe. Die Burg wurde erst im 19. Jh. wiederaufgebaut, nachdem eine Explosion im Pulvermagazin 1735 sie hatte einstürzen lassen.

Der aus Siena vertriebene *Ghino di Tacco* machte sich Ende des 13. Jh. die strategisch wichtige Lage zunutze und betätigte sich als Raubritter, um seinen von den Sienesern hingerichteten Vater zu rächen. Er ging in die Literatur ein (Dante, Boccaccio) und wurde vom Volk als eine Art Robin Hood des Monte Amiata verehrt. Er plünderte nur die Reichen aus, arme Schlucker wurden schon mal mit einer Brotzeit gestärkt. Besonders amüsant ist die Episode mit dem fettleibigen Abt von Cluny, der erst nach einer wochenlangen Abmagerungskur und gegen entsprechendes Honorar laufen gelassen wurde. Dem Volkshelden spendierten die Bewohner von Radicofani im kleinen Park neben der Kirche S. Pietro eine Statue: *Tacco* mit Schwert und Schild – und einem abgeschlagenen Kopf in der Hand.

Das kleine Borgo ist äußerst schmuck. Die Hauptstraße zieht sich durch dunkle Steinhäuser. Im Zentrum findet man die romanische Kirche **San Pietro** (13. Jh.) und ihr gegenüber die Kirche **Sant'Agata**, die der Schutzpatronin von Radicofani geweiht wurde. In beiden Kirchen ist *Andrea della Robbia* mit einer Terrakotta-Altartafel vertreten, in Sant'Agata ist rechts des Eingangs ein weiteres Terrakottawerk von ihm zu sehen: die „Verkündigung Mariä".

Bäckerei in Radicofani

Vom weithin sichtbaren Turm aus genießt man aus einer Höhe von ca. 940 m einen Rundblick über das Val d'Orcia. Die renovierten Wehranlagen und das Gelände der Ausgrabungen können besichtigt werden (Parco città fortificata, täglich 10–19 Uhr, Eintritt 3 €).

Radicofani lag an der Via Cassia, der wichtigsten Verbindung von Rom nach Norditalien und Frankreich. 300 m unterhalb des Orts steht an der SS 478 der **Palazzo La Posta**, Poststation und Zollhaus an der ehemaligen Grenze zwischen dem Großherzogtum Toscana und dem Kirchenstaat. Der imposante Bau aus dem 17. Jh. mit seinen zwei mächtigen, übereinander liegenden Loggien schlummert heute verlassen und verwahrlost vor sich hin. Einst war der Palazzo ein beliebtes Hotel am langen Weg von Siena nach Rom, und viele Berühmtheiten stiegen hier ab. So auch *Charles Dickens*, der an einem stürmischen Tag ankam und die Straßen menschenleer vorfand. Vielleicht war das der Grund für seinen düsteren Gesamteindruck. Er notierte, das Hotel mit seinen labyrinthartig angelegten Gängen sei „extremly frightening".

Dem Palazzo gegenüber steht ein mit dem Wappen der Medici geschmückter Brunnen, an dem einst die Kutscherpferde getränkt wurden.

- *PLZ* 53040
- *Information* **Pro Loco**, Via R. Magi, neben Sant'Agata. Im Sommer in der Regel, aber nicht immer 10–12.30 und 16.30–18.30 Uhr geöffnet. ✆ 0578-55684 (meist nur Fax angeschlossen!).
- *Einkaufen* Seit über 200 Jahren in Familienbesitz, wird in der winzigen Bäckerei **Forno a Legna** vom älteren Bäckerehepaar täglich frisches Brot und Pizza gebacken. Via dei Forni 17, Ortszentrum.
- *Übernachten/Essen* ** **La Torre**, mit Bar und Restaurant (außerhalb der Hauptsaison Do geschlossen). Geöffnet Mitte März bis Mitte Nov. DZ mit Bad 50–60 €, Frühstück extra. 12 einfache, aber ordentliche Zimmer. Via Matteotti 7 (nur wenige Meter vom unteren Stadttor entfernt), ✆/✆ 0578-55943.

Ristorante La Grotta, im oberen Ortsteil (Durchgang bei Sant'Agata), zum Draußensitzen, innen eher etwas düster. Bekannt wegen seiner Wild- und Fleischgerichte. Es gibt aber auch gute Suppen, z. B. mit Steinpilzen. Auch die Nachspeisen sind nicht zu verachten. Einladend, der Vino della Casa steht schon auf dem Tisch. Di geschlossen. ✆ 0578-55866.

Ristorante Il Pama, Via Marconi 4 (aus Richtung Siena gleich am Ortseingang links, Straße zur Festung). Großer Garten, sympathischer, sehr um die Gäste bemühter Familienbetrieb. So preiswert und gut isst man selten: Touristenmenü (sowohl Fleisch als auch Fisch) kostet 12 €, das Degustationsmenü 20 €. Unsere Empfehlung! Mo geschlossen. ✆ 0578-55919.

Bagni San Filippo

Acht Kilometer nördlich von Abbadia San Salvatore und schon fast unten im Formone-Tal liegt dieser beschauliche, kleine Thermalort. An den Dorfpatron erinnert die **Grotta di San Filippo**, eine blumengeschmückte Einsiedelei im Felsen etwas abseits der schmalen Straße nach Campiglia d'Orcia. Am 22. und 23. August pilgern Gläubige aus der Umgebung hierher.

Bagni San Filippo besteht aus ein paar Häusern, einem trotz Renovierung noch immer ein wenig altertümlich anmutenden Kurhotel, immerhin zwei Einkehrmöglichkeiten, und einer wahren Naturattraktion, der idyllisch gelegenen **Fosso Bianco**: Der weiße Sinterfelsen mitten in einer bewaldeten Schlucht mutet unwirklich an. Unterhalb liegen natürliche Becken mit verlockend milchig-grünem Badewasser, vor allem das obere Becken gleicht einer Badewanne. Das mineralhaltige Wasser ist, nachdem es die hohe Felswand aus Sinterablagerungen heruntergerieselt ist, auch im Spätherbst noch lauwarm. Unter der Woche verirren sich nicht allzu viele Badegäste in diese Oase, voller wird es am Wochenende. Im Winter 1993/94 brach ein großer Teil der Galerie ab. Seitdem sorgen Absperrungen für Distanz; dem Badevergnügen mit „Naturdusche" kann man sich aber immer noch hingeben.

Fußweg von der Straße aus ca. 7 Min. Am oberen Ortsausgang (hier auch schattige Parkplätze) weist ein Schild den Weg ins Tal. Dem breiten Weg folgen, kurz darauf geht es über eine Holzbrücke und dann nach ca. 100 m links hinunter (Holzgeländer).

Baden kann man außerdem noch im 1997 renovierten **Thermalbad** des oben erwähnten Kurhotels. Das Becken mit dem 40 °C warmen Wasser mit dem kleinen künstlichen Wasserfall steht auch Nichthotelgästen zur Verfügung. Der Zugang liegt am unteren Ortsausgang (Eingang und Parkplatz sind ausgeschildert).

◷ 8.30–18.30 Uhr (Di nur bis 16.30 Uhr). Eintritt Mo–Fr 10 € (ab 15 Uhr 7 €), Sa/So 12 €.

- *Busse* 4x tägl. nach Santa Fiora, gelegentliche Verbindung nach Abbadia San Salvatore.
- *Übernachten* ***** Terme San Filippo**, einziges Hotel im Ort, gediegene Kurhotel-Atmosphäre, Die geräumigen Zimmer wurden renoviert und sind hauptsächlich mit Kurgästen belegt. DZ 96–116 €, Frühstück und Eintritt in das Thermalbad inklusive. Im Zentrum, ✆ 0577-872982, ℻ 0577-872684, www.termesanfilippo.it.
- *Essen* **Osteria Lo Spugnone**, Via delle Terme 4/6, urgemütlicher, kleiner Keller gleich neben dem Kirchlein. Traditionelle Gerichte, von Mama gekocht und von den Söhnen serviert. Di geschlossen, ✆ 0577-872030.
Enoteca/Bar Il Ritrovo di San Filippo, Via San Filippo, etwas eleganter als die Osteria. Kleine Speisen und gute Weine, auch für den Aperitif geeignet. Mo geschlossen. ✆ 0577-872012.

Fosso Bianco – warmes Badewasser und Sinterablagerungen in strahlendstem Weiß

Santa Fiora (ca. 2800 Einw.)

Der hübscheste Ort am Monte Amiata – Mittelalter inmitten üppigen Grüns. Man betritt Santa Fiora über einen Durchgang im **Palazzo Sforza Cesarini** (oder Palazzo del Conte), der heute die Gemeindeverwaltung beherbergt. Von der zentralen Piazza Garibaldi gelangt man zu Fuß über die Via Carolina in den unteren Stadtbereich. Viele Hauseingänge im hinteren Gassengewirr (z. B. in der Via del Fondaccio, dem einstigen jüdischen Viertel) sind mit reliefgeschmückten Balken eingefasst. Besonders sei auf das Relief einer Jagdszene über der Tür der Hausnummer 7 hingewiesen. Trotz der überwiegend grauen Häuser wirkt das kleine Centro storico von Santa Fiora recht idyllisch und ansprechend.

In der ursprünglich romanischen, mehrfach umgebauten **Kirche Santa Fiora e Lucilla** findet sich eine ganze Kollektion Terrakotta-Reliefs von *Andrea della Robbia*. Die charakteristischen weißen Keramiken auf blauem Hintergrund werden nach ihrem Erschaffer *Robbiane* genannt. Auch die Kanzel (ohne Aufstieg) ist eine Terrakotta-

Santa Fiora 151

Arbeit des Künstlers, der hier gemeinsam mit seinem Bruder *Luca* 1465–1490 wirkte; die Flachreliefs zeigen das Letzte Abendmahl, die Auferstehung und Himmelfahrt Christi. Die Kirche ist in der Regel den ganzen Tag über geöffnet. Geht man etwas weiter, kommt man am idyllisch gelegenen Wasserbecken der *Peschiera* an.

La Peschiera: Im ehemaligen Park des Grafen Sforza befindet sich die Quelle des Flusses Fiora. Im 15. Jh. ließ der Graf das kühle Quellwasser aufstauen, um mit einer Fischzucht seine Tafelrunde zu bereichern. Im klaren Wasser wimmelt es auch heute noch von Forellen. Die schwarze Schwänin Kleopatra hat nach einer langen, einsamen Phase des Witwendaseins vor einigen Jahren das Weite gesucht. Ein anderer Schwan wurde jüngst gestohlen, so dass man für den kleinen Park neue Bewohner importieren musste: Heute gleiten hier Nerina, eine schwarze Australierin, und ihr europäischer Freund, der weiße Calimero, übers Wasser. Im hinteren Bereich des kleinen romantischen Parks werden im Sommer Konzerte veranstaltet. Gleich rechts neben dem Eingang befindet sich ein schattiger Biergarten (nur im Sommer ab 15.30 Uhr geöffnet).

Für eingefleischte Reiter (und die, die es werden wollen)

Azienda Agrituristica Il Cornacchino, Loc Cornacchino, 58034 Castell'Azzara (ca. 20 km südöstlich von Santa Fiora, bei der API-Tankstelle die Straße hochfahren (Schild), das Gut liegt ca. 3,5 km vom Ort entfernt). Reiterferien in einer weitläufigen Azienda am Hang des Monte Penna (Naturpark). Den Gästen stehen etwa 45 Pferde zur Verfügung, geritten wird überwiegend im Western-Stil, einige Pferde können auch im englischen Stil geritten werden. Das Angebot des Reitzentrums richtet sich hauptsächlich an Fortgeschrittene, aber auch Anfänger können hier Reitstunden nehmen (ca. 13 €). Auf dem Programm stehen u. a. einwöchige Trekkingtouren zu Pferde (mit Vollpension, Übernachtung im Zelt), z. B. vom Monte-Amiata-Gebiet zum Thyrrenischen Meer, durch die Maremma Latiums, zum Lago di Bolsena oder durch das sienesische Hügelland (pro Pers. 775 €, alles inklusive). Wer sich eine große Tour noch nicht zutraut oder lieber einfach an einem Ort bleiben möchte, kann die nähere Umgebung in zwei- bis vierstündigen Ausritten erkunden, die Übernachtung im Doppelzimmer (Gemeinschaftsbad) mit Halbpension kostet pro Person 49–59 €. Zum Anwesen gehören Bar und Ristorante (nur für Gäste von Il Cornacchino), wo allabendlich gemeinsam an großer Tafel gespeist wird. Nette, aufgeschlossene Atmosphäre. Im Sommer veranstaltet der italienische WWF hier Jugendreiterferien. Geöffnet von Ende März bis Anfang Nov., aufgrund begrenzter Kapazitäten (12 Zimmer) ist eine vorherige Buchung (ca. 2 Monate vor Antritt) unbedingt notwendig. ✆ 0564-951582, ✉ 0564-951655, cornacchino@cornacchino.it, www.cornacchino.it (auch in deutscher Sprache).

⏰ Juli/Aug. tägl. 9–20.30 Uhr, Okt.–Juni Sa/So 10–19 Uhr. So ganz sollte man sich aber nicht darauf verlassen. Eintritt 1 €. Anfahrt: Vor dem Palazzo Sforza Cesarini rechts die Via della Peschiera hinunter, der Park liegt ca. 500 m unterhalb des Ortes.

Gleich neben der Peschiera steht direkt über der Quelle die **Chiesa delle Nevi**. Ihr Boden wurde an mehreren Stellen aufgerissen und mit Glasplatten gedeckt, sodass man – 50 Cents für die Beleuchtung vorausgesetzt – direkt auf den steinigen Grund und das Quellwasser sehen kann.

- *PLZ* 58037
- *Information* **Pro Loco**, Piazza Garibaldi 39 (rechts neben dem Uhrturm). Tägl. 10.30– 12.30 und 17–19.30 Uhr. ✆ 0564-977142.
- *Busverbindung* Schön kompliziert: quasi jede Richtung hat ihre eigene Haltestelle,

152 Monte Amiata

erkundigen Sie sich beim Ticketkauf (im Zeitschriftenladen an der Piazza Garibaldi), wo Ihr Bus losfährt. Es bestehen folgende Verbindungen: 10x tägl. nach Abbadia San Salvatore, 4x Bagni San Filippo, ca. 10x Arcidosso und Castel del Piano, 4x Castell' Azzara, 5x auf den Monte Amiata, 3x Chiusi und 6x Grosseto. Wer nach Siena oder Florenz will, muss in Paganico (dorthin 5x tägl. ab Santa Fiora) umsteigen. Busse nach Süden (Saturnia, Sovana etc.) nur ab Arcidosso.

• *Feste/Festival* **Festa del Santissimo Crocefisso**, am 3. Mai. Drei riesige Kreuze, die übers Jahr in der Chiesa del Suffragio (Via Corolina) zu sehen sind, werden in einer Prozession durch die Stadt getragen.

Santa Fiora in Musica, Musikfestival mit zahlreichen Konzerten namhafter Ensembles und Solisten. Von Juli bis Mitte Sept. Info: www.santafiorainmusica.com.

• *Übernachten* *** **Fiora**, zu beiden Seiten des Fosso del Carro, den eine hohe Brücke überspannt, befindet sich das Hotel: ein mächtiger Neorenaissance-Bau, der kürzlich renoviert wurde. Schönes und komfortables Hotel, auch bei Gruppen beliebt, alle Zimmer mit Bad und TV, z. T. mit Blick auf die Brücke. Restaurant im Neuanbau. Unser Tipp! DZ mit Frühstück 60–68 €. Via Roma 8, ✆ 0564-977043, ✆ 0564-978154, www.hotelfiora.it.

** **Eden**, gut geführt, etwas kleinräumiger als das Fiora, mit Lift. Restaurant. DZ mit Bad 50–55 €, Frühstück extra. Via Roma 1 (auf der Altstadtseite der Brücke), ✆/✆ 0564-977033, www.hoteledensantafiora.it.

• *Außerhalb* *** **Il Caminetto**, wenn beide Hotels in Santa Fiora ausgebucht sind, eine gute Alternative. Gepflegte DZ für 50–58 €, Frühstück inklusive. Via F. di Giulio 98 (1,5 km in Richtung Piancastagnaio), 58037 Marroneto, ✆ 0564-977233, ✆ 0564-978396.

• *Essen* **Al Barilotto**, Via Carolina/Piazza 12 Giugno. Ob Wildschwein oder zartes Lamm – hervorragende Küche. Typische Gerichte: Pappardelle alla Lepre, Acquacotta. Mi geschlossen. ✆ 0564-977089.

Al Ponte, Via Roma 16 (neben dem Hotel Fiora), sehr beliebtes Restaurant mit freundlichem Ambiente. Die preiswerte Variante zum Veronelli-gekrönten Barilotto. Die Pici gibt es „all'Amiata" (mit Pilzen) oder „al Ponte" (mit scharfer Tomatensoße). Wenn Tagliolini mit Fiori di Zucca (feine Nudeln an Rahmsauce mit Kürbisblüten) auf der Karte stehen, nicht zögern. Auch tolle Holzofen-Pizzen. Di geschlossen, ✆ 0576-977295.

Santa Fiora – La Peschiera, erfrischende Oase mit Schwänen

Arcidosso

Das mittelalterliche Städtchen liegt, gekrönt von einer weiter nicht sehenswerten Aldobrandeschi-Burg, auf einem Hügel westlich des Monte Amiata. Vom Kreisverkehr im modernen Ortsteil führen Verbindungen in alle Himmelsrichtungen, in Arcidosso selbst ist nicht viel los. Das war nicht immer so. Im 19. Jh. sorgte hier *David Lazzaretti*, ein politisch-religiöser Heißsporn, für Aufregung (siehe Kasten). An der nach ihm benannten Straße (direkt vor dem Hotel Toscana) erinnert eine leicht zu übersehende Gedenktafel an den Ort, an dem Lazzaretti einst von den Carabinieri erschossen wurde.

Mehr über Lorenzetti erfährt, wer sich die Mühe macht, die zweite Etage des Rathauses aufzusuchen. Das tut allerdings kaum jemand, der graue Verwaltungsbau ist eher abschreckend als einladend. Wer sich jedoch nicht beirren lässt, wird oben vom *Centro Studi David Lazzaretti* mit aller Freundlichkeit, die dem seltenen Gast gebührt, empfangen. Das Dokumentationszentrum gibt einen sehr guten Überblick über Leben und Werk des Propheten des Amiata: Standarten, Fotos, Bücher, Handschriften, Zeitungsdokumente und biographische Tafeln (Mo–Fr 9–13/15.30–18 Uhr, Sa 9–13 Uhr, Eintritt frei).

- *PLZ* 58031
- *Information* **Uffficio turistico**, nur in der Hochsaison 10–12.30 und 16.30–19.30 Uhr (Mo geschlossen). Corso Toscana 5, ✆ 0564-916049, ✆/✉ 968084, infopoint@heimat.toscana.it.
- *Übernachten* ***** Hotel Toscana**, seelenloser 50-Zimmer-Kasten, der sich auf Gruppen spezialisiert hat. DZ mit Frühstück 65–83 €. Via David Lazzaretti 47, ✆ 0564-967486, ✉ 0564-967000, www.albergotoscana.it.
- *Außerhalb* ****** Park Hotel Luce Sorgente**, riesige, moderne Wellnessanlage. DZ mit Frühstück je nach Saison und Ausstattung 130–160 €. Loc. Aiole (Richtung Santa Fiora, dann an der Abzweigung nach Scansano), ✆ 0564-967409, ✉ 0564-967188, www.lucesorgente.it.

- ***** Aiuole**, im Haus des gleichnamigen Restaurants (s. u.). DZ 75 €. Loc. Aiole, ✆ 0564-967300, ✉ 0564-966747, www.aiuoleristorante.it.
- *Camper* Ein Stellplatz befindet sich im Zentrum von Arcidosso (ausgeschildert).
- *Essen* **Ristorante Aiuole**, Loc. Aiole, eine Adresse für hervorragende lokale Küche, die in keinem Gastroführer fehlt. Speisesaal mit unkomplizierter Atmosphäre. In der Nebensaison Mo geschlossen. ✆ 0564-967300.

La Tagliola, im kleinen Bergdorf Bagnoli (ca. 1 km oberhalb von Arcidosso). Ausgezeichnete Pilzgerichte und Fleisch vom Grill. Gleich hinter dem Restaurant sprudelt verschwenderisch das Wasser der Quelle Casotto. Mo geschlossen, ✆ 0564-967351.

David Lazzaretti – Rebell Gottes

An den Abhängen des Monte Labbro agitierte im 19. Jahrhundert *David Lazzaretti*, der „Rebell Gottes" und „Prophet des Amiata". Lazzaretti fühlte sich berufen, einen Gottesstaat zu errichten, und stützte sich dabei auf eine ziemlich krude Mischung aus christlichem und sozialistischem Gedankengut. Schon als Vierzehnjähriger hatte er Visionen und empfing auch später regelmäßig Offenbarungen göttlicher Art. Von Beruf Fuhrmann, gründete er nach einigen Eremitenjahren 1872 die christliche Bruderschaft *Giurisdavidici*, die sich den Wahlspruch „Lang lebe die Republik, Gott und die Freiheit" auf das Banner schrieb. Bei Arcidosso wurde eine landwirtschaftlich geprägte klösterliche Gemeinschaft gegründet, und am Monte Labbro entstand eine Kirche, deren Ruine Pilgerziel seiner Anhänger ist. Lazzaretti kämpfte für eine Landreform und wurde 1878 während eines Protestmarsches am Ortseingang von Arcidosso von Carabinieri erschossen.

Noch heute gibt es diese ungewöhnliche christliche Gemeinschaft. Jedes Jahr in der Nacht vom 14. August wird zur Erinnerung an den Gründer auf dem Monte Labbro ein großes Holzfeuer entzündet.

Castel del Piano (ca. 4500 Einw.)

Auf der Westseite des Bergmassivs auf einer Hochebene gelegen, die sich im Norden zum **Fondo del Lupo** öffnet – ein sanfter Abhang, der nahtlos in die Wein- und Olivengärten der Talregion übergeht. Der kleine, geschäftige Ort wurde Anfang des

154 Monte Amiata

19. Jh. mit weitläufigen Plätzen und schattigen Baumalleen neu angelegt. Nur noch der Ortskern mit seinen engen Gassen erinnert an die mittelalterliche Vergangenheit.

- *PLZ* 58033
- *Information* Via Marconi 9 (bei der Piazza Garibaldi im Norden des Orts). Im Sommer tägl. 9.30–12.30 und 17–20 Uhr, im Winter Di–So 9.30–12.30 und 17–19 Uhr. ✆/✉ 0564-973534, info@comune.casteldelpiano.gr.it, www.comune.casteldelpiano.gr.it.
- *Verbindung* 9x tägl. Abbadia San Salvatore, 5x Castell'Azzara, 9x Grosseto, je 8x Florenz und Siena. Haltestelle am Viale Vittorio Veneto (beim Tennisplatz), Bustickets beim Tabacchaio neben der Touristeninformation.
- *Einkaufen* **Coop**-Supermarkt an der Piazza Carducci.
- *Markt* schöner Wochenmarkt mit vielen Ständen am 1. Mittwoch jedes Monats.
- *Übernachten/Camping* *** **Stella**, mit Bar und Ristorante. DZ mit Bad 55 €, Frühstück inklusive. Via Pozzo Stella 24 (am Ortsende, Richtung Monte Amiata, auffälliges, rotes Haus mit schmaler Terrasse zur Straße), ✆ 05 64-955391, ✉ 0564-955478, www.stella-hotel.it.
** Da Venerio, knapp außerhalb des historischen Zentrums. Etwas ältlich. DZ mit Bad 40 €. Piazza G. Carducci 18 (Eckhaus), ✆/✉ 0564-955244.
- *Außerhalb* *** **Silene**, hübsche Zimmer zu mäßigen Preisen, Spitzenrestaurant angeschlossen (s. u.). DZ mit Bad 65 €, Frühstück inbegriffen. Via Capo Vetra 8, Loc. Pescina, 58038 Seggiano (6,5 km nordöstlich von Castel del Piano, Richtung Seggiano, dann rechts ab, Wegweiser), ✆ 0564-950805, ✉ 0564-950553, www.ilsilene.it.
Restaurant Da Luca, Loc. Pescina. Eine Leserin berichtet von „wirklich guten Pizzen, Wildgerichten und einer Fleisch-Brot-Suppe." Eine Bar und ein Alimentari sind dem Lokal angeschlossen.
** Le Macinaie, schöner Berggasthof auf 1400 m Höhe mit 16 renovierten Zimmern und guter Küche. Auch Organisation von Trekking-, Fahrrad- und Motorradtouren. DZ mit Frühstück 78 € (HP ohne Getränke 59 €). Loc. Prato delle Macinaie, ✆ 0564-959001, ✉ 0564-955983, www.lemacinaie.it.
** La Scottiglia, freundliches Familienunternehmen mit 7 einfachen Zimmern (TV/Telefon). Restaurant angeschlossen. DZ 53 €. Loc. Pescina, ✆/✉ 0564-950993, lascottiglia@tin.it.
Camping Residence Amiata, der ehemalige Bauernhof hat sich zu einem kleinen Touristenzentrum gemausert, Signore Bernabei und seine Frau Giovana bemühen sich um ihre Gäste. Die Stellplätze des gepflegten Campingplatzes sind groß und relativ schattig. Mini-Market und Pizzeria auf dem Gelände. Im alten Gutshaus und einem moderneren Nebengebäude werden auch behindertengerechte Appartements mit separater Wohnküche und z. T. großen Balkonen vermietet. Ganzjährig geöffnet. In der Hauptsaison für 2 Pers. 324 € pro Woche, in der Nebensaison 222 €. Via Roma 15, Loc. Montoto (am Ortsausgang Richtung Arcidosso), ✆ 05 64-956260, ✉ 0564-955107, www.amiata.org.
- *Essen* **Antico Frantoio**, Corso Nasini 35a. Relativ großes Ristorante mit Garten. Abends auch Pizza aus dem Holzofen. Do geschlossen, ✆ 0564-957089.
Trattoria Stuzzicomania, Via Vittorio Veneto 27. Wer ganz und gar nicht auf touristisch zurechtgefeiltes Ambiente steht, sollte mal die kleine, aber gute Auswahl in diesem bescheidenen Lokal probieren. Die Köchin serviert selbst, das Preis-Leistungs-Verhältnis stimmt. Fr geschlossen, ✆ 0564-955626.
- *Außerhalb* **Silene**, im gleichnamigen Hotel (s. o.). Spitzenrestaurant, Spezialität sind Trüffel- und Wildgerichte. Mo geschlossen. ✆ 0564-950805.
Da Vergiglio, im Bergdorf Montelaterone (5 km westlich von Castel del Piano, zunächst Richtung Paganico, dann links in Richtung Arcidosso und bald rechts hinauf nach Montelaterone). Einfache Osteria in netter Umgebung, ganz oben im Dorf. Spezialitäten vom Grill. Mo geschlossen. ✆ 0564-966830.
Antico Molino d'Orcia, Loc. Molino 1 (ca. 15 km in Richtung Paganico, unterhalb des Orts Montenero). „Superessen zu reellen Preisen, die Familie schmeißt den Laden gemeinschaftlich. Außerdem ist das Ambiente sehr gemütlich", schreibt eine Leserin. Daneben auch Wurst, Schinken, Käse, Wein und Öl sowie diverse andere Produkte zum Verkauf. ✆ 0564-954310.

▸ **Parco Faunistico del Monte Amiata:** Der ca. 120 Hektar große Park liegt etwa 7 km südlich von Arcidosso an den sanften, dünn besiedelten Hängen des Monte Amiata. Er kann nur zu Fuß auf markierten Pfaden erkundet werden. Rehe, Hirsche, Damwild, amiatinische Esel und sogar Wölfe leben hier, sind aber nur mit etwas Glück auch zu beobachten. In den durch Zäune und Gatter abgetrennten Revieren können sich die Tiere frei bewegen. Der Ausflug zum Park ist eine schöne Abwechslung, gerade auch für Kinder. Eine Wanderung zum Monte Labbro (s. u.) beginnt ebenfalls hier am Parkplatz des Parks.

- *Öffnungszeiten/Anfahrt* Di–So 7.15 Uhr bis Sonnenuntergang. Eintritt 3,50 €. Von Arcidosso Richtung Cingiano, in Serra links ab Richtung Macchie/Zancona. Der Park (Infos unter www.parcofaunistico.it) liegt hinter Zancona.
- *Camping/Essen* Am Eingang stehen **Stellplätze für Camper** zur Verfügung.
Restaurant Podere dei Nobili, am Eingang zum Park, auch vegetarische Gerichte. ✆ 0564-966867.

- *Agriturismo* **I Rondinelli**, von Kastanien umgebenes, einsam gelegenes Bauernhaus mit 8 geschmackvollen und komfortablen Zimmern (auch 3- und 4-Bett-Zimmer) mit TV, Telefon, Frigobar und 3 Appartements. Der Empfang ist herzlich und auf geschlossen, die Küche sehr gut, der rustikale Speiseraum gemütlich. Man versteht auch ein bisschen Deutsch. B&B 70 € oder 120 € mit HP für 2 Pers. Loc. Zancona (ca. 2 km vor dem Park), ✆/Fax 0564-968168, www.agriturismorondinelli.it.

Giardino di Daniel Spoerri

„Spoerri ist ein international bekannter Künstler aus der Schweiz, der schon seit vielen Jahren in der Toscana lebt. Bei Seggiano hat er ein sehr großes Landstück in einen Kunstgarten verwandelt, in dem man stundenlang die Werke vieler verschiedener Künstler bewundern kann. Ein bleibendes Erlebnis für jeden Kunstfreund!" Der Leser hat recht: Der Giardino di Daniel Spoerri bei Seggiano (ab Pescina und Seggiano ausgeschildert) ist tatsächlich einen Besuch wert. Das kleine Restaurant wird vom Wirt des „Il Silene" betrieben. Entsprechend gut ist die Qualität der kleinen Gerichte wie Panzanella oder Polpette, die italienische Version von kleinen Frikadellen. In Planung war auch ein Verkaufs- und Dokumentationsraum der Arbeiten des Künstlers. Vermietung von geräumigen Appartements zu 85–100 €. Geöffnet ab Ostern bis Nov. 11–20 Uhr, Mo geschlossen. Eintritt 10 € (Kinder unter 8 Jahren frei). Info auch in deutscher Sprache unter ✆ 0564-950026 oder www.danielspoerri.org.

Roccalbegna

Südlich des Monte Labbro (1193 m ü. M.), der im Gegensatz zum Monte Amiata aus Kalkstein besteht, liegt das mittelalterliche Roccalbegna mit seinem charakteristischen Kalksteinfelsen, dem Sasso Pinzuto. Der Ort wurde 1326 von der Republik Siena angelegt, ein frühes Beispiel systematischer Städteplanung. Vom Sasso della Rocca, der ehemaligen Felsenfestung der Stadt, hat man einen guten Blick auf die geradlinigen Straßenzüge. Im kleinen Zentrum ist die Kirche SS. Pietro e Paolo mit drei restaurierten Teilen eines nicht mehr kompletten, mehrteiligen Altarbilds von Ambrogio Lorenzetti zu besichtigen.

Den *biscotto salato*, das typische salzige Brezelgebäck mit Anisgeschmack, das erst gekocht, dann gebacken wird und wochenlang haltbar ist, gibt es beim Alimentari am Hauptplatz.

Übernachten/Essen *** **Hotel La Pietra**, mit Restaurant. DZ 75 €. Via XXIV Maggio 69/B, ✆ 0564-989019, info@locandalapietra.it, www.locandalapietra.it.

Badevergnügen besonderer Art: Von den Cascate del Mulino in Saturnia stürzt das 37° C warme Wasser in die natürlichen Sinterbecken

Hügelland der südlichen Maremma

Grüne Hügel, die sich von den Ausläufern des Monte Amiata bis zur Küste der Maremma ziehen. Etruskische Hohlwege und Nekropolen im Tuffstein sowie die berühmte Quelle von Saturnia sind die Hauptattraktionen dieses Landstrichs.

Das Gebiet südlich des Amiata an der Grenze zu Latium ist mit seinen von tiefen Schluchten unterbrochenen Felsplateaus landschaftlich überaus reizvoll. Zudem locken einige verwegen auf den Tuff gebaute Mittelalterstädtchen.

Touristisch erfuhr die Gegend in den letzten Jahren einen immer größeren Aufschwung, erst bei Italienern, zunehmend aber auch bei deutschen Urlaubern. Allerdings steht nur ein relativ begrenztes Angebot an Übernachtungsmöglichkeiten zur Verfügung, so dass man – zumindest für Ostern, Pfingsten, die italienische Ferienzeit im August und für Wochenenden – besser schon vorab bucht.

Magliano

Auf einem sanften Hügel auf halbem Weg zur Küste und weitgehend geschützt von einer sienesischen Mauer (14./15. Jh.) liegt Magliano. Am Dorfrand, hinter der romanischen Kirche Santissima Annunziata, steht der vielleicht älteste Ölbaum der Toscana. Auf 2000 Jahre wird das Alter des Veteranen geschätzt. Eine Legende erzählt, dass sich bei heidnischen Riten eine Baumhexe in eine schreckliche Katze verwandelte, die noch heute in dem knorrigen Geäst auf der Lauer liegen soll. Also lieber nicht die wohlig schnurrende Katze vom Nachbargehöft streicheln. Zur Besichtigung des Baumes (Olivo della Strega – „Olivenbaum der Hexe") muss der durch einen Zaun mit Gartentor umfriedete Privatgarten hinter der Kirche durchquert werden.

Hügelland der südlichen Maremma 157

Gleich neben dem Ölbaum wurde ein etruskisches Grab entdeckt, das jedoch heute in Privatbesitz ist. Was der Besitzer mit der Gruft macht, war nicht in Erfahrung zu bringen.

Zwischen den zwei mittelalterlichen Stadttoren *Porta San Giovanni* (14. Jh.) und *Porta San Martino* führt der Corso Garibaldi gerade durch den kleinen, überschaubaren Ort; hier, an der Hauptgasse, spielt sich auch ein Großteil des öffentlichen Lebens ab. Auf ein wenig Tourismus hat man sich mit zwei Önotheken und zwei überaus empfehlenswerten Restaurants eingestellt – ansonsten liegt Magliano angenehm abseits der gängigen Routen.

• *Privatzimmer* **Il Baluardo**, Zugang zu einem großen, betischten Balkon in der 1. Etage, der eine wunderbare Aussicht bietet. 5 DZ mit Du/WC zu 50 €. Via IV Novembre 8 (Nähe Porta S. Giovanni), ✆/✉ 0564-592025.
Locanda delle Mura, kleine Zimmervermietung mit 5 Zimmern (auch Dreier) in geschmackvollem Stil. DZ ab 80 € (100 € im Aug). Piazza Marconi 5, ✆ 338-8733882, www.locandadellemura.it.
Giusti, Einkaufsladen und Bar mit 4 einfachen und zweckmäßigen Zimmern. DZ zu 60 €. Loc. Poderone dei Frati (2 km westl. von Magliano), ✆ 0564-592045.

• *Essen* **Antica Trattoria Aurora**, Via Chiasso Lavagnini 12–14 (bei der Porta S. Giovanni). Gutbürgerliche Trattoria. Man sitzt zwischen den Ruinen der alten Stadtmauer und hat von einigen Tischen einen Blick ins Umland. Mit Garten, gehobenes Preisniveau. Für abends sollte man reservieren. Mi geschlossen. ✆ 0564-592030.
Ristorante Da Sandra, Via Garibaldi 20, gepflegt und empfehlenswert, einige Tische auch draußen am Platz. Eine Leserin war begeistert von hausgemachten Nudeln, hervorragenden Wildgerichten und besonders der netten, zuvorkommenden Art des Wirts. Mo geschlossen. ✆ 0564-592196.

Scansano (mit Umgebung ca. 5000 Einw.)

Das Städtchen in den Bergen am Rande der Maremma-Tiefebene erfuhr einen mächtigen Aufschwung, als die Machtzentrale Siena 1333 die so genannte „Estatur" herausgab. In diesem Verwaltungsakt wurde verfügt, dass alle Beamten die Stadt Grosseto im Juli und August zu verlassen hatten, um ihre Geschäfte von Scansano aus zu erledigen. Zu viele Bewohner hatten sich zuvor in den heißen Sommermonaten in Grosseto mit Malaria infiziert.

Namensgeber für den Ort war der heilige Ansano, der hier im 1. Jh. n. Chr. lebte und als Märtyrer starb. Heute ist Scansano bekannt wegen seines Weines und Olivenöls. Der rubinrote *Morellino* wird aus der gleichen Sangiovese-Traube wie der Brunello gekeltert, zu etwa 15 % sind aber auch noch Grinto- oder Alicante-Trauben am trockenen, kräftigen Geschmack beteiligt. Der Wein passt gut zu den hier in den Restaurants oft angebotenen Wildgerichten.

Die *Cantina Cooperativa Morellino di Scansano* befindet sich am Ortsausgang Richtung Grosseto und ist nur für Gruppen nach Voranmeldung zu besichtigen. In einem Verkaufsraum werden die verschiedensten Jahrgänge und Sorten angeboten (geöffnet Mo–Fr 8.30–12.30 und 14–18 Uhr). Wer von den Weinen nur ein Schlückchen probieren möchte, ist im Centro storico besser bedient, in der *Bar Le Cascine* (in der Via XX Settembre) oder in der *Enoteca Tre Pozzi* (Via Vittorio Emanuele II). 1884 schuf ein Signore mit dem wohlklingenden Namen *Dott. Vannuccio Vannuccini* die Weinsorte Morellino. Heute umfasst die Anbaufläche aller genossenschaftlich organisierten Morellino-Erzeuger ca. 150 ha. Die Anbaufläche steigt jedoch ständig, auch Antinori hat sich eingenistet. Die Lagen verteilen sich ziemlich weiträumig bis Manciano.

Archäologisches Museum: Seit 2000 ist im *Palazzo Pretorio* im Centro storico ein kleines archäologisches Museum untergebracht. Ausgestellt werden Fundstücke aus *Ghiaccioforte*, einem etruskischen Festungsort, der bereits im 6. Jh. v. Chr. existierte und ziemlich genau im heutigen Ortsdreieck Scansano, Magliano und Manciano lag (geöffnet Di–So 10–13 und 16–19 Uhr, Eintritt frei). Im selben Gebäude, im ehemaligen Gefängnis des Palazzo Pretorio, befindet sich auch das *Museo della Vite e del Vino*: Hier erfahren Sie (fast) alles über Geschichte und Kultivierung des Weins dieser Region.

Direkt gegenüber dem Palazzo Pretorio steht der Palazzo La Corte. Erklimmt man die steile Treppe, gelangt man empor zum mittelalterlichen Ortskern, in dem einst die Burg der Aldobrandeschi stand. Der kurze Spaziergang, der nur ein kleiner Umweg ist, führt einen durch die bewohnte Altstadt. Hält man sich hier links, gelangt man wieder auf die Via V. Emanuele II, um zum Hauptplatz Scansanos zurückzukehren.

• *Information* In der Hauptsaison im Palazzo Pretorio (Museo), Öffnungszeiten in der Saison Mai–Sept. tägl. 10–13 und 16–19 Uhr (Mo geschlossen). ✆ 0564-509106 oder 0564-509411, musei@comune.scansano.gr.it.

• *Einkaufen* Wem es die schicken maremmanischen Jacken angetan haben, der findet bei **Confezioni Brema** an der Via del Colle im 3,5 km entfernten Pancole (an der SS 322 in Richtung Grosseto) eine große Auswahl der Countrymode in Kord, Samt, Flanell oder Leinen. Mo–Fr 8.30–12.30/14–19 und Sa 15–19 Uhr, Via del Colle.

• *Wein* Enoteche und Cantine gibt es zuhauf in Scansano.

Überall wird mit großen Aufstellern auf die neue Cantina von **Erik Banti** hingewiesen. Die Kellerei liegt an der SS 322 in Richtung Manciano. Banti gilt als einer der Produzenten, die die Popularität des Morellino um einiges vorangetrieben haben. Die Weine können sich mit ornithologischer Etikettengestaltung sehen und mit obligatorischen 85 % Morellino (also Sangiovese) vor allem schmecken lassen. Nach telefonischer Anmeldung kann an Kellerführungen teilgenommen werden. Loc. Fosso dei Molini, Verkauf: Mo–Fr 9–12.30 und 14–18 Uhr. ✆ 0564-508006. www.erikbanti.com.

Enoteca Scansanese, großzügiges Angebot für eine Verkostung von Weinen aus der Region (bislang kostenlos!). Olivenöle können ebenfalls probiert werden. Mi geschlossen. Via XX Settembre 15/17.

• *Markt* Jeden Freitag.

• *Übernachten* **La Posta**, Privatzimmer. Sehr einfache DZ mit Bad für 55 €. Piazza Garibaldi 6 (Straße nach Grosseto), ✆ 0564-507189, ✆ 0564-507516.

• *Essen* **La Cantina**, Via della Botte 1, die Weinkellerei Bargagli hat sich im Ort die hübsch rustikal gemachte Enoteca mit Restaurant im Gewölbe zugelegt. Hier können die Morellino- und Pitigliano-Weine des Herstellers getestet werden. Spezielle Vorspeise ist die Fagioli Caroli (Bohnen-Rosenkohl-Suppe). Auch kleines Angebot an exklusiven Modeartikeln und Lederwaren. Donnerstagabends und Mo geschlossen. ✆ 0564-507605.

L'Antica Botte, Via IV Novembre 1 (unterhalb der Piazza Garibaldi). Ausgezeichnete und preiswerte regionale Küche, die auf saisonales Gemüse achtet, in der 1. Etage. Nicht sehr groß, aber sehr beliebt, sodass man oft anstehen muss. Es lohnt sich. Im Winter Mi geschlossen. ✆ 0564-507437.

Ristorante/Pizzeria Il Grottone, vom Zentrum 500 m in Richtung Saturnia, Vicolo degli Addobbi 2, Mi geschlossen, ✆ 0564-507641.

Osteria Il Rifrullo, Via Marconi 3 (oberhalb der Piazza Garibaldi), preiswerte toscanische Küche im unkomplizierten Ambiente einer kleinen Osteria. Do geschlossen. ✆ 0564-507183.

La Frasca, Piazza Garibaldi 23, populäre Vineria/Bruschetteria. Bruschetti aller Art, Gemüse-, Salami-, Schinken- und Käseteller oder Alici con Cipolla. Große Portionen und preiswert. Sympathisch unprätentiös und durchgehend geöffnet. Mo geschlossen. ✆ 0564-507868.

Semproniano (ca. 500 Einw.)

Das reizvolle Mittelalterdorf auf einem Hügel in 622 m Höhe ist von größeren touristischen Ambitionen bisher verschont geblieben. Ein Spaziergang durch die steilen, verwinkelten Gassen hinauf zur Rocca Aldobrandesca (12. Jh.) am höchsten Punkt des Ortes eröffnet immer wieder schöne Blicke auf das unverfälschte Ortsbild und auf die Hügel der Maremma. Ganz oben, gegenüber der Rocca, stößt man auf die oft verschlossene **Chiesa di Santa Croce**: Im 12. Jh. gebaut, wurde die Kirche in den folgenden Jahrhunderten mehrfach umgestaltet. Auffällig ist das mittelalterliche Holzkruzifix über dem Altar, das aus dem 12. Jh. stammt.

- *PLZ* 58055
- *Information* **Pro Loco**, Ortszentrum, unregelmäßig geöffnet. ✆ 0564-987164. www.prolocosemproniano.it.
- *Übernachten* ***** Locanda La Pieve**, das gepflegte Haus von Signora Passalacqua ist mit 8 originell und nett eingerichteten Zimmern (jedes mit Thema!) bestückt – zum Wohlfühlen. Die Wirtin ist auch eine ausgezeichnete Köchin, siehe „Ristorante Il Giardinetto". DZ mit Frühstück 90–100 €, auch Halbpension ist möglich und lohnt sich hier. Via della Società Operaia 3 (im Zentrum), ✆ 0564-987252, ✆ 0564-987756, www.laltramaremma.it/locanda_la_pieve.

Agriturismo Cortevecchia, empfehlenswerte Adresse für den Urlaub auf einem großen, alten Gutshof, der biologischen Anbau betreibt, wo das Vieh (Biofleisch) und die Pferde noch auf der Weide grasen, das Öl in der gutseigenen Ölmühle gepresst und sogar das Brot selbst gebacken wird. Das Herz des gut funktionierenden Betriebs (ca. 2300 ha), auf dem man fast autark ist, bildet eine herrschaftliche Villa, in der 12 originell eingerichtete Zimmer vermietet werden. 12 weitere Zimmer sind in der Dependance untergebracht. Restaurant im urigen Gewölbekeller (nur für Gäste), Pool, Tennis, Fahrräder, Pferde zum Reiten und großer Garten. Eine kleine, kostbare Kunstsammlung gibt es auch. DZ ca. 90 € (in der Hochsaison mindestens 2 Nächte), Abendessen 28 €/Pers. Loc. Cortevecchia (ca. 5 km in Richtung Arcidosso, nach der Ortschaft Marruchina rechts abbiegen, ausgeschildert), ✆ 0564-984075, www.tenutacortevecchia.it.

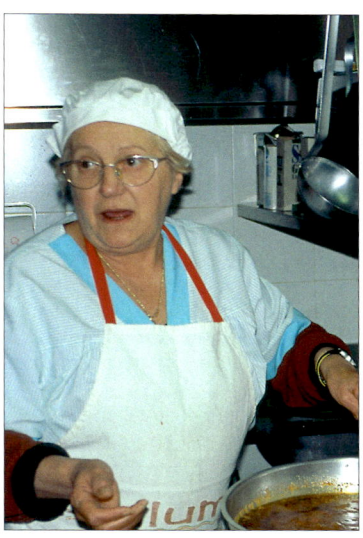

Köchin in der Osteria Rocchette di Fazio

- *Essen* **Ristorante Il Giardinetto** gehört zur Locanda La Pieve (s. o.) und wurde 2005 für seine Slow-Food-Küche ausgezeichnet. Es wird auf Produkte aus biologischem Anbau und auf Biofleisch geachtet – und auf eine gute Zubereitung. Empfehlung: Ravioli di stracotto. Mi geschlossen. ✆ 0564-987252.

Ristorante Novecento, Via Toscana 4 (an der Abzweigung zur Hauptstraße ins Dorf). Im gepflegten rosaroten Speiseraum kommen regionale Küche, saisonales Gemüse und saisonale Früchte auf den Tisch. Auch die Lunghini Novecento haben geschmeckt. Mi geschlossen. ✆ 0564-986334.

La Vecchia Cantina, Via Società Operaia (im Erdgeschoss der Locanda La Pieve, hat aber mit dieser nichts zu tun). Billige, kleine Osteria mit Terrasse. Di geschlossen. ✆ 0564-987095.

Pizzeria/Birreria Lo Zenzero, Via Mazzini 95 (bei der Abzweigung zur Hauptstraße ins Dorf). Mo geschlossen. ✆ 0564-987004.

▶ **Rocchette di Fazio**: Erreicht man den 3 km westlich von Semproniano gelegenen mittelalterlichen Weiler mit seinen nur 35 Einwohnern, ist man auch schon im Zentrum des Orts. Ein Spaziergang führt hoch zur Pfarrkirche Santa Cristina aus dem 13. Jh. (Schlüssel zur Kirche in der unten erwähnten Osteria) und zur Ruine der Aldobrandeschi-Festung, von der aus man einen schönen Blick auf den WWF-Naturpark *Bosco Rocconi* genießt (Infos zum Naturpark unter ✆ 0564-989115).

- *Essen/Trinken* **Bar/Osteria Il Piccolo Borgo**, das gemütliche Lokal lohnt allein schon den Ausflug nach Rocchette: eine Acquacotta, wie sie sein sollte, und frisch zubereitete Pasta. Mo geschlossen, ✆ 0564-986173.

Saturnia (ca. 280 Einw.)

Spricht man von Saturnia, denkt man zuallererst an die Schwefelquellen und den traumhaften Wasserfall. Von den seit der Antike bekannten Thermen schwärmte schon Dante in seiner „Göttlichen Komödie". Dank der konstanten Wassertemperatur (37,5 Grad Celsius) dauert die Saison das ganze Jahr; übers Wochenende kommen die Römer in Scharen. Die Thermen zählen zu einer der Topadressen, was ihre positive Wirkung auf Haut, Gelenke und die Steigerung des allgemeinen Wohlbefindens anbelangt. Ein Bad sollte also hier in jedem Falle eingeplant werden.

Das Dorf Saturnia liegt knapp 4 km nördlich des berühmten Wasserfalles auf einem Hügel. Es besitzt nicht die düsteren Reize eines Centro storico und auch nicht das schwindelerregende Landschaftsbild der Tuffsteinorte etwas weiter östlich. Das Prädikat „nett" bekommt vielleicht die großzügige *Piazza Vittorio Veneto* im Zentrum: viele Schatten spendende Bäume und schöne Restaurants.

Der Ursprung Saturnias verliert sich in grauer Vorzeit, genauer gesagt: in der Eisenzeit. Aus der etruskischen Epoche der Stadt sind noch Reste einer zyklopischen Ringmauer (neben der Porta Romana) erhalten. Die Römer nannten die Stadt erst *Aurinia* („die Goldene"), dann *Saturniana Colonia*. Aus römischer Zeit stammen die Grundmauern, die hinter der Boccia-Bahn auf der zentralen Piazza Veneto freigelegt wurden. Das heutige Stadtbild wird jedoch im Wesentlichen von Mittelalterbauten bestimmt.

Die **Burg** von Saturnia ist in Privatbesitz und daher nicht zu besichtigen. Unterhalb der Burg sieht man die *Porta Romana*, ein gut erhaltenes römisches Stadttor, von dem die antike *Via Clodia* (später in einen Trampelpfad übergehend) hinunter zu einer alten Mühle führt.

- *PLZ* 58050
- *Information* **L'Altra Maremma**, Via Mazzini 4, Mo–Sa 10.20–13 und 15–19 Uhr. ✆ 0564-601280, 📠 0564-601257. saturnia@laltramaremma.it, www.laltramaremma.it.
- *Busverbindung* Es gibt tägl. ein halbes Dutzend Verbindungen nach Manciano, der Bus hält auch bei den Thermen und beim Wasserfall (fragen Sie den Fahrer). Tickets beim Tabacchaio an der Piazza V. Veneto (hier fahren auch die Busse), Fahrplan bei der Touristeninformation.
- *Camper* **L'Alveare del Pinzi**, gut ausgestatteter Parkplatz für Wohnmobile, 1 km vom Wasserfall entfernt. Das großzügige Gelände bietet 400 Stellpätze, 80 Stromanschlüsse und wurde erst 2007 eröffnet. Kaum Schatten, aber Gratis-Shuttle zu den Thermen und zum Wasserfall. Außerdem gibt es einen Pizza-Liefer-Service! 10 € pro Tag oder Nacht, 12 € für 24 Stunden sowie Wasser und Toilettenentsorgung. Strada di Proquoio, Loc. Piane del Molino, ✆ 338-3069971, www.laltramaremma.it/gmasrl.
- *Wein* **Enoteca Cippi di Alessandro**, Piazza Vittorio Veneto 28/A. Großes Angebot an teuren Weinen, einige offene zur Degustation. Auch Verkauf von Käse und Marmelade.

  Enoteca Bacco e Cerere, Via Mazzini 4. Ebenfalls gutes Angebot an Wein und Käse sowie anderen Köstlichkeiten. Nicht so protzig und mit dem Gärtchen nach hinten eindeutig sympathischer. Mi geschlossen. ✆ 0564-601526.
- *Übernachten* Die Übernachtungskapazitäten in Saturnia sind begrenzt, und auch in der Umgebung gibt es nur bedingt Ausweichmöglichkeiten. Das hat zu einem überhöhten Preisniveau geführt.

**** Terme di Saturnia, Zufahrt über den hoteleigenen, 2006 eröffneten Golfplatz (18 Loch). Das luxuriöse und exklusive Kurhotel, das angeblich zu den 10 besten Thermalanlagen der Welt zählt, liegt ca. 2 km außerhalb des Orts an den Thermalquellen (Straße Richtung Manciano). Hotelgäste haben neben der öffentlichen Pool-Landschaft ihr eigenes Schwimmbad, das direkt über der Quelle liegt, die mit 800 Liter/Sekunde hervorsprudelt. Die Preisliste der medizinischen Anwendungen (Stressbekämpfung, Antizellulitisprogramme u. Ä.) ist ellenlang und umfasst alles von der ärztlichen Visite bis zum kompletten Diätprogramm. DZ mit Frühstück 400–480 €. Via della Follonata, ℡ 0564-600111, ℻ 0564-601266, www.termedisaturnia.it.

*** Villa Clodia, alle mit Bad, TV, Klimaanlage und Kühlschrank. Renovierte Villa, pieksauber, geschmackvoll eingerichtet, ruhige Lage, sehr schönes Gartenareal mit Swimmingpool. Freundlichkeit wird groß geschrieben. Sauna und türkisches Bad sowie Fahrradverleih an die Gäste. 9 DZ mit Frühstück für 95 €. Via Italia 43, ℡ 0564-601212, ℻ 0564-601305, www.hotelvillaclodia.com.

*** Hotel Bagno Santo, Nutzungsvertrag mit dem 500 m entfernten Thermalbad. Modernes Haus. DZ 110 €, Frühstück extra. Loc. Pian di Cataverna (Straße nach Semproniano), ℡ 0564-601320, ℻ 0564-601346, oliveto@laztamaremma.it.

** Saturnia, saubere, gepflegte Zimmer mit TV, Kühlschrank und Ventilator. Reichhaltiges Frühstücksbuffet (verschiedene Säfte, Kuchen, Müsli, Obst). 14 DZ mit Dusche zu 70–85 €, Frühstück inkl. Via Mazzini 4 (50 m von der zentralen Piazza entfernt), ℡ 0564-601007, www.hotel-saturnia.it.

• *Außerhalb* **** Al Poggio**, Zimmer in einem modernen Erweiterungsbau eines Landgasthofs mit großem Ausflugslokal. DZ 90 €. Via della Posta 42, 58050 Poggio Murella (3,5 km entfernt, eine kleine Straße zweigt in der Nähe des Thermalbads ab), ℡ 0564-607953, ℻ 0564-607853, info@albergoalpoggio.it, www.albergoalpoggio.com.

• *Agriturismo* **Il Cavallino**, schön gepflegte Anlage, wo immer eine frische Brise weht (eigene Honigproduktion). Renoviertes Landhaus mit 6 DZ für 55 € (inkl. Frühstück) und einigen neuen Appartements für 100–120 €. Loc. Fibbianello (an der Straße nach Semproniano, ca. 4 km von den Thermen entfernt), ℡ 0564-984108, www.agriturismoilcavallino.com.

Im brodelnden Quellbecken der Badeanstalt

Il Cantiniere, kurz vor dem o. g. Il Cavallino liegt rechts am Weg der kleine Landbetrieb Poggio Mario. Auf dem Acker werden in einem Nebengebäude im modernen Schnellbaustil 4 Zimmer vermietet. Steril, aber günstig. DZ 30 €, Dreier 55 € (inkl. Frühstück). ℡ 0564-987128 oder 349-0524529.

Agriturismo Fantone, Tipp einer Leserin: „Ca. 15 Minuten von Saturnia entfernt, in schöner, ruhiger Lage mit wunderbarem Blick. Belgisch-italienisches Pärchen vermietet 9 Zimmer zu 80 € und 4 Appartements. Man spricht viele Sprachen, macht Wein, Käse und Fleisch und kocht für die Gäste." Anfahrt von Saturnia in Richtung Semproniano. Nach dem Friedhof von Saturnia links in Richtung Usi/Murci abbiegen. Der Schotterstrecke bis zum Agriturismo Fornace folgen und daran bis zur Asphaltstraße vorbeifahren. Der Agriturismo ist ab hier ausgeschildert, ℡ 0564-519081, www.fantone.it.

162 Hügelland der südlichen Maremma

• *Privatzimmer* Am besten in der nächsten Bar nachfragen. U. a. vermieten
Pian del Molino, zu Fuß in 5 Minuten am Wasserfall (Cascate del Molino). Netter Wirt. 6 großzügige DZ mit Frühstück zu 65 €. Loc. Pian del Molino, ✆ 0564-601226, ✆ 0564-601273, www.laltramaremma.it/pian_del_molino.
Fernanda und Monia Cherubini, einfache DZ mit Dusche zu 50 €. Via Italia 3 (gleich neben der Kirche), ✆ 0564-601034.
B & B Mazzini, schöne DZ zu 55–58 €. Via G. Mazzini 10 (neben Hotel Saturnia), ✆ 0564-601345.
L'Antica Locanda, Zimmervermietung bei der sympathischen Anna Maria mit ihrem Dackel. 6 DZ zu immer noch 52 €, Frühstück extra. Via V. Veneto 31 (um die Ecke bei der Trattoria Pizza in Piazza), ✆ 0564-601271, www.laltramaremma.it/anticalocanda.
B&B Agresta, die teuerste B&B-Möglichkeit in Saturnia. Die 4 Zimmer sind, wie man bei diesem Preisen erwarten darf, entsprechend ausgestattet, inkl. einem Betthupferl und Wasser. DZ 90–100 €. Via Italia 9, ✆ 0565-763499 oder 329-5810637, www.agrestasaturni.it.

• *Essen* **Bacco e Cerere**, Via Mazzini 4 (im ersten Stock über der gleichnamigen Enoteca). Kleines Restaurant mit nur ca. 30 Plätzen. Freundlicher Service, gute Nachspeisen, gehobenes Preisniveau. Mi geschlossen. ✆ 0564-601235.
Da Mario, Via Mazzini 4, im gleichen Haus wie das Hotel Saturnia, aber unter anderer Leitung. Ordentliche Küche zu durchschnittlichen Preisen. Do geschlossen. ✆ 0564-601309.
Trattoria Pizza in Piazza, Piazza Vittorio Veneto 30. Toscanische Küche, vor allem aber der Pizza-Spezialist von Saturnia (Holzofen). Betischung zur Piazza. Do geschlossen. ✆ 0564-601095.
Wer die Panini-Variante, also die der belegten Brötchen bevorzugt, ist in der **Caffeteria Vittorio Veneto** richtig (im Zentrum an der Straße in Richtung Ortsausgang, Do geschlossen). Snacks und kühle Getränke auf der Terrasse oder zum Mitnehmen. Den besten Platz für's Picknick bietet dann der Hauptplatz mit viel Schatten unter den Steineichen. Das Wasser des Brunnens hat Trinkwasserqualität.

▸ **Wasserfall von Saturnia**: Wenn man aus Richtung Manciano kommt, ist der Wasserfall neben dem Gebäude einer restaurierten Mühle von der Straße aus schon zu sehen. Wer von Saturnia aus anreist, nimmt die Straße nach Montemerano/Manciano, ca. 4 km nach dem Ort geht es an einer Linkskurve rechts ab. Auf dem Weg stößt man zunächst auf ausgewiesene Parkplätze (Achtung: an Wochenenden im Hochsommer brechend voll!), dann auf die Bar Cascate del Mulino. Gleich daneben stürzt das Wasser mit immenser Wucht die Felswand hinunter, sammelt sich in Strudeln in einem runden Naturbecken und fällt aus einer halb offenen Grotte wieder in die Tiefe, wo sich in stufenförmigen natürlichen Sinterbecken die Badenden aalen – zu jeder Tages- und Nachtzeit. Vor allem in Vollmondnächten erfreut sich das gemeinsame Bade-Happening großer Beliebtheit und gilt dann als ganz besonders kultig, was zur Folge hat, dass sich dann recht dubioses Badepublikum hier aufhält. Der schwefelige Duft, der nach dem Bad an einem haftet, gibt einem das Gefühl, als sei man just der Hölle entstiegen. Dass bei allem Badespaß hier die hygienischen Verhältnisse auf der Strecke bleiben, ist einzukalkulieren. Die Wasserqualität lässt ebenfalls oft zu wünschen übrig. Toiletten und Duschen gibt es nicht.

Die Thermen bieten eine hervorragende Möglichkeit für kräftige Wassermassagen. Darüber hinaus wird ihnen eine Vielzahl von Heilwirkungen zugesprochen (bei Rheuma, Bronchitis, Arthrosen u. v. m.). Manche Besucher kratzen die lehmigen, schwefelhaltigen Ablagerungen von den Felswänden und reiben sich Gesicht und Oberkörper damit ein. Nicht vergessen: Vorher die Juwelen in Sicherheit bringen, Silber läuft im Saturniawasser schwarz an!

Vorsicht: Das Baden im Thermalwasser beansprucht den Kreislauf mehr als üblich. Bäder sollten daher nicht länger als 20 Minuten dauern. Nach einer halbstündigen Pause kann man sich jedoch unbesorgt erneut in die warmen Fluten stürzen. Auch auf Ihre Haut sollten Sie hier besonders Acht geben, da das Wasser einen natürlichen Peeling-Effekt verursacht. Die Haut ist daher intensiver der Sonneneinstrahlung ausgesetzt und bräunt sehr viel schneller als gewöhnlich. Gut eincremen und gegebenenfalls Lichtschutzfaktor erhöhen!

▶ **Thermalbad**: Das Bad liegt auf halbem Weg zum Wasserfall links in einer gepflegten Parkanlage. Es gehört zum 4-Sterne-Kurhotel Terme di Saturnia, kann aber auch von Nichthotelgästen besucht werden. Der Andrang an Hotelgästen und denen, die hier die komfortablere (und sauberere) Variante des Badens dem

Warmwasserkanal

sehr improvisierten Ambiente am Wasserfall vorziehen, hat in den letzten Jahren stark zugenommen. Der Nachfrage am schwefel- und kohlenstoffhaltigen Quellwasser, in dem sich bereits die Etrusker vergnügten, wurde nachgekommen. Auch in Italien hat man Wellness als ein gewinnbringendes Tourismussegment erkannt. Nach Abschluss der aufwändigen An- und Umbauarbeiten der Anlage verfügt die Pool-Landschaft nunmehr über eine Gesamtwasseroberfläche von 3000 m². Das Schwimmbecken, in dem die Mutterquelle sprudelt, ist den Gästen des Hotels vorbehalten. Die Schwimmbecken für die Tagesgäste sind jedoch großzügig angelegt

und erfüllen voll und ganz ihren wohltuenden Zweck. Es gibt Liegewiesen, Tennisplätze, sanitäre Anlagen und eine Snackbar.

① 1. Apr. bis 31. Okt. tägl. 9.30–19.30 Uhr, im Winter nur bis 17.30 Uhr. Eintritt 22 € (ab 15 Uhr 17 €), Liege 7 €, Sonnenschirm 4 €, Parkplatz 4 € (ab 15 Uhr 3 €). Einige Hotels und Agriturismi der Gegend haben mit der Thermalbadverwaltung spezielle Abkommen, um ihren Gästen günstigere Eintrittspreise anbieten zu können.

Montemerano

Auf halber Strecke zwischen Saturnia und Manciano trifft man auf dieses idyllische Städtchen. Ähnlich wie in Capalbio fühlt sich der erholungssuchende Römer an seinem „Weekend" in der Maremma in dem herausgeputzten Bergdorf sehr zu Hause. Wenn sich's einrichten lässt, sollte man den Besuch nicht am Wochenende einplanen.

In mehreren Bögen führt eine kleine Straße hinauf zum alten Ortskern rund um das Kastell, dessen enge Gassen nur zu Fuß passiert werden können. Die kühle Brise, die selbst im Hochsommer über den steilen Bergrücken weht, macht den Aufenthalt in Montemerano für viele Großstädter wohl zur angenehmen Alternative zum Urlaub an der überfüllten Küste. Allerdings lassen einen bereits die schwarzen Limousinen mit römischen Kennzeichen erahnen, dass der gehobene Tourismus in Montemerano eine wichtige Rolle spielt. Entsprechend ist das Angebot an Feinkostläden und teureren Restaurants. Liebhaber alter oder rustikaler Möbel kommen in den Antiquitätenläden auf ihre Kosten. Ein Spaziergang beginnt an der Bar *Il Glicine* am Eingang zur Altstadt auf der Via Italia, von der man nach ca. 50 m im spitzen Winkel rechts abbiegt, um zur malerischen Piazza del Castello zu gelangen. Kein einziges Geschäft befindet sich an diesem schönen Platz, nur malerische, alte Häuser – eine traumhafte Wohnlage. Nachher lässt sich erst mal unter den herrlichen alten Bäumen vor besagter Bar nieder, um sich mit eisgekühltem, selbst gezogenem Wein zu erfrischen.

Sehenswert ist die romanische **Pfarrkirche San Giorgio** an der Stadtmauer. Sie verfügt über einige wertvolle Fresken aus dem 15. Jh. *Vecchietta* (1412–1480) hat hier eine holzgeschnitzte, farbig bemalte „Mariä Himmelfahrt" hinterlassen, über dem Sarg wird Maria samt Thron von Engelchen gen Himmel getragen. Eine kostbare bemalte Holzstatue, die Petrus darstellt, stammt aus dem Umkreis von Vecchietta. Ein einheimischer Künstler aus dem 15. Jh. hat die „Madonna della Gattaiola" („Katzendurchschlupf-Madonna") geschaffen, die ein kreisrundes Loch im Gewand aufweist. Es handelt sich tatsächlich um einen Katzendurchschlupf. Das Tafelgemälde diente einst als Tür in einem Montemeraner Gutshof. Links im Chorbogen posaunen die Engel ins Paradies, während rechts die Teufelchen die Sündigen braten.

- *PLZ* 58014
- *Information* Kleines Büro am Eingang zur Altstadt (gegenüber der Bar Glicine, hinter der Bank). Öffnungszeiten sehr ungewiss. ✆ 0564-602571. montemerano@hotmail.it.
- *Einkaufen* Dem Duft von frisch gebackenen Keksen aller Art kann man in der Bäckerei **Pasticceria Mazzuoli** nur schwer widerstehen. Bei einem Tütchen Cantucci wird es daher nicht bleiben. Via Italia 32.
- *Übernachten* *** **Acquaviva**, tolles Landhaus, 2 km außerhalb an der Straße nach Scansano geht's rechts ab. Eine 300 m lange Allee führt zum Anwesen. Im Hauptgebäude 7 Zimmer, im Nebentrakt weitere 18, dazu ein netter, kleiner Pool mit Liegewiese im parkähnlichen Garten und Tennisanlage. Im Ristorante wird der eigene Hauswein „Bianco di Pitigliano" kredenzt. Das DZ mit Frühstück kostet je nach Größe und Komfort 118 €, 140 € und 163 €,

Montemerano 167

Wahrscheinlich der älteste Olivenbaum der Toscana

alle Zimmer mit Kühlschrank und Klimaanlage. ✆ 0564-602890, ℻ 0564-602895, www.relaisvillaacquaviva.com.

*** **L'Oliveto**, Restaurant mit kleiner Loggia. DZ mit Bad und Frühstück ca. 100 €, an Wochenenden und bei mehrtägigem Aufenthalt in der Regel etwas billiger. In der Saison wird man bemüht sein, das Zimmer mit Halbpension zu vermieten (pro Pers. 75 €). Via E. Fermi 20 (ca. 500 m außerhalb, Nähe Abzweigung nach Saturnia), ✆ 0564-602849, ℻ 0564-602426, info@loliveto.it, www.loliveto.it.

** **Ciavatta**, 23 sehr ordentliche, große Zimmer, verteilt auf moderne, rosafarbene Bauten um ein ehemaliges Landhaus. DZ mit Frühstück 60–70 €. Loc. Ciavatta (gleich gegenüber von Acquaviva), ✆ 0564-602657, www.ciavatta.it.

• *Privatzimmer* **La Piaggia**, 5 sehr schöne, gepflegte Zimmer mit Bad, teils mit Direktzugang zum Garten. Einladende Aufenthaltsterrasse. Sehr freundliche Vermieter. Unsere Empfehlung. DZ mit Frühstück 55 €. Via E. Fermi 21 (in Montemerano nicht ins Centro storico, sondern auf der Hauptstraße weiterfahren, auf der man die halbe Stadt umkreist, dann weist rechts ein Schild den Weg zur schönen Auffahrt ins Landhaus), ✆ 0564-602909 oder 330-271846 (mobil), www.lapiaggia.com.

Locanda del Cafe Ole, eine üppige Schönheit ist neben den Eingang gemalt, auch sonst ist die Fassadenkunst nicht zu übersehen. Die 7 Zimmer sind farbenfroh und phantasievoll eingerichtet. Für die Gäste wird auch gekocht. DZ ab 68 €. Via delle Collacchie 225, Poderi di Montemerano (3 km außerhalb an der Straße nach Manciano), ✆/℻ 0564-620662.

• *Essen* **Ristorante da Caino**, Via Canonica 3 (im Zentrum von Montemerano). Eines der besten, aber auch teuersten Restaurants der Maremma. Am Eingang prangt das Schild „Jeunes Restaurateurs d'Europe", was als Auszeichnung für eine innovative Küche gilt. Die Gäste reisen eigens aus Rom an, um hier zu speisen. Für ein opulentes 9-gängiges Menü am Abend müssen aber schon 120 € pro Person eingeplant werden. Reservierung empfohlen. Mi und Donnerstagmittags geschlossen. ✆ 0564-602817.

Passaparola all'Antico Frantoio, Via delle Mura 21 (an der Stadtmauer), Restaurant in einer alten Ölmühle mit entsprechend rustikalem Ambiente. Toscanische Küche. Do geschlossen. ✆ 0564-602835.

Osteria Cacio e Vino, Via del Bivio 16. „Käse und Wein" – was braucht man mehr? Kleines Gasthaus, auch nur für einen Imbiss am Mittag geeignet. Do geschlossen. ✆ 0564-602939.

Trattoria/Pizzeria Il Nibbio, Via del Bivio 22 (gleich neben dem vorgenannten). Die preisgünstige Variante sind die Primi und Pizzen (nur abends) um 5 €. Terrasse zur Straße hin. Über die Zimmerverfügbarkeit im Ciavatta (siehe Übernachten) kann man sich hier ebenfalls erkundigen. Mi geschlossen. ✆ 0564-602770.

Manciano (ca. 3000 Einw.)

Auf einem sanften Hügel (444 m), gekrönt vom 1424 errichteten sienesischen Kastell, liegt die Kleinstadt Manciano mit ihren dicht gedrängten Häusern. Das einstige Räubernest erlaubt mit seiner exponierten Lage einen herrlichen Rundblick vom Monte Amiata bis zum Bolsena-See und zur 25 km entfernten Küste.

Der Tourismus spielt in Manciano noch keine große Rolle, entsprechend ist das Centro storico nicht herausgeputzt wie im nahen Montemerano. Selbst im August bleiben die Bewohner des Städtchens weitgehend unter sich. Nun einige Römer unterhalten hier ihre rustikal ausgebauten Ferienwohnungen. Die Bevölkerung lebt in erster Linie von der Landwirtschaft und kleinen verarbeitenden Betrieben am Stadtrand. Attraktivität verspricht allerdings der Einfluss einer engagierten Stadtverwaltung, die den Ort mit zeitgenössischen Kunstausstellungen kulturell bereichern und durch neue Städteplanung vom Durchgangsverkehr befreien will. Manciano galt in vergangenen Zeiten als ein Ort, an dem sich die legendären Räuber der Maremma herumtrieben. Damals waren, wie überall in der Region, vor allem die Ungerechtigkeiten zwischen Armen und Besitzenden Grund für ihr Unwesen. Heute ranken sich um die Persönlichkeiten jener Tage abenteuerliche Geschichten. Vom mittelalterlichen Castello an der Piazza Magenta, dem Sitz der Stadtverwaltung und höchsten Punkt des historischen Zentrums, bietet sich ein schöner Blick auf die Hügel der Maremma. Das *Museo di Preistoria e della Protostoria della Valle del Fiora* (Museum für Vor- und Frühgeschichte) nebenan zeigt prähistorische Funde (Altsteinzeit bis Eisenzeit), die aus dem Tal des Flusses Fiora stammen (Via Corsini 1, Di–So 10–13 und 16–19 Uhr, Eintritt 2 €).

Information/Verbindungen/Diverses

- *PLZ* 58014
- *Information* **Pro Loco**, Via Marsala 1, in der Hochsaison tägl. 10.30–12.30 und 17–19.30 Uhr, in der Nebensaison nur Fr– So 10.30–12.30 Uhr (wenn überhaupt, da man auch hier auf freiwillige Mitarbeit angewiesen ist). ✆ 0564-629218.
Ufficio turistico, Via Marsala 73, März bis Sept. täglich 10–13 und 16.30–19.30 Uhr, ✆/✆ 0564-620532, ufficio turisticomanciano @email.it.
- *Busverbindungen* 5x tägl. via Montemerano nach Saturnia, 4x nach Pitigliano und 4x nach Grosseto, Bustickets gibt es im Zeitungsladen an der Piazza della Pace, Abfahrt an der Piazza della Pace und an der Via Circonvallazione Nord (vor der Bank Monte dei Paschi di Siena).
- *Einkaufen* Für entspanntes Shopping des Nötigsten hat das Städtchen gerade die richtige Größe, Mittwochnachmittag bleiben die Geschäfte geschlossen. Eine gute Auswahl an Käsespezialitäten aus der Region bietet das Angebot im Feinkostladen **La Torre-Casa dei Formaggi**, Via Ponticino 40.
- *Markt* Jeden Samstag.
- *Feste/Veranstaltungen* **Festa delle Cantine**, alljährlich werden am zweiten Septemberwochenende die alten *Cantine* (Probierstuben der Weingüter) im Centro storico geöffnet – das Weinfest der Stadt mit Weindegustation und lokalen Spezialitäten.
- *Sprachferien* Seit einigen Jahren veranstaltet in Manciano das *Centro di Cultura Italiana* aus Bologna von April bis Ende Okt. Italienisch-Feriensprachkurse. Neben dem eigentlichen Sprachstudium wird auch ein abwechslungsreiches Begleitprogramm angeboten, das zu etruskischen Ausgrabungsstätten führt oder Gelegenheit zum

Probieren toscanischer Weine gibt. Das Kursangebot ist variabel; für Anfänger und Fortgeschrittene wird Individual- oder Gruppenunterricht mit einer Dauer von einer bis vier Wochen (Verlängerung bis 12 Wochen möglich) angeboten. Preisbeispiel: 2-Wochen-Kurs in einer Gruppe von 6 bis 12 Teilnehmern für 399 €. Quartiere bei Familien oder in Ferienwohnungen werden vermittelt (im EZ ab 119 €, im DZ ab 88 € pro Pers., Küchenbenutzung 19 €, alle Preisangaben gelten wöchentlich). Adresse der Schule: Via XX Settembre 79, 58014 Manciano, ✆ 0564-629382 (nur während der Schulzeit Mo–Fr 10–13 Uhr), info@culturaitaliana.it. Hauptsitz der Schule in Bologna: CULTURA ITALIANA, Via Castiglione 4, 40124 Bologna, ✆ 051-228003, ✆ 051-227675, info@cultura italia.it, www.culturaitaliana.it. Informationen sind auch in Deutschland erhältlich: Centro di Cultura Italiana, Iglauer Str. 89, 89518 Heidenheim, ✆ 07321/48459.

Übernachten

• *Übernachten* ***** Rossi**, alles neu renoviert und mit Klimaanlage. Aufgrund der geschmackvollen DZ und des schönen Frühstücksraums erschien uns die Übernachtung zu 67–73 € (inkl. Frühstück) nicht zu teuer. Via Antonio Gramsci 3 (zentral am Kreisverkehr im unteren Ortsteil), ✆ 0564-629248, www.hotelrossi.it.
* Miravalle, ruhige Lage am Ortsrand. Wenn niemand da ist, im violetten Haus gegenüber bei Meloni klingeln. Am Sonntag keine Rezeption! DZ ohne Frühstück 50 €, mit Frühstück 60 €. Via Antonio Gramsci 47, ✆ 0564-620245, www.ilmiravalle.it.
• *Außerhalb* **Locanda Laudomia** (3 km Richtung Montemerano), Garten hinterm Haus. DZ mit Bad und Frühstück 65 €, Case Ciani 1/3, ✆ 0564-620013, ✆ 0564-620062, www.locandalaudomia.com.
• *Privatzimmer* **Maison d'Hôtes Le Pisanelle**, die Herberge erinnert eher an ein englisches Landhaus. Die Gäste werden abends zu einem sehr intimen, vom Hausherrn persönlich zubereiteten Dinner empfangen. Das Essen war ausgezeichnet, die Konversation über die Jagd, Gott und die Welt eine andere Sache. Man kann das Zimmer aber auch ohne Abendessen beziehen. DZ mit Frühstück 102–112 €, HP 82–87 €/Pers. Loc. Le Pisanelle (etwa 4 km außerhalb an der SP 32 in Richtung Farnese), ✆ 0564-628286, ✆ 0564-625840, www.lepisanelle.it.
Locanda Il Poderino, SS 74, km 30.650 (ca. 2 km außerhalb an der Straße nach Albinia auf der linken Seite). Zum Betrieb gehört ein gutes Restaurant der gehobenen Preisklasse mit netter Terrasse. DZ mit Bad und Frühstück 70–100 €, im Nebenhaus (etwas weiter von der Straße entfernt und einfacher ausgestattet) 60–90 €. ✆ 0564-625031, www.3querce.it.
La Locanda degli Amici, die Wirtsleute der Trattoria Paolino haben die Zimmervermietung in einem Wohnhaus mitten in der Altstadt erst kürzlich übernommen und alle 5 Zimmer frisch renoviert. Man sollte die Signora unbedingt nach einem der beiden Zimmer mit Terrasse fragen. DZ 50–60 € (kein Frühstück). Via delle Piagge 5 (Centro storico), ✆ 0564-629388 oder 329-7176722, ✆ 0564-629388, info@dapaolin.it.
Le Camere di Paolino, sollte niemand da sein, wenden Sie sich am besten an die Trattoria da Paolino ums Eck (siehe „Essen und Trinken", für die Zimmer ist aber nicht Paolino, sondern Paola zuständig). DZ mit Bad, TV, Kühlschrank und Kochgelegenheit 50–55 € (ohne Frühstück). Via Marsala 41 (zentral), ✆ 0564-620205 oder 347-4737279 (mobil), www.lecameredipaolino.it.
Camere Doriana, ordentliche Zimmer ab 44 € (Frühstück 2 €). Via Martiri della Libertà 10 (vom zentralen Kreisverkehr hoch, am Friedhof vorbei, dann das gelbe Haus auf der linken Seite), ✆ 0564-629724 oder 333-2994447 (mobil).
• *Agriturismi* **L'Antica Sosta**, im Restaurant wird für die Hausgäste gekocht. Die Wirtsleute sind sehr nett, haben Schafe und Olivenbäume. Es werden auch Ausritte vermittelt. Kleines Anwesen mit Mini-Appartements und 6 DZ mit Bad, TV und teilweise auch Kühlschrank zu 68 €, bei 5 oder mehr Tagen Aufenthalt 60 €, Frühstück inkl. Loc. Mondonuovo 8 (ca. 2 km außerhalb Richtung Pitigliano), ✆ 0564-629706, ✆ 0564-629626, www.anticasosta.com.
Poggio Tortollo, SP 32 (ca. 4 km außerhalb Richtung Farnese), schöne Doppelzimmer mit Frigobar, Klimaanlage und TV im kleinen Landgut, wo auch ein gutes Olivenöl und Honig produziert werden. Zum Frühstück gibt es frischen Ricotta-Käse, alles ist picobello und die Vermieterin um jeden einzelnen Gast sehr bemüht. DZ mit Frühstück

70–80 €, bei längerem Aufenthalt günstiger. ✆ 0564-620209, ℻ 0564-620949, www.poggiotortollo.it.
Agriturismo Poggio Foco, mit biologischem Getreideanbau. Atemberaubendes Panorama in alle Richtungen (ein Sonnenuntergang, vom „Feuerhügel" betrachtet, ist ein Erlebnis!) und in absolut ruhiger Umgebung. Hier gibt es immer interessante Leute; wenn es nicht die Gäste sind, so sind es auf jeden Fall die kunstinteressierten Besitzer aus Verona. Man spricht Deutsch und Englisch, was in diesem Ambiente fast selbstverständlich wirkt. Viel Platz für Kinder. Hunde sind hier willkommen. Die Wohnungen für 2–8 Pers. im Bauernhaus des Landguts sind wochenweise zu mieten (für 2 Pers. ab 540 €). Loc. Poggio Fuoco (ca. 10 km außerhalb auf der SP 32 Richtung Farnese bis zum Abzweig rechts in Richtung Vulci, dann rechts auf die Ausschilderung achten), ✆ 0564-620970 oder 335-7720058 (mobil), ℻ 0564-620977, www.poggiofoco.com.

Essen und Trinken

Spezialität des Ortes ist der *ciaffagnone*, ein mit geriebenem Schafskäse bestreuter Crêpe.
Trattoria Il Rifugio, Via Trieste 9. Das Lokal heißt nicht nur „Zuflucht", sondern ist es auch: angenehme Atmosphäre und gute Küche, z. B. Wildschwein- und Steinpilzgerichte. Ca. 100 m von der Bar Centrale am Rand des Centro storico. Mittags und abends geöffnet, Do geschlossen. ✆ 0564-620029.
Trattoria Laterna blu, Via dell'Imposto 18 (Ortsrand, noch vor der Gabel Scansano/Pitigliano an der linken Straßenseite). Die Terrasse zur Straße ist unauffällig und verbirgt ein gediegenes Kellerlokal. Muscheln, frischen Fisch oder toscanische Klassiker vom Land – alles ist hervorragend zubereitet. Gute Auswahl an Weinen aus Scansano. Mi geschlossen. ✆ 0564-625009..
Trattoria da Paolino, Via Marsala 41. Paolino hat sein einst spartanisches Lokal an einen Verwandten abgegeben, und dieser hat ausgebaut: zwei angenehme Räume, vom oberen wunderbarer Blick in die Landschaft. Die Preise sind leicht angehoben, aber die Küche ist hervorragend. Wildschwein gibt es alla Maremma (würzige Tomatensoße) oder mit Fenchel. Wie wär's mit einem Fasan im Weißweinbad? Als Primo unbedingt die hervorragenden Gnudi (Teigklößchen mit Spinat und einer Mozzarella-Tomaten-Soße) probieren. Einzig der Pecorino-Test verlief negativ: die Portion war enttäuschend klein. Mo geschlossen, ✆ 0564-629388.
Osteria Antica Compagnia, Via Circonvallazione Sud 48d, der Eingang wird verwegen mit Fackeln beleuchtet, verdächtig große Auswahl an Speisen für das kleine, rustikal gestylte Restaurant mit kleiner Terrasse. Mit einem der Antipasti-Angeboten macht man sicher nichts verkehrt. Do geschlossen. ✆ 0564-625125.
Pizzeria Osée, Via Circonvallazione Nord 35 (direkt bei der Total-Tankstelle), übersetzt so viel wie „waghalsige Pizzeria". Das Lokal ist in Zirkusmanier dekoriert, und der Wirt, „Mr. Pizzaiola Italia '99", lässt schon mal den Bären tanzen. Ein Foto des Pizzakönigs

My cave is my castle – Eingang zu einer der Mönchszellen der Einsiedelei von Poggio Conte

zusammen mit Miss Italia bei der Preisverleihung der Pizza-Weltmeisterschaft 2000 hängt auch aus. Die Einrichtung ist eher Geschmackssache – über die gute Qualität der Pizza und deren frische Zutaten war man sich einig. ✆ 0564-623300.

• *Außerhalb* **Locanda Laudomia**, Garten hinterm Haus. Auch 12 Zimmer zu vermieten. DZ mit Frühstück 65 €. Loc. Poderi di Montemerano (3 km Richtung Montemerano), ✆ 0564-620013, ✉ 0564-620062.

Einsiedelei von Poggio Conte: An der Stelle, wo die Straße nach Canino (Latium) den Fluss Fiora überquert, befindet sich – versteckt hinter einem dichten Vorhang üppiger Vegetation und nur zu Fuß erreichbar – eine archäologische Besonderheit, der *Romitorio del Poggio Conte*. Es handelt sich um eine Einsiedelei aus dem 12./13. Jh. Die Mönche, die sich an diese abgelegene Stelle zurückzogen, trieben nicht nur ihre Zellen ins Tuffgestein, sondern auch eine ganze Kapelle, die sie mit einem gotischen Gewölbe und großflächigen Wandgemälden ausstatteten. Eindrucksvolle Apostelbilder aus Poggio Conte findet man heute im Museo Civico in Ischia di Castro (Latium).

Anfahrt Ca. 10 km von Manciano. Straße in südliche Richtung nach Farnese (Canino) nehmen. "Nach der Brücke Ponte di Pietro geht es Richtung Canino. Nach 1,8 km bei der ersten Abzweigung rechts. Von dort zu Fuß bei der Weggabelung nach 100 m rechts und dann ca. 2 km dem sandigen Sträßchen nach, flussabwärts bis es in einen schmalen Trampelpfad inmitten üppiger Vegetation übergeht. Von dort sind es noch ca. 500 m bis zum Wasserfall. Links oberhalb davon ist durch die Bäume die Kapelle zu erkennen. Es ist empfohlen, sich im Museum anzumelden, ✆ 0176-425400." Wegbeschreibung lt. Leserbrief von Frau Neuhaus und Frau Steiger aus Bad Ragatz, Schweiz.

Pitigliano (ca. 4400 Einw.)

Mitten im engen Tal ragt ein gewaltiger, steiler Tuffsteinfelsen in die Höhe, obenauf die Stadt. Man meint, sie nur mit riesigen Leitern erklimmen zu können. Die mittelalterlichen Häuser wirken wie ein Wildwuchs des Felsens, im östlichen Ortsteil sieht man die Reste eines Aquädukts aus dem 16. Jh., dahinter der mächtige Palazzo der Grafen von Orsini. Den besten Blick auf Pitigliano hat man vom Kirchlein Madonna delle Grazie an der Straße nach Manciano. Falls man sich noch dazu abends der Stadt nähern sollte, kann man von hier die einzigartige Kulisse in geradezu surrealistischer Illumination erleben.

Erst in den letzten Jahren konnte der langsam bröckelnde Stadtfels, den die Etrusker einst als Nekropole nutzten, mit Stahlklammern gesichert werden. Die engen, an manchen Tagen ohne Sonne recht düsteren Gassen lassen keinen Autoverkehr zu. Selten hat man so viel *Ape*-motorisierte Verkehrsteilnehmer gesehen, die mit den knatternden Zweitakter-Pick-ups in den schmalen Gassen alles Mögliche hin und her transportieren. Schicke Geschäfte wie etwa in Montepulciano oder Montalcino gibt es hier nur wenige, und auch die bei Touristen beliebten *Enoteche* findet man nur vereinzelt – Pitigliano hat sich (noch) nicht herausgeputzt und dafür viel von seinem ursprünglichen Charme behalten. Die in den Felsen gehauenen Grabkeller unterhalb der Stadt werden heute noch zur Weinlagerung, als Ställe und Werkstätten genutzt. Auf einem Spaziergang in Richtung Altstadt gelangt man in den Teil, in dem sich einst das jüdische Viertel befand.

Spaziergang: Ein ca. 30-minütiger Rundgang führt von der *Piazza Petruccioli* die Treppe hinunter zum ehemaligen Waschhaus von Pitigliano. Von dort zieht sich ein Schotterweg unterhalb des Stadtfelsens an Schrebergärten und den Gehegen der Kleintierzüchter vorbei. Über die *Porta di Sovana* gelangt man wieder in die Stadt zurück.

Wandern: Im Gebiet zwischen Pitigliano und Sovana finden sich mehrere in den Tufffelsen geschlagene etruskische Hohlwege *(vie cave)*, die schattige Spaziergänge erlauben. Einer der schönsten ist die *Via Cava dell'Annunziata*, die auf ein Felsplateau führt; von dort sind es dann noch 90 Minuten bis Sovana. Der Spaziergang beginnt an der Straße nach Sovana (linke Seite) knapp oberhalb der Brücke über den Lente-Fluss. Gesamtdauer ca. 2 Std.

Ein ca. 7 m hoher Hohlwegabschnitt (der so genannte *Fratenuti*) ist 50 m links vor der Brücke Richtung Sovana zu sehen.

Vier Jahrhunderte „Piccola Gerusalemme" – Die Juden in Pitigliano

Bemerkenswert ist die Tatsache, dass Pitigliano einst über eine bedeutende *jüdische Gemeinde* verfügte, die hier ab 1535 von den damals aus Spanien kommenden hebräischen Siedlern gegründet wurde. Um 1880 waren 15 % der 3000 Einwohner von Pitigliano Juden – sehr viel, wenn man bedenkt, dass Juden in Italien damals (und auch heute) weniger als 0,1 % der Bevölkerung ausmachten. Es gab eine jüdische Bibliothek, jüdische Schulen und eine Synagoge, die in den letzten Jahren wieder hergerichtet wurde. In einem in den Fels gehauenen Kellergewölbe steht noch der Backofen, in dem die traditionellen Backwaren für das Passah-Fest hergestellt wurden. In jedem Lebensmittelladen von Pitigliano steht der „Piccola Gerusalemme", ein koscherer Wein, im Regal. Ein stilles Zeugnis der jüdischen Vergangenheit ist der verschlossene Friedhof, der auf einem wunderschönen Hügel im Osten der Stadt liegt. 1938 verließen die meisten Juden die Stadt, 2005 registrierte Pitigliano gerade noch drei jüdische Einwohner. In der Bäckerei *Panificio del Ghetto* gibt es neben *Pane Azzimo*, dem ungesäuerten Brot, das ohne Hefe gebacken wird, auch die jüdische Gebäckspezialität *Lo Sfratto*, aus süßem Teig mit Nüssen, Honig und Muskatnuss die reinste Kalorienbombe, die folglich sehr lecker schmeckt. Mit seiner Form soll es an den Stock erinnern, mit dem die Stadtherren der Orsini bei den jüdischen Bewohnern an die Haustür klopften, was als Aufforderung galt, die Wohnungen zu verlassen und das Ghetto der Stadt aufzusuchen. Die Bäckerei befindet sich mitten im einstigen Ghetto Pitiglianos (Via Zuccarelli 167).

Information/Verbindungen/Weine

- *PLZ* 58017
- *Information* **Ufficio turistico**, Piazza Garibaldi. Di–So 10.20–13 und 15–19 Uhr (im Winter 14–18 Uhr). Kompetentes Personal. ✆/℡ 05 64-617111. infopitigliano@lamaremma.info.
Pitigliano Guide – Tufo Rosa, privates Unternehmen, das Souvenirs verkauft und Besichtigungstouren durch Pitigliano, Sovana und Sorano sowie geführte Wandertouren auf alten Etruskerwegen organisiert. Nur in der Hochsaison und nach vorheriger Reservierung (mind. 3 Pers.), pro Pers. ca. 12 €. Tägl. 10–13 und 15–20 Uhr. Piazza Petruccioli 101, ✆ 0564-617019, ℡ 0564-617784.
- *Busverbindung* 3x tägl. via Manciano nach Grosseto, 1x Saturnia, 2x Orbetello, 1x Sovana, 8x Sorano und 1x Semproniano.

Wer nach Siena oder Florenz will, muss in Grosseto umsteigen. Abfahrt der Busse gegenüber der Bar Golosone in der Via S. Chiara, Tickets und Fahrpläne in der Bar.
- *Internet* in der Weinbar neben dem Hotel Gustini.
- *Einkaufen* Die Straße zum Bummeln ist die Via Roma. Hier und in der Via Orsini gibt es einige Läden mit Möbelrestaurateuren. Mittwochnachmittag bleiben die Geschäfte geschlossen.
- *Weine* Nicht zu verachten sind die Weine aus Pitigliano: Rosso Rubino, Ildebrando Bianco, Sovana Rosso (Sangiovese), Aleatico, Bianco Amabile und vor allem der Bianco di Pitigliano, ein leichter, trockener Weißwein, der zu ca. 70 % aus der Trebbiano-Rebe gekeltert wird.

Pitigliano – ein Wildwuchs des Felsens

Eine Besonderheit sind die kosheren Weine, die mit einem Zertifikat des Oberrabbiners von Livorno versehen sind. Man bekommt einen weißen und einen roten „Piccola Gerusalemme". Beide Weine sind frei von Konservierungsstoffen (Schwefel).

Größere Mengen Wein kauft man am besten in der **Cantina Cooperativa** von Pitigliano (knapp 1 km außerhalb an der Straße nach Orvieto rechts ab). Geöffnet Mo–Fr 8–13 und 14–18 Uhr (Fr nur bis 17 Uhr), Sa 8–13 Uhr. Dieselbe Cantina unterhält einen Verkaufsraum in der Via S. Chiara 70, der regelrecht in den Fels gehauen ist. Hier werden auch Salami, Schinken und Käse angeboten.

Enoteca Ghiottoneria, Via Roma 111, Weine, Trüffel, Pesto – gute Qualität (Lesertipp).

• *Markt* Jeden Mittwochvormittag.

• *Feste* Am ersten Septemberwochenende heißt es **Settembre divino – cantine aperte**, das Weinfest der Altstadt, bei dem die uralten, in den Tufffelsen gehauenen Privatkeller geöffnet werden.

Übernachten

** **Guasti i**, Signora Loreta Lazzeri-Guastini ist schon weit über achtzig, führt aber immer noch das Zepter im Familienbetrieb der 2005 sein hundertjähriges Jubiläum feiern konnte. Die kleineren, günstigeren Zimmer befinden sich im Stammgebäude und bieten teils einen großartigen Blick übers Tal, die größeren, teureren sind im Nebenbau ohne spektakuläre Aussicht, dafür mit Klimaanlage. DZ mit Bad und TV je nach Saison und Größe 62–90 €, Frühstück extra. Piazza Petruccioli 16 (gleich am ersten Platz, wenn man in den Ort hineinkommt), ℡ 0564-616065, ℡ 0564-616652, www.albergoguastini.it.

• *Außerhalb* *** **Valle Orientina**, 5 km außerhalb (nach 4 km Abzweig von der Straße nach Orvieto). Großartige, einsame Lage im bewaldeten Orientina-Tal, mit Tennisplatz, Sauna, Fitness-Studio und Mountainbike-Verleih. Zum Hotel gehört auch das ehemalige jüdische Thermalbadehäuschen mit einer 38 °C warmem Quelle. „Manchmal" wird für dessen Benutzung eine Gebühr von 5 € erhoben, aber eben nur manchmal. Nur 150 m hinter dem Hotel befindet sich ein hässliches Gebäude; es ist das gedeckte kommunale Bad, das mit demselben Thermalwasser gespeist wird wie das alte jüdische Bad, hier allerdings auf 28 °C „abgekühlt". Vom Hotel führt ein Weg zu den etruskischen Grabkammern, die sich weiter hinten im Tal befinden (z. Zt. geschlossen).

174 Hügelland der südlichen Maremma

Geräumige DZ mit Bad 80–130 € inkl. Frühstück. Halbpension wird empfohlen, pro Pers. 60–80 €. ✆ 0564-616611, ℻ 0564-617728, www.valleorientina.it.

** Corano, SS 74, km 49.460 (ca. 3 km außerhalb Richtung Manciano, kurz nach Madonna delle Grazie). Etwas nüchterne Anlage mit Pool, die oft von Gruppen genutzt wird. Restaurant angeschlossen. Alle Zimmer mit Bad und TV, DZ ca. 72 € (inkl. Frühstück). ✆ 0564-616112, ℻ 0564-614191, www.hotelcorano.it.

• *Privatzimmer*: **Locanda Il Tufo Rosa**, 6 Zimmer, teilweise ziemlich klein, aber sehr gepflegt und nett eingerichtet, schöne, moderne Badezimmer. Da fast direkt am Verkehrsknotenpunkt von Pitigliano gelegen, nicht immer ganz leise. DZ mit Bad 55–65 €, kein Frühstück. Piazza Petruccioli 97 (gegenüber dem Hotel Guastini), ✆ 0564-617019, ℻ 0564-617784, info@iltuforosa.com, www.iltuforosa.com.

Maremma nel Tufo, gegenüber vom Corano vermietet der Bruder 3 einfache Doppelzimmer, die auch als Appartements gemietet werden können. DZ 65 €. Vgl. unter Corano, ✆ 0564-615471 oder 348-3924598, www.maremmaneltufo.com.

Camere La Magica Torre, wenden Sie sich zwecks Vermittlung eines Zimmer im Centro storico an die gleichnamige Pizzeria am Platz oder rufen Sie an. DZ mit Bad je nach Saison 50–60 €. Piazza Petruccioli (gegenüber von Tufo Rosa), ✆ 0564-616260 oder 347-1439194 (mobil).

*** Agricamping Poggio del Castagno, 8 km von Pitigliano entfernt, ist der kleine Platz ganzjährig geöffnet und für ca. 20 Zelte und einige Wohnmobile eingerichtet. Die Signora bietet abends auch einfache tocanische Menüs zu 17 €. Übernachtung 10 €. Anfahrt von Pitigliano 1 km in Richtung Manciano (74), dann links Richtung Viterbo/Orvieto. Dann der Ausschilderung nach San Quirico folgen (SP 127 Strada del Pantano). Nach ca. 4 km auf Ausschilderung zum Agricamping achten (Lesertipp), ✆ 0564-615545, poggio_castagno@tiscali.it.

Essen und Trinken

Il Tufo Allegro, Vicolo della Costituzione 2 (in einem Seitengässchen der Via Zuccarelli in der Nähe der Synagoge). Kleines Lokal im Tufffelsen, neben zahlreichen Auszeichnungen auch vom deutschen *Feinschmecker* prämiert. Spezialität sind die Gnudi (große Gnocchi), gefüllt mit Ricotta-Käse. Oder als Hauptgericht Buglione d'Agnello, Lammbraten nach Pitiglianer Art. Bei dieser Qualität kocht der Chef natürlich persönlich – im Herbst mit frischen Pilzen vom Monte Amiata. Gehobenes Preisniveau, mittags und abends geöffnet, Di geschlossen. Reservierung unbedingt erforderlich, ✆ 0564-616192.

Osteria del Corso, Via Roma 92, sympathisches Lokal mit rustikalem Ambiente, toscanische Küche zu mittleren Preisen, netter Service. Mi geschlossen, ✆ 0564-617079.

Del Grillo, Via Cavour 9 (beim Aquädukt). Kleine Trattoria direkt im Centro storico. Die Hausfrau steht selbst am Herd, um die zahlreichen Wildspezialitäten der Umgebung zuzubereiten. Gute Küche zu moderaten Preisen. Di geschlossen. ✆ 0564-615202.

Hostaria del Ceccotino, Piazza S. Gregorio 15, nette Terrasse am ruhigen Domplatz. Große Auswahl an Standardgerichten und typisch Toscanischem bei mittlerem Preisniveau. Do geschlossen. ✆ 0564-614069.

Trattoria La Chiave del Paradiso, Via Vignoli 36. Der „Schlüssel zum Paradies" liegt versteckt: von der Piazza Gregorio VII rechts neben der Hostaria del Ceccotino in die Via Orsini einbiegen, dann gleich rechts in einem Seitengässchen des Domplatzes. Sehr einfache Trattoria im ursprünglichen Sinn, rustikale und bodenständige Küche, vermutlich die günstigste Möglichkeit, in Pitigliano zu essen. Schlichte Einrichtung. Mo geschlossen, ✆ 0564-616823.

Pulp Fiction, Bar, Disko und Pub in einem. 4 km außerhalb von Pitigliano, an der Straße nach Orvieto auf der rechten Seite. Fr, Sa und So ab 21 Uhr geöffnet.

Sehenswertes

Palazzo Orsini/Diözesanmuseum: Der Palast der römischen Adelsfamilie Orsini, zu deren Grafschaft Pitigliano gehörte, überragt die zentrale Piazza della Repubblica. Auch heute noch ist er Sitz des Bischofs. Er wurde in den letzten Jahren des 14. Jh. erbaut und 1547 bei einem Volksaufstand geplündert. Für die Museumsgestalter des aufwändig restaurierten Baus war die Ausstattung der 18 Räume an-

scheinend problematisch – in etlichen Räumen herrscht gähnende Leere, andere sind mit Biedermeier-Möbeln oder sakralen Kunstgegenständen voll gestellt. Interessant allenfalls sind die alte Bibliothek und die originalen Holzkassettendecken in einigen Sälen.
① Mai/Juli/Sept. Di–Do 10–13 und 15–19 Uhr, im Aug. bis 20 Uhr, Okt.–April Di–So 10–13 und 14–18 Uhr. Eintritt 3 €.

Museo Civico: In den drei Räumen des Museums im Innenhof des Orsini-Palastes (gegenüber dem Diözesanmuseum) ist eine kleine Sammlung etruskischer Fundstücke untergebracht.
① Gleiche Öffnungszeiten wie der Palazzo Orsini, Eintritt 3 €.

Synagoge/Jüdisches Museum: Im Jahr 1598 erbaut, wurde die Synagoge in der zweiten Hälfte des 18. Jh. im Rokoko-Stil renoviert und brach 1960 als Spätfolge der gezielten und doch verfehlten Bombardierung im Zweiten Weltkrieg schließlich zusammen. Nach dem Wiederaufbau steht sie seit 1995 der Öffentlichkeit wieder zur Verfügung und es finden hier auch wieder jüdische Rituale statt. Schenkt man den aus den Trümmern geretteten Gedenktafeln im Inneren der Synagoge Beachtung, fallen einem die futuristischen Jahreszahlen auf.

Stille Gasse, wie fast alle in Pitigliano

Die hebräische Zeitrechnung begann bereits 3760 Jahre vor Christi Geburt. Folglich beehrte Leopold II. die jüdische Gemeinde Pitiglianos mit seinem Besuch am 20. April 5589, entsprechend unserer Zeitrechnung also im Jahre 1829.

Die Synagoge ist heute integraler Bestandteil des Jüdischen Museums. Zu diesem gehören neben einer Sammlung sakraler Gegenstände auch die Räume der Ritualbäder, ein Schächtraum und ein Keller für koscheren Wein.
① Im Sommer Di–Fr und So 10–12.30 und 16–19 Uhr, im Winter 10–12.30 und 15–17.30 Uhr, Mo und Sa sowie an jüdischen Feiertagen geschlossen. Eintritt 2,50 €. Im Eintrittspreis inbegriffen ist auch eine Kippa (traditionelle jüdische Kopfbedeckung) aus Kunststoff für Männer bzw. ein Schleier aus Kunststoff für Frauen für den Besuch der Synagoge. Nachher wieder abgeben.

Museo della Civiltà Giubbonaia (auch *Pitigliano Underground* genannt): Eine private Sammlung mit allerlei Kuriosem über Brauchtum und traditionelle Landwirtschaft findet man im Kellerlabyrinth unterhalb der Festung, Eingang von der Piazza Garibaldi. Das Museum ist seit Jahren im Aufbau begriffen. Feste Öffnungszeiten gibt es nicht. Die Führungen sind kostenlos, ein Trinkgeld wird aber nicht ausgeschlagen. Interessierte erkundigen sich im Touristenbüro oder unter ✆ 0564-617111.

Museumsstädtchen Sovana

Sovana (125 Einw.)

Ein Museumsdorf aus braunrotem Tuffstein zwischen den Felsenschluchten der Flüsse Folonia und Calesina. Früher Hauptsitz der Adelsfamilie der Aldobrandeschi, die große Teile der Südtoscana und Teile des nördlichen Latium besaßen.

Die sorgfältig restaurierten Ziegelbauten des 125-Seelen-Ortes reihen sich an einer lang sich hinziehenden Straße auf. Das warme Rotbraun der Häuser findet sich im endlosen Zickzack-Ornament des Straßenbelags wieder.

Im Zentrum liegt die *Piazza del Pretorio* mit der *Kirche Santa Maria* an der südlichen, dem wappengeschmückten *Palazzo Pretorio* an der nördlichen Längsseite und dem *Palazzetto dell'Archivio* (heute Postamt) an der westlichen Kopfseite. Der östliche Ortseingang wird von einer gewaltigen Burgruine, der *Rocca Aldobrandeschi* (nicht zugänglich), beherrscht, neben der die kleinen Häuser Sovanas wie Miniaturen erscheinen. Im Westen liefert der mit seinem kurzen Turm ebenfalls wie eine Burg wirkende *Dom Pietro e Paolo* das Pendant.

Am Weg zum Dom erinnert eine Marmortafel an das Geburtshaus des Mönchs Hildebrand, der als Reformpapst Gregor VII. den Kampf mit dem deutschen Kaisertum aufnahm und dann dem büßenden Kaiser Heinrich IV. im Jahr 1077 die Absolution erteilte.

- *PLZ* 58010
- *Information* Bei der Rezeption des Dokumentationszentrums im Palazzo Pretorio. Ab April bis Okt. und Dez. tägl. 10–13 und 15–19 Uhr; im Nov. und von Januar bis Mitte März Fr–So 10–13 und 15–17 Uhr. Hier verkauft die Organisation **Arethusa** (Cooperative Zoe) auch Sammeltickets für die etruskischen Nekropolen (s. u.) sowie deutschsprachige Literatur zu Sovana und den Ausgrabungen. ✆ 0564-614074. aretusa. parcotartufo@virgilio.it

Auskünfte über Übernachtungsmöglichkeiten erteilt das professionelle Reservierungsbüro **Pyrgos** an der Piazza gegenüber dem Infobüro. Via del Pretorio 12, ✆ 0564-616727, info@sovana.eu, www.sovana.net.

• *Einkaufen* Kleine Kunsthandwerks- und Antiquitätenläden bieten reichlich Gelegenheit zum Stöbern. Außerdem diverse Feinkostgeschäfte, in denen unter anderem auch der *Rosso di Sovana* (Hauptanteil Sangiovese) verkauft wird.

• *Übernachten* ****** Sovana Romantik Hotel & Resort**, 2004 eröffnet, im selben Besitz wie die Taverna Etrusca (s. u.) und das Hotel Fortezza in Sorano. Außen unscheinbar, innen luxuriös und mit großem Garten. DZ inkl. Frühstück 150 €, Suite 250 €. Via del Duomo 66 (Straße zum Dom), ✆ 0564-617030, 📠 0564-617126, www.sovanahotel.it.

*** Scilla, freundliche Rezeption, daneben eine Kopie der etruskischen Tomba della Sirena. 8 stilvoll renovierte Zimmer in historischem Gemäuer, in der Hauptsache lebt man hier vom großen Restaurant (von dem ein Leser berichtet, dass das Tiramisu „göttlich" sei). DZ mit Bad und TV 90 €, EZ 70 € (inkl. Frühstück). Via Rodolfo Siviero 3 (gleich hinter dem Palazzetto dell'Archivio), ✆ 0564-616511, 📠 0564-614329, www.sovana.eu.

*** Taverna Etrusca kleines, gepflegtes Albergo im Zentrum mit ebenfalls kleinen Zimmern. DZ mit Bad 90 €, Frühstück extra. Piazza del Pretorio 16 (neben dem Palazzo Comunale), ✆ 0564-616183, 📠 0564-614193, www.scilla-sovana.it.

• *Privatzimmer* **Fünf Zimmer**, werden in der Altstadt an der Via del Pretorio zu 65 € vermietet und sieben weitere Doppelzimmer genau am Platz gegenüber der Kirche. Sie kosten 80–90 €. Vermittlung über das Buchungsbüro Pyrgos (s. o.), ✆ 0564-616727, www.sovana.net.

• *Essen* **Taverna Etrusca**, im gleichnamigen Hotel (s. o.). Das Restaurant bietet typische Gerichte der Maremma, z. B. Bistecca alla griglia. Stilvolles Ambiente, Garten, gehobenes Preisniveau, Mi geschlossen, ✆ 0564-616183.

Trattoria/Pizzeria La Tavernetta, Via del Pretorio 3. Hier geht es unkompliziert zu. Der Pizzateig ist dünn und kommt superknusprig aus dem Holzofen, ansonsten gibt es Hausmannskost. Do geschlossen. ✆ 0564-616227.

Ristorante dei Merli, gehört zum Hotel Scilla (s. o.). Auch hier stilvolles Dinieren bei gehobenem Preisniveau. Di geschlossen. ✆ 0564-616531.

Pizzeria Il Sileno, Via del Duomo 7. Kleine Pizzeria mit gemütlicher Terrasse auf der Gartenseite des Hauses. Mi geschlossen. ✆ 0564-616307.

Sehenswertes

Palazzo Pretorio: Im liebevoll restaurierten Palast aus dem 12. Jh. schmücken freigelegte Fresken aus dem 16. Jh. die Räumlichkeiten. Hier unterhält das Dokumentationszentrum des *archäologischen Parks* (s. u.) eine kleine Dauerausstellung über die etruskischen Gräber der Umgebung: Funde, Fotos, Ausgrabungspläne sowie ein Modell der *Tomba Ildebranda* (s. u.). Eine sinnvolle Einführung für den späteren Besuch der etruskischen Gräber.

⏱ Unregelmäßig, bei der Touristeninformation zu erfragen.

Kirche Santa Maria: Sie stammt aus dem 13. Jh., zeigt einige Fresken aus dem 16. Jh. und birgt als Prunkstück ein vorromanisches Ziborium (8./9. Jh.) aus weißem Marmor – eine fein ziselierte Steinmetzarbeit. Der mit Weinranken, Tauben und Pfauen verzierte Baldachin wird von Säulen getragen. Obenauf thront eine achtseitige Pyramide. Neben der Kirche am Platz erfreut ein Brunnen den durstigen Besucher mit erfrischendem Trinkwasser.

⏱ täglich 9–19 Uhr geöffnet.

Dom Pietro e Paolo: Das Bauwerk aus dem 11. Jh., das eine frühere Kirche ersetzte und im Lauf der Jahrhunderte mehrmals verändert wurde, wurde angeblich von Papst Gregor VII. seiner Heimatstadt gestiftet. Besonders imposant ist das Seitenportal mit seiner vor- und frühromanischen Ornamentik. Im dreischiffigen Inneren zeigt das zweite Kapitell der linken Reihe biblische Szenen, die restlichen beschränken

sich auf abstraktes Dekor. Im linken Transept findet sich eine verschnörkelte Urne, die den Blick auf die knöchernen Überreste Mamilianos, des Schutzheiligen Sovanas, freigibt. Die ursprüngliche Urne war wesentlich strenger konzipiert; mit einer Skulptur des toten Mamiliano versehen, steht sie an der rechten Seitenwand. Die *Krypta* des Doms ist zugänglich und erweist sich als erstaunlich hell.
② Im Sommer 9–13 und 15–20 Uhr, im Winter 10–13 und 15–18 Uhr.

Die etruskischen Grabmäler in der Umgebung von Sovana

Sovana ist berühmt für seine etruskischen Nekropolen, die teilweise bis auf das 7. Jh. v. Chr. zurückgehen. Auch einige tief in den Tuff gehauene etruskische Hohlwege *(vie cave)* liegen in der unmittelbaren Umgebung (siehe auch Pitigliano/Wandern). Nur einige der etruskischen Grabmäler rund um Sovana sind ausgeschildert und problemlos zu Fuß zu erreichen. Der *archäologische Park* der Gegend steht seit 2001 unter der Leitung der Organisation Arethusa, die auch das Dokumentations- und Informationszentrum im Palazzo Pretorio in Sovana betreibt. Die zum Park gehörenden Grabstätten liegen westlich von Sovana und sind ausgeschildert.

● *Eintritt* **Sammelticket für 5 €** (Kinder bis 12 Jahre gratis): Tomba Ildebranda, Tomba della Sirena, Tomba di Tifone und Tomba Pola (z. Zt. nicht zu besichtigen), Via Cava di San Sebastiano und Cavone Etrusco (im Sommer tägl. 10–19 Uhr zugänglich).
Erweitertes Sammelticket für 7 €: zusätzlich zu den oben aufgeführten Sehenswürdigkeiten: Gänge und Räume im Untergeschoss der Orsini-Burg in Sorano, Ausgrabungen von San Rocco und Vitozza (in S. Quirico, 7 km von Sorano).
Verkauf der Sammeltickets im Palazzo Pretorio, bei der Tomba Ildebranda, Tomba Sirena, der Tomba Sirena, an der Kirche von San Rocco (Parco Archeologico Chiesa di San Rocco) und im Museum der Orsini-Festung in Sorano..

▸ **Tomba Ildebranda**: Das nach Hildebrand, dem späteren Papst Gregor VII., benannte Grab ist das spektakulärste. Es handelt sich um ein etruskisches Tempelgrab im hellenistischen Stil aus dem 3. Jh. v. Chr. Vom reich verzierten Fries ist links oben noch ein Stück erhalten. Zwölf Säulen (elf nur noch Stümpfe, eine vollständig erhalten) umgaben das Heiligtum über der Grabkammer, der sich seitlich eine weitere anschließt. In unmittelbarer Nähe der Tomba Ildebranda liegen die **Tomba Tifone** (rechts) und die **Tomba Pola** (links), das z. Zt. der Recherche allerdings nicht zu besichtigen war.
② April–Juli und Sept./Okt. tägl. 10–19 Uhr; im August tägl. 10–20 Uhr; Nov.–März Sa–So 10–17 Uhr. Eintritt siehe oben.

Beim Parkplatz unterhalb der Tomba Ildebranda nimmt rechter Hand der *Cavone Etrusco* seinen Anfang, ein langer Hohlweg; gelegentlich sieht man hoch oben im Tufffelsen etruskische Gräber.

▸ **Tomba della Sirena**: Das Grab, ebenfalls aus dem 3. Jh. v. Chr. und im hellenistischen Stil, wird von einem kleinen Raum gebildet, dessen Vorderseite geheimnisvolle Inschriften zeigt und, wenn auch undeutlich, mit der Figur einer Sirene und seitlich mit zwei geflügelten Wesen dekoriert ist. Die Tomba della Sirena bildet den Anfang einer ganzen Nekropole. Wer dem Waldweg weiter folgt, findet weitere Gräber. Eindrucksvoll sind die Zugangsschneisen zu den Grabkammern. Bei der Tomba Sirena beginnt übrigens die *Via Cava di San Sebastiano*, eine etruskische Straße, die eine Verbindung vom Tollena-Plateau zum Fiora-Tal herstellte.
② Wie Tomba Ildebranda. Eintritt siehe oben.

▸ **Tomba Pisa**: Die nach ihren Entdeckern vom Archäologischen Institut der Universität Pisa benannte Tomba wurde vom 3. bis zum 1. Jh. v. Chr. als Grabkammer benutzt.

Die mächtige Tomba Ildebranda

Sie ist das größte etruskische Kammergrab von Sovana. Nicht ausgeschildert, ein Fußweg führt von der Straße Richtung Saturnia (nach der ersten Brücke) rechts ab.

▶ **Tomba del Sileno**: Das Grabmal zeigt eine eigenartige Form: ein Zylinder mit sechs als Halbrelief herausgemeißelten Säulen. Es handelt sich um eines der wenigen Gräber, in der die Grabbeigaben noch in unberührtem Zustand gefunden wurden. Nicht ausgeschildert. das Grabmal liegt nordöstlich von Sovana.

Wanderung von Sovana zu den etruskischen Gräbern und Hohlwegen

Ausgangs- und Zielpunkt: Sovana, Piazza del Pretorio (Hauptplatz)

Länge: ca. 3 km

Dauer: ca. 2 Stunden

Landschaft, Wege: kurzes Stück Asphalt, steinige Hohlwegpassagen, Waldboden durch das Gelände der Nekropole (der etruskischen Totenstadt), Mischwald

Schwierigkeitsgrad: Leicht, nach Regen teilweise etwas rutschig, für die Gräberbesichtigung sollte man eine Taschenlampe mitnehmen.

Eintritt: Die Besichtigung des Geländes der etruskischen Gräber kostet ca. 5 €, das Sammelticket für den gesamten Park ca. 7 €. Ticketverkauf im Info-Zentrum des Parco Archeologico in Sovana.

Von der Piazza del Pretorio in Sovana beginnt die Wanderung auf der Via del Duomo in Richtung Dom. Am Dom führt rechts ein kopfsteingepflasterter Weg hinab bis zur Asphaltstraße. Hier links durch den 120 m langen Tunnel laufen. Dann nach ca. 250 m links (am Parkplatz) über eine kleine Brücke zur *Chiesa di San Sebastiano* (Ticketverkaufstelle für die Parkbesichtigung). Gleich hinter der Kirche führt der Weg über ein paar Stufen hoch in den Wald. Am Wegweiser, der auf Italienisch und Englisch die Sehenswürdigkeiten erläutert, erreicht man zunächst links laufend und vorbei an Würfel- und Halbwürfelgräbern nach ca. 5 Minuten die *Tomba della Sirena*. Dann geht es zurück zum Wegweiser und von dort Richtung *Via Cava di San Sebastiano*.

180 Hügelland der südlichen Maremma

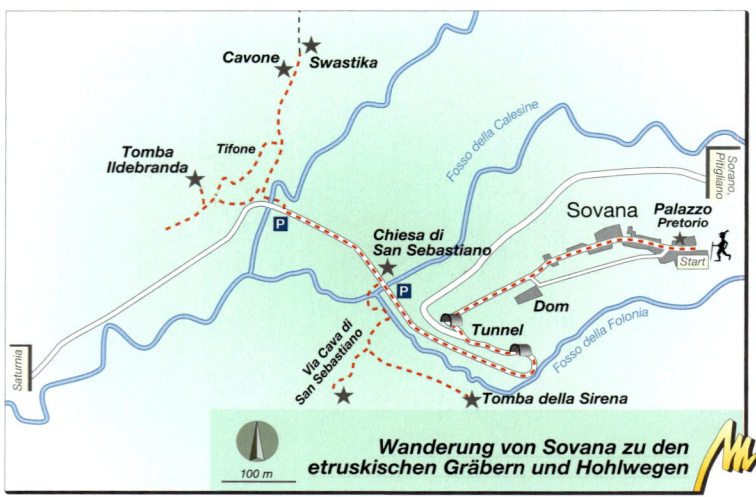

Durch diesen Hohlweg kann man hier ein bisschen in den Felsen herumklettern, um dann auf demselben Wege zurück zur *Chiesa di San Sebastiano* zum Parkplatz zu gelangen.

Links oberhalb am Waldhang ist das nächste Ziel zu erkennen: die *Tomba Ildebranda*. Der Asphaltstraße links bis zum nächsten Parkplatz mit Kassenhäuschen folgen. Hier wird man von Wegweisern zur *Tomba Ildebranda* geleitet. Der Weg weiter nach links, der zur *Tomba Pola* führen würde, war z. Zt. der Recherche wegen neu entdeckter Gräber versperrt.

Nach Besichtigung des bedeutendsten Grabes dieser Art folgt man dem Wegweiser links in Richtung Cavone. Am nächsten Hinweis, der den Weg nach rechts in Richtung Cavone zeigt, bleiben wir zunächst auf demselben Weg, um die *Via Cava di Poggio Prisca* zu durchlaufen. Am Ende dieser kurzen, aber schönen Hohlwegstrecke umdrehen und wieder zurück zum Abzweig mit Cavone-Wegweiser laufen. Man wandert an diversen Gräbern, u. a. an der *Tomba del Tifone*, vorbei, bis man schließlich den *Cavone*, den längsten und bedeutendsten etruskischen Hohlweg, erreicht, in den man nun links einbiegt. Nach ca. 100 m ist links oben ein Madonnenbildnis schwach zu erkennen. Etwas weiter beeindruckt ein in den Tuffstein eingemeißeltes Sonnenradzeichen, der *Swastika*. Nun zurück zum Kassenhäuschen, dann auf der Asphaltstraße wieder durch den Tunnel, dann rechts die Stufen empor und zurück ins Zentrum von Sovana.

Sorano (ca. 1000 Einw.)

Von den Tuffsteinstädtchen im Hügelland der Maremma das höchstgelegene. Mit der Burg der Orsini im Süden konkurriert im Nordosten ein gewaltiger befestigter Tuffsteinblock, der Masso Leopoldino, um die optische Vorherrschaft.

Von den drei Tuffsteinorten Sorano, Pitigliano und Sovana scheint Sorano mit seiner spürbar strengen Ausstrahlung der Ort zu sein, der sich am meisten von den viel

Sorano, Ausgang zum Tal – die Porta Merlin

beschriebenen magischen Kräften bewahren konnte. In den 1970er Jahren ließen sich deutsche Aussteiger, die sich von der sonderbaren Stimmung der Gegend in den Bann gezogen fühlten, in der nahe gelegenen Ortschaft Elmo nieder.

Im Schatten der regionalen Tourismusmagnete Pitigliano und Sovana hat Sorano seine Ursprünglichkeit bewahren können. Souvenirläden sucht man vorläufig noch vergebens, und das erste Hotel am Ort eröffnete erst 1998. Dafür lädt der Ort zu einem angenehmen Spaziergang ein. Er beginnt bei der *Porta Ferrini* an der Via Giovanni Selvi, dem Eingangstor zur Stadt; dahinter erwartet den Besucher eine ganze Reihe fotogener steinerner Türeinfassungen. Wenn man ein Stück weitergeht, gelangt man zur *Nikolauskirche* mit der *Capella della Sindone*, in der zwei Fotos das Turiner Schweißtuch in Originalgröße wiedergeben, an denen sich angeblich Zeichen der Geißelung und Kreuzigung Christi ablesen lassen. Von der Kirche aus führt der Spaziergang dann durchs düstere Mittelalter: vorbei am *Masso Leopoldino* zur antiken *Porta dei Merli*.

- *PLZ* 58010
- *Information* An der Piazza Busatti (direkt vor der Porta Ferrini, dem Eingangstor zur Stadt). Tägl. 10–13 und 15–19 Uhr (Mi geschlossen). ✆ 0564-633099, ui.sorano@libero.it.

Geführte **Besichtigungstouren zu den etruskischen Grabmälern** und Hohlwegen organisiert Arethusa, ✆ 0564-614074 (siehe Sovana/Information). Ein Büro der Organisation befindet sich auch bei der Orsini-Festung, ✆ 0564-633767.

- *Kunsthandwerk* Im Sommer veranstaltet **Pandora** in einer Werkstatt direkt in der Orsini-Burg eine ganze Palette interessanter Kurse und Workshops: Fotografie, Glasbläserei und Malerei, Keramik (auch Raku und Bucchero) und Goldschmiedekunst. Pandora, Via della Fortezza 3, ✆ 0564-633398 oder 338-1376675 (mobil). info@corsipandora.it, www.corsipandora.it.
- *Übernachten* *** **Della Fortezza**, in der Orsini-Burg, grandiose Zimmer. Wegen der niedrigen Fensterbrüstung hat man vom Bett aus einen tollen Blick ins Tal. Die gediegene Atmosphäre, das stilvolle Ambiente und der Service entsprechen durchaus vier

Sternen. DZ mit Bad und Frühstück 120 €. Piazza Cairoli, ✆ 0564-632010, ℻ 633209, www.hoteldellafortezza.it/www.sovanahotel.it.
Privatzimmer San Marco, am Ortsausgang Richtung San Quirico, gegenüber dem Fußballstadion. Größeres Haus mit einigen schönen Zimmern, einem freundlichen, alten Schäferhund und einer einladend großen Terrasse vor dem Haus. DZ 45–50 €. Via San Marco 30, ✆ 0564-633 76 oder 349-7776528 (mobil).
● *Außerhalb* *** **Agnelli**, Landgasthof mitten im Nachbardorf San Quirico (ca. 6 km außerhalb). Geräumige, komfortable, gepflegte Zimmer und auch ein empfehlenswertes Restaurant "La vecchia Fonte" (Mo geschlossen) im Haus. DZ 70 €. Piazza della Repubblica 9, San Quirico, ✆ 0564-619015, www.lavechiafonte.com.
Privatzimmer Il Piccione, insgesamt 4 Zimmer in einem schönen Gehöft aus dem 15. Jh. teilweise mit Benutzung einer Gemeinschaftsküche, Garten und Pool vorhanden. In der Vorsaison ohne andere Gäste etwas einsam, da die Besitzer nicht vor Ort wohnen. DZ 60–70 € (je nach Ausstattung). Podere Belvedere (1 km Richtung San Quirico, dann rechts ab Schild), ✆ 0564-633191 oder 338-3210342, sabrinavetrano@yahoo.it.
● *Essen* **Ristorante Fidalma**, beidseits der Porta Ferrini. Größeres Speiselokal mit regionaler Küche. Die Klimaanlage sorgt für eine kühle Atmosphäre, etwas gemütlicher sind die Tische in den Nebenräumen. Außerhalb der Hochsaison Mi geschlossen, ✆ 0564-633056.
Locanda dell'Arco, Via Roma 22 (im Centro storico). Überaus angenehmes Lokal, das neben einem langen Torbogen untergebracht ist. Lokale Spezialitäten, Primi und Panini. Mo Ruhetag, ✆ 0564-633608.

Sehenswertes

Orsini-Burg: Oft belagert und nie eingenommen, gilt sie als die am besten befestigte Burg des Geschlechts der Orsini in der gesamten Umgebung. Der Haupteingang liegt an der Straße nach San Quirico. Mit zwei Eckbastionen und einem Graben schützt sich die Festung gegen die offene Südseite. In einem der nördlichen Gebäudetrakte ist ein Museum für Mittelalter und Renaissance untergebracht
① April–Okt. Di–So 10–13 und 15–19 Uhr (im Aug. auch Mo); Nov.–März Sa/So 10–13 und 15–17.30 Uhr. Eintritt 2 €.

Unmittelbar neben den Museumsräumen befindet sich das „Laboratorium für angewandte Kunst" mit dem hübschen Namen **Pandora**, in Anlehnung an die Frau aus der griechischen Mythologie mit der legendären Büchse, in der all das Böse und Schlechte der Welt aufbewahrt wurde. Inhalt der Pandora-Büchse hier sind interessante Kurse (siehe oben „Kunsthandwerk").

Der **Orsini-Park**, der sich unmittelbar an die Burg anschließt, soll irgendwann wieder der Öffentlichkeit zugänglich gemacht werden. Wie der weltberühmte Orsini-Park von Bomarzo (Latium) steckt er voller skurriler Skulpturen. Einen dritten dieser bizarren Gärten haben die Orsini übrigens in Pitigliano angelegt; dieser allerdings ist komplett zerstört.

Masso Leopoldino: Der glatte Tuffblock, der wie ein gewaltiger Schiffsbug (mit einem hübschen Uhrturm und Glöcklein obendrauf als Gallionsfigur) aus den Häusern der Stadt herausragt, wurde Ende des 18. Jh. unter Großherzog Leopold II. bearbeitet. Ein großer Teil der Stadt stürzte im Jahre 1801 bei einem Erdrutsch in die Tiefe und begrub viele Frauen, Kinder und alte Menschen unter sich, während die Männer auf dem Feld arbeiteten.
① April–Okt. tägl. 10–13 und 15–19 Uhr. Eintritt 2 €, Kinder unter 12 J. frei.

Parco Archeologico (Chiesa di San Rocco): Vom Gelände bietet sich ein einmaliger Blick auf Sorano, welches sich auf der anderen Seite des tiefen Flusstales emporstreckt. Die Grabstätten, die den gesamten Südwesthang einnehmen, stammen aus dem 3. und 2. Jh. v. Chr. Ein kurzer Spaziergang führt durch die schattigen Eichen-

184 Hügelland der südlichen Maremma

wald zu einem Aussichtspunkt mit Tischen und Bänken unter Schatten spendenden Bäumen (Picknick!). Die *Chiesa San Rocco* ist leider meist geschlossen; von ihr führt der etruskische Hohlweg *Via Cava di San Rocco* nach Sovana, der aber seit 2006 wegen eines Erdrutsches geschlossen ist.

Anfahrt 2 km außerhalb von Sorano an der Straße nach Sovana auf der rechten Seite. Ganztags geöffnet. Eintritt siehe unter „Die etruskischen Grabmäler" auf S. 178.

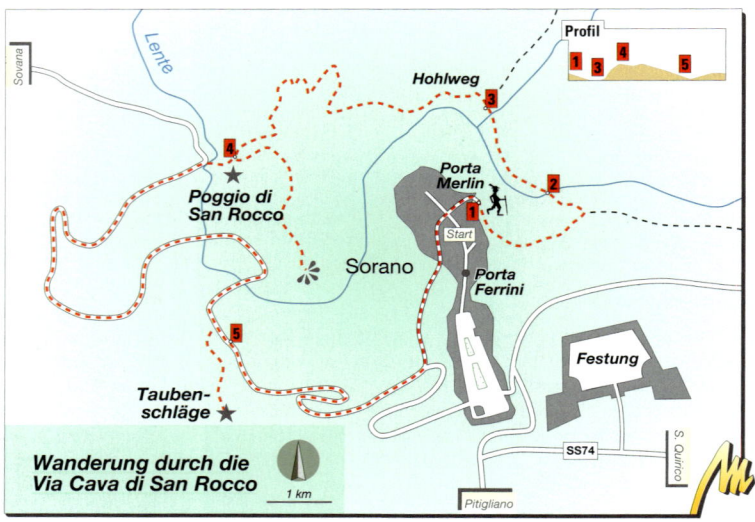

Wanderung von Sorano durch die Via Cava di San Rocco

Spektakuläre Wanderung durch die tief in den Tuffstein eingegrabenen etruskischen Hohlwege. Schöne Aussichtsplattform mit Blick auf Sorano.

Ausgangs- und Zielpunkt: Sorano Zentrum, Piazza Busatti an der Porta Ferrini
Länge: ca. 4 km
Dauer: ca. 2 Stunden (inkl. Besichtigung des Geländes von Poggio di San Rocco)
Landschaft, Wege: etruskischer Hohlweg aus Tuffstein, Waldboden, Asphalt
Schwierigkeitsgrad: nur für ca. 20 Minuten etwas anstrengend (Überwindung von 100 Höhenmetern), bequeme Wanderschuhe erforderlich

Die Wanderung beginnt an der Porta Ferrini. Man geht zunächst in Richtung Masso Leopoldino, bis sich die Straße gabelt und man links auf der Via Roma bis zur Locanda dell'Arco läuft. Hier rechts abbiegen, durch die Unterführung und in Serpentinen hinunter die Stadt durch die Porta dei Merli **(1)** (mit Medici-Wappen) verlassen. Unten angekommen, erreicht man den Fluss Lente, überquert die Brücke **(2)**, hält sich links und wandert rechts vom Fluss, bis man auf einer Brücke **(3)** einen weiteren Flusslauf der Lente überquert.

Via Cava – Wegschluchten im weichen Tuff

Gleich darauf sieht man einen Wanderwegweiser. Den linken Weg einschlagen, der hier unmittelbar anzusteigen beginnt und einen in ca. 20 Minuten durch die *Via Cava di San Rocco*, einen etruskischen Hohlweg, ca. 100 Höhenmeter überwinden lässt. Nach ca. 35 Minuten (ab Sorano) erreicht man die Kirche San Rocco (**4**) (nicht zu besichtigen). Vor der Kirche stehend, geht rechts ein Waldweg hoch zum Poggio di San Rocco, einem Felsenplateau auf dem Hügel von San Rocco. Hier bietet sich zum ersten Mal das Panorama auf Sorano. Ein paar Tische und Bänke mit Schatten laden zur Rast ein. Am Ende der felsigen Plattform weisen Hinweisschilder den Weg hinab zu Felsengrotten, die einst als Behausungen und als Keramikbrennöfen dienten. Von der oberhalb gelegenen *terrazza panoramica* hat man erneut einen Blick auf die ungewöhnliche Stadtkonstruktion von Sorano auf dem Tuffsteinfelsen.

Um den Rückweg anzutreten, geht es zurück zum Felsenplateau und zur Kirche San Rocco, dann weiter zur Asphaltstraße, an der man links für ca. 1,8 km mit leichtem Gefälle in Richtung Sorano zurückwandert. (Man kann von der Chiesa di San Rocco auch denselben Weg wie hin nehmen, diesmal durch die Via Cava abwärts nach Sorano.) Auf halbem Weg kommt man an den *Colombarien* (**7**) vorbei. Die in den Tufffelsen gehauenen Nischen wurden als Taubenschläge genutzt, zur Zeit der Recherche war der Stahltreppenturm, der nach oben führt, allerdings verschlossen. Ein paar hundert Meter weiter (vor der letzten Kehre empor zur Stadt) links in den kopfsteingepflasterten Weg abbiegen. Der Weg führt abwärts zu einem Parkplatz. Über die kleine Eisenbrücke gelangt man zurück in die Altstadt Soranos, wo man sich durch kleine Gassen und Durchgänge seinen eigenen Weg zurück zur Porta Ferini suchen kann.

Achtung, seit dem 26.04.2006 ist der Wanderweg durch die Via Cava di San Rocco wegen Erdrutschen gesperrt (Stand Mai 2008).

Was haben Sie entdeckt?

Bitte schreiben Sie uns, wenn Sie Kritik, Anregungen, Verbesserungen oder Empfehlungen haben. Wo war Ihre Lieblingstrattoria, in welchem Hotel haben Sie sich wohl gefühlt, welchen Campingplatz würden Sie wieder besuchen?

Michael Müller Verlag
Stichwort „Südtoscana"
Gerberei 19
91054 Erlangen
mmv@michael-mueller-verlag.de

Pinien am Meer – dahinter wartet der Sandstrand

Küste der Maremma

Der flache Landstreifen südlich von Piombino zählt zu den ärmsten Regionen der Toscana. Die Landwirtschaft und seit einiger Zeit auch der Tourismus sind ihre wirtschaftlichen Standbeine. Der seit den Etruskern über Jahrtausende betriebene Bergbau ist während der letzten Jahrzehnte fast gänzlich aufgegeben worden.

Das geflügelte Wort „Maremma amara" („bittere Maremma") aus einem Volkslied des 19. Jh. trifft so nicht mehr zu. Moderne, meist hoch subventionierte Landwirtschaft brachte etwas Wohlstand selbst ins entlegenste Dorf. Dazu boomt der Tourismus nicht mehr nur am Beckenrand des Mittelmeeres, denn selbst die Italiener, die es immerzu ans Meer zog, haben Gefallen an Entdeckungen im Hinterland gefunden.

Die Maremma war Teil des etruskischen Stammlandes. Die Etrusker machten sich den Erzreichtum dieser Gegend zunutze, bauten schöne und reiche Städte mit Mauern und Festungen und errichteten die ersten Entwässerungssysteme. Die Römer besannen sich auf die fruchtbaren Böden, machten sie durch aufwändige Kanalsysteme urbar und verwandelten die Maremma so zur Kornkammer der Toscana. Zu ihrer Zeit war der Küstenstrich vom heutigen Livorno bis nach Tarquinia eine blühende Gegend. Mit dem Niedergang Roms verwilderte die Maremma, das kunstvoll angelegte Dränagesystem verfiel, das Land versumpfte, bis schließlich die Malaria wütete. Beschleunigt wurde der Verfall durch billige Getreideimporte aus Ägypten und Sizilien, die den Anbau in der Maremma unprofitabel machten.

In den späteren feudalistischen Großbetrieben wurde auf den sauren, ertragsschwachen Böden extensive Weidewirtschaft betrieben. Leibeigenschaft und die Verarmung der Landbevölkerung waren der ideale Nährboden für Räuberbanden, die in der zweiten Hälfte des 19. Jh. die Gegend in Robin-Hood-Manier unsicher machten. Zu den berüchtigtsten Anführern gehörte *Domenico Tiburzi* (mehr darüber unter Capálbio). Das Motto „Nimm's von den Reichen" nahmen in den 70er und 80er Jahren des letzten Jahrhunderts verarmte sardische Hirten wieder auf, die durch spektakuläre Entführungsfälle auf sich aufmerksam machten.

Unter den Habsburgern im 18. und 19 Jh. wurde die Trockenlegung der Sümpfe wieder angegangen, erfolgreich waren die Maßnahmen aber erst in den 30er Jahren des 20. Jh. unter Mussolini. Eine wirksame Bekämpfung der „schlechten Luft" („mal aria"), vor der man sich im Mittelalter durch das dichte Verschließen der Fenster zu schützen versuchte, war sogar erst nach dem Zweiten Weltkrieg möglich, als man die Anophelesmücke durch großflächiges Versprühen des Insektengiftes DDT in Italien ausrotten konnte.

Am gesamten Küstenstreifen der Maremma wechseln lange Sandstrände mit felsigen Abschnitten und Sanddünen ab. Das Hinterland ist durch immergrüne Vegetation geprägt: Korkeichen, Pinien und wuchernde Macchia.

Follonica (ca. 22.000 Einw.)

Eine ehemalige Industriestadt und Badeort. Bereits im 19. Jh. wurde unter der Herrschaft der Großherzöge der Toscana eine Eisenhütte angelegt, und heute noch befindet sich in Follonica die Verwaltung der im Hinterland gelegenen Gruben der Colline Metallifere, die aber inzwischen praktisch stillgelegt wurden.

Von Norden kommend, erblickt man hinter Baustellen und Neubauten die moderne Silhouette des stark auf den Fremdenverkehr zugeschnittenen Ortes (viele Häuser und selbst viele Hochhauswohnungen werden hier nur als Feriendomizil in den Sommermonaten bewohnt, zu anderen Zeiten werden manche vermietet). Am Stadtrand produziert eine große Industrieanlage aus Mineralgestein Titanoxid-Pigmente für Farben und Zahnpasta. Im Stadtzentrum dagegen ist noch der Charakter des alten, lebendigen Geschäfts- und Handelszentrums zu spüren – vor allem um die Pfarrkirche San Leopoldo mit ihrem massiven gusseisernen Portal herum. Es wurde im 19 Jh. in der im Ort ansässigen Eisengießerei ILVA nach den Plänen des österreichischen Architekten Reishammer hergestellt. Die Gießerei war eigentlich eher darauf spezialisiert, Industriemaschinen zu produzieren; umso erstaunlicher ist die künstlerisch-filigrane Struktur der Eisenteile. Heute ist das Gießerei-Gelände *(La Città Fabbrica)* am Rand der Altstadt eine Mischung aus Park und Parkplatz mit halbverfallenen Gebäuden, von denen derzeit einige restauriert werden. Wer das Gelände von der Via Bicocchi her durch den gusseisernen Eingang betritt, kommt zunächst an einer kleinen Open-Air-Ausstellung mit ebenfalls gusseisernen Ankern und anderen heute vor sich hin rostenden Produkten der Gießerei vorbei. Danach gelangt man zu einem als Bibliothek genutzten Gebäude, dessen Gewölbekonstruktion auf gusseisernen Pfeilern ruht. Mehr zur Geschichte der Produktionsaktivitäten Follonicas erfährt man beim Besuch des *Museo del Ferro e della Ghisa* (Eisen- und Gusseisenmuseum) auf demselben Gelände.

Öffnungszeiten Im Sommer Mi 17–20 Uhr, Fr/Sa 8.30–13.30 und 17–23 Uhr, So 17–23 Uhr. Im Winter Mi 16.30–19.30 Uhr, Fr 9–12 und 16.30–19.30 Uhr, Sa 9–12 Uhr, So 16.30–19.30 Uhr. Eintritt frei. ✆ 0566-51550.

Baden: Der Strand des Golfo di Follonica fällt flach ab und ist so besonders für Kinder geeignet. Der südliche Strand (*Spiaggia Levante*) ist mit seinen ehemaligen Fischerbaracken der idyllischere Teil.

Follonica

Kirche San Leopoldo, Portal aus Gusseisen

Information/Verbindungen/Einkaufen/Feste (siehe Karte S. 190/191)

- *PLZ* 58022
- *Information* **APT**, Mo–Sa 9–12.30, 16–19.30 Uhr, So 10–12 Uhr. Via Roma 51, ✆ 0566-52012, ℻ 0566-53833. info@cstmt.it, www.cstmt.com. Infos auch in einem der beiden **Proloco**-Büros in der Via Giacomelli 13 (im Sommer Mo–Sa 9–13. im Winter 10–18 Uhr) und an der Piazza Sivieri (im Sommer Mo–Sa 9.30–13/18–24 Uhr, So 21–24 Uhr). ✆ 0566-263332, ℻ 0566-57576, info@prolocofollonica.it, www.prolocofollonica.it.
- *Bahnverbindung* Gute Verbindung nach Livorno und Grosseto.
- *Einkaufen* **Markt** am Freitag beim Bahnhof, sonst täglich im modernen **Mercato coperto**, Piazza XXIV Maggio (Mo–Fr 7.30–13.30 Uhr, Sa 16.30–19.30 Uhr). Viele Geschäfte haben am Montagvormittag geschlossen.
Casa del Formaggio, Via Colombo 7, ausgesuchte Feinkost wie toscanische Schinken aus dem Pratomagno (mild), aus Certaldo (kräftiger) und aus Montalcino (kräftig) hängen von der Decke; auch gute Käseaus-wahl.
Pasticceria Peggi, Café-Konditorei, Via della Repubblica 1 (Altstadtbereich) und Via Bicocchi 48/50. Kleine Sünden, oft mit Marzipan.

- *Fahrradverleih* **Boutique della Bici**, Via Colombo 28c, Tourenrad pro Tag ca. 8 €/Mountainbike 10 €.
- *Feste* **Carnevale Maremmano**, an den ersten drei Sonntagen im Februar. Maskenumzug und Karnevalskarren, ursprünglich ein spielerischer Wettstreit der fünf Stadtteile (Kirche, Zentrum, Neubauzone, Senzuno und Golf).
Ein **Jazzfestival** findet im August statt.
Fuochi d'Artificio, Feuerwerk am Strand (mit Musik untermalt), 15. August.
- *Gelateria* **Gelateria Pagni (6)**, Via Bicocchi 21. Seit 1931 die erste Eisadresse der Stadt mit den immer noch immer besten Rezepten für etwa drei Dutzend Eissorten. Heute besser bekannt als das Stammhaus ist die **Filiale am Strand (15)**, rechts vom Hotel Piccolo Mondo.
- *Internet* Im unauffälligen Kopierladen **bianco & nero**, Via Marconi 6 (in der Nähe der Piazza V. Veneto).
- *Wein* **Vini Moris**, Via Lamarmora 30, kleine Kelterei, die den bekannten roten Avoltore herstellt. Die Flasche kostet ca. 25 €. Es wird auch Fasswein verkauft. Mi geschlossen.

Küste der Maremma

Küste der Maremma

Übernachten/Camping/Essen

Jede Menge Möglichkeiten in jeder Preislage. In den meisten Hotels bestehen beträchtliche saisonale Preisschwankungen.

• *Übernachten*: *** **Giardino (1)**, recht komfortables 43-Zimmer-Haus im Zentrum, an der Rezeption spricht man Deutsch. DZ mit Frühstück 80–120 €, Piazza Vittorio Veneto 10, 0566-41546, 0566-44457, h.giardino@virgilio.it, www.hotelgiardino.net.

*** **Piccolo Mondo (18)**, am Strand, auf Pfählen gebaut – wenn schon Follonica, dann hier mit garantiertem Meerblick. Auch Restaurant mit großer Auswahl an Torten, die sich bereits am Eingang auftürmen. DZ 75–115 €, Piazza Guerrazzi 2, 0566-40361, 0566-44547, info@piccolomondohotel.it, www.piccolomondohotel.it.

*** **Lampada di Aladino (17)**, im ruhigeren Altstadtviertel gelegen, eigener Strand und Restaurant mit schönem Garten. DZ mit Frühstück 75–115 €. Via Firenze 10, 0566-53535, 0566-53558, soxcafe@tiscalinet.it.

*** **Parrini (11)**, ebenfalls am Strand gelegen. DZ 80–112 € (im Juli/Aug. mit Verpflegung). Viale Italia 103, 0566-40293, 0566-44017, , www.parrinihotel.com.

*** **Ausonia (7)**, fast am Meer. Neutraler Betonbau, freundliche Besitzer. In der Saison isst sowohl im Speisesaal als auch im Ristorante d'Estate mit seinem Gärtchen. Ebenfalls nur in der Saison werden in einer hübschen Saletta mit Holzboden einfache Gerichte (z. B. fritto misto) serviert. DZ 70–110 € (die besten Zimmer mit Balkon und Meerblick). Viale Matteotti 74, 0566-40096, 0566-43208, , www.hotelausonia.com.

*** **Il Boschetto (10)**, 20-Zimmer-Familienbetrieb im Norden der Ortschaft, in einem Pinienhain am Strand ruhig gelegen. Zona Prato Ranieri (nördlich vom Villagio Svizzero, einer großen Hotelanlage). DZ (alle neu renoviert) mit Frühstück 80–95 €. Via Italia 308, 0566-260123, 0566-260096, www.hotelboschetto.it.

** **Miramare (8)**, ebenfalls am Strand gelegen. Die 22 einfachen Zimmer wurden erst kürzlich renoviert. DZ mit Frühstück 50–80 €. Viale Italia 84/86, /0566-41521.

Zimmervermietung B&B Casa Margherita (12), 10 Minuten südl. vom Zentrum, zu Fuß 5 Min. zum Strand. DZ 75 € (ab Mitte Juni bis Ende Aug. nur mit HP für 60 € pro Pers.). Via

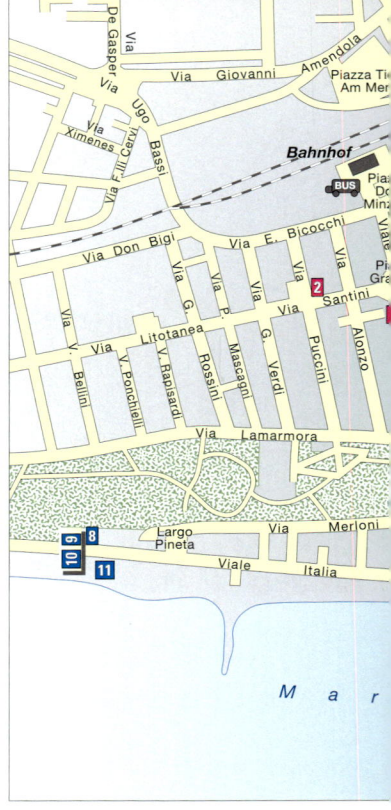

Palermo 49, 0566-52611 oder 329/9885207 (mobil), 0566-52611.

• *Camping* **Pineta del Golfo (14)**, relativ kleiner, schattiger Platz mit eigenem Strand. Fast nur von einheimischen Urlaubern belegt. In der Hochsaison sehr voll und hektischer Betrieb. 125 Stellplätze. April–Sept. geöffnet. Strada delle Collacchie 2 (am Ortsausgang nach Punta Ala), 0566-53369, 0566-844381, finoria@ouverture.it.

Tahiti (9), größer (ca. 250 Stellplätze) und komfortabler als "Pineta del Golfo". Mitte Mai bis Sept. geöffnet. Viale Italia 320 (an der Ausfallstraße zur SS 1), 0566-260255, 0566-261963, www.camping.it/toscana/tahiti.

An der SS 322 zwischen Follonica und Puntone liegen hintereinander mehrere strandnahe Campingplätze, die alle recht gut ausgestattet sind, u. a. die folgenden beiden mittleren Preisniveaus:

Riva dei Butteri (14), direkt nach dem Cam-

ping Pineta del Golfo, 50 m zum Meer, 160 Stellplätze. Via del Buttero 2, Loc. Salciana, 58020 Scarlino, ℘ 0566-54006, ℘ 0566-269283, www.rivadeibutteri.it.

Piper (14), am Ortseingang von Puntone, mit eigenem Strand, 230 Stellplätze. Strada delle Collacchie, 58020 Puntone, ℘ 0566-866185.

● *Essen* **Da Paolino (16)**, gestyltes, edles und recht teures Fischrestaurant, Mo geschlossen. Piazza XXV Aprile 33, ℘ 0566-57360.

Santarino (4), bekannt für seine gute Fischküche (pasta con polpo), die hier nicht einmal teuer ist. Di geschlossen. Unbedingt reservieren. Piazza XXV Maggio 21 (hinter dem Mercato Coperto), ℘ 0566-41665.

Da Oscar (13), einfaches Strandlokal mit Fischküche, reizvoll in der letzten Fischerbaracke am südlichen Strand gelegen. Spartanisch, dafür direkt am Strand. Spiaggia di Levante 73, (Anfahrt: von der Via della Repubblica vor dem Pinienwald rechts in die Via Pisa einbiegen, dann links.) ℘ 0566-52 oder 333-2179959.

Il Cacciatore (5), vor allem Fischgerichte, Di geschlossen. Via Bicocchi 25, ℘ 0566-55924.

La Lanterna (3), im populären, großen Raum oder im gediegenen Stübchen daneben gibt es klassische Fleisch- und Fischgerichte. Auch großes Angebot an Pizzen (Holzkohleofen). Viale Matteotti 10, ℘ 0566-40578.

L'Imposto (2), Enoteca und Restaurant mit nostalgischem Anstrich. Nur auf Mittagstisch eingerichtet. Via Santini 10, ℘ 0566-42643.

▶ **Gavorrano**: In diese alte Minenstadt nur wenige Kilometer landeinwärts von Follonica verlaufen sich fast keine Touristen. Geröllhalden und alte Fördertürme zeugen von der ehemals größten Eisen- und Schwefelkiesmine (Pyrit) Europas, die von 1902 bis

Küste der Maremma

Die Sandbuchten sind stellenweise mit einer dichten Schicht angeschwemmter Meerespflanzen bedeckt

1983 ausgebeutet wurde. In der Nähe des Dorfplatzes steht eine eindrucksvolle Denkmalwand für die ca. 200 Todesopfer der 100-jährigen Abbautätigkeit. Unweit von Gavorrano befindet sich der *Frantoio San Luigi*, eine größere Ölmühle. Der Sohn des Inhabers spricht Deutsch und erklärt gerne die Herstellung des toscanischen Goldes. Die Produkte können verkostet und selbstverständlich auch gekauft werden.

- *Ölmühle* **Frantoio San Luigi**, Loc. Le Basse di Caldana (von Gavorrano aus: über Ravi, Caldana und von dort noch 2,5 km hinunter auf die alte Aurelia – die Mühle befindet sich 50 m vor der Straßeneinmündung, linker Hand). Interessante Führungen von März bis Sept. Mo–Sa 17–20 Uhr. Der Sohn spricht auch etwas Deutsch. Auch in der Zeit von Okt. bis Dez. kann man sich den Betrieb anschauen, dann aber ohne Führung, da alle mit der Produktion des neuen Öls beschäftigt sind. ✆ 0566-81790. www.frantoiosanluigi.it.

- *Essen* **Osteria Il Fanta**, der Padrone sitzt in maremmanischer Montur am Eingang an der Kasse. Ausgezeichnete hausgemachte Pasta, guter offener Wein und innovative Einrichtung. Via Terranova (im Zentrum), Di geschlossen, ✆ 0566-844995.

- *Übernachten/Essen* **Ristorante Bellavista**, an der Durchgangsstraße im unteren Ortsteil, wurde von Lesern für seine gute und preiswerte Küche gelobt (außerhalb der Saison Mo geschlossen). Wer über Nacht bleiben will, hat die Möglichkeit, sich in einem der 8 Zimmer einzuquartieren. Schöner Blick auf Follonica und das Meer. DZ mit Bad (ohne Frühstück) 40/50/60 € (je nach Saison). Via Matteotti 49, 58023 Gavorrano, ✆ 0566-844440 oder 338-2715921 (mobil), www.albergobellavista.it.

La Piazzetta, kleine Zimmervermietung einer jungen Frau direkt im Ort. Infos auch in der Bar Grottaione. DZ 46 € (Frühstück in der Bar). Via Terranova 4, ✆ 0566-844965 oder 338-3582701, ✉ 0566-845036, www.lapiazzettacamere.com.

*** **La Finoria**, schön gelegene, umweltbewusst eingerichtete und gepflegte Anlage mit Pool und Pizzeria. Auch kleine Chalets und Appartements. Reitmöglichkeit, Mountainbikes, Trekking. Via di Monticello, oberhalb der Ortschaft, ✆ 0566-53969 oder 0566-844381, www.campeggiolafinoria.it.

▸ **Scarlino**: Die Fahrt nach Scarlino lohnt sich allein schon wegen der Panoramastraße, die bis hoch zum Castello Aldobrandesco, einer Wehranlage aus dem 13. Jh., führt. Hier oben kann man sich vom Strand erholen und den phantastischen Blick auf das Umland und auf den Golf von Follonica genießen. Sein mittelalterli-

Wanderung zur Bucht Cala Violina 193

ches Erscheinungsbild hat sich der kleine Ort bewahren können, und für die Einkehr gibt es ein paar Restaurants.

- *Übernachten* **Madonna del Poggio**, B&B mit Pool in einer ehemaligen mittelalterlichen Kirche. Sechs Doppelzimmer mit origineller Einrichtung (und etwas eigentümlichem Besitzerehepaar). DZ je nach Saison 70–104 €. Strada Provinciale Scarlinese 84, 58020 Scarlino (unterhalb des Orts, erst Richtung Gavorrano, dann hoch Richtung Scarlino), ✆/✉ 0566-37320, www.madonnadelpoggio.com.
- *Essen* **Scabris**, einfache Ristorante-Pizzeria, in die auch die Einheimischen einkehren. Außerdem Zimmervermietung. DZ mit Frühstück 65 €. Via F. Agresti 29A, 58020 Scarlino (im unteren Ortsteil), ✆ 0566-37205.

La Vecchia Locanda, genießt einen guten Ruf. Geleitet wird das Lokal von einem jungen Wirt, der sich u. a. auf Pilze und Trüffel spezialisiert hat, auch gute Weinauswahl. In der Nebensaison Mi geschlossen. Piazza Garibaldi (unterhalb der Dorfkirche), ✆ 0566-37299.

▸ **Puntone**: In der Ortschaft südlich von Follonica ist ein neuer Jachthafen mit ca. 800 Plätzen entstanden. An Reiz hat der Ort dadurch nicht gewonnen. Biegt man von der SS 322 in Puntone in Richtung *Porto turistico/Portiglioni* ab, gelangt man am Ende der Straße zum kleinen, empfehlenswerten Restaurant Il Cantuccio (siehe Essen). Ab hier führt ein 4 km langer Weg (ausgeschildert) durch die Macchia und vorbei an schönen Badebuchten bis zu einem – zumindest in der Nebensaison – relativ einsamen Quarzsandstrand mit dem klangvollen Namen *Cala Violina*, auf Deutsch „Geigenbucht". Wem diese Strecke zu lang ist, der kann mit dem Auto (von Norden kommend) von der SS 322 nach etwa 5 km auf der Höhe von Pian d'Alma rechts in Richtung Cala Violina abbiegen. Nach ca. 2 km erscheint ein Parkplatz, von dem aus die Bucht in einem 20-minütigen Fußweg erreichbar ist.

- *Information* In den Sommermonaten ist das kleine Proloco-Büro geöffnet. An der Hauptstraße SS 322 von Follonica kommend auf der linken Seite. Loc. Puntone, ✆ 0566-866288.
- *Übernachten* *** **Parco delle Cale**, Hotel mit angeschlossenem Restaurant. DZ mit Frühstück ab 105 €. Lungomare Garibaldi, Loc. Portiglioni, 58020 Scarlino (am Ende des neuen Hafens), ✆ 0566-867009, ✉ 0566-867735, www.parcodellecale.it.
- *Camping* siehe Follonica.
- *Essen* **Il Cantuccio**, einfaches, freundliches Restaurant mit ausgezeichneten Fischspezialitäten (allerdings kleine Portionen). Terrasse mit Golf-Panorama. Mi geschlossen. Loc. Portiglioni (am Ende der Straße, die am Hafen vorbeiführt), ✆ 0566-866149.

Wanderung am Meer zur Bucht Cala Violina durch den Buschwald der *macchia mediterranea*

Kleines Naturschutzgebiet mit vielen markierten Wanderwegen. Schattig und grün, mit Blicken zum Meer und Bademöglichkeit. In der Hauptsaison massenweise Jogger und Fahrradfahrer an der Hauptroute am Meer.

Ausgangs- und Zielpunkt: Restaurant Cantucci, Località Terrarossa, Porto Turistico – Hafen Puntone, südlich von Follonica an der SS 322

Länge: ca. 12 km

Dauer: ca. 3 ¾ Stunden (reine Laufzeit)

Landschaft, Wege: Waldboden in Meeresnähe, Strand, steinig-schottrige Piste durch die *macchia mediterranea* (gut ausgeschildert)

Schwierigkeitsgrad: Erste Etappe (ca. 4,2 km) bis zum Strand von Cala Violina leicht und mit Schatten, zweite Etappe um den Poggio di Carpineta für ein kurzes Stück schwierig und ohne Schatten, letzte Etappe durch den Macchiawald leicht, teils ohne, teils mit Schatten. Bis zum Abzweig der Route 8 ist die Strecke auch ideal für gut ausgerüstete Mountainbiker geeignet. Wanderer brauchen gute Schuhe.

Von Follonica kommend, fährt man auf der Strada delle Collachie (SS 322) für ca. 2 km in Richtung Castiglione della Pescaia bis zur Ortschaft Puntone. Bevor man diese Ortschaft vor einer ansteigenden Kurve verlässt, rechts in Richtung *porto turistico* (zum Meer) abbiegen. Der Straße (Via della Dogana) ca. 1,7 km bis zum ausgeschilderten Restaurant *Il Cantuccio* (**1**), dem Ende der Straße, folgen. Hier den Wagen am Straßenrand abstellen. (Der Restaurantparkplatz ist nur für Gäste reserviert!)

Die Wanderung beginnt auf besagtem Restaurantparkplatz, an dem man links eine Schranke passiert und der Wanderstrecke 1 in Richtung Cala Martina (immer parallel zum Meer) folgt. Nach ca. 30 Minuten (ca. 2,5 km) leichter Waldbodenstrecke erreicht man die Bucht Cala Martina. Man orientiert sich am Garibaldi-Denkmal. Dem Hauptweg 1 für weitere 1,7 km in Richtung Cala Violina („Bucht der Geigen") folgen. Nach ca. 20 Minuten erreicht man die Cala Violina mit ihrem Strand aus Quarzsand, dem Sie auch ihren Namen verdankt. („Was hat Quarzsand mit Geigen zu tun?", werden sie fragen. Eigentlich nichts, aber wer auf dem Quarzsand umherläuft, erzeugt dabei geigenähnliche Töne.) An der Cala Violina besteht die Möglichkeit zum Baden. Da es nur in der Saison einen Imbisswagen mit Brötchen und Erfrischungen gibt, sollte man sich vor Beginn der Wanderung mit Proviant eindecken. Picknickplätze sind hier vorhanden.

(Wenn man nicht in der Hauptsaison unterwegs ist, kann es übrigens passieren, dass man die idyllische Bucht für sich alleine hat. Nicht selten begegnet man auf den Wegen anstelle von Badegästen dann maremmanischen Kühen. Zwar können sie einem durch ihre wuchtige Gestalt und die geschwungenen Hörner einen gehörigen Schrecken einflößen, sie sind aber alles andere als gefährlich und ziehen sich bei der Begegnung mit Wanderern sofort zurück!)

Die Wanderung geht von hier auf dem Hauptweg 1 in südlicher Richtung weiter.

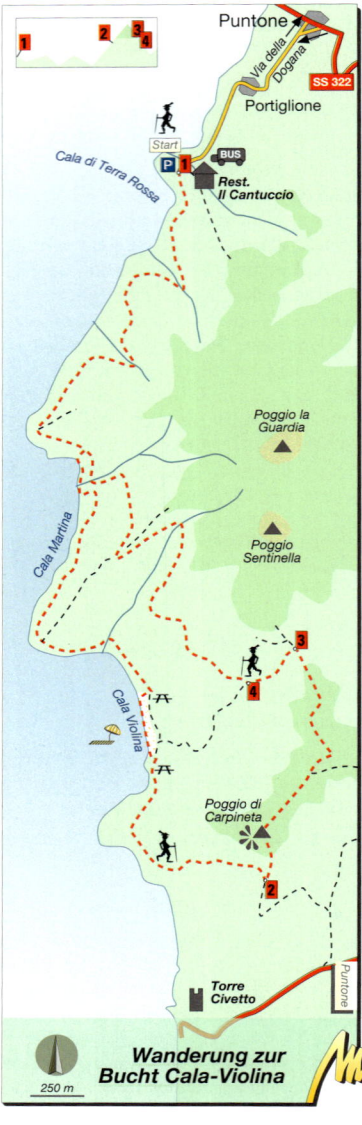

Wanderung zur Bucht Cala-Violina

Nach ca. 5 Minuten beginnt der Weg anzusteigen und immer steiniger und schmaler zu werden. Dem Wegverlauf, der links an einem eingezäunten Areal vorbeiführt, folgen. Die Wanderroute verläuft ab jetzt landeinwärts. Nach ca. 30 Minuten gelangt man an einen Punkt, an dem die Wanderroute 8 links im spitzen Winkel abzweigt (2). (Man orientiert sich hier an einem Aufsteller mit Wanderkarte.) Diese Route 8, ein schmaler Pfad, wird eingeschlagen und lässt einen nach etwas anstrengendem Anstieg von ca. 5 Minuten eine Anhöhe, den *Poggio di Carpineta*, erreichen. Ab hier wird auf der ca. 10 m breiten, gerodeten Schneise (gegen Buschwaldbrände) weitergewandert. Es geht zunächst bergab, dann für ein kurzes Stück bergauf (von erreichter Anhöhe guter Blick auf den Verlauf der Feuerschneise bis hinauf zum *Poggio la Guardia*). Letztmalig geht es links auf der Route 8 bergab. (Vorsicht: Im Sommer rutscht man leicht auf der ausgedörrten Piste aus!)

Unten angelangt, erreicht man eine Wegkreuzung, an der man links auf die Route 2 abbiegt (3). Ab hier wandert es sich angenehm auf leicht abschüssigem, in Schatten gehülltem Waldboden zunächst in Richtung Meer. Nach ca. 5 Minuten wird an der Weggabelung (4) die Wanderroute 2B nach rechts in Richtung Cala Martina eingeschlagen. Nach ca. 30 Minuten kreuzt Wanderweg 11 (Aussichtsturm). Wir wandern hier weiter auf der 2B, die uns nach kurzer Zeit auf die Wanderroute 1 zurückbringt. Hier rechts in Richtung Cala Martina abbiegen und zurück zum Parkplatz.

Massa Marittima

Von Follonica führt die alte Strada Massetana nach Massa Marittima, das von einem fast 400 m hohen Berg über die Maremma wacht.

Bedeutung erlangte die Stadt erst, als sich der Bischof von Populonia um 840 in die malariafreie „Höhenluft" Massas zurückzog und der Bischofssitz hierher verlegt wurde. Seine Blütezeit erlebte Massa Marittima im 12. und 13. Jh. unter der Herrschaft der Pisaner, als es zum Zentrum des toscanischen Erzbergbaus avancierte. Im *Codex minerarius* von 1310, der heute in der Kirche San Michele an der Piazza Cavour aufbewahrt wird, sind die ältesten bekannten Verordnungen für den Mineralienabbau fixiert.

Die Unterstadt (Città Vecchia) wurde zwischen dem 11. und 13. Jh. um den Dom herum angelegt, die Oberstadt (Città Nuova) entstand in den folgenden Jahrhunderten und wurde vornehmlich von den Bergarbeitern bewohnt. Seitdem die letzte Erzmine der Stadt geschlossen wurde (1994), ist der Tourismus die einzige nennenswerte Einnahmequelle Massa Marittimas.

Information/Verbindungen/Einkaufen/Feste

- PLZ 58024
- *Information* Via Todini 3. Mit Informationen über die Stadt und ihre Museen gut ausgestattetes Büro mit freundlichem, teils deutschsprachigem Personal. Mo–Sa 9.30–12.30 und 15.30–18.30 Uhr, so 13 Uhr. ℅ 05 66-902756, ℻ 0566-940095. info@altamaremma turismo.it, www.altamaremmaturismo.it oder www.maremma-ospitalita.com.
- *Bahnverbindung* Nächster Bahnhof in Follonica.
- *Busverbindung* Von Follonica (fast halbstündlich), auch Verbindungen nach Siena (2x tägl.).
- *Parken* Die Città Vecchia ist verkehrsberuhigt. Ein größerer Parkplatz (gebührenpflichtig) direkt am Eingang zur Altstadt unterhalb des Doms (ca. 60 Cent/Std.). An der Ausfallstraße nach Follonica rechts neben dem Hotel Duca del Mare befindet sich ein kostenloser Parkplatz, von dem man das Zentrum auf einem Fußweg in 5 Min. erreicht.
- *Einkaufen* **Galleria del Minerale/La Piccola Miniera**, Vicolo Porte 1 bzw. 25. In Letzterer sind die verschiedenen Gesteine ausgestellt, die aus den Minen zutage gefördert wurden. Beeindruckend die fluoreszierenden Minerale in allen Farben und ein kleiner Bergwerksstollen. Das Haus wurde vor einem Stolleneingang erbaut, in den man vom hinteren Teil des Gebäudes einige Meter hinabsteigen kann. Mit dem Kauf einer Postkarte ist der Eintritt in die Unterwelt abgegolten.

In der Via Moncini gibt es einige Kunsthandwerkstätten. In der Keramikwerkstatt **Le Botteghe** werden auch Kurse angeboten, in denen man die antiken Brenntechniken der Etrusker erlernen kann (die typisch schwarze Keramik, die durch Sauerstoffreduktion entsteht). Via Moncini 42.

Supermarkt Sidis, Via Norma Parenti 4.

- *Weine* Massa Marittima ist der Hauptort der Weinstraße **Strada del Vino**. Der *Monteregio di Massa Marittima* ist 1994 als DOC-Wein qualifiziert worden. Meist Rotwein mit 80 % Sangiovese-Trauben, der im Eichenfass reift. Auch Weißweine aus Trebbiano-Trauben. Infos über Routen und Weingüter der Region unter ℅ 0566-902756 bzw. im Internet unter www.stradavino.it.

Vecchia Cantina, neben dem Ristorante Vecchio Borgo. Weinverkauf (auch vom Fass). Empfehlung: Monteregio 2002 – für ca. 10 € pro Flasche ein hervorragender Wein.

- *Feste* **Balestro del Girifalco**, am 4. Sonntag im Mai sowie am 2. Sonntag im August. Wettkampf im Armbrustschießen, bei dem die Mannschaften der drei Stadtviertel gegeneinander antreten. Anschließend Umzug in mittelalterlichen Kostümen und Waffen.

Calici di Stelle („Weinkelche voller Sterne"), am 10. August, wenn andernorts die Sternennacht von San Lorenzo gefeiert wird. Im Centro storico können die verschiedensten Weine der Gegend verkostet werden. Man muss ein Glas kaufen (10 €), das dann an den Winzerständen immer wieder aufgefüllt wird.

Übernachten

- *Übernachten* *** **Duca del Mare (11)**, das 28-Zimmer-Haus wurde 2001 komplett renoviert. Die Zimmer (auch behindertengerechte) sind modern und angenehm eingerichtet und mit kleinen Balkons ausgestattet (Blick bis zum Meer). Pool, zu Fuß 5 Min. ins Zentrum. DZ 85–100 €. Piazza Dante Alighieri 1/2 (Ausfallstraße nach Follonica), ℅ 0566-902284, ℻ 0566-901905, www.ducadel mare.it.

Massa Marittima   197

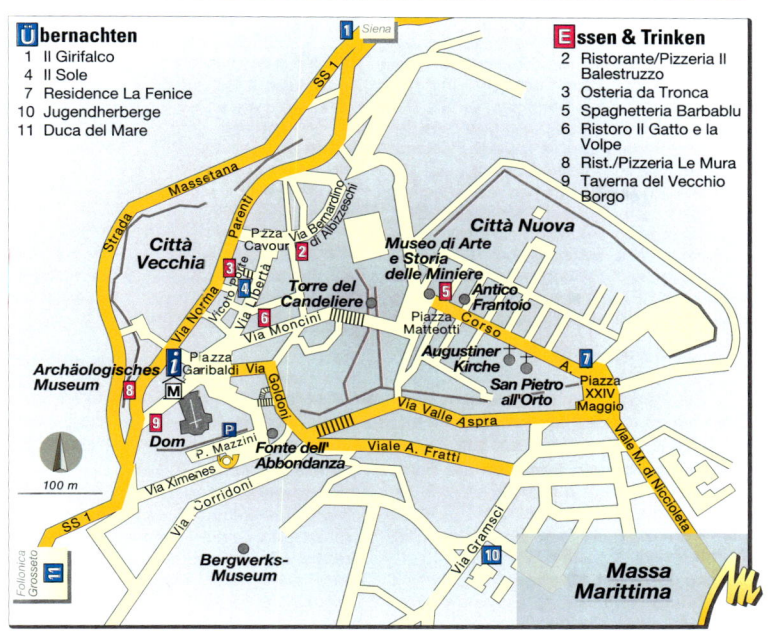

Übernachten
1 Il Girifalco
4 Il Sole
7 Residence La Fenice
10 Jugendherberge
11 Duca del Mare

Essen & Trinken
2 Ristorante/Pizzeria Il Balestruzzo
3 Osteria da Tronca
5 Spaghetteria Barbablu
6 Ristoro Il Gatto e la Volpe
8 Rist./Pizzeria Le Mura
9 Taverna del Vecchio Borgo

*** **Residence La Fenice (7)**, 2001 eröffnet. Elegant und stilvoll restaurierte Herberge in der Città Nuova, mit Pool und Garten. Komfortable Zimmer mit kleiner Kochgelegenheit. DZ je nach Saison und Zimmerkomfort und Frühstücksbufett ab 155 €. Corso Diaz 63, ✆ 0566-903941, ℻ 0566-904202, www.lafenice residence.it.

*** **Il Sole (4)**, ordentliches, zentral gelegenes 50-Zimmer-Haus. Abstriche wegen der Wabbelmatratzen und des mageren Frühstücks. DZ ab 95 € (kleine Parkgarage vorhanden). Corso della Libertà 43, ✆ 0566-901971, ℻ 0566-901959 www.ilsolehotel.it.

** **Il Girifalco (1)**, Familienbetrieb mit Terrasse, Pool und Parkplatz. Etwas kühle Atmosphäre, die 30 Zimmer sind aber geschmackvoll möbliert, zur Altstadt braucht man ca. 5 Min. DZ 55–77 €. Via Massetana Nord 25 (Ausfallstraße nach Siena), ✆ 0566-902177, ℻ 0566-902339, www.ilgirifalco.com.

● *Jugendherberge* **Ostello S. Anna Massa Marittima (10)**, schöne, helle Räume mit 4–8 Betten im ehemaligen Nonnenkloster. Pro Pers. 15 €. Via Gramsci 7, ✆ 0566-904611 oder 329-0030931, ℻ 0566-904600, leclarisse@libero.it.

● *Fewos/Appartements/Agriturismi* **Tenuta Il Cicalino**, ein riesiges Landgut liegt im weiten Tal unterhalb von Massa, 350 ha groß, davon 44 ha mit Olivenbäumen bewirtschaftet. Die 6 Ferienhäuser mit insgesamt 24 Ferienwohnungen (toscanische Einrichtung und teilweise in Bio-Bauweise) in unterschiedlicher Größe liegen in Grüppchen bis zu 1,5 km voneinander entfernt. 4 Pools, Fitnessraum, Massagen, Sauna, Fahrradverleih und Restaurant mit ausgezeichneter Küche (Menü 20 €). Geöffnet von Feb. bis Nov. Deutschsprachige Rezeption. Von der SS 439 ausgeschildert. Wochenweise Vermietung, für 2 Pers. 462–630 €, B&B pro Nacht 90 €. 2,5 km in Richtung von Massa in Richtung Siena, ✆ 0566-902031, ℻ 0566-904896, , www.ilcicalino.it.

La Colombaia, neben dem Tenuta Il Cicalino und etwas kleiner und bescheidener. 8 Appartements in einem Haus, schöner Swimmingpool, auch ab 2 Tagen zu mieten, Pool und Spielwiese. ✆ 0566-904131, ℻ 0566-905891, www.agriturismo-lacolombaia.it.

Podere Riparbella, Veronica und Christian, beide aus der Schweiz, haben mit ihrem biologischen Agriturismo ein Paradies geschaffen. Sorgfältig wurden die alten Gebäude eines Guts umgebaut, wobei offensichtlich ein begnadeter Innenarchitekt die Hand im Spiel hatte: gepflegte, dank Glastüren lichtdurchflutete Räume, Fußbodenheizung. Mit Geschmack und viel Sinn für elegante Beleuchtung eingerichtete Zimmer. Eine wunderbare Terrasse lädt zum dolce far niente ein. Die Produkte (Wein, Olivenöl) sind alle biologisch zertifiziert, beim Frühstück schätzt der Gast die aus eigenen Früchten hergestellte Marmelade – über 30 Sorten. An der Straße nach Siena, bei der Straßengabel Volterra-Siena noch 1 km. HP (4-gängiges Abendessen, auch vegetarisch, herzhaftes Frühstück) 67–75 € pro Pers. Loc. Sopra Pian di Mucini (6 km außerhalb, ✆ 0566-915557 (lang läuten lassen), ✆ 05 66-915558, www.riparbella.com.

Agriturismo Il Belvedere, insgesamt 8 Appartements und 6 Zimmer, Pool. Restaurant nur im Sommer geöffnet. Die Inhaberin spricht gut Deutsch. DZ 70–77 €, im Juli/Aug. mit Abendessen dann 63 € pro Pers. Loc. Pian di Mucini (3 km außerhalb, rechts der Straße nach Siena), ✆ 0566-902160, ✆ 0566-52611, www.agriturismoilbelvedere.it.

• *Camping* In unmittelbarer Nähe der Stadt gibt es keine Möglichkeit. Man muss auf die zahlreichen Plätze an der Küste um Follonica ausweichen (s. o.).

Essen (siehe Karte S. 197)

Auf der Piazza Garibaldi, vielleicht einer der schönsten Plätze Italiens, herrscht im Sommer an den zahlreichen Tischen im Freien viel Treiben. Nur wenige Schritte vom Hauptplatz der Stadt entfernt gibt es einige durchaus empfehlenswerte Restaurants.

Taverna del Vecchio Borgo (9), das kleine Kellerrestaurant gilt als beste Adresse im Ort, vor allem für „Carne alla brace" (Fleisch vom Holzkohlengrill). Mo geschlossen. Via Norma Parenti 12, ✆ 0566-903950.

Osteria da Tronca (3), urige Wirtschaft mit guter Küche. Empfehlung: Baccalà alla maremmana – Stockfisch in Tomaten-Kräutersud. Mi geschlossen (reservieren!). Vicolo Porte 5, ✆ 0566-901991.

Ristoro Il Gatto e la Volpe (6), in der Altstadt verstecktes Restaurant mittlerer Preisklasse mit lauschigem kleinem Hof. Aus der traditionellen „Küche der Armen" wurden diverse Suppen in die Speisekarte übernommen – natürlich auch die Acquacotta. Hinterher schmecken Ente und Fasan ausgezeichnet. Mo geschlossen. Vicolo del Ciambellano 12, ✆ 0566-903575.

Ristorante/Pizzeria Il Balestruzzo (2), alteingesessenes, populäres Lokal mit einem großen und einem kleineren Speiseraum. Traditionelle Maremma-Küche, Abteilung „terra" oder „mare". Riesige Portionen, denen man am besten einen Vinsanto hinterherschickt. Speisekarte auch auf Deutsch; man braucht aber etwas Phantasie („Gehmuse", „gemiste Kase"). Via Albizzeschi 6, ✆ 0566-904105.

Rist./Pizzeria Le Mura (8), mit kleinem Garten und Panoramablick. Di geschlossen. Via N. Parenti 7, ✆ 0566-940055.

Spaghetteria Barbablu (5), unter den Arkadenbögen sitzen und das Treiben auf dem Platz beobachten. Mi geschlossen. Piazza Giacomo Matteotti 6, ✆ 0566-901362.

Sehenswertes

Piazza Garibaldi: Sie ist das malerische Zentrum der *Città Vecchia* und das vollkommene Beispiel für die Harmonie des Asymmetrischen. Kaum ein Besucher wird sich ihrer fast magischen Anziehungskraft entziehen können. Man setze sich einmal auf die Stufen, die zum Dom hinaufführen, und lasse die mittelalterliche Szenerie auf sich einwirken. Die Zeit vergeht im Nu – man sitzt, schaut, findet schnell Gesprächspartner, und schon werden die Scheinwerfer eingeschaltet, die zusammen mit den warmen Farben der Abendsonne die Piazza und den Dom in eine behagliche Atmosphäre hüllen. Eingerahmt wird der Platz von dem um 1230 in Travertin erbauten romanischen *Palazzo Pretorio* und dem *Palazzo Comunale*, einem von Sienesern geschaffenen Palast mit zweistöckigen Arkadengängen. Etwas weiter unten schließt sich der kleinere *Palazzo del Podestà* an.

Das untere Ende des schräg abfallenden Platzes dominiert der **Duomo S. Cerbone**. Der Bau der frühromanischen Kirche datiert aus dem 11. Jh., im 13. Jh. kamen bei der Erweiterung gotische Elemente hinzu. Der Fassade sind Blendbögen vorgestellt, die mit Rhomben und Kreisen verziert sind. Am Ende der Längsseite erhebt sich der mächtige Glockenturm.

Besondere Sehenswürdigkeit ist neben zahlreichen Fresken und Freskenresten ein aus Travertin gehauenes Taufbecken von *Giroldo da Como* im rechten Seitenschiff. Dass man auf das hübsche Becken aus dem 13. Jh. einfach einen marmornen Tabernakel (15. Jh.) gestellt hat, will uns allerdings nicht recht einleuchten.

Im Chor (hinter dem Altar) ist der reich verzierte Sarkophag des Cerbonius mit Stationen aus seinem Leben zu sehen. Unter anderem melkt er eine Hirschkuh, wird einem Bären zum Fraß vorgeworfen und beim Papst verleumdet. Das Fresko an der Wand daneben zeigt Bischof Antonio von Massa, der vor dem Heiligen (neben ihm die Gänse, die mittlerweile zu seinem Attribut geworden sind) kniet.

Ein erst vor kurzem freigelegtes Fresko aus dem Jahr 1265 mit der Darstellung des „Baumes der Fruchtbarkeit" ist am **Fonte dell'Abbondanza** im Untergeschoss des alten Getreidespeichers zu bewundern (Via Ximenes/Piazzale Mazzini).

Città Nuova: Kurz vor 1300 wurde es durch Zuwanderung vom Land innerhalb der Stadtmauern zusehends eng. Als Konsequenz entstand oberhalb der Altstadt die rechtwinklig angelegte Città Nuova. Der schönste Zugang führt von der zentralen Via Moncini über eine steile Treppengasse zur *Fortezza dei Senesi*. Die Festung am Eingang zur Neustadt ist im Zuge eines Krankenhausbaus (steht jetzt leer) teilweise abgerissen worden. Durch einen wuchtigen Brückenbogen, den *Arco dei Senesi*, ist sie mit dem 74 m hohen Uhrturm (*Torre del Candeliere*) verbunden, der einen weiten Blick ins Land und auf den Golf von Follonica eröffnet.

⏱ Torre del Candeliere: Di–So 10–13 Uhr und 15–18 Uhr. Eintritt 2,50 €.

Ein paar Schritte weiter (in einer Seitengasse) stößt man auf den **Antico Frantoio**. Die aus dem 18. Jh. stammende und im Originalzustand erhaltene Ölmühle ist seit 2002 als Mini-Museum zu besichtigen.

⏱ April–Okt. Di–So 10.30–13 Uhr. Eintritt 1,50 €.

Wer die Hauptstraße der Città Nuova entlanggeht, sollte einen Blick auf die große romanische Kirche *San Pietro all'Orto* (12. Jh.) werfen. Derzeit ist in ihr ein lokales Instrumentenmuseum untergebracht. Ihr schließt sich direkt der Kreuzgang eines ehemaligen Augustinerklosters aus dem 15. Jh. an, dessen Kirche heute noch für die Messe genutzt wird.

▶ **Carapax**: Ein Verein gründete hier eine Station zum Schutz von Schildkröten, in der jedes Jahr bis zu 5000 Tiere großgezogen werden, um dann in Italien oder anderswo ausgesetzt zu werden. Neben zahlreichen europäischen Land- und Wasserschildkröten sind u. a. auch eine 15 kg schwere Wüstenschildkröte aus der Sahel, eine Schnappschildkröte, die sich von Fischen ernährt, und Alligatorschildkröten aus den USA zu besichtigen. Am Eingang des mit Wegen durchzogenen Geländes liegt die Quarantänestation, wo Sie Ihre zu groß gewordene Hausschildkröte in gute Hände geben können. Auch ein Storchenzentrum für Weißstörche ist hier entstanden, das Centro Cicogne.

⏱ März und Oktober 9–17 Uhr, (im März nur Sa/So), April–Juni 9–18 Uhr, Juli–Sept. 9–19 Uhr. Eintritt 7 €, Kinder (6–14 J.) 6 €, bis 6 J. frei, Familienticket 17 €. Sie können auch die Patenschaft für eine Schildkröte (40 €) oder einen Storch (100 €) übernehmen. Es werden Ihnen dann jährlich Infos über Ihren Schützling zugesandt. ☎ 0566-940083, www.carapax.org.

● *Anfahrt* Südlich von Massa Marittima bei der Straßengabel Siena–Follonica die dritte Variante wählen und der Beschilderung „Centro Cicogne" folgen (knapp 3 km).

Museen

Museo Archeologico (im Palazzo del Podestà): In einer extra verglasten Mauernische befindet sich eine etruskische Grabstele aus der Bronzezeit, wie sie auch um Lucca herum gefunden wurden. Sie wurde vermutlich für das Begräbnis eines Kindes angefertigt, denn die Grabplatte aus Sandstein zeigt eine abstrakte Kinderdarstellung. In den beiden Obergeschossen sind noch viele weitere etruskische Fundstücke ausgestellt. Im Erdgeschoss des kleinen Museums ist die „Maestà" von *Ambrogio Lorenzetti* zu sehen, eine Mutter-Kind-Darstellung in bemerkenswerter Blickkontaktpose, eingerahmt von einer vielköpfigen Gruppe von Heiligen und Aposteln.
  ⏰ Di–So 10–12.30 und 15.30–19 Uhr. Eintritt 3 €.

Museo della Miniera (Bergwerksmuseum): In einer ehemaligen Mine wurde ein 700 m langer Stollen zum Bergwerksmuseum umfunktioniert. An diesem auch im Sommer sehr kühlen Ort dokumentieren altertümliche Werkzeuge und Maschinen die Geschichte des Bergbaus. Daneben ist eine große Mineraliensammlung zu besichtigen.
  ⏰ Der Besuch des Museums ist nur mit Führung möglich (ca. 40 Min. Dauer). Termine: 10, 11, 12, 12.30, 15, 16, 17, 17.30 Uhr. Mo geschlossen. Eintritt 5 €. Der Eingang befindet sich in der Via Corridoni.

Museo di Arte e Storia delle Miniere: Auch hier wird auf zwei Stockwerken die Geschichte des Bergbaus in der Gegend von Massa dokumentiert. Zu sehen ist neben Fotos von Sondierungs- und Fördermethoden (Lastesel in den Stollengängen) eine Sammlung von Arbeitsgeräten und natürlich eine schillernde Mineraliensammlung.
  ⏰ Di–So 15–17.30 Uhr. Eintritt 1,50 € .

> Wer Italienisch kann, sollte sich die informative Website für die Museen der Stadt anschauen: www.coopcollinemetallifere.it.

Massa Marittima/Umgebung

▶ **Lago dell'Accesa**: Der kleine See mit 300 m Durchmesser liegt ca. 8 km südlich von Massa Marittima und bietet mit seinem sauberen, frischen Wasser gute Bademöglichkeiten. An den meisten Stellen ist er wegen seines dichten Schilf- und Brombeergürtels nicht zugänglich. Wer zu den Badestellen will, lässt am besten sein Gefährt am Dorfeingang von *La Pesta* beim Parkplatz des Ristorante Cingallina stehen und schlägt den Feldweg hinter dem ersten Haus (Kirchenneubau) ein. Nach 5 Min. ist man am See, im Wald stehen unter hohen Eukalyptusbäumen Tische, an denen man picknicken kann. Badestellen finden sich weiter hinten. Am See wurde auf dem Gelände einer ehemaligen etruskischen Siedlung aus dem Jahre 600 v. Chr. ein kleiner Archäologiepark (Area archeologica dell'Accesa) um die etruskischen Gräber und Fundamente der einstigen Behausungen angelegt.

• *Übernachten* **Tenuta del Fontino**, herrschaftliche Villa mit insgesamt 25 Zimmern, teilweise in Nebengebäude untergebracht (ca. 9 km von Massa entfernt). Es gibt auch 6 Wohnungen für 2/4/6 Personen, die 400 m entfernt in einem restaurierten Bauernhaus entstanden sind. Ingesamt 700 ha Land, davon 20 ha Wein, gehören zum Landsitz, das sich in den Händen einer tatkräftigen Südtirolerin befindet. Mit der Unterstützung ihres freundlichen Teams (Deusch sprechend) hält sie Haus und Garten seit Jahren bestens in Schuss. Großzügiges, gepflegtes Ambiente, außer Mo und Do gute Küche (mit 17 € für's Menü pro Pers. sehr zu empfehlen) und ein tolles Frühstücksbüffet. Im

Terrasse der herrschaftlichen Villa Tenuta del Fontino

Sommer gibt es Grillabende im Garten. Neben den beiden mit Sonnenkollektoren beheizten Pools sorgt ein idyllischer Badesee (nur 5 Fußminuten vom Gebäude entfernt) im Sommer für Abkühlung. Zimmer mit Frühstück 49–79 € pro Person. Anfahrt: vom Dorf La Pesta noch ca. 1,5 km weiter Richtung SS 1, dann links am Weinfass abbiegen, 0566-919232, 0566-919684, www.tenutafontino.it.

• *Essen* Die **Trattoria Il Leccio** wird sehr wegen ihrer Grillgerichte wie der Bistecca Fiorentina oder einer Tagliata vom Rind vom Holzkohlengrill gelobt. Loc. Cura Nova, 0566-918018. Sa geschlossen.

Vetulonia (ca. 400 Einw.)

Der malerische Ort auf einem Hügel (345 m) im Hinterland zwischen Follonica und Grosseto war im 6. Jh. v. Chr. aufgrund seiner Bodenschätze eine bedeutende etruskische Stadt und vor allem für seine Goldschmiedekunst bekannt. Der Fluss Bruna, der heute kanalisiert östlich des Orts vorbeizieht, drang damals nicht mehr bis zur Bucht durch und bildete einen größeren See. Erst mit der Versumpfung des Sees, der Vetulonia mit dem Meer verbunden hatte, erfolgte der Niedergang der Stadt. Nach ihrer Zerstörung im 10. Jh. durch die Sarazenen errichteten die Bewohner auf den Trümmern das heutige Bergdorf. Der Ortsname wurde im Mittelalter in *Colonna di Buriano* umgeändert. Für Jahrhunderte verschwand der Name Vetulonia, der sich aus der etruskischen Bezeichnung *Vatle* oder auch *Vatluna* ableitete, auf Landkarten und auch aus dem Gedächtnis, bis die etruskische Siedlung durch die Forschungsarbeiten des Archäologen Isidoro Falchi entdeckt wurde. Gemessen an dem Wenigen, was heute generell in den archäologischen Museen an Funden aus der reichen etruskischen Blütezeit ausgestellt ist, lässt sich nur ahnen, wie viel wertvolle Schätze in diesen ersten Jahren nach der Entdeckung verschwanden bzw. verscherbelt wurden und in privaten Besitz gelangten. Einige interessante Sammlungen stellt das Museo Archeologico in Florenz aus.

Das kleine **archäologische Museum** am Ortseingang zeigt Funde aus etruskischer, römischer und hellenistischer Zeit. Ein Dorfspaziergang führt hoch ins Zentrum und weiter zur *Mura dell'Arce* mit ihren riesigen polygonalen Steinblöcken. Sie gehört zu den wenigen Überresten der Stadtmauer aus dem 6. Jh.

In den Ausgrabungsstätten *Costa Murata* im Süden und *Scavi Città* im Norden des Ortes wurden Zeugnisse wie Straßen und Überreste von Wohnvierteln aus römischer Zeit freigelegt.

Ebenfalls nördlich des Ortes (ungefähr 2 km in Richtung Grosseto, dann abzweigen) befindet sich eine **Ausgrabungsstätte mit etruskischen Gräbern** aus dem 8.–2. Jh. v. Chr. Bis zu 1000 Gräber sollen sich in Vetulonia einst befunden haben. Unter den für Vetulonia charakteristischen Steinkreisgräbern seien vor allem die beiden außergewöhnlich monumentalen Grabmäler aus dem 7. Jh. v. Chr. genannt, die zu den größten etruskischen Kuppelgräbern zählen: die *Tomba della Pietrea*, die nach langer Restaurierung wieder zu besichtigen ist, und die *Tomba del Diavolino II* mit freigelegtem Teil der Erdhügelummauerung. Das Kuppelgrab *Diavolino I* kann man im archäologischen Museum in Florenz bewundern, wo es originalgetreu wiederaufgebaut wurde.

- *Öffnungszeiten* **Archäologisches Museum**, März–Mai 10–13 und 15–18 Uhr, Juni–Sept. 10–14 und 16–20 Uhr, Okt.–Feb. 10–16 Uhr (Okt.–Feb. Mo geschlossen). Eintritt 4,50 €. **Etruskisch-römisches Ausgrabungsgelände und etruskische Gräber**, Mai–Aug. 9–20.30 Uhr, Sept. 9–19.30 Uhr, Okt.–März 9–18 Uhr. Der Eintritt ist frei, ein deutschsprachiger Begleittext kostenlos.
- *Übernachten* **Zimmervermietung**, gleich neben der Taverna Etrusca am Platz. 10 DZ ab 55–70 € in der Hauptsaison (Frühstück extra in der Bar). ✆ 0564-949802, www.tavernaetrusca.it.
- *Essen* **Taverna Etrusca**, Gasthaus mit einfacher Küche, Sa abends auch Pizzeria, Mo geschlossen. Piazza Enrico Stefani 12, ✆ 0564-949802.
- **La vecchia cantina**, winziges Gasthaus gegenüber dem Museum, in dem Gerichte der „Arme-Leute-Küche" von einem netten älteren Ehepaar gekocht und serviert werden. Im Sommer schätzt man außer den bodenständigen Gerichten ein Plätzchen im Schatten unter Olivenbäumen, an kälteren Tagen wird man die guten Suppen genießen. Via Garibaldi 34, ✆ 0564-948007.
- *Bar* Die urgemütliche kleine Kneipe **Il Frantoio** an der Via San Guglielme im Ortszentrum bietet sich für eine Bruschetta mit einem Becher Rotwein an. Beim Eintritt blickt einem gleich das Antlitz vom Räuber-Volksheld Tiburzi entgegen und an der mit Fotos tapezierten Wand sein Bruder im Geiste: Che Guevara ...

Punta Ala

In pinienbeschatteten Gärten liegen Villen und Appartements versteckt, diverse Hotels prunken – ein exklusives Touristenzentrum der gehobenen Klasse. Geprägt wird das gepflegte Bild in der Saison von betuchten Italienern.

Eine Immobiliengesellschaft kaufte das reizvoll auf der Spitze einer schmalen Landzunge gelegene Areal 1955 einer italienischen Großgrundbesitzerfamilie ab und hat seither alle Fäden in der Hand. Der quasi komplett zubetonierte Jachthafen ist in privater Hand, verströmt gediegene Clubatmosphäre und verfügt über 900 Anlegeplätze. Die Hafenpromenade ist für Motorisierte nur mit Plastikkarte (members only!) zugänglich. Wenn man seinen Wagen ordnungsgemäß draußen abstellt, kann man den Hafenbereich aber auch zu Fuß betreten. Man spürt nicht zuletzt an den häufigen Personenkontrollen an den Zufahrtsstraßen, dass hier zahlreiche italienische Prominente ihr Sommerdomizil eingerichtet haben. Man reist im Ferrari an und betätigt sich standesgemäß bei Polo, Golf oder Tennis. Ist die Saison dann vorbei, reist der Jetset wieder ab, und der ohnehin sterile Ort fällt in den Winterschlaf – nur die schönen Bötchen bleiben dann noch hier.

- *Information* Siehe unter Castiglione della Pescaia.
- *Bar* Zum Aperitif checkt man am besten in der Cocktailbar **Il Porticciolo** genau im Zentrum des Jachthafens ein. Der Aperitif ab 7 € sollte es einem schon wert sein, sich hier unter's maritime Volk der Segler und Motorjachtbesitzer zu mischen.
- *Camping* **Puntala**, das 4-Sterne-Paradies steht unter Leitung des Touristikunternehmens Solemar. Eine schöne Lage: inmitten eines schattigen Pinienhaines am Meer in einer ansonsten unbebauten Bucht. Das riesige Areal von 30 ha hat knapp 700 Stellplätze. Bei einer Belegzahl von 3–4 Pers. pro Platz kann man sich vorstellen, in welchen Größenordnungen die Massen in der Hauptreisezeit in Erscheinung treten. April–Okt. geöffnet. ✆ 0564-922294, ℻ 0564-920379, www.campingpuntala.it.

** **Baia Verde**, noch größer als „Puntala", über 1000 Stellplätze. Gut organisiert, mit eigenem Sandstrand, Läden, Friseur und allem, was der Camper sonst noch so braucht! Schön und etwas teurer. Mitte April bis Mitte Okt. geöffnet. ✆ 0564-922298, ℻ 0564-923044, www.baaverde.com.

- *Nachtleben* Kurz vor Punta Ala ist die Diskothek **Black Sun** in einer gläsernen Pyramide untergebracht. Sa ganzjährig, im Sommer auch Do und Fr ab 24 Uhr geöffnet, Eintritt ca. 15 €.

▶ **Tirli**: Von der SP 158 (ehemals SS 322) fährt man in schönen Serpentinen empor nach Tirli, einem der „hinterwäldlerischen" Dörfer unweit der Küste. Der 250-Seelen-Ort liegt ganz versteckt und ist umgeben von ausgedehnten Esskastanienwäldern. Er ist bekannt für seine gute maremmanische Küche, die man in einem der nicht weniger als sieben Restaurants ausprobieren sollte. Für preisgünstigere Einkehrvariante gibt es neuerdings auch eine Pizzeria.

Die Zeit scheint hier oben stehen geblieben zu sein. Auf dem Platz sitzen die Dorfbewohner vor den Häusern – mehr ist eigentlich auch nicht zu tun. Der Reisende, der nach dem Riviera-Rummel ein wenig Ruhe sucht, findet sie hier ganz sicher.

Strand am Weg nach Punta Ala

- *Übernachten/Essen* **La Luna**, renommiertes Restaurant mit Zimmervermietung, das preislich jedoch unverhältnismäßig angezogen hat. Okt.–März nur Fr/Sa/So geöffnet, ansonsten Di geschlossen. Unbedingt reservieren. DZ (insgesamt 5, alle renoviert) mit Frühstücksbuffet 60–80 €. Via del Podere 8, ✆ 0564-945858, ℻ 0564-945906, www.locanda-laluna.it.

** **Tana del Cinghiale**, alteingesessenes Haus mit 7 einfachen Zimmern und guter maremmanischer Kost. DZ mit Frühstück 80–100 €. In einer Kurve außerhalb vom Zentrum, nicht zu verfehlen, ✆/℻ 0564-945810, www.tanadelcinghiale.it.

Il Vecchio Frantoio, Pizzeria (Mo geschlossen) und Zimmervermietung im Ort (ab 70 €), Via della Chiesa direkt neben der Kirche, ✆ 333-6989513 (Cristian).

Il Baracchino, maremmanische Spezialitäten, nur in der Saison geöffnet. Piazza del Popolo 8, ✆ 0564-945858.

Da Vildo, einfache maremmanische Hausmannskost, Do geschlossen. Via della Chiesa, ✆ 0564-945839.

• *Außerhalb* Direkt am Abzweig von der 322 nach Tirli lädt die **Merenderia La Paguro** mit nettem Gärtchen zu einem Imbiss ein. Im offenen Kamin wird auch Salsiccia (herzhafte toskanische Wurst) gegrillt. Via delle Collachie 43, Loc. Pian d'Alma. Von 9–20 Uhr geöffnet. Di geschlossen.

Castiglione della Pescaia

Das Fischerstädtchen an der Bruna-Mündung ist unumstritten der schönste Badeort der Maremma. Hinzu kommt, dass das Meer um Castiglione seit einigen Jahren die besten Noten in Sachen Wasserqualität bekommt.

Im Sommer herrscht italienischer Familientrubel an der Strandpromenade, in der etwas ruhigeren Vor- und Nachsaison sind viele Deutsche und Schweizer anzutreffen. Schade, dass die SP 158 direkt durch den Ort führt. Am Flusshafen wird täglich gegen 17 Uhr frischer Fisch angelandet. Noch ungefähr 60 Fischer – viele aus dem Süden Italiens – fahren mit ihren Kuttern aufs Meer, um die Händler und Restaurants mit der wertvollen Ware zu versorgen.

Nicht versäumen sollte man den kurzen, romantischen Spaziergang durch das mittelalterliche Castiglione hoch zur *Rocca Aragonese*. Der Weg führt an der *Kirche Santa Giulia* vorbei, deren altes Holzportal mit verrosteten Nägeln und Eisenbeschlag noch zur Hälfte erhalten ist. Spätestens hier, kaum fünf Minuten vom geschäftigen Ortszentrum entfernt, hat man vom modernen Badeort Abschied genommen und taucht ins Mittelalter ein. Das Kastell selbst, eine Pisanerfestung aus dem 14. Jh. mit wuchtigen Türmen, ist in Privatbesitz.

Ganz andere Impressionen vermittelt ein weiterer Spaziergang: Gleich hinter der Brücke über die Bruna führt links ein Sträßchen auf einem Damm in die Sumpfgebiete der Flussmündung. Hier steht die *Casa Ximenes*, auch *Casa Rossa* genannt, die elegant zwei Kanäle überbrückt. Der Bau stammt aus dem 18. Jh., als die Entwässerungsarbeiten in der Maremma-Ebene in vollem Gange waren. Heute ist in der Casa Ximenes das *Museo Multimediale Casa Ximenes* untergebracht, ein kleines Museum zum Naturreservat Diaccia Botrona. Neben der Geschichte der Trockenlegungsarbeiten des ehemaligen Sees und diversen Erklärungen zur Flora und Fauna des Naturschutzgebietes kann man die hier lebende Tierwelt live auf Monitoren beobachten. Es werden auch Exkursionen angeboten, bei denen das Naturreservat mit dem Boot erkundet werden kann.

⏰ Sept. bis Mai Do–So 13–19 Uhr, die Bootsexkursionen sind nur nach Voranmeldung unter ✆ 338-9001075 möglich, Juni bis Aug. 16–22 Uhr, Exkursionen dann jeweils um 18 Uhr. Info unter ✆ 347-5345189 (Lucia) oder 393-9849999 (Veronica). Eintritt 12 €, Kinder von 2–12 J. 5 €.

Baden: Beidseits der Bruna-Mündung erstreckt sich ein langer Sandstrand. Wer auf Sonnenschirm und Liegestuhl verzichten kann, findet zwischen den gebührenpflichtigen Strandbädern mehrere freie Zugänge zum Meer.

Der Strand *Le Rocchette* nördlich von Castiglione ist teilweise frei und stellt das Ende der Badebucht dar. Hier kann man auch ein wenig auf den Felsen herumkraxeln, Restaurant und Strandbar sind vorhanden.

Richtung Südosten zieht sich kerzengerade die *Strada delle Collachie* (SP 158) durch die *Pineta del Tombolo*, parallel dazu ein Fahrradweg. Zwischen dichtem Buschwerk und Stacheldraht führen nur wenige passierbare Feldwege ans Meer, wo ein heller Sandstrand lockt. Bessere Zugänge findet man erst wieder knapp vor Marina di Grosseto.

Castiglione della Pescaia 205

Um ca. 17 Uhr kommen die Fischerboote zurück in den Hafen von Castiglione della Pescaia

*I*nformation/*V*erbindungen/*A*dressen

• *PLZ* 58043

• *Information* **APT-Büro**, Piazza Garibaldi 6. Zuständig auch für das luxuriöse Tourismuszentrum von Punta Ala. Viel schönes Bildmaterial. Täglich 9–19 Uhr. ☏ 0564-933678, ✆ 0564-933954. infocastiglione@lamaremma.info, www.lamaremma.info.

• *Bahnverbindung* Nächster Bahnhof in Grosseto.

• *Busverbindung* Etwa 10x tägl. Grosseto (über Marina di Grosseto), 7x Follonica (von dort weiter nach Massa Marittima).

• *Bootsausflüge* Ab Castiglione verkehren im Sommer Ausflugsboote zu den Inseln Elba, Giglio und Gianrutri. Die Tagesausflüge kosten ca. 30 €. Abfahrt morgens im Hafen um 9 Uhr, Rückkehr 18.30 Uhr. Das Mittagessen an Bord kann für ca. 10 € mitgebucht werden. Eine der Agenturen ist Vegastar/Eolian Jet. Infos im Reisebüro Junipero, Via Camaiori 1, ☏ 0564-933449.

• *Fahrradverleih* **Saletti**, Via degli Scalpellini (etwas außerhalb Richtung Grosseto). Neben Fahrrädern werden auch Roller vermietet, ☏ 0564-935494 **Elettrauto Viti Giancarlo**, Via Ricci 22, ☏ 0564-934668.

• *Fewo-Agenturen* **Alfa**, Via Veneto 88, ☏ 0564-935070, ✆ 0564-932311, info@alfaimmobiliare.it www.alfaimmobiliare.it; **Il Maestrale**, Via Ansedonia 42, ☏ 0564-938261, ✆ 0564-938241, info@castigliondellapescaia.com, www.castigliondellapescaia.com; **Casa Vacanze**, Piazza Orsini 3–4, ☏ 0564-935092, ✆ 0564-935529, info@casa-vacanze.it, www.casa-vacanze.it; **Villa Toscana**, Piazza Garibaldi 7, ☏ 0564-939281, ✆ 0564-931028, info@villatoscana.it, www.villatoscana.it.

• *Einkaufen* **Supermercato Coop**, an der Strada Provinciale Padule im Centro Commerciale, Loc. Paduline (von Süden kommend 100 m vor der Umgehungsstraße noch vor der Esso-Tankstelle links).
Temperani, der kleine Fischladen ist zu empfehlen – verkauft wird nur wirklich frische Ware. Via Socci.
Wochenmarkt, jeden Samstagvormittag auf der Piazza Ponte Giorgini (Nähe Brücke).

• *Internetpoint* **Bar Ciro**, große Bar mit zwei Computern. Piazza Gramsci 2 (Durchgangsstraße, westlicher Ortsteil).

• *Waschen* **Bay Wash**, Via Paolini 9.

Küste der Maremma

Castiglione della Pescaia – ein sympathischer Badeort

Übernachten/Agriturismo/Camping

- *Übernachten* ****** L'Approdo**, bestes Hotel im Zentrum, auch wegen seiner Lage am Hafen, 50 Zimmer mit Blick auf denselben und das Meer. Zimmer mit Frühstück 90–164 €. Via Ponte Giorgini 29, ✆ 0564-933466, ℡ 0564-933086, www.approdo.it.

*** **Hotel Piccolo**, kleines, gepflegtes Haus mit 24 Zimmern, Mitte Juni bis Mitte September geöffnet. DZ mit Frühstück 102–112 € (im Aug. nur mit HP). Via Montecristo 7 (südliche Flussseite), ✆ 0564-937081, ℡ 0564-932566, www.hotel-castiglione.com.

*** **Miramare**, einziges Hotel am Strand, das Wellblechdach des angeschlossenen Restaurants hat man spätestens beim Anblick des Sonnenuntergangs vergessen. Frühstück gibt es auf der Terrasse am Meer! Zimmerpreise je nach Saison und mit oder ohne Meerblick 68–112 €. Auch Appartements. Via Vittorio Veneto 35 (zwischen Küstenstraße und Strand), ✆ 0564-933524, ℡ 0564-933695, www.hotelmiramare.info.

*** **Sabrina**, modernisiertes 37-Zimmer-Haus, entspannte Atmosphäre im grünen Innenhof. DZ 85–98 €, Via D. Ricci 12, ✆ 0564-933568, ℡ 0564-933592, info@hotelsabrina online.it, www.hotelsabrinaonline.it.

*** **Mirella**, ruhige, familiäre Atmosphäre. Der Frühstücksraum erstrahlt frisch renoviert. Ausgezeichnete Küche, Obst und Gemüse größtenteils aus eigenem Anbau. Geöffnet von Mitte April bis Mitte Oktober. DZ mit Bad und Frühstück ca. 80 € (in der Hauptsaison nur mit Halbpension, dann 60–80 € pro Pers.). Via Sardegna 7 (südliche Flussseite), ✆/℡ 0564-933068, www.albergo mirella.it.

*** **Lucerna**, zwei Minuten zum Zentrum, zehn Minuten zum Strand. DZ 78–100 € (B&B). Via IV Novembre 27, ✆ 0564-933620, ℡ 0564-933704, www.hotellucerna.it.

*** **Roma**, älteres Haus direkt am Hafen. DZ mit Bad 81–100 € (im Sommer ab Juni nur mit HP). Via Cristoforo Colombo 14, ✆ 0564-933542, ℡ 0564-931175, www.castiglione pescaia.it/roma/roma.htm.

** **Rossella**, dreigeschossiger Bau in der „Neustadt" (5 Min. vom alten Zentrum). Ruhige Lage, zwei Straßen landeinwärts der Durchgangsstraße. DZ 75–105 € (ab Juni bis Mitte Sept., Halbpension ab 48 € pro Pers.). Via F.lli Bandiera 18, ✆/℡ 0564-933832, www. albergorossella.it.

** **Hotel Aurora**, schräg gegenüber vom Hotel Rossella. Renovierte Zimmer, auf dem Dach eine Sonnenterrasse. Der freundliche Besitzer spricht auch Deutsch. Geöffnet März–Okt. DZ mit Frühstück 60–100 € (we-

Castiglione della Pescaia

gen der guten Küche empfiehlt sich Halbpension). Via F.lli Bandiera 19, ✆ 0564-933718, ℻ 0564-934358, www.aurora-albergo.it.

* **La Scogliera**, freundlicher Familienbetrieb auf der südlichen Flussseite genau am Meer. DZ mit Frühstück 60–80 €. Via delle Formiche 7, ✆/℻ 0564-933504, www.scogliera.com.

* **Bologna**, Billighotel am Hafen mit TV-Dauerberieselung im klitzekleinen Aufenthaltsraum bei der Rezeption. DZ 53–68 € (bei den billigeren Du/WC auf der Etage). Piazza Garibaldi 8, ✆/℻ 0564-933746.

* **La Portaccia**, auch Pizzeria (Holzofen!), die man sehr empfehlen kann. Einfache Zimmer mit Bad auf der Etage. DZ ohne Frühstück 50 €, Via S. Benedetto Po 5/7, ✆/℻ 0564-933825.

• *Camping* **Camping Sans Souci**, am nördlichen Ortsausgang. Weitläufiges, komfortables Gelände mit über 400 Stellplätzen im Pinienwald und mehreren Strandzugängen. Selfservice-Restaurant, Lebensmittelladen. Auch Bungalow-Vermietung. Geöffnet April–Okt. ✆ 0564-933765, ℻ 0564-933759, www.maremmasanssouci.it.

Camping Village Rocchette, ca. 5 km nördlich von Castigliano im Ortsteil Le Rocchette. Gepflegte, ruhige Anlage, ideal für Familien. Die neuen Bungalows sind komfortabel und sehr geschmackvoll eingerichtet, stehen – von viel Grün umgeben – zwar relativ eng, aber man kommt sich trotzdem nicht ins Gehege. Im Zeltbezirk viel Schatten unter Eukalyptusbäumen. 2004 wurde ein riesiger Pool eingeweiht. Freundliche, deutschsprachige Rezeption. Geöffnet Mai–Okt. ✆ 0564-941123, ℻ 0564-941213, booking@rocchette.com, www.rocchette.com.

Santapomata, am Village Rocchette vorbei die Straße bis ans Ende fahren. Eindeutig weniger Komfort als Sans Souci und Village Rocchette, aber seiner Strandlage wegen sehr beliebt, daher immer voll. Gutes Restaurant. ✆ 0564-941037, ℻ 0564-941221, www.campingsantapomata.it.

Billiger und ebenso weit vom Ortszentrum von Castiglione entfernt wie Le Rocchette sind die Plätze in der Pineta del Tombolo knapp vor Marina di Grosseto (siehe unter Marina di Grosseto).

Vor der Saison riecht es nach frischer Farbe

Essen

Die recht große Auswahl an Restaurants reicht von Trattorien im mittelalterlichen Gemäuer der Altstadt über Mexikaner und gute Fischrestaurants bis hin zu Pizzerien.

Pierbacco, seit 1994 jährlich von Veronelli ausgezeichnet, wohl daher teurer als die anderen. Mi geschlossen. Piazza della Repubblica 24 (in der Fußgängerzone), ✆ 0564-933522.

Nel Buco, klein und gemütlich, daher bei Touristen sehr beliebt, obwohl das Verhältnis der Portionen zum Preis beim letzten Check sehr irritierte. Die musikalische Untermalung durch Karaoke-Darbietungen seitens der jungen Wirtin und der Gäste sind eher Geschmackssache. Mo geschlossen. Via del Recinto 11 (auf dem Weg hoch zur Burg), ✆ 0564-934460.

La Pescaia, einfaches, preisgünstiges Fischrestaurant. Mi geschlossen. Piazza Garibaldi, ✆ 0564-934037.

Il 13, Bistecca Fiorentina in unkompliziertem Ristorante. Nur in der Saison am Abend geöffnet. Via Montebello 13 (am Aufstieg zur Zitadelle), ✆ 0564-935477.

Il Pescatore, Einheimische essen ihren Fisch hier. Guter Service. Ein paar Schritte weg von der Touristenmeile im Zentrum, Via Ricci 15, ✆ 0564-934027.

Del Viandante, die Osteria bietet neben maremmanischen Spezialitäten wie Acquacotta oder Pappardelle con Cinghiale (Pasta mit Wildschwein) auch Pizza aus dem Holzofen an. Netter Service. Mi geschlossen. Via della Libertà 19, ℡ 0564-933726.

La Scaletta, terrassenförmig angelegtes Lokal für Pizza in der Altstadt. Genau das, was der Urlauber sucht – entsprechend voll ist es. Mo geschlossen. Via Montebello 9 (auf dem Weg zur Burg), ℡ 0564-934296.

Il Granaio, Grillspezialitäten. Im ehemaligen Wein- und Getreidespeicher (riesiges Tonnengewölbe) trifft sich die Jugend im Sommer im Garten. Di geschlossen. Via Camaiori 10 (auf dem Weg zur Altstadt), ℡ 0564-933046.

Pizzeria Il Faro, falls es mal kein Restaurant sein soll – hier gibt es bis ca. 20.30 Uhr u. a. leckere Pizza vom Blech zum Mitnehmen. Di geschlossen. Piazza Orsini 5 (an der Durchgangsstraße, gegenüber vom Roten Kreuz im Ortszentrum).

• *Gelateria* **Gelateria Paradise**, bestes Eis im Ort. Corso della Libertà 22.

Posto Pubblico, Weinbar auf dem Weg zur Rocca mit romantisch gelegener Terrasse und Kerzchen auf den Tischen, auch kleine Speiseauswahl.

Circolo marinai d'Italia, an der Mole gleich hinter den Fischbuden. Unscheinbare Hafenbar mit etwas ungewissen Öffnungszeiten. Bei leichter Brise vom Meer treffen sich hier Carabinieri und Fischer auf ein Gläschen. Am Morgen, wenn der Ort noch im Schatten liegt, stellt man hier einen Plastikstuhl raus und lässt sich von den ersten Sonnenstrahlen wärmen. Abends ab 19.30 Uhr und Mo geschlossen.

• *Außerhalb* **Pizzeria La Corte**, das einfache Gasthaus mit guter Pizza aus dem Holzofen ist in einem ehemaligen Gutshof untergebracht, hat einen schönen Garten und ist abseits vom Touristenrummel im Weiler Pian di Rocca gelegen. Von Castiglione auf der SP 158 (ehemals SS 322) in Richtung Norden, am Abzweig Le Rocchette vorbei und nach ca. 500 m beim Hinweisschild Pian di Rocca links abbiegen, im Weiler dann einfach geradeaus direkt in einen Innenhof hinein. Do geschlossen. ℡ 0564-941219.

La Griglia, gegenüber Hotel-Résidence Roccamare. Einfaches und billigeres Gartenrestaurant. In einer kleinen Bude werden Gemüse, Fisch und Fleisch gebrutzelt, gegessen wird an Holztischen unter Pinien. Nur in der Saison geöffnet. Loc. Le Rocchette (ca. 6 km von Castiglione), ℡ 0564-941402.

• *Nachtleben* **Disco La Capannina**, ca. 4 km im Hinterland in Poggiodoro. Nur Juni bis Mitte Sept. geöffnet, Open-Air-Tanzvergnügen auch für nicht mehr ganz Junge. Fr/Sa ab 24 Uhr, Eintritt 20 € (inkl. Freigetränk), ℡ 0564-939245.

Marina di Grosseto

Der Ort liegt nur 11 km von der Provinzhauptstadt Grosseto entfernt an einer Bucht, die im Norden von Hügeln und im Süden von der Mündung des *Ombrone* begrenzt wird. Durch die seit Jahren anhaltenden, erst teilweise abgeschlossenen Bauarbeiten, die Marina di Grosseto in den modernsten Badeort der Maremma verwandeln sollen, hat die Ortschaft nichts an Charme gewonnen. Im Gegenteil: Entstanden ist eine Siedlung mit schematisch angeordneten Häuserzeilen ohne jegliche Atmosphäre. Ein Ortszentrum sucht man vergebens, und in der Vor- und Nachsaison, wenn die italienischen Urlauber ausbleiben, gleicht Marina di Grosseto einer Geisterstadt. Wer ungestört von Strandbädern und dem Anblick der Neubauten dem Badegenuss frönen will, findet hinter dem Piniengürtel am Ortsausgang Richtung Castiglione einen breiten, feinkörnigen Strand.

• *PLZ* 58046

• *Information* **Info-Point/Pro Loco**, Via Grossetana (im Holzbungalow an der Hauptstraße). In der Hauptsaison tägl. 9–12.30 und 16–19 Uhr, in der Vor- und Nachsaison Mo–Fr 9–12.30 Uhr. ℡ 0564-34449. www.prolocomarinadigrosseto.it.

• *Übernachten* ****** Lola Piccolo Hotel**, nach Renovierung in die Luxus-Kategorie aufgestiegen. Hoteleigener Strand. DZ mit Bad und Frühstück je nach Saison 100–160 €. Via XXIV Maggio 39, ℡ 0564-34402, ℻ 0564-34011, www.lolahotel.it.

*** Rosmarina, etwa 50 m vom Strand entfernt, mit hoteleigenem Restaurant. Ordentliche Zimmer mit Bad, alle renoviert (Klimaanlage). DZ 90–130 €, in der Hauptsaison nur mit obligatorischer Halbpension. Via delle Colonie 33/35, ℡ 0564-34408, ℻ 0564-34684, www.hotelrosmarina.com.

*** I due Pini, einfaches, freundliches Haus. Geöffnet März–Okt. DZ mit Frühstück je

Marina di Grosseto

nach Saison und Aufenthaltsdauer 72–110 €. Via IV Novembre 61, ✆/℻ 0564-34607, www.iduepini.it.

• *Agriturismo*: **Il Grottaione**, supermodern, von Bauernhof keine Spur. Bis jetzt sind 9 Appartements in Reihenhausbauweise fertig, jedes mit eigenem Gärtchen. Im Erdgeschoss Wohnzimmer mit TV, Video, Espresso-Maschine, dahinter das große Schlafzimmer mit eigener Terrassentür. Eine Treppe führt hinauf zum Kinderzimmer und zum Waschzimmer mit Waschautomat. Pool und eigener Spielplatz, der jeden deutschen Stadtteilspielplatz erblassen lässt. Ins Hightech-Image der Anlage passt auch die Magnetkarte fürs Hoftor. Zum Strand mit davor liegender Pineta sind es ca. 500 m. Die Preise sind dementsprechend hoch. Appartement inklusive Nebenkosten in der Woche 1450 € (im August). Massenweise Fahrräder für die Gäste (pro Tag ca. 3 €), an der Straße nach Castiglione kurz nach Ortsende rechts Richtung Cristo abbiegen und gleich wieder links, ✆/℻ 0564-330013, grottaione@grottaione.com.

**** **Hotel Fattoria La Principina**, gehört zur Fattoria La Principina, einer riesigen Ferienanlage (Tennis, Pool, Pferde) mit Fewos und Appartements an der Straße in Richtung Grosseto, Principina Terra. Megakomplex mit 176 teilweise eher kleinen Zimmern, aber einer gigantischen, vornehmen Empfangshalle. DZ mit Frühstück je nach Saison 100–200 €. S.S. delle Collacchie 465, 58100 Grosseto, ✆ 0564-44141, ℻ 0564-400375, www.fattorialaprincipina.it.

• *Camping* **Camping Rosmarina**, nicht im selben Besitz wie das gleichnamige Hotel daneben. Eine propere Anlage mit knapp 100 schattigen Stellplätzen in unmittelbarer Strandnähe und guten sanitären Anlagen. Störend sind die Tiefflieger, die gerne über die Bucht hinwegdonnern (hinter Grosseto liegt ein Militärflugplatz). Bar und Pizzeria (gut und preiswert), der Hauswein schmeckt hervorragend. Mitte Mai bis Mitte Sept. geöffnet. Via delle Colonie 37 (am nördlichen Ortsende in der Pineta del Tombolo), ✆ 0564-36319, ℻ 0564-34758, www.campingrosmarina.it.

Strandkörbe?

Camping Il Sole, im Pinienwald südlich der Mündung des San-Rocco-Kanals. Insgesamt ein sehr einladendes Gelände mit 360 Stellplätzen, allerdings ziemlich weit vom Strand entfernt (daher auch einer der billigeren Plätze). Die Tiefflieger sind auch hier zu vernehmen. Mai bis Mitte Sept. geöffnet. Via Cavalleggeri, ✆ 0564-34344, ℻ 0564-330826, www.campingilsole.it.

• *Camping*: **Le Marze**, riesiges Gelände im Pinienhain zwischen Marina di Grosseto und Castiglione, Bushaltestelle direkt vor dem Eingang. Einsame Lage und ein Katzensprung zum campingeigenen Strand. 470 Stellplätze. Mai bis Mitte Okt. geöffnet. Via della Collacchie, ✆ 0564-35501, ℻ 0564-35534, lemarze@ecvacanze.it, www.ecvacanze.it.

• *Essen* Der Tipp für frischen Fisch ist das Restaurant **Brezzi** mit einer Terrasse zum Meer (nicht zu teuer). Mi geschlossen. Via XXIV Maggio 38, ✆ 0564-34447.

• *Gelateria* An Eisdielen mangelt es nicht in Marina di Grosseto. Leser schwören auf die **Gelateria Carla**, Via IV Novembre 48 („die besten Eiscremes der Gegend").

▶ **Principina a Mare**: Eine moderne Siedlung im Pinienhain und eindeutig schöner als die Baustelle des nördlich gelegenen Marina di Grosseto. Noch schöner wäre es, man würde hier ein Häuschen sein Eigen nennen. Langer Sandstrand, im Süden naturbelassen bis zur Ombrone-Mündung.

• *Essen* **Ristorante Albatros**, Viale Tirreno 52, nahe beim Strandparkplatz. Im Pinienwald verstecktes Lokal, das zu moderaten Preisen Fischgerichte anbietet. Mi geschlossen. ✆ 0564-31436.

Die Piazza Dante mit Denkmal Leopold II.

Grosseto (ca. 70.000 Einw.)

Der Hauptort der Maremma schaut auf eine mindestens 1200-jährige Geschichte zurück, zeigt sich dem Reisenden an seiner Peripherie heute eher als eine gesichtslose, geschäftige Großstadt. Wer jedoch alle Staus überstanden, den Weg durch die Außenbezirke und den modernen Teil der Stadt außerhalb der Stadtmauer gefunden hat, trifft auf eine kleine, gepflegte Altstadt. Ein Großteil des Straßenverkehrs ist vor die mediceischen Festungsmauern verbannt worden, und das Fahrrad ist ein wichtiges Fortbewegungsmittel geworden.

Grosseto ist wie andere Städte der Umgebung aus einer Etruskersiedlung hervorgegangen. Bedeutung erlangte der Ort, nachdem 1138 der Bischofssitz aus dem nahe gelegenen Roselle hierher verlegt wurde. Nach der Eroberung durch die Sieneser gelangte Grosseto 1559 an das Herzogtum der Toscana. Da das malariaverseuchte Umland ein Wirtschafts- und Bevölkerungswachstum unmöglich machte, zählte die Stadt um 1750 nicht mehr als 700 Einwohner. Mit einer enorm hohen Kindersterblichkeit lag das Durchschnittsalter damals bei 19 Jahren und ein 40-Jähriger galt bereits als alter Mann! Erst im 20. Jh. mit der Entdeckung des DDT als hochwirksamem Insektizid konnten Entsumpfungspläne und Entseuchung erfolgreich durchgeführt werden. Der Zweite Weltkrieg brachte dann einen erneuten Rückschlag, große Teile der Stadt wurden dem Erdboden gleichgemacht. Heute ist Grosseto das wirtschaftliche, politische und kulturelle Zentrum der gleichnamigen Provinz, übrigens die flächenmäßig größte der Toscana, die ungefähr mit dem Gebiet der Maremma identisch ist.

Viele der Altstadtgassen sowie auch der Hauptplatz am Dom wurden erst im Jahre 2002 restauriert und bieten eine ideale Möglichkeit zum Einkaufsbummel. Als Ausgangspunkt für die Besichtigung der etruskischen Ausgrabungsstätte der Umge-

Grosseto 211

bung eignet sich die Stadt ebenfalls. Repräsentative Stadtpaläste und herrschaftliche Bauwerke fehlen in der Stadtarchitektur. Dem Centro storico verleiht das eine angenehm ungekünstelte Atmosphäre. Westlich der Stadt liegt der zweitwichtigste Luftwaffenstützpunkt Italiens, und ab und zu donnert ein Fighter mit Überschall über einen hinweg.

Information/Verbindungen/Markt

- *PLZ* 58100
- *Information* **APT-Büro**, Via Monterosa 206, ✆ 0564-462611, ✆ 0534-454606. info@lamaremma.info, www.lamaremma.info. Mo–Fr 8.30–13.30 und 15–18 Uhr, Sa 8.30–12.30 Uhr. Ein kleiner **Infopoint** für Touristen ist in einem Kiosk in der Via Gramsci (gleich außerhalb der Altstadtmauer) untergebracht. ✆ 0564-462639.
- *Bahnverbindung* Züge nach Livorno, Rom (ca. 2 Std.), Siena (5x tägl. – 90 Min. Panoramastrecke durch die Landschaft südlich von Siena!). Für viele Verbindungen ins Landesinnere ist eher der Bus zu empfehlen.
- *Busverbindung* Busse fahren direkt vor dem Hauptbahnhof praktisch in alle Städte der Provinz ab, z. B. nach Massa Marittima, Castiglione, Pitigliano, Saturnia ..., auch nach Florenz sei die Busvariante (ca. 2½ Std.) empfohlen.
- *Einkaufen* Die Geschäfte in der Provinz von Grosseto bleiben am Montagvormittag geschlossen. Der Corso G. Carducci verbindet den Altstadtzugang von der Piazza Rosselli und den Hauptplatz am Dom (Piazza Dante Alighieri) und bildet so als Einkaufsstraße die Hauptachse der Altstadt. Schön schlendert man auch durch die Via S. Martino.
- *Fahrradpiste* Für Radler gibt es zwischen Grosseto (Beginn an der südlichen Via della Repubblica) und Marina di Grosseto eine asphaltierte Piste, die parallel zur Autostraße verläuft, allerdings ohne Schatten!
- *Fewo-Agentur* **Farm Holidays/Agriturist**, gut organisiertes Reisebüro, das einen umfangreichen Katalog mit Fewos und Agriturismi, die ohne Aufpreis vermittelt werden, bereit hält. Im Reservierungsbüro wird man von Deutsch sprechenden Mitarbeitern beraten (Mo–Fr 9–13/15–19 Uhr). Via Manin 20, ✆ 0564-417418, ✆ 0564-421828, agrituri@gol.grosseto.it, www.agriturist.it (dann richtig weiterklicken).
- *Markt* Wochenmarkt am Donnerstagvormittag rings um die Piazza de Maria vor der Porta Vecchia (gleich neben dem Altstadtkern). Frisches Gemüse, Fisch und Käse stapeln sich dagegen Mo–Sa 7–13 Uhr in der überdachten Markthalle (*mercato coperto*), Viale V. Fossombroni.
- *Zufahrt/Zugang ins historische Zentrum* Das Einbahnstraßengewirr des die Altstadt umgebenden modernen Teils von Grosseto und die großzügige Verzicht auf die Verwendung von Straßenschildern nervt beim Aufsuchen der Altstadt. Die sicherste und einfachste Methode, das Centro nicht zu verfehlen und nicht im Industrieviertel der Stadt zu enden, ist (von der Aurelia kommend), jeweils die Ausfahrt *Grosseto centro* zu nehmen. Richtung *centro* (ausgeschildert) gelangt man auf der Via Senese an den Kreisverkehr der Piazza Volturno, wo einen die 2. Ausfahrt (Via Oberdan) in die Altstadt führt.

Zugänge in das Zentrum gibt es insgesamt 4: Porta Vecchia (Piazza de Maria), Porta Nuova (im Zweiten Weltkrieg völlig zerstört) auf der Höhe der Piazza F.lli Rosselli, über die Via Gramsci und über die Via Amiata.

- *Parken* Die Altstadt ist für den Autoverkehr gesperrt. Parkplätze gibt es überall entlang der Altstadtmauer (gelbe Parkmarkierung: nur für Anwohner, blaue: gebührenpflichtig, weiße: frei bzw. mit Parkscheibe). Sobald man die braune Stadtmauer sieht, am besten einen Parkplatz suchen.

Übernachten/Essen (siehe Karte S. 212/213)

- *Übernachten* ****** Bastiani Grand Hotel (11)**, beste Adresse vor Ort, man wohnt ruhig und gediegen in der Altstadt. DZ mit Frühstück 123–150 €. Piazza Gioberti 64, ✆ 0564-20047, ✆ 0564-29321, www.hotelbastiani.com.

**** Airone (1), das Business-Hotel in Grosseto, modern und funktionell, mit Parkgarage. Außerhalb der Stadtmauer gelegen (3 Minuten Fußweg in die Altstadt). DZ 88–100 €. Via Senese 35, ✆ 0564-412441, ✆ 0564-418370, www.hotelairone.eu.

Küste der Maremma

*** Hotel Nuova Grosseto (16), beim Bahnhof, komplett renoviert, 40 komfortable Zimmer. DZ 80–135 €. Piazza Marconi 26, ✆/℡ 05 64-414105, www.hotelnuovagrosseto.it.

*** Maremma (13), Empfang eher unambitioniert, die Zimmer aber groß und sehr sauber. DZ mit Frühstück 75–100 €. Via F.P. de Calboli 11, ✆ 0564-22293, ℡ 0564-22051, www.hotelmaremma.it.

*** San Lorenzo (2), knapp außerhalb der Altstadt, feudale Eingangshalle, 31 schöne, große Zimmer, alle mit Dusche/WC. DZ 81–110 €. Via Piave 22, ✆ 0564-27918, ℡ 0564-25338, www.paginegialle.it/sanlorenzo-02.

*** Mulinacci (9), DZ mit kleinen Bädern (ohne Duschvorhang!) 80–90 € inkl. Frühstück im schönen Gewölbe, in dem abends auch gespeist werden kann. Via Mazzini 78, ✆/℡ 0564-28419, www.kompass.com/c/mulinacci.

● *Camping* Die nächsten Campingplätze liegen in Marina di Grosseto, siehe dort.

● *Essen* Der Tipp in der Altstadt ist **Il Canto del Gallo (15)**, Via Mazzini 29: regionale Spezialitäten (aus biologischem Anbau) in einer kleinen, gemütlichen Taverne (in der Stadtmauer), die Wirtin kocht selbst. Reservierung empfohlen, So geschlossen. ✆ 0564-414589.

La Buca di San Lorenzo (14), in einem schönen, etwas stickigen Gewölbekeller (in der Stadtmauer) isst man von versilberten Platztellern, höheres Preisniveau. So und Mo geschlossen. Viale Manetti 1, ✆ 0564-25142.

L'Italiana (8), schön gedeckte Tische in einem Gewölberestaurant der Altstadt, wo der Chef mit gesteifter Kochmütze Feinstes aus der Fischküche serviert. Guter Service, entsprechende Preise. So geschlossen. Via Mazzini 80, ✆ 0564-22452.

Sale e Sole (12), neben dem Hotel Maremma, gute Auswahl an hausgemachten Speisen, auch Suppen, Snacks, Käse- und Aufschnittteller aus biologischen Produkten. Ansprechende Einrichtung, Tischdecken aus Recyclingpapier. So geschlossen. Via Fulceri di Calboli 5.

Al numero nove (4), an 9 kleinen Tischen wird man von 12 bis 24 Uhr durchgehend mit Wein und kleinen Gerichten bedient. Via Aldobrandeschi 9 (gleich hinter dem Dom). Mo geschossen. ✆ 0564-427698.

● *Außerhalb* **Le Vecchie Usanze**, Via Scansanese 400, (ca. 3 km östlich der Stadt, auf die bunten Fahnen achten). Riesiges Landgasthaus mit Pizza vom Meter. Darüber

bietet die Karte des Restaurants auch frischen Fisch vom Holzkohlengrill. Di geschlossen. ✆ 0504-409213.

Il Mago di Oz, an der Straße nach Marina di Grosseto. Hervorragende Pizzen (Marke Wagenrad). Das familienfreundliche Gasthaus mitten auf dem Land wird an Wochenenden gerne von Grossetianern aufgesucht. Viel Platz zum Draußensitzen, außerdem Spielplatz. ✆ 0504-400115.

- *Bar* **Affinity Café (5)**, der Ort zum Verweilen in der Altstadt, abseits des Einkaufstrubels und mit Betischung auf der Piazza Mensini. Via Garibaldi 16.

Bar Perugina (10), an der Ecke gegenüber dem Grand Hotel Bastiani. Guter Cappuccino. Zu fortgeschrittener Stunde ist der Aperitivo della Casa zu empfehlen: Aperòl, Cordial Campari, Grapefruitsaft, mit Pinot oder Prosecco aufgefüllt. Piazza Gioberti.

Enoteca Canapino (6), für ein Glas Wein aus der Region mit Blick auf die Piazza von einem der Tischchen unter den Arkaden und für einen Imbiss geeignet. So geschlossen. Piazza Dante Alighieri.

- *Eis* **Gelateria Caffè Italiano (7)**, in der ältesten Eisdiele der Stadt gibt es immer noch das beste Eis (auch Frappé aus Kaffee mit Sahne!). Piazza Dante Alighieri.

Gelateria Key West (3), auch hier hält man eine duchaus einladende Auswahl an Sorten bereit. Via San Martino 21.

Sehenswertes

Stadtmauer: Sie wurde Ende des 16. Jh. im Auftrag der Medici erbaut. Ähnlich wie in Lucca umschließt der Wall die Altstadt in Form eines Sechsecks, was Grosseto den Beinamen *Piccola Lucca* eingebracht hat. Unter Leopold II., dem letzten Großherzog der Toscana, wurde die Befestigungsanlage 1835 zu einem Wallgarten umgestaltet. Bei einem Rundgang auf der Mauer stößt man im Nordosten der Anlage auf die *Fortezza Medicea*, einen Bau aus dem 16. Jh. mit trutzigen Mauern, der von toscanischen Häftlingen in 19 Jahren Bauzeit errichtet wurde. Den Eingang schmückt hier das Wappen der Medici von 1593 mit den berühmten sechs Kugeln. Hier finden hin und wieder interessante Ausstellungen statt, die einem dann den Zutritt in die Medici-Festung ermöglichen (z. Zt. der Recherche noch ohne Eintritt).

Piazza Dante Alighieri: Der schönste Platz der Altstadt wurde im Jahr 2001 restauriert und ist beliebter Treffpunkt der Grossetaner. Im angrenzenden *Palazzo degli Aldobrandeschi*, dem imposantesten mittelalterlichen Bauwerk Grossetos, residiert heute die Provinzregierung. Die Marmorstatue auf dem Platz wurde 1846 zu Ehren Leopolds II. errichtet, wegen seines blonden Haars von der Bevölkerung liebevoll *Canapone* (Hanfschopf) genannt. In der Kleidung eines alten Römers hält er in einem Arm eine sterbende Frau mit totem Kind, was die sterbende Maremma darstellen soll. Mit dem Fuß zertritt er eine Schlange, die die Malaria symbolisiert, unter der die Maremma jahrhundertelang zu leiden hatte. Durch den Biss des *Grifonen*, Grossetos Wappentier (ein Fabelwesen aus der etruskischen Mythologie, halb Drache, halb Löwe), wird das Jahrhunderte weilende Übel ebenfalls bezwungen.

Nach der Fertigstellung der aufwändigen Bauarbeiten an der Piazza Dante Alighieri, Ende 2001, gab seine neue Erscheinung gleich genügend Anlass zu allgemeiner Polemik, obwohl der Platz nach altem Vorbild mit massiven Eisenketten dekoriert und mit Porphyr-Steinen schön gepflastert wurde. Die Bänke, die den Platz um das Denkmal säumen, sind zwar aus Sandstein, sehen aber trotzdem aus, als seien sie aus Zement gegossen. Und die etwas zu klobig geratenen Poller, die genau dahin gesetzt wurden, wo bereits behindertengerechte Schrägen für Rollstuhlfahrer gepflastert worden waren, wurden von der Bevölkerung als klassisches Beispiel der Diskrepanz zwischen Projekt und Ausführung im italienischen Städtebau heftig bemängelt!

Dom San Lorenzo: Er wurde um 1300 vom Sieneser Architekten *Sozzo di Rustichini* im gotischen Stil erbaut und später mehrmals umgestaltet. Zuletzt wurde Mitte des 19. Jh. die Frontfassade neoromanisiert. Das Portal ist reich dekoriert und fällt wegen seiner gestreiften Fassade aus rotem und weißem Marmor auf. Die Fassade der Südseite ist noch original erhalten und kann von der Piazza Dante Alighieri aus bewundert werden. In seiner gesamten Ausführung erinnert der Dom an die Gotik des Dombaus von Siena. So auch die mächtigen Vierungspfeiler im Inneren der dreischiffigen Kathedrale, die mit bemaltem Stuck dekoriert sind und so die gestreifte marmorne Außenfassade wiederholen. Sehenswert sind ein großes Taufbecken von *Antonio di Ghino* (1470) sowie ein Altarbild von *Matteo di Giovanni* (ebenfalls 15. Jh.). Links vom Hauptaltar sieht man San Lorenzo, den Schutzheiligen der Stadt. Er ist mit dem eisernen Rost dargestellt, auf dem der Märtyrer unter der Herrschaft der Römer verbrannt wurde.

Kirche San Francesco: Der schlichte Backsteinbau an der Piazza Indipendenza stammt aus dem 13. Jh. Im Innern kann man sich ein Holzkruzifix und Freskenreste aus dem 14. Jh. anschauen. Ganz im Sinne des heiligen Franz von Assisi, bei dem eine

Der Dom von Grosseto – gotisch, mit erneuerter Fassade

Kirche nicht mehr als eine *Fienile di Preghiera* – ein Heuboden des Gebets – sein sollte, ist auch der Innenraum sehr einfach gehalten. Die allegorischen Deckenmalereien in der angrenzenden Kapelle des heiligen Antonius von Padua aus dem 17. Jh. sind ein typisches Beispiel barocker Freskenmalereien und erscheinen einem dagegen fast überladen. In den renovierten Kreuzgang des noch von Mönchen bewohnten Konvents gelangt man durch das eiserne Tor (falls geschlossen: klingeln!).

Cassero del Sale: Die Gegend um Grosseto verfügte über große Salzvorkommen, und die Stadt galt bereits im frühen Mittelalter als Zentrum der Salzgewinnung. Der Wert von Salz war damals immens, da es die einzige Möglichkeit war, Speisen zu konservieren und haltbar zu machen. Eines der großen Lagerhäuser, in denen das kostbare Salz gespeichert wurde, ist an der Piazza Mercato (Eingang Porta Vecchia) noch erhalten.

Museo Archeologico e d'Arte della Maremma: Das in Sachen Archäologie und Kunstgeschichte bedeutendste Museum der Maremma befindet sich an der Piazza Baccarini. In der Eingangshalle präsentiert die frühgeschichtliche Abteilung Funde aus prähistorischer, etruskischer und römischer Zeit. Die Ausstellung zeigt Grabbeigaben, Schmuck, Münzen und Keramik, die bei Ausgrabungsarbeiten vor allem in Roselle und in Vetulonia gefunden wurden. Wer vorhat, die Ausgrabungsstätte von Roselle zu besuchen, sollte sich das anschauliche Modell der einstigen etruskischen Stadt gut ein prägen, um sich so später vor Ort besser orientieren zu können. Die berühmte schwarze *Bucchero*-Keramik der Etrusker (Brand von feinster Tonerde durch Sauerstoffreduktion) kann hier in ihrer Entwicklung bis hin zur römischen Keramikherstellung verfolgt werden. Die orangefarbene Keramik der Römer dagegen ist durch das Brennen von eisenhaltiger Tonerde entstanden (100 v. Chr. bis 100 n. Chr.). Im obersten Stock präsentiert das Museum für Kirchenkunst v. a. eine Sammlung von Silberschmiedearbeiten und Gemälden. Zu den Preziosen des Museums zählen aber auch die im Schutz des Halbdunkels präsentierten Chorbücher mit Mensuralnotation und Miniaturmalereien aus dem 13. bis 16. Jh.

ⓘ Di–So 10-13 und 17-20 Uhr, Fr/Sa abends bis 23 Uhr geöffnet. Eintritt 5 €.

Roselle

Der auf einem etwa 300 m hohen Hügel gelegene Ort war eine der bedeutendsten etruskischen Städte. Im 7. Jh. v. Chr. noch lag Roselle am Priele-See, den die Bruna gebildet hatte (siehe Vetulonia). Den Etruskern folgten die Römer, die hier eine blühende Stadt aufbauten.

Die Stadt war eine der insgesamt zwölf etruskischen *Dodecapoli*, zu denen u. a. auch Vetulonia, Populonia und Chiusi zählten. Das Wort „rus" bedeutete in der etruskischen Spache „Wasser", womit sich der Ursprung des Namens der Stadt herleiten lassen dürfte. Die Ausgrabungen zählen zu den ältesten Etruriens und gehen auf die Zeit 700 v. Chr. zurück. Um 500 v. Chr. zählte die Stadt 5000 Einwohner. Die etruskischen Städte standen sich über Jahrhunderte stets rivalisierend gegenüber. Der Aufschwung der einen hatte die Schwächung bzw. den Niedergang der anderen zur Folge. So lebte das benachbarte Vetulonia nach der Eroberung Roselles durch die Römer 294 v. Chr. auf und nahm an Macht zu. Unter der nunmehr römischen Herrschaft erlebte Roselle in den drei folgenden Jahrhunderten einen erheblichen baulichen Aufschwung. Erst die Verlandung des Prile-Sees leitete den wirtschaftlichen Niedergang der gesamten Ebene zwischen den Flüssen Bruna und Ombrone ein. In den küstennahen Sumpfgebieten breitete sich die Malaria aus, und als 1138 der Bischofssitz offiziell nach Grosseto verlegt wurde, führte dies zur endgültigen Entvölkerung Roselles.

Man beginnt den Rundwanderweg durch die archäologischen Ausgrabungsstätte und nähert sich dem ehemaligen Zentrum der Stadt auf den Überresten einer etruskischen Straße, die unter einer 3 m dicken Erdschicht verschüttet lag und erst 1992 beim Überfliegen der Anlage anhand der auffallenden Vegetation ausgemacht wurde. Auf den gepflasterten Straßen der Römer lassen sich sehr deutlich die Spuren der Wagenräder erkennen, die im geschäftigen Zentrum einst umherfuhren. Die umfangreichen Ausgrabungen brachten vor allem die Überreste einer römischen Stadt mit Forum, Straßen, Thermen und einem kleinen Amphitheater hervor, in dem bis zu 4500 Zuschauer Platz fanden, um die hier ausgetragenen Gladiatorenkämpfe zu verfolgen. Eine Sprechprobe beweist, wie klar und deutlich die Stimmen innerhalb des Theaterraumes zu verstehen waren. Auch die unter der Römerstadt verborgene Etruskersiedlung mit Wohnhäusern und Werkstätten wurde inzwischen ans Tageslicht befördert. Die Gebäude, die aus dieser Zeit stammen, sind heute zum Schutz vor Verfall und Erosion alle überdacht. Die verwendeten Baumaterialien waren neben Steinen auch ungebrannter Ton, der dank eines großen Brandes um 100 v. Chr. zumindest einigermaßen Festigkeit erlangte.

Eines der imposantesten Zeugnisse der etruskischen Zeit ist die über 3 km lange und fast vollständig erhaltende Stadtmauer aus riesigen, polygonalen Steinblöcken (bis zu 5 m hoch!).

• *Anfahrt* Roselle ist ca. 8 km von Grosseto entfernt. Von Grosseto erst auf die Autostrada Richtung Siena, Ausfahrt Roselle. Vom heutigen Dorf Roselle der Ausschilderung „parco archeologico" folgen. Bereits an der Zufahrt zum Eingang des Ausgrabungsgeländes sind links einige etruskische Gräber zu sehen (Halteverbot!).

Römische Pflasterstraße in Roselle

- *Öffnungszeiten/Ausgrabungsgelände* März–Okt. 8.30–19.30 Uhr, Nov.–Febr. 8.30–17.30 Uhr. Eintritt 4 € (inkl. Info-Blatt in deutscher Sprache). Info unter ✆ 0564-402403. Das kleine Büro fungiert derzeit auch als **Touristeninformation**. ✆ 0564-403067.
- *Übernachten/Essen* **Agriturismo Corte degli Ulivi**, seit Generationen arbeitet der Betrieb in der Ölproduktion. Großes Gelände mit Liegewiese und Minipool für die Kinder. Es gibt auch Reitmöglichkeiten. In der alten Ölmühle (Frantoio) wird das Öl von 10.000 Olivenbäumen gepresst. Appartements aller Größen, in der NS auch tageweise, pro Pers. ca. 35 €. Wochenpreise: 2 Pers. 500 € inkl. Mückenfenster. Von Bagno Roselle am Restaurant La Parolaccia in die Strada dello Sbirro abbiegen. Nach 2,5 km auf Ausschilderung rechts achten, ✆ 0564-401217 oder 335-6511774, ✉ 0564-401217, www.cortedegliulivi.net.

* **Albergo Da Lea**, Roselle (in Bagno di Roselle, Straße in Richtung archäologisches Gelände). Etwas ältere Zimmer, in denen man besser vorher die Dusche kontrolliert. Sonst aber alles okay und der Empfang sehr freundlich. DZ 60 €. Via Batignanese 111/113, 58040, ✆ 0564-402234, ✉ 0564-403868, albergodalea@tin.it.
Trattoria/Ristorante La Parolaccia, Loc. Canonica, La Parolaccia (in Bagno Roselle, ca.100 m nach dem vorgenannten Hotel). Von Einheimischen viel gelobte Trattoria mit überzeugendem Preis-Leistungs-Verhältnis. Der Speisesaal ist groß und trotzdem zur Mittags- wie zur Abendzeit oft brechend voll. Hervorragende Primi und Secondi, große Portionen. Am besten fragt man schon vor dem Gelage nach einem Zimmer in dem motelähnlichen Anbau. Fr geschlossen. DZ 60 €. Via Batignanese, ✆ 0564-402205.

▶ **Montepescali**: Der stille, mittelalterliche Ort, ca. 15 km nördlich von Grosseto, thront 200 m über der Schnellstraße. Ein wertvolles Madonnenfresko aus dem 15. Jh. in der Kirche San Niccolò kann man sich aus Sicherheitsgründen nur noch während der sonntäglichen Messe anschauen. Der Festungsturm aus dem 14. Jh. beherbergt ein lokales Museum (leider nur Mittwoch und Sonntag 15–19 Uhr geöffnet, Eintritt frei). Es bewahrt die Rekonstruktion einer einst berühmten, aber bereits im 16. Jh. von Söldnern zerstörten Uhr auf, die mit nur einem Zeiger funktioniert. Auch wenn alles verriegelt ist: der „Falkenhorst der Maremma" mit seinen Treppen und Bögen lohnt einen kurzen Stopp – und sei es wegen der wunderbaren Aussicht über die Ebene.

▶ **Istia d'Ombrone**: Wer von Grosseto in Richtung Scansano fährt, kommt nach ca. 6 km unweigerlich an diesem am rechtsseitigen Ufer des Ombrone gelegenen mittelalterlichen Örtchen vorbei. Einen Stopp lohnen hier weniger die kümmerlichen mittelalterlichen Ruinenreste als ein unbedingt empfehlenswertes Restaurant:

- *Essen* **Terzo Cerchio**, auf Dantes Spuren im gemütlichen Restaurant, das eine Top-Adresse für echte maremmanische Küche ist. Dass in Dantes Göttlicher Komödie die Sünder für ihre Völlerei büßen mussten, sollte einen nicht davon abhalten, einiges aus der interessanten Speisekarte zu probieren. Im Angebot sind Bistecca vom Grill und Wildgerichte. Auch die Tortelli mit Ragout vom Fasan waren köstlich. Schöne Terrasse. Di geschlossen. Piazza del Castello 2, ✆ 0564-409235.
- *Wein* **Fattoria Le Pupille**, im Zuge des steigenden Weintourismus der Region hat die renommierte Kellerei hier ihre neue Cantina gebaut, die Weinberge liegen weiterhin in Pereta. Im überirdischen Barriquekeller reifen u. a. die Spitzenweine Poggio Valente und Saffredi. Führungen nach telefonischer Anmeldung auf Italienisch und Englisch, Weinverkostung inklusive (kein Verkauf!). Loc. Piagge del Maiano, www.elisabettageppetti.com, ✆ 0564-409517.

Butteri – Maremma-Cowboys beim Pferdetreiben

Parco Naturale della Maremma

Der Parco Naturale della Maremma erstreckt sich über 70 qkm rund um die Monti dell'Uccellina, deren höchster Punkt 417 m über dem nahen Tyrrhenischen Meer liegt. Im Osten wird der Park durch die Via Aurelia begrenzt.

Am Rand des Naturparks, der ein letztes großes Rückzugsgebiet für frei lebende Maremma-Rinder, Pferde, Rehe und Wildschweine ist, liegt der kleine Ort **Alberese** und das ihm vorgelagerte **Marina di Alberese**. Nur lange, beschwerliche Fußwege führen in die dichten Pinienwälder im Inneren des Naturparks und zur Ruine des Klosters *San Rabano*, das Dante in der „Göttlichen Komödie" verewigte.

Etwa 2 km von der Klosterruine entfernt ragen die Überreste der *Torre della Bella Marsilia* aus dem Boden, um die sich eine der berühmtesten Legenden der Maremma rankt: Im Jahr 1543 entführte der aus Algier kommende osmanische Admiral Cheireddin Barbarossa, dessen Piratenzüge den ganzen christlichen Mittelmeerraum in Furcht und Schrecken versetzten, die schöne Roxelane, die jüngste Tochter des Burgherrn Marsili. In Konstantinopel wurde sie im Harem des Topkapi-Palastes Favoritin des Sultans Suleiman I. Ihr Sohn, Sultan Selim II., der seines bedenklichen Lebenswandels wegen „Selim der Trunkenbold" genannt wurde, schrieb 1571 Geschichte, als er mit seiner osmanischen Flotte die Seeschlacht von Lepanto verlor. Die hübsche Legende hat nur einen Makel: Die schöne Roxelane war polnischer, ukrainischer oder russischer, jedenfalls slawischer Herkunft und hat die Maremma nie gesehen ...

▶ **Marina di Alberese**: Damit die Ruhe der hier weidenden Pferde und Maremma-Rinder nicht über Gebühr gestört wird, ist die einzige Zufahrt nach Marina di Alberese mit einer Barriere versehen, die sich automatisch schließt, sobald sie von ca. 250 Fahrzeugen passiert worden ist. Die einzige Parkmöglichkeit unter den

Schirmpinien hinter dem Strand ist gebührenpflichtig. Der ca. 15 km lange, naturbelassene Strand ist zum Baden wenig geeignet, allerlei Angeschwemmtes treibt hier im Wasser. Schön ist jedoch die zwei- bis dreistündige Wanderung zu den Sumpfgebieten an der linken Flanke der Ombrone-Mündung (siehe unten, A 7). Fischreiher, Kormorane und Möwen fühlen sich hier wohl.

> **Festliches in Alberese**
> **Merca del Bestiame Brado** am 1. Mai: Die Nachfahren der Maremma-Cowboys, die so genannten Butteri, fangen junge Stiere, packen sie bei den Hörnern, legen sie aufs Kreuz und brennen ihnen das Zeichen der „Regione Toscana" ins Fell.
> **Torneo dei Butteri** am 15. August: Die Butteri führen die alte Kunst und Tradition des Reitens der Kuhhirten vor. Teilweise geht es bei der Veranstaltung recht folkloristisch zu, was aber in diesem Rahmen dazugehört und vor allem von den begeisterten Fans der maremmanischen Cowboys sehr geschätzt wird.
> Information unter ✆ 0564-22111 oder 407293. Eintritt: 6 €, Kinder 3 €. Die Darbietungen finden auf dem Sportplatz (Campo sportivo) in Alberese statt.

• *Öffnungszeiten der Zufahrt* An Wochenenden im Frühjahr und im Sommer ist der Zählmechanismus der Schranke in Betrieb. Zwischen dem 15. Juni und dem 20. September ist die Zufahrt sogar nur mit einem Ticket möglich, das man sich vorher in Alberese beim Centro Visite (siehe unten) geholt hat. Ganztagesticket 6 € oder Ticket für den halben Tag 4 €.

• *Busverbindung* Vom 15. Juni bis zum 15. Sept. fährt etwa stündlich ein Bus vom Dorf Alberese nach Marina di Alberese (8–19 Uhr).

• *Information* **Centro Visite di Alberese**, neues Gebäude kurz vor dem Dorfeingang von Alberese rechts (gegenüber dem Großparkplatz). Mitte März bis Juni und Okt. bis Mitte März 8–14 Uhr, Juli–Sept. 7.30–17 Uhr. Hier werden alle erdenklichen Informationen für Besucher gegeben (Länge und Schwierigkeitsgrad der Wanderwege sowie deren besondere Attraktionen), und hier bekommt man die für die interessantesten Rundgänge notwendigen Eintrittskarten. ✆ 0564-407098, 📠 0564-407278. Es herrscht generelles Hundeverbot im Park! info@parco-maremma.it, www.parco-maremma.it.

• *Wanderwege* Prinzipiell ist der Park das ganze Jahr über für Wanderausflüge geöffnet.

A 7: 2- bis 3-stündige Rundwanderung von Marina di Alberese den Strand entlang zur Mündung des Fiume Ombrone (5 km). Ein Stück flussaufwärts geht man am Ufer entlang, und dann durch den Pinienwald zurück zur Hauptstraße. Das Ticket für diese Tour kostet 3 €.

A 6 mit Anschluss A 5: Diese kurzen Rundwanderungen können ohne Führer ab Alberese gemacht werden (in den Sommermonaten von 8 Uhr bis Sonnenuntergang). Die Tour dauert 2–3 Std. (5,7 km). Das Ticket kostet 6 €.

Bei den meisten anderen Wanderrouten wird grundsätzlich zwischen der Sommersaison (Mitte Juni bis Sept.) und dem Rest des Jahres unterschieden. Außerhalb der Sommersaison ist ein Besuch interessanter, da dann dem Publikum mehr Wanderwege ohne Führung zugänglich sind. Insgesamt stehen von Alberese aus sieben Touren (2–6 Stunden) zur Auswahl, weitere drei vom östlichen Küstenort Talamone aus. Die interessanteren Touren kann man allerdings nur mit Führer unternehmen.

• *Führungen* werden in der Hauptsaison (Juli–Sept.) 8–16 Uhr angeboten, Führungen auf Deutsch (A 2-Tour) mittwochs um 16.30 Uhr für 9 €. Voranmeldung im Centro Visite di Alberese ist erforderlich. Zum Teil sprechen die Führer Englisch, manchmal auch Deutsch. Geführte Wanderungen an den Turmruinen auf Deutsch fanden z. Zt. der Recherche nach Voranmeldung jeden Mittwoch um 16.30 Uhr statt.

• *Reiten/Fahrradverleih* **Il Rialto** vermietet gute Räder (8 € pro Tag), vermittelt Kanutouren (16 € für 2 Std./24 € pro Tag) und betreibt eine Windsurfschule. Auch im Bogenschießen kann man sich betätigen. Für einen entspannten Ausflug zum Meer sei das Ausleihen von Rädern empfohlen. Die Fahrerlaubnis im Park beschränkt sich

Klosterruine San Rabano

nur auf die Tour A 7 zur Flussmündung des Ombrone und auf die Verbindungsstraße zwischen Alberese und dem Strand von Marina di Alberese. Diese angenehme Strecke von 8 km kann man auf einem neu asphaltierten Fahrradweg bequem radeln. Wer radelt, sieht mehr! Uns begegnete regelmäßig ein an die Besucher gewöhnter Fuchs. ℡ 0564-407102 oder 347-5171694, ilrialto@katamail.com, www.m4stylenet.

Fahrradverleih auch beim **Lebensmittelgeschäft Rosi**, Piazza del Combattente 31 (Ortszentrum), ℡ 0564-407013, oder bei **Albazar** gleich daneben.

Für geführte Reitausflüge in den Park, sowohl für Ungeübte als auch für anspruchsvolle Reiter, seien die Pferde des **Agriturismo Il Gelsomino** empfohlen (siehe Übernachtungen).

• *Übernachten/Camping* In und um Alberese gibt es mittlerweile Agriturismi wie Sand am Meer, Hotels und Campingplätze sind dagegen selten.

* Albergo Rispescia, ordentlich kommt man in einem der 11 sauberen Zimmer unter (teilweise mit Terrasse und Liegestühlen), auch Appartements vorhanden. Restaurant angeschlossen. DZ inkl. Frühstückskörbchen aufs Zimmer 55–70 €. Via della Costituzione 6, 58010 Rispescia, ℡ 0564-405309, ℡ 0564-405735, www.albergorispescia.com.

Il Gelsomino, ein toskanischer Agriturismo wie er sein solle: Die Signora kocht, Tochter Cristina kümmert sich um das Gemüse im Garten des kleinen Bauernhofs und Margherita ist die Pferdefrau. Ein Ausritt auf einem der Pferde kann unter ihrer Aufsicht sogar von absoluten Anfängern gewagt werden, (2-Stunden-Ausritt in den Park ist seine 35 € wert!). Ehrliche, herzliche Gastfreundschaft, Fahrräder, Hunde, Katzen, Öl, Wein, Obst und Gemüse. Die Unterkunft in einem der 7 Zimmer ist einfach, das Abendessen hingegen köstlich. Mindestaufenthalt 2 Nächte im DZ 60–80 € (Hochsaison). Strada del Barbicato 4, ℡ 0564-405133 (347-7746476 für Vereinbarung von Ausritten), ℡ 0564-405133, www.ilgelsomino.com.

Azienda Agricola Alberese, die Azienda ist für die Landwirtschaft des Parks verantwortlich. So bietet sie auch Ausritte (Reiterfahrung vorausgesetzt) mit den Butteri an (täglich gegen 8 Uhr vor der Azienda, Anmeldung erforderlich). Außerdem führt sie ein Ladengeschäft mit sehr guten Produkten wie Käse, Wein, Pasta, Öl und Biofleisch der Langhornrinder. Dieser Laden befindet sich im Ort Alberese gleich neben der Kirche. Täglich 8.30–12.30 und 16–19 Uhr. Übernachtungsmöglichkeiten in der Villa Granducale bzw. große Appartements ab 2 Nächten für 200 €. ℡ 0564-407100 oder 329-2603794, ℡ 0564-407180, www.alberese.com.

Küste der Maremma

Sturm am Strand

• *Essen* Es gibt drei Möglichkeiten, sich vor oder nach der Wanderung im Park zu stärken: In Albarese selbst empfängt die **Trattoria/Pizzeria La Maremmana** ihre Gäste, Via delle Fante 24 . Di geschlossen. ✆ 0564-407137.
Etwa 500 m in Richtung Grosseto findet man die **Osteria Il Mangiapane**, wo es mehr als nur Brot zu essen gibt. Eine Leserin schreibt: „Sehr liebevoll, gute Atmosphäre, das Essen ist sehr gut, keine große Karte, aber alles frisch." In der Tat ein Tipp in Alberese! Do geschlossen. Strada Cerretale, ✆ 0564-407263.

Wer gerne ein saftiges Stück Fleisch zwischen den Zähnen hat, sucht die **Osteria dell'Orco** beim Bahnhof von Alberese auf – 5 km vom Ort entfernt, direkt an der Einfahrt zur Aurelia. Man isst unter einem Schattendach, was gleich daneben gegrillt wird: Florentiner Steak und Wildschwein. Geöffnet März–Okt., Mo geschlossen. ✆ 0564-596021.
Kurz vor dem Strand von Marina di Alberese gibt es links an der Straße eine Einrichtung mit sanitären Anlagen (WC). Hier stehen im Sommer auch ein paar Buden, wie die von **Luisa**, die gekühlte Getränke, Eis und Brötchen verkaufen.

Wanderung im Parco Naturale della Maremma – Parco dell'Uccellina

Ausgangs- und Zielpunkt: Alberese-Parkinfozentrum, Haltestelle für Buszubringer nach Pratini

Länge: ca. 11 km

Dauer: ca. 4 ¾ Stunden (reine Laufzeit)

Landschaft, Wege: Durch die *macchia mediterranea*, Steineichenwald, Oliven- und Pinienhaine. Strand mit Bademöglichkeit, Waldboden, teilweise sehr steinig mit Geröll, felsige Etappen (gute Wanderschuhe erforderlich), unbefahrene Asphaltstraße im Park.

Schwierigkeitsgrad: Kombination aus den ausgeschilderten Wanderrouten A 1 (San Rabano, ca. 6 km) und A 2 (Le Torri, ca. 5 km) mit teilweise anstrengenden Strecken, Überwindung von 415 Höhenmetern, teils schattig, teils sonnig, ausreichend Trinkwasser und Proviant mitnehmen. Im Sommer Sonnenschutz, Hut und Mückenschutz erforderlich. Als Tagestour geeignet, da am Strand längerer Aufenthalt eingeplant werden kann.

Wanderung im Parco Naturale della Maremma 223

Nach dem Besuch des Infozentrums in Alberese, in dem auch das Ticket für den Park erhältlich ist, bringt einen der Bus in den Park nach *Pratini*, von wo aus die Wanderung beginnt. Eingeschlagen wird hier die Route A 1 in Richtung San Rabano, deren Markierung man links hoch in den Macchiawald auf steinigem Waldboden folgt. Nach ca. 25 Minuten Anstieg genießt man zum ersten Mal den Blick auf das Meer mit den Inseln Elba, Montecristo und Giglio. Die Wachtürme *Collelungo* und *Castelmarino*, an denen man später noch vorbeiwandert, liegen links. Ab jetzt verläuft der Weg für eine weitere Stunde mal abschüssig, mal ansteigend. Nach 1 ¾ Stunden (ab Pratini) erreicht man *Poggio Lecci*, einen Steineichenwald, der mit 420 m über Null den höchsten Punkt der Wanderung darstellt.

Wanderung durch den Parco Naturale della Maremma und den Parco dell'Uccellina

Weiter geht es auf der Route A 1 ca. 20 Minuten bergab, dann hat man die Klosterruine von San Rabano erreicht (gut 2 Std. ab Pratini). Die ehemalige Benediktinerabtei (leider eingezäunt) stammt aus dem 11. Jh., wurde aber bereits in der ersten Hälfte des 15. Jh. zerstört und verlassen. Nur der Glockenturm mit Apsis ist noch gut erhalten geblieben. Man folgt nun weiter dem ausgeschilderten und zunächst eben verlaufenden Pfad A 1 (auf Waldboden). In den nächsten 15 Minuten kommt man an zwei Aussichtsplattformen vorbei. Der Pfad führt nun etwa 35 Minuten bergab. Nach ca. 50 Minuten (ab San Rabano) gelangt man an ein Holzgatter eines Olivenhains, den man durchläuft, um auf der anderen Seite sogleich auf eine asphaltierte, aber unbefahrene Straße zu stoßen. Hier rechts laufen und nach ca. 5 Minuten an einem Gatterzaun die nach links abzweigende Wanderroute A 2 (*Le Torri*) einschlagen (ca. 3 Stunden ab Pratini).

An diesem Punkt beginnt der zweite Teil der Wanderung. (Wem das zu viel ist, kann die Wanderung hier abbrechen: einfach die asphaltierte Straße ca. 20 Minuten weiter geradeaus nach Pratini zur Bushaltestelle laufen.) Auf der A 2 geht man zunächst durch ein Waldstückchen und gelangt (immer dem Hinweisschild folgend) nach einem etwas kraxeligen Anstieg zu dem lohnenden Aussichtspunkt von Castelmarino (ca. 100 Höhenmeter). Das Panorama ist atemberaubend! Eine Pause bietet sich hier an.

Dem Wegweiser A 2 vor der ehemaligen Wachturmanlage folgend, macht man sich nun an den etwas anstrengenden Abstieg. 15 Minuten geht es auf Felsen abwärts, bis man den von oben erspähten Pinienhain auf Meeresspiegelhöhe erreicht. Auf federndem Waldboden auch hier dem Hinweis erst rechts und dann am Kanal links folgen. Man läuft nun zunächst immer am Kanal entlang, in dem sich Sumpfschildkröten,

Karpfen und Meeräschen tummeln. Es genügt, ein Stückchen Brot ins Wasser zu werfen, um sie anzulocken. Schließlich erreicht man eine Kreuzung, an der der Weg A 2 in Richtung Strand abzweigt (man orientiere sich einfach am Meeresrauschen).

Nach ausreichendem Aufenthalt und einem erfrischenden Bad steht einem ab hier ca. 1 Stunde Rückweg nach Pratini bevor. Man läuft am Strand links (am Felsen vorbei), um nach ca. 500 m auf dem Weg A 2 zur nächsten kurzen Kletterpartie (10 Minuten) zum *Turm von Collelungo* anzusetzen. Hinter dem Turm links geht es dann bergab bis zur Asphaltstraße, der man auf der Route A 2 rechts zurück nach Pratini (Bushaltestelle) folgt. Hier auf den Bus für den Rücktransport nach Alberese warten.

Talamone

Das einsam auf einer Halbinsel an den südlichen Ausläufern der Monti dell'Uccellina gelegene, hübsche Fischerdorf mit einer Burg, die wegen ihres grauen Steins bei der Anfahrt wie ein riesiger Betonklotz anmutet, und einem einladenden Jachthafen ist an sommerlichen Wochenenden bei italienischen Ausflüglern ein begehrter Fleck.

In früheren Zeiten stritten sich Etrusker, Gallier, Römer, Umbrier und Venetier um den Ort, dessen Name der Sage nach auf *Telamon* zurückgeht, einen der Argonauten, die das Goldene Vlies wieder nach Griechenland zurückholen sollten. Telamon soll hier gestorben sein, und der große Hügel, auf dem Talamone heute liegt, soll nichts anderes als die dem Helden errichtete Grabstätte sein. So weit die Mythologie. Erwiesen ist, dass auf dem Hügel auf der anderen Seite der Bucht das etruskische *Tlamu* lag, bei dessen Ausgrabung Teile eines größeren Tempels, einige Terrakotten und Grabbeigaben aus dem 6.–5. Jh. v. Chr. gefunden wurden. Außerdem konnte der berühmte Giebelfries von Talamone geborgen werden, der heute in Orbetello ausgestellt ist.

Sein und Haben aus der Sicht eines italienischen Trainers

„Ich habe fertig!" – so lautete der mittlerweile legendäre Schlusssatz einer Pressekonferenz, auf der Giovanni Trapattoni, der damalige Trainer des FC Bayern München, im November 1997 lautstark die Gründe für die vorausgegangenen desolaten Leistungen seiner Spieler analysierte. „Trapp", wie die Italiener den erfolgreichen Trainer nennen, ging damit unversehens in die neuere deutsche Sprachgeschichte ein und wurde zum Trendsetter für Werbetexter und Zeitgeistanalytiker.

Ein Jahr später hatte „Trapp" auch mit seinem Job in München fertig und ging zurück nach Italien, wo er die Fußballnationalmannschaft trainierte. Danach verschlug es ihn über den Umweg Lissabon für kurze Zeit erneut nach Deutschland, diesmal zum beschaulicheren VfB Stuttgart.

Hier in Talamone hat er mitten im Dorf ein Häuschen und ist sozusagen Ehrenbürger. Oft sieht man ihn im *Circolo Sporting Club* mit den Leuten aus dem Dorf Karten spielen. Seine abendliche Joggingstrecke führt unten am Hafen entlang.

- *PLZ* 58010
- *Information* In einem Wohncontainer gegenüber der Stadtmauer. Nur an Wochenenden geöffnet, in der Hauptsaison auch Fr, Zeiten ungewiss bzw. variabel. ✆ 0564-887410.

Talamone 225

- *Bahnverbindung* Bahnhof im 3 km entfernten Fonteblanda (Linie Genua–Rom).
- *Busverbindung* Nach Grosseto, Follonica und Orbetello.
- *Bootsausflug* Fragen Sie im Ort nach **Paolo il Pescatore**! Man wird ihn kennen. Braun gebrannt, voller Enthusiasmus, Phantasie und Geschäftssinn, veranstaltet er mit seinem Boot mit WWF-Flagge Ausflüge in die Gewässer vor der Küste und betreibt eine Art sanften Meerestourismus. Er kennt die besten Buchten, lässt seine Gäste an der alten Tradition des Fischens und Angelns teilhaben und grillt die kostbare Beute aus dem Meer für die Gäste noch an Bord. Der Ausflug im Boot für 4 Stunden kostet bis Ende Mai 30 €, ab Juni 40 €, die 8-stündige Tour ab 80 €. (Kinder jeweils die Hälfte.) Abfahrt bei guter Wetterlage um 8 Uhr. Infos und Reservierung für **Pescaturismo** unter ✆ 0564-884 921 oder 333-2846199, pescaturismo@tiscalinet.it.
- *Übernachten* **** **Il Telamonio**, wenig Ausstrahlung, unserer Meinung nach überteuert. April–Sept. geöffnet. DZ mit Frühstück je nach Saison 110–135 €. Piazza Garibaldi 4, ✆ 0564-887008, 🖷 0564-887380, www.hoteliltelamonio.com.

*** **Baia di Talamone**, am Hafen, 16 helle Zimmer im modernen Styling (auch 3-Bett-Zimmer), zur Straße hin laut. April–Okt. geöffnet. DZ mit Frühstück je nach Saison 100–130 €. Via della Marina 23, ✆ 0564-887310, 🖷 0564-887389, www.hotelbaiaditalamone.it.

*** **Capo d'Uomo**, oberhalb des Orts (rechts an der Stadtmauer hoch). Komfortable, aber kleine Zimmer mit spektakulärem Blick von den kleinen Zimmerterrassen auf die Burg und das Meer. Modernes, kleines Hotel mit Flair! April bis Mitte Oktober geöffnet. DZ 120–135 € (je nach Saison fürs Standardzimmer). Via Cala di Forno 7, ✆ 0564-887077, 🖷 0564-887298, www.hotelcapoduomo.com.

- *Außerhalb* *** **Corallo**, freundliche und korrekte Unterkunft in einem ruhigen Wohnviertel. DZ 78–98 €, Via Paolieri 27, 58010 Albinia (13 km von Talamone in Richtung Rom), ✆ 0564-870065, 🖷 0564-870571, info@hotelcorallo.it, www.hotelcorallo.it.
- *Camping* **Talamone Camping Village**, ca. 1 km vor dem Ort. 300 Stellplätze und Bungalows, die in den Hang (schöner Blick) integriert wurden. Freundliche Mitarbeiter an der Rezeption, Swimmingpool und nette Bar – allerdings teuer. Mitte April bis Mitte Sept. geöffnet. Via Talamone, ✆ 0564-887026, 🖷 0564-887170, www.talamonecampingvillage.com.

Mehr als ein halbes Dutzend Campingplätze findet man weiter südlich im schmalen Pinienwaldstreifen zwischen der Via Aurelia und der Küste. Alle haben einen Zugang zum schmalen Sandstrand.

Camping Il Gabbiano, wer sich von den verglasten Buschhäuschen der Rezeption nicht abschrecken lässt, findet wunderschöne, schattige Plätze vor. Grillmöglichkeit, Bistro und Lebensmittelladen. 200 Stellplätze. April–Sept. geöffnet. ✆/🖷 0564-870202, info@campingilgabbiano.com.

Die Campingplätze liegen übrigens auf dem blutgetränkten Boden des legendären Schlachtfelds *Campo Regio*, wo die erstmals vereinten Heere der Römer und Etrusker sich erfolgreich mit den Galliern schlugen.

- *Essen* **Hosteria Da Flavia**, bekannt für Fisch und Meeresfrüchte, gehobene Preise. Di geschlossen. Via IV Novembre 1, ✆ 0564-887091.

Pizzeria La Scesa, gegenüber dem vorgenannten Lokal, mit Betischung auf der großen Terrasse zwischen den beiden. Pizzen aus dem Holzofen. Mo geschlossen. Via Garibaldi 13, ✆ 0564-887069.

Trattoria La Buca, rustikale Atmosphäre zu hohen Preisen. Mo geschlossen. Via Porta G. Garibaldi 5 (in einem Seitengässchen), ✆ 0564-887067.

Buratta, der Tipp! Am Ortseingang von Talamone rechts um den Talamone Camping fahren. Erst Schotter, später enge Asphaltstraße (ca. 3,2 km). Pferdehof mit Tieren aus der Maremma, die aber nicht für Ausritte vermietet werden. Ob Pasta oder Wildschweinbraten: Selbstbedienung. Speiseraum ist eine grün bewachsene Eternit-Pergola schräg gegenüber vom Hof. Ostern bis Mitte Juni nur am Wochenende, dann bis Mitte Sept. täglich abends, Sa/So auch mittags geöffnet. Mitten in der Wildnis! ✆ 0564-885614.

- *Außerhalb* **Ristorante Torre Capita**, in Albinia (13 km von Talamone in Richtung Rom), knapp außerhalb des Orts (an der Straße nach Manciano). Billige Festpreismenüs, aber auch à la carte (z. B. Florentiner Steak) und Pizza. Im vorderen, kleineren Saal isst man vom TV-Programm, im hinteren, großen Raum speist man ohne Störung. ✆ 0564-870029.

Museo Acquario: Der Besuch dieses Museums ist auch für kleine Toscana-Besucher interessant. In den suggestiv blau beleuchteten Aquarien tummelt sich alles, was sonst in den Gewässern der Lagune von Orbello lebt. Mit allerlei Gerätschaften wie Keschern und Netzen wird auch der traditionelle Fischfang erklärt. Die Einrichtung dient ebenfalls als Krankenstation für Meeresschildköten, die in großen Wasserbecken kuriert werden.
Öffnungszeiten 10.30–12.30/15–19 Uhr. Mo geschlossen. Eintritt 3 €, Kinder 2 €. Via Nizza 24, ✆ 0564-887173, www.acquario-posidonia.com.

Baden: In Talamone ist der Felsstrand größtenteils unzugänglich. Möglichkeiten zum Baden findet man eher südlich der Ortschaft in der *Bucht von Talamone*, auf der Höhe des Campingplatzes, wo der Strand flach ist. Die Winde sorgen für optimale Bedingungen für Wind- und Kitesurfing (Infos erteilt der Talamone Camping s. o.). Strände findet man auch in der *Bucht von Bengodi* noch weiter südlich.

Glasklares Wasser an der Felsenküste

Wandern: Von Talamone aus lassen sich Wanderungen in den Naturpark der Maremma unternehmen. Da diese Routen eher unbekannt sind, wird man hier weniger Touristen begegnen. Infos und Eintrittskarten sind im Museo Acquario in Talamone (s. o.) erhältlich.. Die kürzeste Variante heißt T 1 und ist ein angenehmer, zweieinhalbstündiger Spaziergang, der sich im oberen Teil mit festem Schuhwerk auf die längere Variante T 2 (Gesamtzeit ca. 5 Stunden) ausdehnen lässt. Am Wegrand duftet Rosmarin und es wachsen sogar Alpenveilchen. Gelegentlich bietet sich ein Blick über die Ausläufer des Naturparks bis zur Küste hinunter. T 3 beschreibt eine Wanderung von 16 km Länge durch waldiges Gebiet bis zu einer Grotte, die einst als Versteck für Räuber diente. Von Juli bis September sind die Wanderungen T 1 und T 2 aus Sicherheitsgründen verboten (Waldbrandgefahr). Eintritt für alle drei Wanderungen 6 €. Infos im Museum unter ✆ 0564-887173.

Monte Argentario – einsame Felsbuchten, aber oft schwer zugänglich

Monte Argentario

Die heutige Halbinsel war einst wie die Inseln Giglio und Giannutri komplett vom Meer umgeben. Durch angeschwemmte Sandablagerungen bildeten sich aber mit der Zeit drei schmale Verbindungen zum Festland, dazwischen breitet sich die Lagune von Orbetello aus.

Der Argentario ist ein felsiges Vorgebirge. Macchiabewachsene Hänge bestimmen das Aussehen des südlichsten Teils der Maremma. Fast der gesamte Baumbestand fiel 1981 einem Brand zum Opfer, eine Rundfahrt um das Felsmassiv lohnt dennoch. Die Küste bietet abwechslungsreiche Ausblicke auf kleine Inseln und einsame Sandbuchten, die jedoch meist sehr schwer erreichbar sind, da das Gebirge zum Meer hin steil abfällt. Versteckt in die Hänge gebaute Villen sind deutliche Zeichen dafür, dass der Argentario vor allem Urlaubsziel gut betuchter Gäste ist – Rom, Pisa und Florenz liegen relativ nah. Große Hotels wird man daher auch nicht finden, denn der „durchschnittliche" Sommergast des Argentario bevorzugt sein eigenes privates Feriendomizil.

Nähert man sich dem Monte Argentario auf der Verbindungsstraße von Orbetello, fallen einem links oben in den Bergen zwei eigentümliche Türme auf, die als eine Art Industriedenkmal stehen gelassen wurden: Sie stammen aus der Zeit der Pyritförderung in den 1960er Jahren und dienten seinerzeit als Aufzüge. Mit Silbervorkommen (*argento*) hat der Name der Halbinsel nichts zu tun, sondern rührt vielmehr von einer reichen Bankiersfamilie her, die sich hier einst aufhielt und über Silberreichtümer verfügte.

Die 26 km lange Route auf der kurvenreichen *Strada panoramica* ist nicht durchgehend asphaltiert und erfordert im südlichsten Teil ein geländegängiges Fahrzeug, zu manchen Zeiten ist sie gar nicht passierbar. Daran soll sich nach dem Willen der Villenbesitzer auch nichts ändern, so hat der Geldadel mehr Ruhe. Wer mit einem normalen Pkw unterwegs ist, dem sei folgende kürzere Rundfahrt im Westen der Halbinsel empfohlen: Zunächst in Porto Santo Stefano entgegen dem Uhrzeigersinn auf die Panoramastrecke mit ihrem Ausblick über die Macchia auf die Küste; nach 10 km führt dann eine Straße über das Landesinnere zurück an den Ausgangspunkt, vorbei an mehreren Hangars, in denen teure Jachten wie gestrandete Fische in der Landschaft liegen. Sie warten auf ihre Reparatur oder auch nur auf frische Tünche.

Porto Santo Stefano (ca. 9000 Einw.)

Der Hauptort des Argentario liegt an einem schönen Naturhafen. Am lang gezogenen Kai machen Fischerboote und schnittige Luxusjachten fest. Seit sich vor rund 45 Jahren Susanna Agnelli, Enkelin des Fiat-Gründers, in Porto Santo Stefano ihre Sommerresidenz bauen ließ, hat sich der Ort zu einem exklusiven Refugium der italienischen Großverdiener entwickelt. Die spätere Außenministerin Signora Agnelli verdiente sich als Bürgermeisterin im Kampf gegen die Bauspekulanten ihre ersten politischen Sporen. Einige VIPs wie Renato Zero, der Kennern italienischer Popmusik bekannt sein dürfte, oder Carlo Pedersoli, unter dem Namen Bud Spencer berühmt geworden, haben sich hier angesiedelt. Man ist fast geneigt, dies zu begrüßen, denn der Massentourismus, wie er nördlich und südlich des Argentario vorherrscht, ist der Halbinsel erspart geblieben. Keine tristen Feriensiedlungen und keine Hotelburgen sind anzutreffen, überfüllte Strände sind unbekannt. Das Angebot an Unterkünften ist jedoch verhältnismäßig gering; Low-Budget-Touristen dürften sich angesichts der gesalzenen Preise eher fehl am Platz fühlen.

Auf der Hafenpromenade flaniert man abends Eis essend an den Fischerbooten entlang, so etwas wie eine Vergnügungsmeile gibt es nicht. Mit seinem nostalgisch-eleganten Stil hat sich Porto Santo Stefano seinen Charme bewahren können.

Doch die Hafenstadt, benannt nach dem Schutzheiligen der Seefahrt, lebt nicht vom Tourismus alleine. Noch etwa 30 Fischkutter mit 130 Fischern stechen täglich zwischen 3 und 4 Uhr in See, um am Nachmittag gegen 18 Uhr mit ihrem Fang zurück in den Hafen zu kommen. Versteigert wird der Ertrag zwischen 19 und 20 Uhr in der Banchina Toscana. Außerdem sorgen einige kleinere Bootswerften auch heute noch für Arbeitsplätze, wenn auch die Erzeugnisse eher sportlichen Zwecken dienen. Durch die Fährverbindungen nach Giglio und Giannutri geht es in Santo Stefano im Hafen tagsüber turbulenter zu als in Porto Ercole .

In der **Fortezza Spagnola** oberhalb der Altstadt, einer wuchtigen Festung, die im 16. Jh. von den Spaniern zur Verteidigung erbaut wurde, ist eine ständige Ausstellung über den antiken Bootsbau untergebracht. Zu sehen sind auch interessante Funde (Amphoren, Anker etc.), die seit 1960 vor der Küste des Argentario gefunden wurden (Erklärungen nur auf Italienisch).

Öffnungszeiten Mitte Juni bis Mitte Sept. täglich 18–24 Uhr, Mitte Sept. bis Mitte Juni Sa/So 10.30–12.30 und 15–19 Uhr. Eintritt 4 €.

In einem rosa Bau am Lungomare dei Navigatori 44/48 (Promenade westlich des Hafens) zeigt das **Acquario Mediterraneo** Knochen, Gebisse, präparierte Fische, Tauchausrüstung und Aquarien mit einheimischen Wassertieren, z. B. von Mondfischen, Schwarzspitzenriffhaien, Moränen, Seeanemonen und Seeigeln.

Öffnungszeiten: Juni/Sep 16–20 Uhr, sonntags auch 10.30–12.30 Uhr, Juli/Aug. 10.30–12.30 und 17–24 Uhr, Okt.–Mai Di–So 15–19 Uhr, Sa/So 10.30–12.30 Uhr. Mo generell geschlossen. Eintritt 4,50 €, Kinder 1 €.

Porto Santo Stefano

Blick auf Porto Santo Stefano mit seinem Naturhafen

Baden: Ca. 2 km vor Santo Stefano, auf der Höhe des Hotels Baia d' Argento, gibt es ein Stück schmalen, freien Kiesstrand (Il Pozzarello).

Information/Verbindungen/Adressen

- *PLZ* 58019
- *Information* **APT-Büro** in einem neuen Pavillon am östlichen Ende des Hafens. Vermittlung von Zimmern auf dem Monte Argentario und der Isola del Giglio. Apr.–Sept. von Mo–Sa 9–13 und 15–19.30 Uhr, Okt.–März Mo–Sa 9–13 und 14–16 Uhr. So generell geschlossen. ✆ 0564-814208, ✆ 0564-814052. infoargentario@lamaremma.info.
- *Verbindung* Nächster Bahnhof *Orbetello Scalo*, regelmäßige Busverbindungen. Im Sommer täglich Bootsverbindung nach Giglio (auch als Tagesausflug).
- *Internet* In der Snack-Bar **Il Galeone**, Lungo Mare dei Navigatori 40.
- *Einkaufen* In der **Boutique Bagno Stella** in der Via del Molo 40 kann man nach extravaganten Sommer- und Strandmoden stöbern; für einen kurzen Urlaub nur leider viel zu teuer!

In der **Pescheria Enzo e Raffaella** gibt es täglich fangfrischen Fisch – von der Makrele bis zum über 2 m langen Schwertfisch.

In der lebendigen **Via Roma** bummelt man an den kleinen Feinkost- und Gemüseläden vorbei, die sich – so scheint es zumindest – kaum auf Touristen eingestellt haben (allerdings teuer!). Die Qualität der Produkte ist sehr gut.

- *Handwerk* Wen traditioneller Bootsbau interessiert, der sollte die Via del Campone ins Landesinnere entlangfahren. Die Werkstatt **Fratelli Mileo** repariert und konstruiert aus Holz noch im alten Stil. Via del Campone 51.
- *Bootsausflug* Minikreuzfahrt durch die Gewässer des toscanischen Archipels mit zwei Landgängen auf der Insel Giannutri und Giglio und opulentem Frutti-di-Mare-Mittagessen an Bord des 33 m langen „Crociere del Solo". Die Aufenthalte auf den Inseln dauern jeweils ca. 90 Min. **Vega Star**, Abfahrt 9.45 Uhr, Ankunft 18 Uhr jeweils im Hafen Santo Stefanos. Preis inkl. Essen ca. 47 € (5- bis 11-Jährige die Hälfte), Anmeldung unter ✆ 0564-818022.
- *Markt* Jeden Dienstag ist **Wochenmarkt** auf dem Parkplatz direkt am Hafen, in der Nähe der Touristeninformation.

Ein kleiner **Mercato della Frutta** findet täglich von 8 bis 13 Uhr an der Via Scarabelli (unterhalb des Hotels Da Alfiero) statt. Hier gibt es günstig Obst, Gemüse, Fisch und Käse.

230 Monte Argentario

- *Feste* **Palio Marinaro**, 15. August. Ein Seeturnier in historischen Trachten zur Erinnerung an den Angriff der Sarazenen auf Porto Santo Stefano.

- *Tauchen* **Diving Center**, westliches Hafenende. Anmeldung für Kurse unter ✆ 333-3826314 (mobil).

Essen

*** **La Caletta**, am südlichen Molenende, ganzjährig geöffnetes familiäres Haus mit Strand. DZ mit Frühstück je nach Saison und Komfort 138–164 €. Via Civinini 10, ✆ 0564-812939, 🖷 0564-817506, www.hotelcaletta.it.

**** **Filippo II**, das noch vor dem Ortseingang rechts an der Straße, oberhalb des Meeres gelegene Haus ist modern und funktionell eingerichtet und vermietet nur Suiten mit Kochgelegenheit. 210–400 €. Loc. Poggio Calvello, Via Emilia 47, ✆ 0564-811611, 🖷 0564-810941, www.filipposecondo.it.

*** **Villa Domizia**, ehemalige Privatvilla direkt am Meer. Fast alle Zimmer mit Ter-

Porto Santo Stefano 231

rasse zum Meer. Eine Treppe führt zum Baden ins tiefe Wasser zwischen den Klippen. In einem Anbau einige Extrazimmer. Jan./Feb. geschlossen. DZ mit Frühstück 108–200 €. SS 44, Loc. Santa Liberata (kurz nach dem Tombolo di Giannella, der westlichsten Landverbindung), ✆ 0564-812735, ✆ 0564-811119, www.villadomizia.com.

*** **Vittoria**, 150 m oberhalb der Ortschaft gelegenes, gut ausgeschildertes 28-Zimmer-Haus mit frischem Ambiente und schönem Blick. Pool. DZ (teilweise mit Terrasse) 95-140 €. Via del Sole 65, ✆ 0564-818580, ✆ 0564-818055, www.hvittoria.com.

*** **Belvedere**, einladendes Haus in Hanglage, umgeben von Olivenbäumen und Palmen. Betischte Terrasse, kleiner Park, ein kurzer Spaziergang führt zum Strand hinunter. Ohne Restaurant. Unsere Empfehlung! April bis Mitte Okt. geöffnet. 12 einfache, schöne DZ zu 100 € (Frühstück inkl.). SS 440 (knapp vor der Ortseinfahrt), ✆ 0564-812634, ✆ 0564-810258.

** **La Lucciola**, ordentliche Zimmer (renoviert, TV, Telefon). Nach 40 Jahren war immer wieder die Rede vom Verkauf. Irgendwie konnte man sich trotz allgemeiner Lustlosigkeit bislang dazu nicht durchringen. DZ mit Frühstücksbuffet 70–90 € (nach Meerblick fragen!). Via Panoramica 243/245, ✆ 0564-812976, ✆ 0564-812298.

** **Hotel Da Alfiero**, über dem Hafen. Bescheidener, aber sehr freundlicher Familienbetrieb. Für Hotelgäste wird abends auch gekocht. DZ mit Frühstück 70–90 €. Via Cuniberti 12, ✆ 0564-814067, ✆ 0564-813094, www.hotelalfiero.com.

* **Week End**, nette, 2005 renovierte Pension inmitten der Altstadt. Familiäre, sehr wohnliche Atmosphäre, der freundliche Besitzer spricht ausgezeichnet Deutsch. Ganzjährig geöffnet. Alle Zimmer mit Bad. DZ mit Frühstück 70–80 €. Via Martiri d'Ungheria 3, ✆/✆ 0564-812580, www.pensioneweekend.it.

• *Außerhalb* **** **Torre di Cala Piccola**, etwas bescheidener als das Il Pellicano in Porto Ercole (siehe dort). Das charmante Hotel liegt an der Westseite der Halbinsel, hat einen schönen Garten mit Blick auf das Meer, Pool, eigenen Strand und einen alten Wachturm. Für den Sonnenuntergang auf dem Argentario wohl der schönste Ort; und das lässt man sich bezahlen! Was den Service anbelangt, so war man bemüht, diesen zu optimieren. DZ je nach Saison 170–330 €. Cala Piccola, ✆ 0564-825144, ✆ 0564-825235, www.torredicalapiccola.com.

Il Grottone, insgesamt zwei Studios mit Kochmöglichkeit, tolle Aussicht. Allesio, der Besitzer, spricht fließend Englisch und ist sehr hilfsbereit. Ca. 5 km südlich von Porto Santo Stefano, oberhalb des Cala Piccola. DZ außerhalb der Saison ca. 80 €, im August bis 130 €. ✆ 0564-825093 oder 3374434 38 (mobil), www.ilgrottone.com.

• *Essen und Trinken* Jede Menge Fischrestaurants und Trattorien rund um den Hafen.

Da Siro, über dem Aquarium am Lungomare (Eingang Corso Umberto I 104). Wenn Sie sich von Einheimischen ein Fischrestaurant empfehlen lassen, werden Sie mit hoher

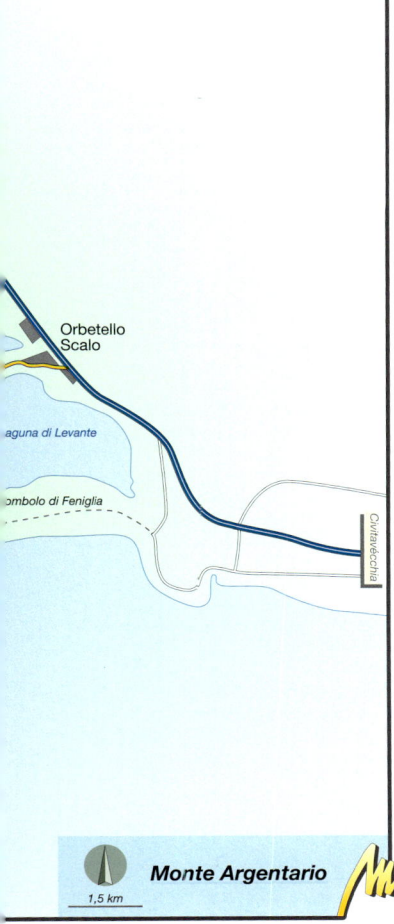

Monte Argentario
1,5 km

Wahrscheinlichkeit zu diesem Terrassenrestaurant unweit der Fischermole geschickt. Sympathischer Service, frischer Fisch und liebevoll angemachte Salate – das alles allerdings zu den ortstypisch hohen Preisen, Mo geschlossen. ✆ 0564-812538.

Monte Argentario – ein an vielen Stellen nur dürftig mit Macchia bedeckter Felskopf

Trattoria Da Orlando, etwas abseits vom Trubel gelegenes, renommiertes Restaurant, gilt als eine gute Adresse für frischen, auf Holzkohle gegrillten Fisch. Mi geschlossen. Via Breschi 3, ✆ 0564-812788.

Pizzeria Da Zirio, lebhafter, stets voller Betrieb mit Tellergeklapper und guter Holzofen-Pizza. Di geschlossen. Via del Molo 6.

Trattoria Poco Loco, mit kleiner Terrasse am Hauptplatz Corso Umberto 1. In der offenen Küche kann man Corado beim Zubereiten der einfachen, aber köstlichen Gerichte zuschauen. ✆ 0564-813954.

Lo Sfizio, über die einladende Treppe in die kleine Trattoria/Pizzeria, wo die großen Portionen der Spaghetti mit Meeresfrüchten einen unserer Leser begeisterten. Mo geschlossen. Lungomare dei Navigatori 26, ✆ 0564-812592.

Gelateria Le Rose, Piazzale Candi (an der Fährstation). Hervorragendes Eis in der weißen Bude.

Bar Giulia, Treffpunkt für Alt und Jung mit großer Terrasse genau an der Hafenmeile, reichhaltiges Buffet zum abendlichen Aperitif und gute Eisauswahl. Via del Molo 16.

• *Außerhalb* **Ristorante La Fontanina di San Pietro**, Loc. San Pietro (ca. 3 km von Santo Stefano entfernt, zu erreichen über die Via del Campone). Gute Küche, schöne Terrasse. Mi geschlossen. ✆ 0564-825261.

La Sorgente, idyllisch gelegene Waldschänke auf 280 m Höhe. Die beim netten Wirt am Tresen bestellten Gerichte genießt man hier an Holztischen im Freien (entsprechend preiswert). Obligatorisch dürfte ein Gläschen Kräuterschnaps „Argentarium" sein, dem mit seinen 40 % Alkoholgehalt eine hundertprozentige Heilwirkung zugeschrieben wird. Hergestellt wird die „Medizin" gleich nebenan im Convento dei Padri Passionisti. Dort wird aber nicht nur Schnaps gebrannt! Ca. 10 Ordensbrüder leben hier und unterhalten eine Ausbildungsstätte für Novizen. Das Gasthaus ist von Ostern bis Ende Sept. außer Mi tägl. durchgehend von 9–22 Uhr geöffnet. Im Juli/Aug. Mi geöffnet. Strada Provinciale 77, ✆ 0564-818770. Anfahrt: noch vor dem Damm nach Orbetello rechts der Beschilderung „Convento dei Padri Passionisti" ins Inselinnere folgen.

• *Nachtleben* An der *Strada panoramica* zwischen Cala Moresca und Cala Grande steht die Open-Air-Disco **La Strega del Mare**, an Wochenenden nur im Sommer, Eintritt 12 €.

Porto S. Stefano – lebendiger Fischerort mit hübscher Altstadt

Porto Ercole (ca. 4000 Einw.)

An der Ostküste des Monte Argentario liegt der zweite wichtige Ort der Halbinsel. Beidseitig eingefasst von spanischen Festungsanlagen, die einst die Bucht kontrollierten, wirkt Porto Ercole noch idyllischer als Porto Santo Stefano.

Vom Hafen, wo nicht wenige Nobeljachten dümpeln, führen steile Treppen hinauf zur südlichen Festung; dann geht es weiter auf einem schmalen Weg an den kleinen Gärten der Dorfbewohner vorbei zum Leuchtturm. Der Weg ist teilweise anstrengend, aber die tolle Aussicht versöhnt!

Beide Festungsanlagen sind heute von betuchten Mietern und Besitzern in Beschlag genommen. Wer hier keinen Wohnsitz vorzuweisen hat, muss draußen bleiben. Es sei denn, man besorgt sich im Rathaus eine Besuchserlaubnis; wir haben darauf verzichtet und uns – nicht ganz ohne Neid – mit dem Anblick des imposanten Mauerwerks begnügt. Wer die *Rocca* südlich von Porto Ercole, die älteste Festung der Spanier aus dem 15. Jh., besichtigen möchte, bekommt das kostenlose Besucherticket beim *Ufficio informazioni* (siehe „Information") und wird vom Pförtner zwischen 10 und 13 Uhr bzw. von 16 Uhr bis Sonnenuntergang (außer Mittwoch) eingelassen. Wenn man sich an seine unfreundlichen Anweisungen hält, sieht man herzlich wenig! Das eine oder andere verrostete Zutritt-verboten-Schild kann man daher ja durchaus mal übersehen haben!

In der *Kirche Sant'Erasmo* wurden die sterblichen Überreste des berühmten Barockmalers *Caravaggio* beigesetzt. Der geniale, aber auch gewalttätige Künstler war am 31. Juli 1610 am Strand von Feniglia bei Porto Ercole unter mysteriösen Umständen im Alter von 36 Jahren gestorben. Er befand sich auf der Rückreise nach Rom, das er vier Jahre zuvor fluchtartig hatte verlassen müssen, weil er einen Mann im Streit erschlagen hatte.

Baden: Ein überaus schöner Sandstrand befindet sich am Tombolo di Feniglia (siehe dort). Die Straße bis zur Absperrung beim Camping Feniglia fahren.

- *Information* **Ufficio informazioni**, Via Caravaggio 78, ✆ 0564-831019. Mo–Fr 7.30–13 und 17–20 Uhr, Sa 7.30–13 und 18–20 Uhr, So 9–12 Uhr.
- *Tauchen* **Sub Company**, im Angebot u. a. Tagestauchausflüge im 15-Personen-Boot zur Isola Giannutri oder Halbtagestrips an der Argentario-Küste entlang, auch Nachttauchgänge werden angeboten. Flaschenfüllung und Verleih von Tauchutensilien. Seit über 25 Jahren von einer deutsch-italienischen Familie geführt. Lungomare Doria 104 (am südlichen Ende des Hafens), ✆/📠 0564-832651 oder ✆ 339-1553749 (mobil).
- *Übernachten* ****** Il Pellicano**, eines der luxuriösesten Hotels der Toscana in Traumlage am Meer, geschmackvoll ausgestattet, ohne dabei pompös zu sein. Die Geschichte dieses außergewöhnlichen Hauses reicht in die sechziger Jahre zurück. Ein Liebespaar des damaligen Jetsets aus Amerika entdeckte den romantischen Ort am Meer und gab ihm den Namen „Pelican Point". Danach entstand ein Hotel, das stets illustre Gäste und Persönlichkeiten anzog. Im Relais & Chateaux Il Pellicano verstehen sich Wellness-Center und eigene Badebucht von selbst. Die Felsenküste bietet herrliches Wasser, das über einen Steg bzw. über Treppenzugänge zu erreichen ist. Eins der beiden Restaurants wurde mit einem Michelin-Stern ausgezeichnet. Am Pool werden am Nachmittag frische Erdbeeren gereicht. Das billigste DZ kostet in der Nachsaison 355 €, das DZ mit Meerblick in der Hauptsaison 778 €. Es gibt auch Suiten. Loc. Scarbatello (etwas außerhalb von Porto Ercole an der Strada panoramica), ✆ 0564-858111, 📠 0564-833418, www.pellicanohotel.com.

Porto Ercole 235

*** **Don Pedro**, zu Fuß 10 Min. vom Hafen, altmodischer Stil, freundlicher Empfang, viele Zimmer mit Meerblick. DZ mit Frühstück 100–145 €. Strada panoramica 7, ℡ 0564-833914, ℻ 0564-833129, www.hoteldonpedro.it.

*** **Bi Hotel**, kleines, frisch renoviertes Albergo mit angenehm kühler Ausstrahlung direkt an der Hafenpromenade. Kleiner Wellnessbereich. Auf der Hotelterrasse kann man mit herrlichem Blick auf Stadt und Meer frühstücken. 12 DZ mit Frühstück und Klimaanlage 115–130 € (ohne Meerblick), 145–160 € (mit Meerblick). Lungomare A. Doria 30, ℡ 0564-833055, ℻ 0564-836057, www.bi-hotel.it.

** **La Conchiglia**, kleines Hotel im Zentrum mit 12 Zimmern/Bad, kleinem Kühlschrank und teilweise mit Terrasse. DZ 80–90 €. Via della Marina 4, ℡/℻ 0564-833134.

Villa Azzurra, kleine Zimmervermietung im Zentrum (über dem Ristorante Sirena). 5 DZ mit Bad 40–60 €, ohne Bad ca. 30–50 € (ohne Frühstück). Via Caravaggio 93, ℡ 0564-833037.

• *Essen und Trinken* **La Pinta**, Lungomare 44 (am Hafen), fangfrischer Fisch zu höheren Preisen. Beim letzten Check war man wegen Besitzerwechsels gerade mit Umbauarbeiten beschäftigt! ℡ 0564-835270.

Gambero Rosso, Qualität und Leistung für ein Fritto Misto aus frischem Fisch stimmen hier. Terrasse unter Palmen an der Hafenpromenade. Mi geschlossen. Lungomare Doria 62 (am Hafen), ℡ 0564-832650.

Il Gatto e la Volpe, am Abend romantisch beleuchtet liegt das Restaurant mit Terrasse oberhalb des Hafens. Mo geschlossen. ℡ 0564-835205.

Pizzeria Lampara, neben anderen Gerichten abends gute Pizza aus dem Holzofen (Pizzabäcker aus Neapel!). Günstig! Di geschlossen, Lungomare.

El Pirata, einladende Terrasse, netter Wirt. Es gibt Pizza aus dem Holzofen und ein leckeres Vorspeisenbuffet. Trotz Toplage nicht teuer. ℡ 0564-831178.

La Lanterna Blu, Via delle Bucche 9 (Seitenstraße zur Via Caravaggio, landeinwärts). „Super Pizza, super Fisch, super Pasta, super Beilagen, leckeres Dessert", schreibt eine Leserin über dieses relativ preiswerte Lokal. Mo geschlossen. ℡ 0564-833064.

Bi Bar, die Bar! Beliebter Treffpunkt am Hafen mit Eiscreme, Musik aus Lautsprechern, Sofas zum Abhängen. Glas Wein als Aperitif mit kleinen Häppchen für 3,50 €.

In der Altstadt von Porto Ercole

Lungomare Andrea Doria.

Baretto, gestylt für den späteren Abend. Mi geschlossen. Lungomare Doria 53.

Bar del Porto, Lungomare Doria 6. Hafenbar, populäre Alternative, in der die älteren Einheimischen ihren Caffè mit Grappa nehmen.

Bar Le Viste, auf der Strada panoramica am Hotel Don Pedro vorbei gelangt man zu Fuß nach ca. 10 Min. zu dieser Bar, wo man nebst einer Erfrischung auch einen tollen Blick genießt. Geht man die Strada panoramica noch ca. 50 m weiter, schlängelt sich links ein 10-minütiger Fußweg zum kleinen Strand *Le Viste*.

• *Nachtleben* **King's Club**, erst in Richtung Orbetello, dann in Richtung Cala Galera rechts abbiegen, dem Straßenverlauf folgen, am roten „K" links.

Monte Argentario

Wandern: Der südlich von Porto Ercole gelegene schöne, breite und freie Sandstrand *L'Acqua Dolce* ist, wie fast alle Strände auf dem Argentario, nur zu Fuß zu erreichen. Mit dem Auto fährt man von Porto Ercole auf der Strada panoramica (SP 66) in Richtung *Hotel Pellicano* bis man am großen Eingangstor des Hotels angelangt ist. Hier den Wagen am Straßenrand abstellen. Links vom geschlossenen Tor zum *Il Pellicano* gibt es einen Durchgang für Fußgänger. Hier hindurch und für ca. 20 m der asphaltierten Straße zum Hotel folgen. Kurz vor einem zweiten Tor am Schild Relais Chateaux nicht mehr in Richtung Hotel, sondern links weiter in Richtung Meer laufen. Der Zugang für Mopeds wird mit drei Eisenpfählen (rot/weiß) verhindert. Die Schilder, die auf die Gefahr durch herabfallende Gesteinsbrocken hinweisen, hängen seit 2007, werden aber von den Einheimischen ignoriert. Der letzte Abschnitt ist steinig und etwas unwegsam. Man braucht ca. 15 Min. bis zum Strand hinunter.

Wanderung auf dem Monte Argentario von Porto Ercole zum Convento dei Padri Passionisti

Die Wanderung lässt einen in den dichten mediterranen Buschwald eintauchen, von dem das gesamte Vorgebirge des Monte Argentario bedeckt ist. Vorbei an Gehöften und durch Korkeichenhaine führt der Weg hoch in die Abgeschiedenheit des Waldes zum Konvent der Padri Passionisti. Vom Vorhof des noch intakten Konvents genießt man einen herrlichen Blick. Die Einkehr in der idyllischen Klause gleich neben dem Konvent sollte eingeplant werden. Immer wieder wird auf der Strecke der Blick aufs tiefblaue Meer und die Tombole della Feniglia frei.

Ausgangs- und Zielpunkt: Parkplatz an der S.P.2 am nördlichen Ortsausgang von Porto Ercole (noch vor dem Supermarkt Coop).
Länge: ca. 12,5 km.
Dauer: ca. 4:30 Std.
Landschaft und Wege: geschotterte Wege durch den typischen Macchia-Buschwald, Teilstrecken auch asphaltiert.
Schwierigkeitsgrad: leicht.
Höhenunterschiede: ca. 300 m.
Wegmarkierung: rot-weiße Markierung.
Einkehrmöglichkeit: Bar/Restaurant „La Sorgente", Ostern bis Ende Sept. von 9 bis 22 Uhr durchgehend geöffnet. Bis auf die Monate Juli/Aug. mittwochs geschlossen.

Man parkt den Wagen auf dem großen Parkplatz, der, von Orbetello aus kommend, 300 m nach dem Ortseingangsschild von Porto Ercole rechts direkt an der S.P.2 liegt. Die Wanderung beginnt hier an der kleinen Bar „Evergreen" **(1)**. Ab hier rechts der Ausschilderung Richtung Grosseto/Orbetello auf der Asphaltstraße folgen. Der Weg führt bis zur Piazza Albegna und weiter auf der Via Tramontana zunächst durch eine Wohngegend (dem Hinweis Aurelia SS 1 folgen). An der Hauptstraße angelangt links laufen und unmittelbar darauf nochmals links abbiegen, um dem Weg in Richtung Friedhof durch zwei Zypressen **(2)** zu folgen.

Die Asphaltstraße führt einen am Friedhof **(3)** vorbei. Allmählich lässt man Monte Filippo mit der Verteidigungsburg hinter sich. Ab jetzt steigt der Weg an und wird von Macchia-Wald gesäumt. Es geht am Gehöft von Nunziata **(4)** vorbei. Der asphaltierte Weg bringt einen bis zu einer Linkskurve, an der man nun den Schotterweg geradeaus hinunter einschlägt. Die Wanderung geht nun durch einen Korkeichenhain. Die

Wanderung auf dem Monte Argentario

rötliche Rinde der Korkeiche dient den Bäumen als natürlicher Schutz bei Bränden. An einer Weggabelung wandert man links weiter (Orientierung an der Markierung auf einem Stein). Es geht an Überresten des Aquädukts Leopoldino (unterhalb rechts) vorbei, von dem nur noch drei Bogenbauten übrig sind. Die Anlage stammt noch aus der Zeit des Großherzogs Leopold und versorgte einst Orbetello mit Wasser. Auch an einem Wasserbecken für Waldbrandlöschungen wandert man vorbei. Der Weg steigt stetig an, bis man eine Asphaltstraße erreicht, an der man links in Richtung des Convento dei Padri Passionisti **(5)** weiterwandert.

Am Konvent vorbei geht es in der Rechtskurve der Hauptstraße rechts ab zur Einkehrmöglichkeit „La Sorgente" (dem Hinweis Bar/Ristoro „La Sorgente" folgen). Die Klause ist idyllisch gelegen und bietet eine gute Einkehrgelegenheit mitten im Wald.

Nach der Rast wird die Wanderung in der Rechtskurve der Hauptstraße fortgesetzt, indem man die asphaltierte Hauptstraße nun rechts hoch läuft. Nach ein paar Hundert Metern erreicht man ein kleines, sakrales Gebäude **(6)**, das zum Konvent gehört. Noch vor diesem Gebäude wird die Schotterstraße scharf links hinauf eingeschlagen. Der Weg lässt einen um das Gehöft von Santonio **(7)** herumlaufen und das Gut von San Lorenzo erreichen. Der letzte Anstieg der Wanderung erfolgt auf einem zementierten Stück, das bis zum Gehöft Annunziata **(8)** führt. Hier wird nun der Weg links genommen, der endlich den Blick auf die Tombole della Feniglia und das Meer freigibt. Ab jetzt geht es bergab. Man wandert durch abwechslungsreichen Wald aus Kastanien sowie Stein- und Korkeichen. Schließlich trifft man auf die Asphaltstraße **(9)**, die einen links entlang zurück nach Porto Ercole gelangen lässt. An einer Kreuzung geht es über die Via Campagnatico zurück zum Parkplatz.

Tombolo di Feniglia

Die östlichste der drei Verbindungen zwischen dem Festland und dem Monte Argentario ist eine schmale Sanddüne, die unter Naturschutz steht und trotzdem frei zugänglich ist. Von hier aus in Richtung Campingplatz die erste Weggabelung nach links in den unasphaltierten Weg in Richtung *Le Dune* abbiegen. Spätestens hier am Tor zur *Riserva Naturale Duna Feniglia* den Wagen stehen lassen. Der Spaziergang auf dem federnden Boden durch die schöne, schattige Pineta ist eine Wohltat. Mit dem Fahrrad kann man die gesamte Nehrung bequem abfahren und zwischendurch an einem der zum Baden idealen Strände eine Pause einlegen. An der Zufahrtsstraße vom Monte Argentario werden Fahrräder verliehen (siehe unten). Am Ende der asphaltierten Straße gibt es einige touristische Einrichtungen wie einen Campingplatz, zwei Restaurants und eine Strandbar. Katzenliebhaber kommen auf ihre Kosten!

- *Camping* **Camping Feniglia**, sehr bescheidene Einrichtung, aber einladendes Plätzchen. Hinter dem Pinienhain beginnt gleich der Sandstrand. 140 Stellplätze, geöffnet ab Anfang April bis Mitte Okt. Von Porto Ercole aus am Ende der befahrbaren Straße zum Tombolo, ℡ 0564-831090, ℻ 0564-867175, www.campeggiofeniglia.com.
- *Wohnmobile* **Area sosta Le Miniere**, ca. 120 Stellplätze für Wohnmobile direkt an der Lagune. Elektrizität, Licht, Wasser und warme Dusche. Zu Fuß 10 Min. zum Feniglia-Strand. Wem das zu lange dauert, der steigt in den Pendelbus, den die Betreiber unterhalten. Von Porto Ercole kommend gleich nach dem Abzweig zum Tombolo di Feniglia, ℡ 333-7719337 (mobil).
- *Fahrräder* gleich am ersten bewachten Parkplatz. Nach Abbiegen an der Weggabelung links in Richtung *Le Dune* gibt es am Imbiss einen etwas günstigeren Verleih, der bessere (neuere) Räder bereit hält!

Isola del Giglio (ca. 1700 Einw.)

Die „Insel der Lilie" ist mit 21 qkm nach Elba die zweitgrößte Insel des Toscanischen Archipels. Auf den ersten Blick ist sie ein einziger großer Fels im Meer, doch gedeihen hier über 700 verschiedene Pflanzenarten.

Nur 2 km sind es vom idyllischen Hafen **Giglio Porto** mit seinen bunten Häusern, wo die Fähren aus Porto Santo Stefano ihre Ladung an Menschen und Autos ausspucken, bis hinauf nach **Giglio Castello**, doch überwindet die Straße in engen Serpentinen über 400 Höhenmeter. Der Ort, der einen herrlichen Ausblick auf das Tyrrhenische Meer und bei gutem Wetter bis Montecristo bietet, ist mit einem Labyrinth von engen Gassen durchzogen; die eindrucksvollen Festungsmauern stammen aus der Herrschaftszeit der Pisaner. Steil geht es von Castello hinab zum Touristenort **Campese**, der an einer schönen Bucht mit einem lang gezogenen Sandstrand liegt – überragt von einem Rundturm der Medici aus dem 18. Jh.

Auf Giglio gibt es schöne Strände, alle sehr sauber und mit glasklarem Wasser. Der größte liegt in der Bucht von Campese. Hier und in Giglio Porto haben sich auch einige Tauchschulen angesiedelt. Da die Strände z. T. nur zu Fuß erreicht werden können, ist es fast nie voll, außer im August, wenn die Insel komplett ausgebucht ist. Doch aufgrund der begrenzten Kapazitäten kann sich auf der kleinen Insel kein Massentourismus entwickeln.

Information/Verbindungen/Adressen

- *PLZ* 58012
- *Information* An der Hafenpiazza Via Umberto I in Giglio Porto. Neben allerlei Infos auch Bustickets und nützliche Broschüren. ℡/℻ 0564-809400. www.isoladelgiglio.artec.it, www.isoladelgigliofficioturistico.com.

Isola del Giglio

Isola del Giglio – Strand von Campese

- *Immobilienagentur* **Brandaglia**, Signora Brizzi spricht Deutsch und kennt die Insel sehr gut. Via T. de Revel 20, ✆ 0564-809245. www.emmeti.it/brandaglia.
- *Inselverbindungen* In Giglio Porto gibt es Wassertaxis, die die entlegenen Strände anlaufen. Darüber hinaus kann man auf Taxis und den Inselbus zurückgreifen, der mehrmals täglich zwischen den drei Inselorten pendelt. Ebenfalls vorhanden ist ein Boots- und Zweiradverleih (s. unter Reisebüro).
- *Fährverbindungen* Zwei Reedereien verkehren zwischen Porto Santo Stefano und Giglio Porto. In der Saison ca. 8 Hin- und Rückfahrten täglich. Autos werden zwar mitgenommen, doch kann man sich den teuren Preis wegen der guten Busverbindungen auf der Insel sparen und den Wagen in Porto Santo Stefano zurücklassen. Wer dennoch in der Hochsaison mit dem Auto übersetzen will, sollte unbedingt reservieren (**Toremar** am Hafen in Giglio Porto, ✆/≋ 0564-809349, www.toremar.com, oder **Maregiglio/Navagiglio** ebenfalls am Hafen, ✆ 0564-812920 oder 0564-809309, www.mare giglio.it). Die 1-stündige Überfahrt kostet hin und zurück pro Pers. ca. 12,50 €, für das Auto zahlt man je nach Länge 57–78 €. An Wochenenden der Hochsaison erhöhen sich die Preise geringfügig.
- *Ausflüge* **Maregiglio/Navagiglio** veranstaltet in der Hochsaison Ausflugsfahrten nach Giannutri (ca. 11 €), außerdem Inselrundfahrten um Giglio und Montecristo (ca. 8 €).
- *Wandern* Wanderwege führen in den menschenleeren Süden der Insel und zum Nordkap mit Leuchtturm.
- *Reisebüro* **Giglio Multiservizi** (GMS), das einzige auf der Insel, gegenüber der Anlegestelle links neben der hellblau angestrichenen Marcelleria die Treppe hoch. Boots- und Zweiradverleih (in der Hochsaison vorbestellen) sowie Appartementvermietung. Im Sommer tägl. 9–12.30 und 15–18.30 Uhr, ✆ 0564-809056, ≋ 0564-809447, gms@nevib.it.
- *Liegeplätze für Jachten* Nur wenige freie Liegeplätze für Gastjachten, für die Plätze der Gemeinde muss man zahlen: ✆ 0564-806064 oder 0564-809480.

Feste

Cuccagna a Mare, 10. August in Giglio Porto: ein Wettbewerb, bei dem ein Fähnchen erreicht werden muss, das an der Spitze eines mit Fett beschmierten, hoch aus dem Wasser ragenden Pfahls befestigt ist.

Palio dei somari, 15. September in Giglio Castello: Mit einer Prozession und Tänzen wird an das 2000 Mann starke nordafrikanische Seeräuberheer erinnert, das 1799 Giglio überfallen wollte. Als man damals den als Reliquie verehrten Arm des heiligen Mamiliano den Angreifern entgegentrug, kam ein Wind auf und trieb die „Turchi" zurück ins Meer. Noch heute sind in der Kirche von Castello die erbeuteten Waffen der Piraten zu sehen. Eine weitere Prozession zu Ehren des Inselpatrons findet am 18. November statt.

Die Inseln Montecristo und Giannutri

Die beiden kleinen Inseln Montecristo und Giannutri gehören wie Elba und Giglio zum toscanischen Archipel, einer Inselgruppe, die der Maremma vorgelagert ist.

Montecristo, die kleinste toscanische Insel, verdankt ihre Berühmtheit der Literatur. *Alexandre Dumas* (der Ältere), so heißt es, sei zu seinem Roman „Der Graf von Montecristo" durch einen in Livorno lebenden französischen Kaufmann angeregt worden. Dieser hatte Dumas von dem geheimnisvollen Felsbrocken 29 Meilen westlich von Giglio erzählt und ihm so einen idealen Schauplatz für seine abenteuerlichen Phantasien geliefert. Auf dem von Meer und Sonne zerfurchten Granitfelsen hatten sich Eremiten und Piraten getummelt, bis 1889 mit *Marchese Carlo Ginori* ein echter Graf kam und die Insel mietete. Ginori war ein Exzentriker: Er fuhr das erste Auto in Italien, umsegelte mit seiner Jacht die Welt und schenkte Montecristo schließlich dem italienischen König Vittorio Emmanuele III, nachdem sich dieser bei einem Jagdausflug in die Insel verliebt hatte.

Seine Unwirtlichkeit hat Montecristo bis heute vor Besiedlung oder Tourismus bewahrt. Seit 1971 ist das Eiland Naturschutzreservat und gehört jetzt zum *Parco Nazionale dell'Arcipelago Toscano*. Es ist verboten, die Insel zu betreten; Boote dürfen sich nur auf eine Distanz von höchstens 1000 m nähern. Einzig ein Ehepaar wohnt auf der Insel. Dieses wacht über den Frieden der Natur und führt die jährlich rund 1000 Besucher, die es geschafft haben, bei der Forstbehörde in Follonica eine Erlaubnis zu ergattern, über die Insel. Geplant ist jedoch, die Insel im Sommer tägl. etwa 100 Besuchern zugänglich zu machen. (Infos beim Corpo Forestale dello Stato, Ufficio Amministrazione, Via Bicocchi 2, 58022 Follónica, ✆ 0565-40019.)

Auch **Giannutri** hat eine Besonderheit. Als einzige der toscanischen Inseln befindet sie sich in Privatbesitz. Für die halbmondförmigen 2,6 qkm im Tyrrhenischen Meer war dies ein Glücksfall, denn nur einige Villen, ein paar zu mietende Häuschen und zwei Restaurants liegen in der Macchia versteckt. Ansonsten blieb die Insel vom Tourismus verschont.

Im 2. Jh. n. Chr. errichteten reiche römische Familien auf der damals „Dianum" genannten Insel eine prächtige Sommerresidenz. Überreste bei *Cala Maestra* (Villa, Wohnungen der Diener, Thermen und Lagerhaus) wurden jüngst freigelegt und können jeden Tag am frühen Nachmittag besichtigt werden. Informationen im *Ristorante Granduca* (✆ 0564-898890) in der Cala-Maestra-Bucht. Boote der Fährgesellschaft Maregiglio (siehe Isola del Giglio, Fährverbindungen) veranstalten im Sommer täglich sowohl von Porto Santo Stefano als auch von Giglio Porto Ausflugsfahrten nach Giannutri (ca. 11 €).

Isola del Giglio 241

Übernachten/Camping

Ohne frühzeitige Buchung hat man auf der Insel während der Hochsaison keine Chance auf eine Unterkunft.

• *In Giglio Porto* ***** Castello Monticello**, unser Tipp! Schönes und komfortables Haus. Hoteleigener Tennisplatz, Bocciabahn. Restaurant mit Fischspezialitäten, nette Terrasse. 1,5 km oberhalb von Giglio Porto (Straße nach Castello) an der Abzweigung zum 1,5 km entfernten Arenella-Strand. Ostern bis Ende Sept. geöffnet. DZ mit Frühstück 77–120 €. Via Provinciale, Giglio Porto, ✆ 0564-809252, ℻ 0564-809473, www.hotel castellomonticello.com.

*** Demo's Hotel, beigefarbenes Haus am nördlichen Hafenende, kaum zu übersehen. 52 Zimmer mit allen Extras, eigener Strand. Ostern bis Anfang Nov. geöffnet. DZ mit Frühstück 90–124 €. Via Thaon de Revel, Giglio Porto, ✆ 0564-809235, ℻ 0564-809319, www.hoteldemos.com.

*** Il Saraceno, direkt am Meer hinter dem Hafen, 48 komfortable Zimmer mit allen Extras. Eines der schönsten Hotels auf der Insel, terrassenförmig in den Fels gebaut. Ostern bis Ende Sept. geöffnet. DZ mit Frühstück 73–114 €. Via del Saraceno 69, Giglio Porto, ✆ 0564-809006, ℻ 0564-809007.

** Hotel Bahamas, freundliches 27-Zimmer-Haus oberhalb des Hafens. DZ mit Frühstück ab 80 €, Via C. Oreglia 22, Giglio Porto, ✆/℻ 0564-809254, info@bahamashotel.it, www.bahamashotel.it.

** Pardini's Hermitage, inmitten der noch völlig unberührten Macchia liegt dieses Hotel, das nur zu Fuß oder per Boot zu erreichen ist (Abholung von Giglio Porto). Ein Zentrum für Naturfreunde, Vogelbeobachter, Aquarellmaler usw. Halbpension im DZ 79–132 € pro Pers. ✆ 0564-809034, ℻ 0564-8091177, www.finalserv.it/hermitage.

** La Pergola, alle Zimmer mit Bad. Kleine Pension am Hafen (neben dem Demo's), Ostern bis Ende Okt. geöffnet. EZ 50 €, DZ 83 € (inkl. Frühstück). Via Thaon de Revel 30, Giglio Porto, ✆ 0564-809051.

• *In Castello* Keine Hotels, aber gleich zweimal **Privatzimmer**, nebeneinander oberhalb der modernen Piazza Gloriosa gelegen. Schilder hängen aus:

Angelo Landini, DZ mit Bad 60 €. oberhalb der modernen Piazza Gloriosa, ✆ 0564-806074, ℻ 0564-809447.

Camere Airone, DZ mit Bad 60–72 €, oberhalb der modernen Piazza Gloriosa, ✆ 0564-806076.

• *In Campese* ***** Campese**, direkt am Sandstrand, nicht mehr das neueste Modell. Mitte April bis Sept. geöffnet. DZ 57–78 € pro Pers. (mit obligatorischer Halbpension), EZ 80 €. Via della Costa 1, Campese, ✆ 0564-804003, ℻ 0564-804093, www.hotel campese.com.

** Giardino delle Palme, beim kleinen Fischerhafen, alle Zimmer mit Bad. Kleines Haus im Palmengarten. DZ mit Frühstück 58–80 €, Via della Torre (gegenüber dem Medici-Turm), Campese, ✆/℻ 0564-804037, info@giardinolepalme.it, www.giardinolepalme.it.

• *Camping* **Camping Baia del Sole**, einziger Campingplatz der Insel und im Hochsommer meist restlos belegt. Der kleine Platz (nur 45 Stellplätze!) ist schön terrassenförmig angelegt und bietet ausreichend Schatten. Manche Stellplätze liegen herrlich über dem Meer. Mit eigenem Felsstrand, Bar, Mini-Market und Snack-Bar. 400 m von Campese. Man kann auch in Holzbungalows zum Preis von 35-40 € pro Tag (im Sommer nur wochenweise) wohnen. Ganzjährig geöffnet. Wie uns eine Leserin schrieb, gilt auf dem Platz absolutes Hundeverbot. An der Straße kurz vor Campese, ✆ 0564-804036, ℻ 0564-804101, www.baiadelsole.it.

Essen

• *In Giglio Porto* Einige schicke Restaurants am Hafen, das Preisniveau liegt allgemein hoch. Beispiele: das beliebte **La Vecchia Pergola** oder die beiden Restaurants **Doria** und **La Margherita** (quasi nebeneinander am Hafen). Wer es günstiger mag, geht zu **L'Archetto** bzw. **L'Angolo di Napoli** nahe der Anlegestelle zum Pizzaessen.

• *In Castello* **Arcobalena**, urgemütliches Ristorante in der Festung, keine Speisekarte, gekocht wird jeden Tag vom Chef persönlich. Viel Fisch und Meeresfrüchte, auch Cacciucco (Fischsuppe), gehobenes Preisniveau. Via Cavour 45, im Gassenlabyrinth der Festung, Sie müssen sich durchfragen. Mittags und abends geöffnet, in der Hochsaison abends unbedingt reservieren. ✆ 0564-806106.

Monte Argentario

Monte Argentario

L'Isolana, Pizzeria an der Piazza IV Novembre, gehobenes Preisniveau. Von der modernen Piazza Gloriosa durch das Festungstor, nach ca. 30 m auf der linken Seite.
• *In Campese* **Ristorante/Pizzeria da Tony**, direkt beim Medici-Rundturm. Bei Tauchern sehr beliebte Pizzeria, ✆ 0564-806453.
Trattoria da Mario di Meino, Familienbetrieb mit wenigen Tischen, die meisten im Freien unter einem idyllischen Vordach. Relativ wenig Auswahl.

Orbetello (ca. 7000 Einw.)

Das lebendige Städtchen liegt auf dem mittleren der drei schmalen Landstreifen, die den Monte Argentario mit dem Festland verbinden.

Orbetello wurde bereits im 8. Jh. v. Chr. von den Etruskern besiedelt und blieb wegen des Fischreichtums und der Salzgewinnung auch für die Römer und Sieneser interessant. Mitte des 16. Jh. wurde der Ort von den Spaniern zum Flottenstützpunkt ausgebaut. Aus dieser Zeit stammt auch die Stadtmauer mit ihren drei Torbauten, durch die man heute noch in den Ort gelangt, sowie der *Palazzo di Spagna*, der mit seinem wuchtigen Glockenturm die Piazza di Due Mondi (ehem. Piazza Garibaldi) ziert. Erst 1824 wurde der kurze Verbindungsdamm zum Monte Argentario erbaut. An der Stelle, wo er Orbetello verlässt, stehen noch die Reste der alten etruskischen Hafenmauer aus dem 4. Jh. v. Chr., die aus mächtigen Steinquadern errichtet wurde.

Geschichtsträchtig präsentiert sich bei einem Rundgang die Piazza IV Novembre. An der Fassade des östlichen Gebäudekomplexes prangt die verblichene Aufschrift *Aeroporto*. Kurz hinter der Tordurchfahrt endet der Erkundungsgang Neugieriger an einem unüberwindlichen Zaun. Von dem Militärflugplatz, der an die Laguna di Orbetello angrenzt, startete 1933 *Italo Balbo* mit seinem Wasserflugzeug zum ersten Transatlantikflug zur gerade stattfindenden Weltausstellung in Chicago.

> ### Der Giebelfries von Talamone
>
> Das beeindruckende Kunstwerk wurde bei Talamone in den Resten eines etruskischen Tempels ausgegraben. Es zeigt Szenen aus dem Mythos der „Sieben gegen Theben" und ist wahrscheinlich im 2. Jh. v. Chr. entstanden. Ausgestellt ist das sehr plastisch ausgeführte Terrakotta-Fries neben dem Informationsbüro im Palast gegenüber dem Dom (Öffnungszeiten identisch mit denen des Informationsbüros, siehe unten; Eintritt ca. 2 €).

Der **Dom** mit seinem eindrucksvollen gotischen Portal ist 1376 auf den Grundmauern einer älteren Kirche errichtet worden. Noch früher stand an dieser Stelle vermutlich ein römischer Tempel. Im Inneren ein Hochrelief aus dem 8. Jh. Die insgesamt 21 Bildtafeln zeigen vor allem biblische Motive, die seit Herbst 2007 nach Abschluss der zweijährigen Restaurierungsarbeiten wieder in neuem Glanz erstrahlen.

Riserva naturale ed Oasi della Laguna di Orbetello: Der Naturpark des WWF bietet von September bis April Führungen an (jeweils Donnerstag, Samstag und Sonntag um 10 und 14 Uhr, Eintritt 5 €). Auskunft unter ✆ 0564-820297 oder 0564-870198.

• *PLZ* 58015
• *Information* Piazza della Repubblica 1 (gegenüber dem Dom), April–Juni und Sept. 9.30–12.30 und 16–19 Uhr; Juli/Aug. 9.30–13 und 16–20 Uhr; Okt.–März 9–12.30 und 16–19 Uhr. Sehr freundliches Personal. ✆ 0564-86 0447, info@proloco-orbetello.it, www.proloco-orbetello.it
• *Bahnhof/Anreise* Der Bahnhof liegt relativ weit außerhalb, sodass man mit dem Bus in die Stadt fahren muss. Es gibt einen direkten Anschluss ins Zentrum.

Orbetello

Der Dom von Orbetello – hübsche gotische Fassade, barock im Innern

• *Internetpoint* **Bar Barbagianni**, Piazza Garibaldi. **Internet Train**, Samstagnachmittag geschlossen, Via Gioberti 13 (im östlichen Teil der Stadt).

• *Einkaufen* **Il Rosmarino**, Via Gioberti 130. Ein Laden für die Gesundheit: biologische Lebensmittel (wozu auch Wein zählt), Heilkräuter, Tees, Biokosmetika ...

• *Markt* jeden Samstag, außerhalb der Mauer östlich der Altstadt rechts in den Viale Caravaggio abbiegen. Der Markt befindet sich am Ende der Straße direkt am See.

• *Waschsalon* Mo–Sa 8–19 Uhr kann im **Lavasciuga** gewaschen und getrocknet werden. Via Dante 2.

• *Übernachten* Orbetello stellt nur wenig Übernachtungsmöglichkeiten zur Verfügung. Ein großes Angebot an Campingplätzen findet man nördlich der Lagune (siehe Talamone).

**** Sanbiagio, das ehemalige Stadthaus einer Adelsfamilie aus der Mitte des 19. Jh. ist in ein vornehmes Hotel mit fast spanisch anmutendem Patio umgebaut worden. Teils modern, teils mit alten Gemälden, schönen Deko-Stoffen und originalem Interieur nobel und gediegen eingerichtet. 41 komfortable DZ für 175–190 €. Via Dante 40, ✆ 0564-860543, ✉ 0564-867787, www.sanbiagiorelais.com.

*** I Presidi, an der Promenade zur südlichen Lagune. Im nachgemacht englischen Kolonialstil mehr oder weniger geschmackvoll eingerichtet. Pluspunkt für schöne Bäder. 51 DZ je nach Saison 130–160 €. Via Mura di Levante 34, ✆ 0564-867601, ✉ 0564-860432, www.ipresidi.com.

*** Hotel Sole, in der Fußgängerzone, mit Klimaanlage. DZ mit Frühstück 90–110 €. Via Colombo 2, ✆ 0564-860410, ✉ 0564-860475, www.hotelsoleorbetello.com.

** Pensione Verdeluna, Nebengasse zum Corso Italia. Kleine, freundliche Rezeption. Unser Tipp in Orbetello! 9 DZ mit Dusche/WC ab 60–100 € (ohne Frühstück). Via Banti 1, ✆ 0564-867451, ✉ 0564-862378, www.alberg overdeluna.eu.

* Piccolo Parigi, klein und einfach. DZ mit Bad 70 €, ohne Bad 60 €. Corso Italia 169, ✆ 0564-867233, ✉ 0564-867211.

Toni und Judi, 6 freundlich eingerichtete Zimmer. DZ 65–90 €, Corso Italia 112, ✆ 0564-867109, tony.romano1@virgilio.it, www.pensionetoniejudi.it.

• *Essen und Trinken* **Trattoria/Pizzeria La Taverna**, u. a. mit der besten Pizza im Ort, selbstverständlich aus dem Holzofen. Di ge schlossen. Via Roma 48 (im Zentrum), ✆ 0564-867969.

Vecchia Cantina, kleine Enoteca/Osteria mit Terrasse zur Fußgängerzone mit raffinierter Speiseauswahl und Weinen. Geöffnet Os tern bis Okt., außerhalb der Hauptsaison Mo geschlossen. Via Roma 6, ✆ 0564-867119.

Monte Argentario

Cooperativa – I Pescatori, Via Leopardi 9 (östlich der Altstadt, durch den Torbogen und dann scharf links einbiegen). Die Adresse für frischen Fisch, der von den Fischern der Fischereigenossenschaft in der Lagune Orbetellos gefangen wird. Es gibt noch immer gute Portionen zu nicht zu unterbieten den Preisen in unkonventioneller Einrichtung. Der Tipp im Ort! Im Sommer nur abends ab 19.15 Uhr geöffnet, in der Nebensaison auch Sa/So zur Mittagszeit, dann aber auch Mo geschlossen. ✆ 0564-860611.

Ansedonia

Der südlichste Badeort der Maremma ist eher eine Ansammlung eleganter Villen, die sich gut versteckt hinter Gartenmauern auf einem Hochplateau der felsigen Halbinsel verteilen. Ein Ortszentrum ist nicht auszumachen.

Ansedonia liegt über der 273 v. Chr. von den Römern gegründeten Stadt *Cosa*, die im frühen Mittelalter von den Franken erobert und den Benediktinern als Lehen übergeben wurde. Ende des 10. Jh. folgten die Sarazenen und 1330 die Sieneser, die Cosa zerstörten. Die Reste der römischen Kolonie können im oberen Ortsteil besichtigt werden (siehe *Museo Nazionale di Cosa*).

Am Strand von Ansedonia befindet sich hinter dem mittelalterlichen Puccini-Turm (der Komponist lebte hier kurze Zeit) der einstige Hafen Cosas und die *Tagliata Etrusca*, ein technisches Meisterwerk etruskischer Ingenieure: ein in den Felsen geschlagener Kanal, der die Wasserzufuhr und -rückfuhr regeln sollte, um das Hafenbecken vor dem Versanden zu schützen. Über einen kleinen Steg des parallel zum Meer verlaufenden Kanals kommt man zum Eingang einer engen, tiefen und dunklen Felsschlucht. Der *Spacco della Regina* ist eine teils natürliche, teils von Menschenhand erweiterte Felsspalte von 260 m Länge, deren Funktion weitgehend ungeklärt ist. Der Legende nach soll diese Spalte von den Etruskern in den Fels gehauen worden sein, um ihrer Königin einen ungestörten Blick aufs Meer zu sichern, damit sie rechtzeitig vor potenziellen Feinden fliehen konnte.

Museo Acheologico Nazionale di Cosa: Das Museum knapp oberhalb von Ansedonia zeigt Funde aus Cosa und eine Dokumentation über die Grabungsarbeiten. Aufregender ist allerdings ein Spaziergang im uralten Olivenhain hinter dem Museum (noch ohne Eintritt), bei dem beeindruckende Überreste der römischen Siedlung zu sehen sind: Festungsmauern aus riesigen, fugenlos aufeinander gesetzten Kalksteinblöcken, die Porta Romana, das Forum, eine Villa sowie verschiedene Wohnhäuser (9 bis 19 Uhr, Eintritt 2 €, ✆ 0564-881421).

Baden: Der Strand an der kleinen Bucht an der Tagliata Etrusca ist frei, seicht und flach, gegen eine Gebühr bekommt man an der Imbissbude sogar eine Liege. Weitere freie, flache Sandstrände findet man links und rechts des Puccini-Turms.

• *Übernachten/Essen/Camping* **** Hotel Vinicio**, ein einladendes Haus inmitten üppiger Vegetation, teils mit überwältigendem Meerblick. Ristorante/Pizzeria (Holzofen) angeschlossen, allerdings gehobene Preise. Schöne DZ für 80 € (inkl. Frühstück). Via delle Mimose 156, ✆ 0564-881220, ✆ 0564-881604, www.vinicio.it.

Il Pescatore di Ansedonia, empfohlenes Fischrestaurant, das sich schön versteckt in der Nähe der Tagliata Etrusca befindet. In der Saison immer geöffnet, ansonsten nur Fr/Sa/So. Via del Gessomino 2, ✆ 0564-882009.

La Locanda di Ansedonia, an der Aurelia Richtung Grosseto. Ordentliche Herberge mit schönen Zimmern und guter Küche. 12 DZ (mit Doppelfensterverglasung!) zu 130 €. Via Aurelia Sud, km 140.500, ✆ 0564-881317, ✆ 0564-881727, www.lalocandadiansedonia.it.

▶ **Lago di Burano (Riserva Naturale del Lago di Burano)**: Der Burano-See ist Teil eines großen, mit dem Meer verbundenen Sumpfgebietes und steht als Naturschutzgebiet unter der Obhut des WWF. Er ist eines der letzten Refugien der Maremma, das Wasservögeln einen Lebensraum bietet. Das Centro Visite liegt ein paar hundert Meter südlich der Stazione di Capalbio.

- *Anfahrt* Man erreicht den Lago di Burano über die Via Aurelia (Richtung Tarquinia) oder direkt von Ansedonia auf einer schmalen Straße in Küstennähe.
- *Öffnungszeiten* Geführte Besichtigungen 1. Sept. bis 1. Mai sonntags um 10 und 14.30 Uhr, im Juli/Aug. nur nach telef. Anmeldung. ℡ 0564-898829. Eintritt 5 €, Kinder 3 €. www.wwf.it.

Capalbio

Eine gut erhaltene Mauer umgibt das gepflegte, auf einer Hügelkette gelegene mittelalterliche Städtchen. Größtenteils ist sie begehbar und gibt schöne Ausblicke auf die Umgebung frei. Wer Capalbio aus der Perspektive eines Adlers sehen möchte, besteigt den Turm des *Castello dei Collacchioni*, das den Ort überragt und das mehrere Male den Komponisten Giacomo Puccini beherbergte. Dies ist in der Regel möglich, wenn das Informationsbüro im Erdgeschoss des Palasts geöffnet ist. (Eintritt 1 €.)

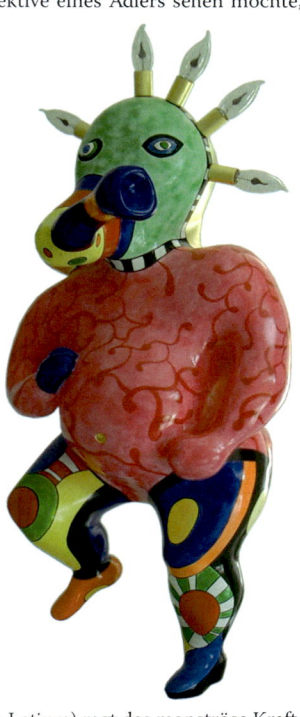

Viele Römer haben das hübsche Städtchen entdeckt, sich eines der alten Häuser gekauft und es liebevoll zum Feriendomizil umgebaut. Außerhalb der Stadtmauern versuchen Immobilienhändler ihr Glück im größeren Stil. Capalbio ist dennoch ein beschaulicher Ort geblieben, der Ruhe verspricht. Dies war nicht immer so. Im 19. Jh. war hier *Domenico Tiburzi* aktiv, eine Art Robin Hood der Maremma, dessen Konterfei in jeder anständigen Wirtschaft des Ortes an der Wand prangt (s. Kasten S. 249).

Seit der Eröffnung des berühmten Tarot-Gartens von Niki de Saint-Phalle unweit von Capalbio (siehe „Giardino die Tarocchi") verzeichnet das Städtchen etwas mehr Tourismus. Vielleicht deshalb wurde ein weiteres Werk der Künstlerin direkt vor den Stadteingang gestellt: Der Brunnen mit der farbenfrohen „Nana", die aus allen Gliedern spritzt, ist nicht zu übersehen.

Südlich von Capalbio (schon in der Nachbarregion Latium) ragt das monströse Kraftwerk Montalto in den Himmel. Ursprünglich war es als Atomkraftwerk konzipiert, wurde dann aber nach einer Volksabstimmung zum Öl-Gas-Kraftwerk umgerüstet.

- *PLZ* 58011
- *Information* Im Palazzo Collachioni (beim Turm), Juni–Sept. 10–13 und 17–20 Uhr (im Juli/Aug./Sept. nachmittags bis 23 Uhr), Okt.–Mai nur Sa/So. ℡ 0564-896611, www.comune.capalbio.gr.it.
- *Einkaufen* **Capalbio**, schicke, hochwertige Countrymode, u. a. auch die traditionellen Jacken und Westen der maremmanischen Butteri aus Cord, Flanell und Samt aus der Schneiderei *Brema* in Scansano. Auch Lederwaren und andere handwerklich hergestellte Modeaccessoires. Via Vittorio Veneto 6, in der Altstadt.

- *Übernachten* *** **Valle del Buttero**, mehr ein Appartementhotel mit Restaurant im unteren Ortsteil. Nur 6 DZ zu 75–95 € (ohne Frühstück). Die Studios (80–100 €) haben einen Balkon mit unverbauter Sicht auf die grünen Hügel. Via Silone 21, ✆ 0564-896097, ✉ 0564-896518, www.valledelbuttero.it.

Trattoria Maria, (siehe unter „Essen") vermittelt Zimmer im unteren Ortsteil, teilweise mit Balkon. DZ mit Du/WC 60 €, ein großes Dreibettzimmer mit Du/WC ca. 75 €. ✆ 0564-896014.

Il Casale dei Girasole (B&B), Loc. Torre Palazzi (4 km außerhalb von Capalbio, Richtung Aurelia), ✆ 0564-896122 oder 338-5283951 (mobil).

Villaggio Capalbio, Pool, Restaurant, Tennis (auch Camping). Die recht ordentliche, großzügig und gut ausgestattete Ferienanlage wird von drei Brüdern aus Kalabrien geführt. 27 DZ (66–112 € inkl. Frühstück). Strada Pedemontana (auf der Aurelia von Norden kommend, km 130.300, links auf die Ausschilderung achten, am Ende der Pinienallee ist die Anlage), ✆ 0564-899017, ✉ 0564-899777, www.villaggiocapalbio.it.

- *Agriturismo* **Renaioli**, gepflegte Anlage zwischen Oliven und Weinanbau. Frühstück im Garten, Hunde willkommen, ca. 6 km vom Meer entfernt, ganzjährig geöffnet. 10 DZ zu 85–95 €. Via Pian del 40, Loc. Torre Palazzi (zwischen Aurelia und Capalbio), ✆ 0564-896687 oder 339-5022033, www.agriturismorenaioli.it.

Il Casale dei Girasoli, 6 Zimmer bei einer netten Familie und alles im Zeichen der Sonnenblume. Einfach eingerichtete DZ 70–90 €. Loc. Torre Palazzi, ✆ 0564-89612, www.ilcasaledigirasoli.it.

** **La Mimosa**, Via Torino (im Borgo Carige, ca. 4 km unterhalb von Capalbio in Richtung Via Aurelia, ausgeschildert). Kleine, aber saubere Zimmer. Die Wortkargheit der Wirtsleute vergisst man spätestens beim ausgezeichneten Wildschweinbraten, der im angeschlossenen Restaurant serviert wird. DZ mit Bad 70–90 €. ✆/✉ 0564-890220, www.capalbio.it/mimosa/index.htm.

*** **La Palma**, etwa 10 km östlich von Ansedonia beim Bahnhof von Chiarone Scalo. Das Haus hat nach Renovierungsarbeiten einen Stern dazugewonnen und die Preise erhöht: Knapp 500 m zum wunderschönen Sandstrand, ruhige Lage. DZ mit Bad je nach Saison 110–140 € (inkl. Frühstück), ✆/✉ 0564-890341, lapalma@albergolapalma.com, www.albergolapalma.com.

- *Camping* **Costa d'Argento Club**, gepflegter Platz an der Küste mit 180 meist schattigen Stellplätzen. April–Sept. geöffnet. Via Aurelia (km 134), ✆ 0564-893007, ✉ 0564-893107, www.costadargento.it.

Campeggio di Capalbio, etwa 10 km östlich von Ansedonia beim Weiler Chiarone Scalo. Direkt an einem weiten, weißen Sandstrand. Ein überaus gut organisierter Platz mit Bar, Pizzeria, Minimarkt, Tennis, Segelschule und einem Spielplatz. Über 200 Stellplätze, teilweise mit Sonnendach. Mai–Sept. geöffnet. ✆ 0564-890101, ✉ 0564-890437, www.ilcampeggiodicapalbio.it.

- *Essen* Die **Trattoria Da Maria** ist seit Jahren berühmt für ihre Wildschweingerichte. Viel Prominenz (entsprechend teuer). Di geschlossen, ✆ 0564-896014.

Graue Festungsstadt Capalbio

Ristorante La Porta, Via Vittorio Emanuele 1. An der Wand hängen die Jagdtrophäen, im offenen Holzofen der Gaststube wird das Wildschwein gegrillt. Man kann auch in die Küche sehen und die Zubereitung der Speisen mitverfolgen. Neben Wildschweinvariationen wird hier traditionelle maremmanische Küche angeboten. Zu fortgeschrittener Stunde serviert Francesco gelegentlich auch eine „Grappa forte" aus eigener Produktion – nach dem lukullischen Mahl wärmstens zu empfehlen. Das „Laboratorio", eine Nudelwerkstätte gleich gegenüber, in der frische Pasta hergestellt wird, sollte man sich vom Wirt zeigen lassen. Außer Juli/August Di geschlossen, ✆ 0564-896311.

Trattoria Toscana, Via IV Novembre 2. Etwas günstiger als La Porta. „Riesige Portionen und gut zubereitet", schreibt ein begeisterter Leser, der der Pasta mit Wildschwein ein *Captiolo alla griglia* folgen ließ. ✆ 0564-896028.

Osteria al Pozzo, Via V. Emanuele 17, ab 15 Uhr, Restaurant mit kleiner Karte in der Altstadt. Do geschlossen, ✆ 0564-896539.

Bar/Osteria Il Frantoio, nette Stimmung, mit Terrasse, Live-Musik am Sonntag und kleinem Laden mit Marmeladen und ausgefallender Mode. Unterhalb am Platz von Capalbio, noch bevor man in die Altstadt hoch fährt oder läuft. Piazza della Providenza. ✆ 0564-896484.

• *Außerhalb* **Trattoria La Vallerana**, Loc. Vallerana (von Capalbio auf der Landstraße SP 101 nach Norden in Richtung Sgrillozzo fahren, nach ca. 10 km taucht links die Trattoria auf). Wer nach längerem Aufenthalt am Meer nach der Fischküche mal wieder Appetit auf ein gutes Stück Fleisch (am besten vom grau-weißen Maremma-Rind) verspürt, dem wird dieses einfache Landgasthaus gefallen, das für seine Fleischqualität bekannt ist. Der Ober serviert das Fleisch, danach wird dem Gast erklärt, wie er sich die saftigen Scheiben mit Hilfe eines heißen Steins individuell durchbraten kann. Die Trattoria ist angenehm unkompliziert und durchaus bezahlbar. Allerdings kann es passieren, dass der Service in der Hochsaison wegen des großen Andrangs nicht besonders persönlich ausfällt. Das Fleischmenü ist auch ein guter Anlass, um einen kräftigen Rotwein aus der Region zu probieren, z. B. den Morellino di Scansano (Riserva), der nicht zu teuer ist und ganz ausgezeichnet zum Essen passt. Mi geschlossen, ✆ 0564-896050.

Eine passende Bleibe gibt es gleich in der Nähe:

Azienda agrituristica Rosaspina, angenehmer Aufenthalt in den modernen Zimmern des kleinen, gepflegten Bauernhofs. Das Frühstücksbuffet wird mit frisch gebackenem Kuchen der Haushälterin bereichert. DZ zu 75–110 € können auch tageweise angemietet werden. Strada della Sgrilla, Loc. Vallerana, ✆ 0564-892014, 333-6495511 (mobil), ✆ 06-233212648, www.agriturismo-rosaspina.com.

Le Guardiole, auf einer Fläche von 160 ha wird Bio-Landwirtschaft betrieben. Es gibt Pferde, Rinder, Schweine, Getreide, eine Wildrosenzucht, Olivenöl und ein Restaurant mit gehobenen Preisen. Die rote, etwas steril wirkende Villa mit Pool und super gepflegtem Rasen wurde erst 2005 renoviert und birgt 12 komfortable DZ. Weitere DZ bzw. Appartements sind in den rustikaleren Bauernhäusern untergebracht, jeweils mit Pool. Der Agriturismo ist besonders bei betuchten Italienern beliebt. Gehobenes Preissegment, aufwändige Preisgestaltung siehe Website. Via della Sgrilla 16a (gut ausgeschildert), ✆ 0564-609185, www.leguardiole.net.

▶ **Capalbio Scalo** hat einen Bahnhof und ist ansonsten ein eher unspektakulärer, ruhiger Ort ohne nennenswerte touristische Höhepunkte, bis auf ein freundliches Hotel, das ein Tipp für die Gegend ist (s. u.). Der nächstgelegene Strand heißt *Macchiatonda* – hübsch und bis auf ein verfallenes Küstenwachhaus unbebaut. Den Sommer über gebührenpflichtiger Parkplatz.

• *Übernachten* **Albergo del Lago**, Capalbio Scalo. 2 km zum Strand Macchiatonda. März–Dez. geöffnet. Kleines Hotel mit 11 DZ (TV, Klimaanlage, Frühstück, Telefon, Minibar) zu 75–95 €. Via Umbria 30, 58030, ✆ 0564-899039, ✆ 0564-899840, www.capalbio.it/albergodellago/index.htm.

Der Robin Hood von Capalbio

In den engen Gässchen und Treppchen, die immer wieder überraschende Ausblicke auf die Küste und das grüne, hügelige Hinterland zulassen, herrscht noch immer das Flair des Räubernestes, das Capalbio in der zweiten Hälfte des 19. Jh. gewesen ist.

Damals gewährten die Bewohner Capalbios dem Briganten *Domenico Tiburzi* Unterschlupf, als er wieder einmal auf der Flucht vor der Justiz war. Seine Karriere begann, als er bei einem Heudiebstahl ertappt wurde und daraufhin den Aufseher erschoss. Ein Jahr später wurde er gefasst, doch glückte ihm nach einem weiteren Jahr ein Ausbruchsversuch, bei dem er den Gefängnisaufseher mit einer Sense bedrohte. Tiburzi wurde bald zu einem italienischen Robin Hood, der den Armen gab, was er den Reichen nahm. Erst nach einer 25-jährigen Hetzjagd wurde er wieder aufgespürt, verraten von eigenen Bandenmitgliedern. Am 23. Oktober 1896 starb er im Alter von 60 Jahren bei einer Schießerei mit Carabinieri aus Marsiliana und Capalbio. Zur Abschreckung wurde sein Leichnam mit durch Holzstöckchen offen gehaltenen Augen an einen Schandpfahl gebunden. Die Touristeninformation dokumentiert diese absonderliche Art der Aufbahrung mit einem Foto in Postergröße. Doch selbst als Toter sollte Tiburzi noch Probleme machen, denn die Bevölkerung wollte ihn als einen der Ihren in geweihter Erde begraben, wogegen sich die Behörden vehement wehrten. Dem Pfarrer von Capalbio gelang es schließlich, den Streit salomonisch zu schlichten: Er durchbrach kurzerhand die Friedhofsmauer und begrub den Rumpf des Räubers innerhalb, den (gefährlicheren) Rest jedoch außerhalb des Friedhofsgeländes. Er vergaß dabei nicht, eine Zypresse zu Füßen Tiburzis zu pflanzen, die seinen unruhigen Geist einfangen sollte.

Giardino dei Tarocchi

Etwa 10 km von Capalbio entfernt auf einem kleinen Hügel gelegen. *Niki de Saint-Phalle* war berühmt für ihre „Nanas" (riesige, fast bedrohlich wirkende, bunt bemalte weibliche Polyester-Skulpturen). Sie stellte hier zusammen mit befreundeten Künstlern (darunter auch ihr Lebensgefährte *Jean Tinguely*) ein auf 22 Stationen verteiltes plastisches Tarot-Spiel aus überlebensgroßen Figuren mitten in die Maremma-Landschaft. Mit den Arbeiten wurde bereits 1979 begonnen, im Sommer 1994 wurde die Eröffnung des Giardino dei Tarocchi gefeiert.

Mancher mag sich fragen, warum dieses spektakuläre Open-Air-Museum der Polyester-Kunst seinen Standort gerade hier in den kunstweltfernen Hügeln der Maremma gefunden hat. Zum einen fand sich im Herausgeber der liberalen Tageszeitung *La Repubblica* ein mutiger Mäzen, der das Gelände zur Verfügung stellte (gleich daneben nennt er ein Wochenendhaus sein Eigen), zum anderen ist die Maremma „die Region der Etrusker, die nicht nur für das auffällige, emanzipierte Auftreten ihrer Frauen bekannt waren, sondern auch für ihre magisch-skurrile ‚religiöse' Kunst" (*Loel Zwecker* in der *Süddeutschen Zeitung*). Den Ausflug in den Garten der phantasievollen und schrillen Figuren, die man aus nächster Nähe betrachten, anfassen und begehen kann, hat nichts mit einem üblichen Museumsbesuch

Monte Argentario

gemeinsam und ist in jedem Fall auch ein tolles Erlebnis für Kinder. *Niki de Saint-Phalle* starb im Jahre 2002 in San Diego/Kalifornien.

① April bis Mitte Oktober täglich 14.30–19.30 Uhr, Eintritt 10,50 € (Kinder von 7–16 Jahren 6 €). Nov. bis Mitte April am 1. Samstag im Monat (wenn dieser auf einen Feiertag fällt, dann am folgenden Tag) 9–13 Uhr; an diesen Tagen ist der Eintritt nach dem respektierten Willen der Künstlerin frei. ✆ 0564-895122, www.nikidesaintphalle.com.

• *Anfahrt* Von der Via Aurelia Ausfahrt Chiarone Scalo, dann Richtung Pescia Fiorentina. Knapp hinter der Abzweigung nach Carige links hoch. Man sieht die Kunstwerke im Sonnenlicht glitzern.

• *Übernachten* **B&B San Giuseppe**, gepflegtes, blitzsauberes Einfamilienhaus eines netten Pärchens mit Garten. Federica spricht gut Englisch. Sept.–Mai 60 €, Juni/Juli 70 €, Aug. 80 €. Anfahrt: aus der Auffahrt zum Giardino dei Tarocchi auf die Landstraße herausfahren, gleich rechts nach ca. 100 m auf der linken Seite. Strada Pescia Fiorentina Chiarone 19, ✆ 0564-895191 oder 338-5326379. www.casalesangiuseppe.it. (Tipp von Peter und Hannelore Reisse aus Wolfsburg.)

B&B (ohne Namen direkt an der Straße Strada Pescia Fiorentina Chiarone) Anfahrt: raus aus der Auffahrt des Giardinos auf die Landstraße, links fahren, nach kurzer Zeit auf der linken Seite. Mutter und Tochter vermieten ziemlich altmodische, spartanisch eingerichtete Zimmer. 3 DZ zu 65 €. ✆ 0564-895071 oder 329-1888432.

• *Essen* Der Trattoria-Tip für die maremmanische frische Raviolispezialität *Tortelli* (gefüllt mit Spinat und Ricotta-Käse, mit einer Wildschwein- oder Pilzsoße serviert) sowie für herzhaft gegrillte Fleischgerichte ist **Il Tortello** auf dem Dorfplatz von Pescia Fiorentina (unweit vom Park). Mittwochmittags geschlossen, ✆ 0564-895133.

FOTONACHWEIS

Apt Siena: 46, 79

Sabine Becht: 251

Caroline Goltz: 7, 9, 11, 13, 22, 24, 29, 34, 35, 40, 42, 44, 70, 72, 83, 88, 92, 101, 111, 112, 119, 122, 135, 143, 147, 148, 150, 159, 162, 163, 175, 182, 195, 201, 203, 205, 207, 209, 215, 217, 219, 221, 222, 226, 227, 233, 243, 263

Martin Müller: 170, 239

Michael Müller: 3, 8, 10, 15, 16, 19, 26, 30, 45, 49, 52, 55, 59, 61, 63, 67, 68, 73, 78, 81, 85, 93, 96, 102, 115, 125, 129, 152, 156, 164/165, 167, 173, 176, 179, 181, 185, 187, 189, 192, 206, 232, 245, 246, 247

Marcus X. Schmid: 132, 139, 210

Terme di Saturnia: 161

Etwas Italienisch

Aussprache

Einige Abweichungen von der deutschen Aussprache:

c: vor e und i immer „tsch" wie in *rutschen*, z. B. *centro* (Zentrum) = „tschentro". Sonst wie „k", z. B. *cannelloni* = „kannelloni".

cc: gleiche Ausspracheregeln wie beim einfachen **c**, nur betonter: *faccio* (ich mache) = „fatscho"; *boccone* (Imbiss) = „bokkone".

ch: wie „k", *chiuso* (geschlossen) = „kiuso".

cch: immer wie ein hartes „k", *spicchio* (Scheibe) = „spikkio".

g: vor e und i „dsch" wie in *Django*, vor a, o, u als „g" wie in *gehen*; wenn es trotz eines nachfolgenden dunklen Vokals als „dsch" gesprochen werden soll, wird ein i eingefügt, das nicht mitgesprochen wird, z. B. in *Giacomo* = „Dschakomo".

gh: immer als „g" gesprochen.

gi: wie in *giorno* (Tag) = „dschorno", immer weich gesprochen.

gl: wird zu einem Laut, der wie „lj" klingt, z. B. in *moglie* (Ehefrau) = „mollje".

gn: ein Laut, der hinten in der Kehle produziert wird, z. B. in *bagno* (Bad) = „bannjo".

h: wird am Wortanfang nicht mitgesprochen, z. B. *hanno* (sie haben) = „anno". Sonst nur als Hilfszeichen verwendet, um c und g vor den Konsonanten i und e hart auszusprechen.

qu: im Gegensatz zum Deutschen ist das u mitzusprechen, z. B. *acqua* (Wasser) = „akua" oder *quando* (wann) = „kuando".

r: wird kräftig gerollt!

rr: wird noch kräftiger gerollt!

sp und **st:** gut norddeutsch zu sprechen, z. B. *specchio* (Spiegel) = „s-pekkio" (nicht *schpekkio*), *stella* (Stern) = „s-tella" (nicht „schtella").

v: wie „w".

z: immer weich sprechen wie in *Sahne*, z. B. *zucchero* (Zucker) = „sukkero".

Die Betonung liegt meistens auf der vorletzten Silbe eines Wortes. Im Schriftbild wird sie bei der großen Mehrzahl der Wörter nicht markiert. Es gibt allerdings Fälle, bei denen die italienischen Rechtschreibregeln Akzente als Betonungszeichen vorsehen, z. B. bei mehrsilbigen Wörtern mit Endbetonung wie *perché* (= weil, warum).

Elementares

Frau …	*Signora*
Herr …	*Signor(e)*
Guten Tag, Morgen	*Buon giorno*
Guten Abend (ab nachmittags!)	*Buona sera*
Guten Abend/ gute Nacht (ab Einbruch der Dunkelheit)	*Buona notte*
Auf Wiedersehen	*Arrivederci*
Hallo/Tschüss	*Ciao*
Wie geht es Ihnen?	*Come sta?/ Come va?*
Wie geht es dir?	*Come stai?*
Danke, gut.	*Molto bene, grazie/ Benissimo, grazie*
Danke!	*Grazie/Mille grazie/ Grazie tanto*
Entschuldigen Sie	*(Mi) scusi*
Entschuldige	*Scusami/Scusa*
Entschuldigung, können Sie mir sagen …?	*Scusi, sa dirmi …?*
Entschuldigung, könnten Sie mich durchlassen/ mir erlauben …	*Permesso …*
ja	*si*
nein	*no*
Ich bedaure, tut mir leid	*Mi dispiace*
Macht nichts	*Non fa niente*
Bitte! (im Sinne von *gern geschehen*)	*Prego!*

Etwas Italienisch

Bitte	*Per favore ...*
(als Einleitung zu einer Frage oder Bestellung)	
Sprechen Sie Englisch/Deutsch/Französisch?	*Parla inglese/ tedescso/ francese?*
Ich spreche kein Italienisch	*Non parlo italiano*
Ich verstehe nichts	*Non capisco niente*
Könnten Sie etwas langsamer sprechen?	*Puo parlare un po` più lentamente?*
Ich suche nach ...	*Cerco ...*
Okay, geht in Ordnung	*va bene*
Ich möchte/Ich hätte gern	*Vorrei*
Warte/Warten Sie!	*Aspetta/Aspetti!*
groß/klein	*grande/piccolo*
Es ist heiß	*Fa caldo*
Es ist kalt	*Fa freddo*
Geld	*i soldi*
Ich brauche ...	*Ho bisogno ...*
Ich muss ...	*Devo ...*
in Ordnung	*d'accordo*
Ist es möglich, dass ...	*È possibile ...*
mit/ohne	*con/senza*
offen/geschlossen	*aperto/chiuso*
Toilette	*gabinetto*
verboten	*vietato*
Was bedeutet das?	*Che cosa significa?*
Wie heißt das?	*Come si chiama?*
zahlen	*pagare*
Ich möchte gern zahlen	*Il conto, per favore*

Fragen/Smalltalk/Orientierung

Gibt es/Haben Sie ...?	*C'è ...?*
Was kostet das?	*Quanto costa?*
Gibt es (mehrere)	*Ci sono?*
Wann?	*Quando?*
Wo? Wo ist?	*Dove?/ Dov'è?*
Wie?/Wie bitte?	*Come?*
Wieviel?	*Quanto?*
Warum?	*Perché?*
Ich heiße ...	*Mi chiamo ...*
Wie heißt du?	*Come ti chiami?*
Wie alt bist du?	*Quanti anni hai?*
Das ist aber schön hier	*Meraviglioso!/Che bello!/Bellissimo!*
Von woher kommst du?	*Di dove sei tu?*
Ich bin aus München/Hamburg	*Sono di Monaco/ di Amburgo*
Bis später	*A più tardi!*
Wo ist bitte ...?	*Per favore, dov'è ..?*
... die Bushaltestelle	*... la fermata*
... der Bahnhof	*... la stazione*
Stadtplan	*la pianta della città*
rechts	*a destra*
links	*a sinistra*
immer geradeaus	*sempre diritto*
Können Sie mir den Weg nach ... zeigen?	*Sa indicarmi la direzione per ...?*
Ist es weit?	*È lontano?*
Nein, es ist nah	*No, è vicino*

Bus/Zug/Fähre

Fahrkarte	*biglietto*
Stadtbus	*bus*
Überlandbus	*pullman*
Zug	*treno*
hin und zurück	*andata e ritorno*
Ein Ticket von X nach Y	*un biglietto da X a Y*
Wann fährt der nächste?	*Quando parte il prossimo?*
... der letzte?	*... l'ultimo?*
Abfahrt	*partenza*
Ankunft	*arrivo*
Gleis	*binario*
Verspätung	*ritardo*
aussteigen	*scendere*
Ausgang	*uscita*
Eingang	*entrata*
Wochentag	*giorno feriale*
Feiertag	*giorno festivo*

Auto/Motorrad

Auto	*macchina*
Motorrad	*moto*
Tankstelle	*distributore*
Volltanken!	*Il pieno, per favore!*
Bleifrei	*benzina senza piombo*
Diesel	*gasolio*
Panne	*guasto*
Unfall	*incidente*
Bremsen	*freni*
Reifen	*gomme*
Kupplung	*frizione*
Lichtmaschine	*dinamo*
Zündung	*accensione*
Vergaser	*carburatore*
Mechaniker	*meccanico*
Werkstatt	*officina*
funktioniert nicht	*non funziona*

Baden

See	*lago*
Strand	*spiaggia*
Stein	*pietra*
Kies	*ghiaia*
schmutzig	*sporco*
sauber	*pulito/netto*
tief	*profondo*
Ich gehe schwimmen	*Faccio il bagno*
braungebrannt	*abbronzata (f)/ abbronzato (m)*

Bank/Post/Telefon

Geldwechsel	*cambio*
Wo ist eine Bank?	*Dove c'è una banca*
Ich möchte wechseln	*Vorrei cambiare*
Ich möchte Reiseschecks einlösen	*Vorrei cambiare dei traveller cheques*
Postamt	*ufficio postale*
ein Telegramm aufgeben	*spedire un telegramma*
Postkarte	*cartolina*
Brief	*lettera*
Briefpapier	*carta da lettere*
Briefkasten	*buca (delle lettere)*
Briefmarke(n)	*francobollo/francobolli*
Wo ist das Telefon?	*Dov'è il telefono?*
Ferngespräch	*communicazione interurbana*

Camping/Hotel

Haben Sie ein Einzel-/Doppelzimmer?	*C'è una camera singola/doppia?*
Können Sie mir ein Zimmer zeigen?	*Può mostrarmi una camera?*
Ich nehme es/wir nehmen es	*La prendo/ la prendiamo*
Zelt	*tenda*
kleines Zelt	*canadese*
Schatten	*ombra*
Schlafsack	*sacco a pelo*
warme Duschen	*docce calde*
Gibt es warmes Wasser?	*C'è l'acqua calda?*
mit Dusche/Bad	*con doccia/bagno*
ein ruhiges Zimmer	*una camera tranquilla*
Wir haben reserviert	*Abbiamo prenotato*
Schlüssel	*la chiave*
Vollpension	*pensione (completa)*
Halbpension	*mezza pensione*
Frühstück	*prima colazione*
Hochsaison	*alta stagione*
Nebensaison	*bassa stagione*
Haben Sie nichts Billigeres?	*Non ha niente che costa di meno?*

Etwas Italienisch

Zahlen

der erste	*il primo*	halb	*mezzo*
zweite	*il secondo*	ein Viertel	*un quarto di*
dritte	*il terzo*	ein Paar	*un paio di*
einmal	*una volta*	einige	*alcuni*
zweimal	*due volte*		

0	*zero*	12	*dodici*	40	*quaranta*
1	*uno*	13	*tredici*	50	*cinquanta*
2	*due*	14	*quattordici*	60	*sessanta*
3	*tre*	15	*quindici*	70	*settanta*
4	*quattro*	16	*sedici*	80	*ottanta*
5	*cinque*	17	*diciassette*	90	*novanta*
6	*sei*	18	*diciotto*	100	*cento*
7	*sette*	19	*diciannove*	101	*centuno*
8	*otto*	20	*venti*	102	*cento e due*
9	*nove*	21	*ventuno*	200	*duecento*
10	*dieci*	22	*ventidue*	1.000	*mille*
11	*undici*	30	*trenta*		

Uhr & Kalender

Uhrzeit

Wie spät ist es?	*Che ore sono?*
mittags	*mezzogiorno* (für 12 Uhr gebräuchlich)
Mitternacht	*mezzanotte*
viertel nach	*... e un quarto*
viertel vor	*... meno un quarto*
halbe Stunde	*mezz'ora*

Tage/Monate/Jahreszeit

Tag	*giorno*
Woche	*settimana*
Monat	*mese*
Jahr	*anno*
halbes Jahr	*mezz'anno*
Frühling	*primavera*
Sommer	*estate*
Herbst	*autunno*
Winter	*inverno*

Wochentage

Montag	*lunedì*
Dienstag	*martedì*
Mittwoch	*mercoledì*
Donnerstag	*giovedì*
Freitag	*venerdì*
Samstag	*sabato*
Sonntag	*domenica*

Monate

Januar	*gennaio*
Februar	*febbraio*
März	*marzo*
April	*aprile*
Mai	*maggio*
Juni	*giugno*
Juli	*luglio*
August	*agosto*
September	*settembre*
Oktober	*ottobre*
November	*novembre*
Dezember	*dicembre*

Gestern, heute, morgen

heute	*oggi*
morgen	*domani*

256 Etwas Italienisch

übermorgen	*dopodomani*	jetzt	*adesso*
gestern	*ieri*	der Morgen	*la mattina*
vorgestern	*l'altro ieri*	der Nachmittag	*il pomeriggio*
sofort	*subito*	der Abend	*la sera*
später	*più tardi*	die Nacht	*la notte*

Maße & Gewichte

ein Liter	*un litro*	100 Gramm	*un etto*
ein halber Liter	*un mezzo litro*	200 Gramm	*due etti*
ein Viertelliter	*un quarto di un litro*	Kilo	*un chilo, due chili*
ein Gramm	*un grammo*		

Einkaufen

Haben Sie ...	*Ha ...?*
Ich hätte gern ...	*Vorrei ...*
etwas davon	*un poco di questo*
dieses hier	*questo qua*
dieses da, dort	*questo là*
Was kostet das?	*Quanto costa questo?*

Geschäfte

Apotheke	*farmacia*
Bäckerei	*panetteria*
Buchhandlung	*libreria*
Fischhandlung	*pescheria*
Laden, Geschäft	*negozio*
Metzgerei	*macelleria*
Reinigung (chemische)	*lavanderia/ lavasecco*
Reisebüro	*agenzia viaggi*

Touristeninformation	*informazioni turistiche*
Schreibwarenladen	*cartoleria*
Supermarkt	*alimentari, supermercato*

Drogerie/Apotheke

Seife	*sapone*
Tampons	*tamponi, o.b.*
Binden	*assorbenti*
Waschmittel	*detersivo*
Shampoo	*shampoo*
Toilettenpapier	*carta igienica*
Zahnpasta	*pasta dentifricia*
Schmerztabletten	*qualcosa contro il dolore*
Kopfschmerzen	*mal di testa*
Abführmittel	*lassativo*
Sonnenmilch	*crema solare*
Pflaster	*cerotto*

Arzt/Krankenhaus

Ich brauche einen Arzt	*Ho bisogno di un medico*	Fieber	*febbre*
Hilfe!	*Aiuto!*	Durchfall	*diarrea*
Erste Hilfe	*pronto soccorso*	Erkältung	*raffreddore*
Krankenhaus	*ospedale*	Halsschmerzen	*mal di gola*
Schmerzen	*dolori*	Magenschmerzen	*mal di stomaco*
Ich bin krank	*sono malato*	Zahnweh	*mal di denti*
Biss/Stich	*puntura*	Zahnarzt	*dentista*
		verstaucht	*lussato*

Im Restaurant

Haben Sie einen Tisch für x Personen?	C'è uno tavolo per x persone?
Die Speisekarte, bitte	Il menu/la lista, per favore
Was kostet das Tagesmenü?	Quanto costa il piatto del giorno?
Ich möchte gern zahlen	Il conto, per favore
Gabel	forchetta
Messer	coltello
Löffel	cucchiaio
Aschenbecher	portacenere
Mittagessen	pranzo
Abendessen	cena
Eine Quittung, bitte	Vorrei la ricevuta, per favore
Es war sehr gut	Era buonissimo

Speisekarte

Extra-Zahlung für Gedeck, Service und Brot	coperto/pane e servizio
Vorspeise	antipasto
erster Gang	primo piatto
zweiter Gang	secondo piatto
Beilagen zum zweiten Gang	contorni
Nachspeise (Süßes)	dolci
Obst	frutta
Käse	formaggio

Getränke

Wasser	acqua
Mineralwasser	acqua minerale
mit Kohlensäure	con gas (frizzante)
ohne Kohlensäure	senza gas
Wein	vino
weiß	bianco
rosé	rosato
rot	rosso
Bier	birra
hell/dunkel	chiara/scura
vom Fass	alla spina
Saft	succo di ...
Milch	latte
heiß	caldo
kalt	freddo
(einen) Kaffee (das bedeutet Espresso)	un caffè
(einen) Cappuccino (mit aufgeschäumter Milch, niemals mit Sahne!)	un cappuccino
(einen) Kaffee mit wenig Milch	un latte macchiato
(einen) Eiskaffee	un caffè freddo
(einen) Tee	un tè
mit Zitrone	con limone
Cola	coca
Milkshake	frappè
(ein) Glas	un bicchiere di ...
(eine) Flasche	una bottiglia

Alimentari/Diversi – Lebensmittel, Verschiedenes

aceto	Essig	pane	Brot
brodo	Brühe	panino	Brötchen
burro	Butter	saccarina	Süßstoff
marmellata	Marmelade	salame	Salami
minestra/zuppa	Suppe	salsiccia	Frischwurst
minestrone	Gemüsesuppe	l'uovo/le uova	Ei/Eier
olio	Öl	zabaione	Wein-Eier-Creme
olive	Oliven	zucchero	Zucker

Etwas Italienisch

Erbe – Gewürze

aglio	Knoblauch	prezzemolo	Petersilie
alloro	Lorbeer	rosmarino	Rosmarin
basilico	Basilikum	sale	Salz
capperi	Kapern	salvia	Salbei
origano	Oregano	senape	Senf
pepe	Pfeffer	timo	Thymian
peperoni	Paprika		

Preparazione – Zubereitung

affumicato	geräuchert	frutta cotta	Kompott
ai ferri	gegrillt	cotto	gekocht
al forno	überbacken	duro	hart/zäh
alla griglia	über Holzkohlefeuer	fresco	frisch
con panna	mit Sahne	fritto	frittiert
alla pizzaiola	Tomaten/Knobl.	grasso	fett
allo spiedo	am Spieß	in umido	im Saft geschmort
al pomodoro	mit Tomatensauce	lesso	gekocht/gedünstet
arrosto	gebraten/geröstet	morbido	weich
bollito	gekocht/gedünstet	piccante	scharf
alla casalinga	hausgemacht	tenero	zart

Contorni – Beilagen

asparago	Spargel	finocchio	Fenchel
broccoletti	wilder Blumenkohl	insalata	allg. Salat
carciofo	Artischocke	lattuga	Kopfsalat
carote	Karotten	lenticchie	Linsen
cavolfiore	Blumenkohl	melanzane	Auberginen
cavolo	Kohl	patate	Kartoffeln
cetriolo	Gurke	piselli	Erbsen
cicoria	Chicoree	polenta	Maisbrei
cipolla	Zwiebel	pomodori	Tomaten
fagiolini	grüne Bohnen	riso	Reis
fagioli	Bohnen	spinaci	Spinat
funghi	Pilze	zucchini	Zucchini

Pasta – Nudeln

cannelloni	gefüllte Teigrollen	fettuccine	Bandnudeln
farfalle	Schleifchen	fiselli	kleine Nudeln

lasagne	*Schicht-Nudeln*	tortellini	*gefüllte Teigtaschen*
maccheroni	*Makkaroni*	tortelloni	*große Tortellini*
pasta	*allg. Nudeln*	vermicelli	*Fadennudeln*
penne	*Röhrennudeln*	gnocchi	*(Kartoffel-) Klößchen*
tagliatelle	*Bandnudeln*		

Pesce e frutti di mare – Fisch & Meeresgetier

aragosta	*Languste*	polpo	*Krake*
aringhe	*Heringe*	razza	*Rochen*
baccalà	*Stockfisch*	salmone	*Lachs*
calamari	*Tintenfische*	sardine	*Sardinen*
cozze	*Miesmuscheln*	seppia/totano	*großer Tintenfisch*
gamberi	*Garnelen*	sgombro	*Makrele*
merluzzo	*Schellfisch*	sogliola	*Seezunge*
muggine	*Meeräsche*	tonno	*Thunfisch*
nasello	*Seehecht*	triglia	*Barbe*
orata	*Goldbrasse*	trota	*Forelle*
pesce spada	*Schwertfisch*	vongole	*Muscheln*

Carne – Fleisch

agnello	*Lamm*	lingua	*Zunge*
anatra	*Ente*	lombatina	*Lendenstück*
bistecca	*Beafsteak*	maiale	*Schwein*
capretto	*Zicklein*	maialetto	*Ferkel*
cinghiale	*Wildschwein*	manzo	*Rind*
coniglio	*Kaninchen*	pollo	*Huhn*
fagiano	*Fasan*	polpette	*Fleischklöße*
fegato	*Leber*	trippa	*Kutteln*
lepre	*Hase*	vitello	*Kalb*

Frutta – Obst

albicocca	*Aprikose*	lamponi	*Himbeeren*
ananas	*Ananas*	limone	*Zitrone*
arancia	*Orange*	mandarino	*Mandarine*
banana	*Banane*	mela	*Apfel*
ciliegia	*Kirsche*	melone	*Honigmelone*
cocomero	*Wassermelone*	pera	*Birne*
dattero	*Dattel*	pesca	*Pfirsich*
fichi	*Feigen*	pompelmo	*Grapefruit*
fragole	*Erdbeeren*	uva	*Weintrauben*

Verlagsprogramm

- Abruzzen
- Ägypten
- Algarve
- Allgäu
- Altmühltal & Fränk. Seenland
- Amsterdam *MM-City*
- Andalusien
- Apulien
- Athen & Attika
- Azoren
- Baltische Länder
- Barcelona *MM-City*
- Berlin *MM-City*
- Berlin & Umgebung
- Bodensee
- Bretagne
- Brüssel *MM-City*
- Budapest *MM-City*
- Bulgarien – Schwarzmeerküste
- Chalkidiki
- Chianti – Florenz, Siena
- Cornwall & Devon
- Costa Brava
- Costa de la Luz
- Côte d'Azur
- Cuba
- Dolomiten – Südtirol Ost
- Dominikanische Republik
- Dresden *MM-City*
- Ecuador
- Elba
- Elsass
- England
- Franken
- Fränkische Schweiz
- Friaul-Julisch Venetien
- Gardasee
- Genferseeregion
- Golf von Neapel
- Gomera
- Gran Canaria
- Gran Canaria *MM-Touring*
- Graubünden
- Griechenland
- Griechische Inseln
- Hamburg *MM-City*
- Haute-Provence
- Ibiza
- Irland
- Island
- Istanbul *MM-City*
- Istrien
- Italien
- Italienische Adriaküste
- Kalabrien & Basilikata
- Kanada – der Westen
- Karpathos
- Katalonien
- Kefalonia & Ithaka
- Kopenhagen *MM-City*
- Korfu
- Korsika
- Kos
- Krakau *MM-City*
- Kreta
- Kroatische Inseln & Küste
- Kykladen
- Lago Maggiore
- La Palma
- La Palma *MM-Touring*
- Languedoc-Roussillon
- Lanzarote
- Lesbos
- Ligurien – Italienische Riviera, Genua, Cinque Terre
- Liparische Inseln
- Lissabon & Umgebung
- Lissabon *MM-City*
- London *MM-City*
- Madeira
- Madrid & Umgebung
- Mainfranken
- Mallorca
- Malta, Gozo, Comino
- Marken
- Mecklenburgische Seenplatte
- Mittel- und Süddalmatien
- Mittelitalien
- Montenegro
- München *MM-City*
- Naxos
- Neuseeland
- New York *MM-City*
- Niederlande
- Nord- u. Mittelgriechenland
- Nordkroatien – Kvarner Bucht
- Nordportugal
- Nordspanien
- Norwegen
- Nürnberg, Fürth, Erlangen
- Oberbayerische Seen
- Oberitalien
- Oberitalienische Seen
- Ostfriesland & Ostfriesische Inseln
- Ostseeküste – Mecklenburg-Vorpommern
- Ostseeküste – von Lübeck bis Kiel
- Paris *MM-City*
- Peloponnes
- Pfalz
- Piemont & Aostatal
- Polen
- Polnische Ostseeküste
- Portugal
- Prag *MM-City*
- Provence & Côte d'Azur
- Rhodos
- Rom & Latium
- Rom *MM-City*
- Rügen, Stralsund, Hiddensee
- Salzburg & Salzkammergut
- Samos
- Santorini
- Sardinien
- Schottland
- Schwäbische Alb
- Sinai & Rotes Meer
- Sizilien
- Skiathos, Skopelos, Alonnisos, Skyros – Nördl. Sporaden
- Slowakei
- Slowenien
- Spanien
- Südböhmen
- Südengland
- Südfrankreich
- Südmarokko
- Südnorwegen
- Südschwarzwald
- Südschweden
- Südtirol
- Südtoscana
- Südwestfrankreich
- Teneriffa
- Teneriffa *MM-Touring*
- Tessin
- Thassos, Samothraki
- Toscana
- Tschechien
- Tunesien
- Türkei
- Türkei – Lykische Küste
- Türkei – Mittelmeerküste
- Türkei – Südägäis
- Türkische Riviera – Kappadokien
- Umbrien
- Usedom
- Venedig *MM-City*
- Venetien
- Wachau, Wald- u. Weinviertel
- Westböhmen & Bäderdreieck
- Westungarn, Budapest, Pécs, Plattensee
- Wien *MM-City*
- Zakynthos
- Zypern

Aktuelle Informationen zu allen Reiseführern finden Sie im Internet unter
www.michael-mueller-verlag.de

Michael Müller Verlag GmbH, Gerberei 19, 91054 Erlangen
Tel. 0 91 31 / 81 28 08-0; Fax 0 91 31 / 20 75 41; E-Mail: mmv@michael-mueller-verlag.de

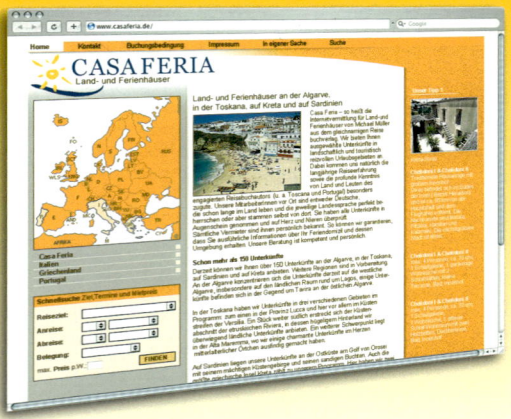

Nette Unterkünfte bei netten Leuten

ALGARVE

DODEKANES

KANAREN

KRETA

SARDINIEN

SIZILIEN

TOSCANA

UMBRIEN

CASA FERIA
die Ferienhausvermittlung
von Michael Müller

Im Programm sind ausschließlich persönlich ausgewählte Unterkünfte abseits der großen Touristenzentren. Ideale Standorte für Wanderungen, Strandausflüge und Kulturtrips.

Einfach www.casa-feria.de anwählen, Unterkunft anschauen, Unterkunft auswählen, Unterkunft buchen.

Casa Feria wünscht

Schöne Ferien

www.casa-feria.de

Register

A

Abbadia Sant'Anna in Camprena 123
Abbadia San Salvatore 144
Agnelli, Susanna 228
Agriturismo 37
Alberese 219
Aldobrandeschi, Adelsfamilie 176
Anreise 13
Ansedonia 244
Apotheken 22
Appartements 36
Arcidosso 152
Ärztliche Versorgung 22
Asciano 86
Auslandskrankenversicherung 22
Auslandsschutzbrief 21

B

Bagni di Petriolo 80
Bagni San Filippo 149
Bagno Vignoni 111
Bernhardin, heiliger 48
Brunello, Weinsorte 107
Buonconvento 90

C

Camigliano 106
Campagnatico 81, 82
Campese 233
Camping 38
Campo Regio 225
Capalbio 245
Capalbio Scalo 248
Caravaggio 234
Cassioli, Amos 86
Castel del Piano 153
Castello di Murlo 83
Castello Ripa d'Orcia 114
Castelnuovo 108
Castiglione d'Orcia 115
Castiglione della Pescaia 204
Cetona 140
Chianciano Terme 134
Chiusdino 76
Chiusi 136
Chiusure 97
Civitella Marittima 81
Crete Senesi 83

D

Diplomatische Vertretungen 23
Dumas, Alexandre 240

E

ec-Karte 25
Eintrittspreise 23
Eis 43
Erdwärme 144
Erste Hilfe 22
Essen & Trinken 39

F

Fahrrad (Bahntransport) 17
Fauna 23, 25, 27
Feiertage 26
Ferienwohnungen 36
Fiasko 45
Flora 24
Flugzeug 17
Follonica 188
Formichi, Emo 124
Frühstück 41

G

Galgano, heiliger 74, 76
Gavorrano 191
Geld 25
Geldautomaten 25
Giannutri, Insel 240
Giardino dei Tarocchi 249
Giardino di Daniel Spoerri 155
Giglio, Insel 238
Gregor VII., Papst 176, 177
Gregorianische Gesänge 108
Grosseto 210

H

Hauptgerichte 42
Haustiere 26
Henze, Hans Werner 128
Hiltunen, Eila 123

I/J

Informationen 27
Internet (Bahn) 16
Internetadressen 27
Istia d'Ombrone 218
Jugendherbergen 38

K

Katharina, heilige 48
Klima und Reisezeit 28
Konsulate 23
Kraftstoff 20
Kreditkarten 25

L

La Pesta 200
Lago dell'Accesa 200
Lago di Chiusi 139
Lago di Burano,
 Naturschutzgebiet 244
Landkarten 28, 29
Lazzaretti, David 153
Literatur 29

M/N

Magliano 156
Manciano 168
Maremma 187
Marina di Albarese 219
Marina di Grosseto 208
Massa Marittima 195
Maut 14
Medici, Cosimo I. 102
Mezzadria (Halbpacht) 90
Mitfahrzentralen 18
Mobiltelefon 33
Montagnola 68
Montalcino 102
Monte Argentario 227
Monte Amiata 143
Monte Oliveto Maggiore 93
Montecristo, Insel 238, 240
Montefollonico 132
Montemassi 78
Montemerano 166
Montepescali 218
Montepulciano 124
Monticchiello 123
Montisi 99
Motorrad (Autobahn) 21
Mustiola, heilige 136
Notruf 22

O

Öffnungszeiten 31
Orbetello 242
Origo, Iris 134
Osteria 40

P

Paganico 81
Palio, Stadtfest Siena 51
Pannenhilfe 20
Parco Naturale
 della Maremma 219
Parken 20
Petroio 101
Pienza 116
Pitigliano 171
Pius II. 116, 117
Plinius der Ältere 136
Poggio Conte 171
Poliziano, Angelo 124
Ponte della Pia 69
Porsenna (etrusk. König) 136
Porto Ercole 234
Porto Santo Stefano 228
Post 31
Postbank 25
Principina a Mare 209
Privatzimmer 38
Promillegrenze 21
Punta Ala 202
Puntone 193

R

Rachis, König 146
Radicofani 148
Radio 31
Rapolano Terme 87
Rauchen 31
Rauchverbot 41
Reisedokumente 32
Robbia, Andrea della 150
Roccalbegna 155
Roccastrada 78
Roccatederighi 76
Rocchette di Fazio 159
Roselle 216
Rosia 69
Rosselino 116

S

S. Angelo Scalo 108
Saint-Phalle, Niki de 249
San Casciano dei Bagni 142
San Quirico d'Orcia 109
San Galgano 71
Sangallo, Antonio da 132
Santa Fiora 150
Sant'Antimo, Kloster 108
Sarteano 141
Saturnia 160
Scansano 157
Scarlino 192
Schweinerennen 136
Seggiano 155
Semproniano 158
Serre di Rapolano 89
Siena 46
Skifahren 144
Sorano 180
Sovana 176
Spedaletto 122
Spoerri, Daniel 155
Sprache 32
Sprachkurse 168
Stadtverkehr 20

T

Tacco, Ghino di 148
Talamone 224
Tankstellen 20
Teatro povero 124
Telefon 33
Telefonkarten 33
Tessera 23
Thermalbad, Saturnia 163
Tiburzi, Domenico 249
Tirli 203
Tombolo di Feniglia 238
Torri 74
Torrita di Siena 133
Trappatoni, Giovanni 224
Travertin 88
Treno Verde 87
Trequanda 100
Trüffelsuche 99

U/V

Übernachten 35
Val d'Orcia 83
Vecchietta 166
Verkehrsschilder 20
Verkehrsvorschriften 21
Versicherung (Auto) 21
Vescovado da Murlo 84
Vetulonia 201
Vivo d'Orcia 147
Vorspeisen 41

W–Z

Wasserfall von Saturnia 162
Wein 43
 Aleatico, Pitigliano 172
 Avoltore 189
 Bianco di Pitigliano 172
 Monteregio di Massa
  Maritima 196
 Morellino 157
 Rosso Rubino, Pitigliano 172
 Vino Nobile di
  Montepulciano 130
Zoll 34